新・応用行政法

APPLICABLE ADMINISTRATIVE LAW
TO EACH ADMINISTRATION:
Relation of Law between Administration and Citizens

村上武則 監修
MURAKAMI Takenori

横山信二 編
YOKOYAMA Shinji

有信堂

はしがき

　行政法総論として公刊した『新・基本行政法』（2016年，有信堂）に加え，中間行政法と行政法各論を内容とする『新・応用行政法』を刊行する。中間行政法は，行政法総論と行政法各論の中間に位置づけられ，総論よりは具体的な行政領域であるが，各論に比べると抽象的な行政領域である行政に関する法である。本書は，村上武則編『応用行政法』（初版〔1995年〕，第二版〔2001年〕）に引き続き，中間行政法と行政法各論を通じて「現実の行政の法律問題の解決に応用の利く行政法の体系を目指し，『基本行政法』で提示された基本的な原則を応用することによって，行政法を学ぶこと」（『応用行政法』初版「はしがき」）を意図している。

　本書の執筆者であり監修者である村上武則先生による前書の『応用行政法』は，ドイツ行政法における法関係論を土台に据え，村上先生の門下生とご友人によって執筆された。本書でも法関係論に基づく行政法学の体系を提示している。そこで，本書の刊行にあたり，村上先生に再度，実質的な本書の「はしがき」に相当する部分を以下のように提示していただいた。

　『応用行政法』初版を発行したのは，1995（平成7）年だった。22年が過ぎた。同書第二版を発行したのは，2001（平成13）年であるから，第二版から16年も経った。その間，2004（平成16）年に行政事件訴訟法が大改正され，義務づけ訴訟や差止訴訟が法定化された。また公法上の法律関係に関する確認訴訟も明文で定められた。

　『新・応用行政法』は，『新・基本行政法』の姉妹編である。この2冊の書物により，われわれは，現代日本の行政，行政法の特色を叙述した。とりわけ，法関係，権利・義務関係を軸に考察した。

　『新・応用行政法』の特色は，「中間行政法」の範疇をつくり，その中に，従

来わが国の行政法学があまり取り扱ってこなかった分野に学問的スポットをあてた。「中間行政法」（第Ⅰ部）としては，給付行政法，監察行政法，海の管理行政法，および災害行政法をとり上げた。これらの「中間行政法」は，初版以来，問題提起してきたところであるが，高齢化社会を迎えますます給付行政法の課題は高まる一方である。また経済性・効率性・有効性を基準になされる行政監察の意義は，これらの原則が，単に当・不当の基準にとどまらず法的基準に高められなければならないことがますます重要となってきている。ドイツの著名なシュミット・アスマン博士は，これらの原則を行政法総論のなかにとり上げるべきとの主張をなされているくらいである（シュミット・アスマン著，太田匡彦・大橋洋一・山本隆司訳『行政法理論の基礎と課題』有斐閣，2006年）。われわれは，すでに初版から経済性・効率性・有効性を法的基準としてとらえるべきことを主張してきた。さらに海の管理の問題も，国際関係においても海の問題は，風雲急を告げてきている。さらに，わが日本には，毎年のように巨大な災害が攻め寄せて来ている。災害行政法の問題は焦眉の課題となっている。このように，「中間行政法」は，学問としての行政法学が何を解明すべきか，予言や警鐘も含め，読者に対して問いかけている内容となっている。

　『新・応用行政法』のうち，従来の各論にあたる第Ⅱ部各章は，「防衛行政」を見ても明らかなように，集団的自衛権の問題をはじめ，憲法と平和に関するきわめて重要な問題を扱っている。また，『新・応用行政法』では，2020年の東京オリンピック開催が予定されていることもあり，これまで行政法学があまり扱ってこなかったスポーツ行政のテーマを新たに設けた。「中間行政法」および「各論」においても，最新の判例や学説に注意した。

　学部学生だけではなく，研究者，公務員関係の方々はもちろん，ロースクールの学生諸君も是非一読していただければ，行政法学をさらに詳しく理解できると信じる。

　もちろん，能力的限界から，われわれ執筆者は，数多くの間違いを犯しているかもしれない。多方面からの御批判・御指摘を仰ぎたい。

　このように本書は，村上行政法学の真髄ともいうべき法関係論に根ざしている。読者は本書の各行政領域において説明される行政上の権利義務関係（法関係）を構成する新たな視点を感じていただけると信じる。なお，本書の「応用

行政法」の意義については，前書の『応用行政法』と同様に，しかし現代の問題状況を踏まえ，村上先生による「序」において説明しているので，本書の内容に入る前に一読していただきたい。

　最後に，本書『新・応用行政法』と既刊の『新・基本行政法』を，われわれ共通の学問的師父として，広島大学を中心に，教えを賜った，畑博行先生，高田敏先生そして塩野宏先生に捧げたい。

　なお本書は，諸事情から公刊されなかった第三版『応用行政法』の原稿に拠るところが大きい。その原稿に一字一句目をとおしていただき，有益なアドバイスを指摘された元有信堂高文社編集員であった櫻井元氏と，それを引き継いで本書の出版の機会をつくっていただきながら退社された川野祐司氏に感謝したい。いろいろな経緯があって，ようやく本書の出版にこぎつけたのは，執筆者と頻繁に連絡をとり丁寧な調整をしていただくなど，労を惜しむことなく煩わしい編集を丁寧にしていただいた有信堂高文社社長・髙橋明義氏のお陰である。言葉では言い表せないほどお世話になり，厚く御礼申し上げたい。

2017年7月7日

　　　　　　　　　　　　　　　　　執筆者を代表して　横山　信二

凡　例

[1]　法令の引用表記については，有斐閣版六法全書の略語例による。ただし，略語例ではわかりにくい法令名や略語例に掲載がない法令については，正式の法令名を掲げ，（　）内に略語例を示している。

[2]　判例集の表記については，下記の略語を用いた。

民録	大審院民事判決録	下刑集	下級裁判所刑事裁判例集
民集	最高裁判所民事判例集	行集	行政事件裁判例集
刑集	最高裁判所刑事判例集	行月	行政裁判月報
高民集	高等裁判所民事判例集	訟月	訟務月報
高刑集	高等裁判所刑事判例集	判時	判例時報
下民集	下級裁判所民事裁判例集	判タ	判例タイムズ

[3]　共通に使用された引用・参照文献の表記は，下の出典の左に示した略語による。

『新・基本行政法』	村上武則監修・横山信二編『新・基本行政法』（2016年，有信堂）
今村	今村成和・畠山武道補訂『行政法入門』（2012年，第9版，有斐閣）
宇賀・[Ⅰ]	宇賀克也『行政法概説Ⅰ』（2013年，第5版，有斐閣）
宇賀・[Ⅱ]	宇賀克也『行政法概説Ⅱ』（2015年，第5版，有斐閣）
宇賀・[Ⅲ]	宇賀克也『行政法概説Ⅲ』（2013年，第4版，有斐閣）
遠藤	遠藤博也『行政法Ⅱ』（1977年，青林書院新社）
小高	小高剛『行政法各論』（1984年，第3版，有斐閣）
塩野・[Ⅰ]	塩野宏『行政法Ⅰ』（2015年，第6版，有斐閣）
塩野・[Ⅱ]	塩野宏『行政法Ⅱ』（2013年，第5版補訂版，有斐閣）
塩野・[Ⅲ]	塩野宏『行政法Ⅲ』（2012年，第4版，有斐閣）
杉村	杉村敏正編『行政法概説各論』（1985年，第3版，有斐閣）
田中・[上]	田中二郎『新版行政法 上』（1974年，全訂第2版，弘文堂）
田中・[中]	田中二郎『新版行政法 中』（1976年，全訂第2版，弘文堂）
田中・[下]	田中二郎『新版行政法 下』（1983年，全訂第2版，弘文堂）
成田	成田頼明・南博方・園部逸夫編『行政法講義　下巻』（1970年，青林書院新社）
成田記念	松田保彦ほか編『国際化時代の行政と法：成田頼明先生横浜国立大学退官記念』（1993年，良書普及会）
判例百選Ⅰ	宇賀克也・交告尚史・山本隆司編『行政判例百選Ⅰ』（2012年，第6版，有斐閣）
判例百選Ⅱ	宇賀克也・交告尚史・山本隆司編『行政判例百選Ⅱ』（2012年，第6版，有斐閣）
現代大系	雄川一郎・塩野宏・園部逸夫編『現代行政法大系』（有斐閣）
現代大系[1]	『現代行政法の課題』（1983年）

現代大系 [2] 『行政過程』（1984年）
現代大系 [3] 『行政手続, 行政監察』（1984年）

4 参考文献（略語表に掲載したもの以外で参考にしたもの, および学習の参考となるものを掲載した。）

石森久広『会計検査院の研究―ドイツ・ボン基本法下の財政コントロール』（1996年, 有信堂）
板垣勝彦『住宅市場と行政法』（2017年, 第一法規）
大村敦志『消費者法』（2011年, 第4版, 日本評論社）
小澤道一『要説・土地収用法』（2005年, ぎょうせい）
成田頼明編『行政法の諸問題―雄川一郎先生献呈論集』（1990年, 有斐閣）
成田頼明『土地政策と法』（1989年, 弘文堂）
菊幸一・齋藤健司・真山達志・横山勝彦『スポーツ政策論』（2011年, 成文堂）
岸井大太郎ほか『経済法』（2016年, 有斐閣）
宇賀克也『個人情報保護法の逐条解説』（2016年, 有斐閣）
建設省編『国土建設の将来展望』（1979年, ぎょうせい）
桜井昭平編著『現代行政法【各論】』（2001年, 八千代出版）
園部逸夫・田中館照橘『社会保障行政法』（1980年, 有斐閣）
園部敏・植村栄治『交通法・通信法』（1984年, 新版, 有斐閣）
高木光・宇賀克也編『行政法の争点』（2014年, 有斐閣）
高橋滋『行政法』（2016年, 弘文堂）
日本スポーツ法学会『スポーツ基本法』（2011年, 成文堂）
原龍之介『公物・営造物法』（1982年, 新版, 有斐閣）
廣瀬肇『沿岸域利用調整と法』（1995年, 日本海洋協会）
廣瀬肇・石川敏行・横山信二編（村上武則先生還暦記念）『給付行政の諸問題』（2012年, 有信堂）
三村寛一『スポーツと法』（2011年, 嵯峨野書院）
村上武則『給付行政の理論』（2002年, 有信堂）
室井力編『新現代行政法入門』（2004年, 法律文化社）
柳瀬良幹『公用負担法』（1977年, 新版, 有斐閣）
横山信二『行政の裁判統制と司法審査―行政裁判の理論と制度』（2016年, 有信堂）
横山信二・伊藤浩編著『はじめての環境法―地域から考える』（2013年, 嵯峨野書院）
亘理格・北村喜宣編著『個別行政法』（2013年, 有斐閣）
和田英夫編『行政法講義（下）』（1983年, 学陽書房）

5 前書の村上武則編『応用行政法』（2013年, 第2版, 有信堂）を引き継ぎ, 読者の理解を補助するコラムを掲載している。コラムは各章節の執筆者が適宜挿入している。

新・応用行政法／目　次

はしがき
凡　例

序　執筆にあたって ―――――――――――――――――― 1
　　1　中間行政法 (1)
　　2　行政法各論 (4)

第Ⅰ部　中間行政法

第1章　給付行政法 ―――――――――――――――――― 6

第1節　給付行政法の意義　6
　　1　給付行政の概念 (6)
　　2　給付行政の公共性 (6)
　　3　給付行政法と中間行政法 (7)
　　4　給付行政法の意義 (8)
　　　(1)　救済手段の拡大と給付行政 (8)　　(2)　手続的正義の確立と給付行政 (9)
　　　(3)　人間の尊厳の確立と給付行政 (9)　　(4)　2種類の給付を受ける権利 (10)

第2節　給付行政を拘束する原理　12
　　1　法治主義原則 (12)
　　　(1)　法律による行政の原理 (12)　　(2)　適正手続の原則 (12)
　　2　民主主義原則 (13)
　　3　社会国家原則 (13)
　　4　基本権による拘束の原則 (14)
　　5　内部基準の外部法化 (14)

第3節　給付行政の行為形式　14
　　1　非権力的行為形式 (14)
　　　(1)　契約 (14)　　(2)　要綱 (15)
　　2　形式的行政処分 (16)

第4節　給付行政における法関係の特色　17
　　1　侵害・規制行政と給付行政との違い (17)
　　　(1)　継続的関係 (17)　　(2)　協力・協調関係 (17)
　　2　わが国の給付行政における法関係のいくつかの例 (17)
　　　(1)　公営住宅法 (17)　　(2)　補助金等適正化法 (19)　　(3)　社会保障法における協働関係 (19)

         3 給付行政に対する権利性（20）
          （1） 歴史（20）　（2） 給付行政における人権の関わり方と国家の義務（20）
          （3） わが国における給付行政における権利性のいくつかの例（21）
     第5節　給付行政と権利救済　　23
         1 行政事件訴訟法の改正（23）
         2 仮の権利保護（25）
         3 競争者訴訟および第三者訴訟（26）
         4 課税の限界と最低限の生活の保障（27）
         5 住民訴訟と給付行政（27）
         6 給付を受ける権利としての原状回復請求権（28）
          （1） 自由権侵害における防御的原状回復請求権としての給付を受ける権利（28）　（2） 社会権侵害における原状回復請求権（回復請求権ないし実現請求権）としての給付を受ける権利（29）
             行政事件訴訟法4条は輝き始めた（24）
     第6節　給付行政と行政の監視・評価　　31
         1 行政監察（広義）の意義（31）
         2 行政の監察および政策評価の基準（32）
         3 行政の監察（監視・評価）と国民（32）

第**2**章　監察行政法 ──────── 34

  第1節　総説　34
  第2節　政策評価と総務省による監視・評価　　35
     1 政策評価（35）
     （1） 各府省の政策評価（35）　（2） 総務省による政策評価（35）
     2 総務省による評価・監視（36）
  第3節　会計検査院による検査　　37
     1 会計検査院による検査の意義（37）
     2 会計検査院の法的地位（37）
     3 会計検査院の検査（37）
     （1） 対象（37）　（2） 任務（38）　（3） 観点（38）　（4） 報告（38）
         法原則としての経済性（38）
  第4節　地方公共団体における監査　　39
     1 監査委員による監査（39）
     （1） 総説（39）　（2） 監査の種類（39）
     2 外部監査人による監査（41）
     （1） 総説（41）　（2） 外部監査の種類（41）

第**3**章　海の管理行政法 ──────── 43

第1節　海の管理の意義　43
第2節　海の管理における法制度の整理　44
　1　海の所有権（44）
　2　海の管理権（45）
　　（1）海は公物（45）　（2）個別海域の管理法（46）　（3）一般海域の管理（46）　（4）海の管理の変遷と現状（47）
　3　海の使用とその権利性（48）
　　（1）海の使用の類型（48）　（2）海の権利性（49）　（3）環境権（50）
　4　海域利用調整（海の管理に向けて）（50）
　　（1）沿岸域管理法の必要性（50）　（2）公物管理から環境管理へ（50）　（3）公共信託論の導入（51）　（4）当面の課題（52）
　　鉄杭撤去事件（46）／自治体の一般海域管理権（47）／「芦屋市清潔で安全・快適な生活環境の確保に関する条例」における芦屋キャナルパーク水路航行規制（51）

第4章　災害行政法 ───────────── 53

第1節　災害行政と法　53
　1　災害行政における法関係（53）
　2　災害行政過程（54）
　　（1）中間行政法における災害行政法（54）
　　　伊勢湾台風（54）
第2節　災害行政過程　57
　1　災害予防行政過程（57）
　　（1）災害予防行政の行為形式（58）　（2）災害予防行政過程における法関係（59）
　2　災害救助行政過程（60）
　　（1）災害救助行政の組織（60）　（2）災害救助行政とその法関係（60）
　3　災害復旧行政過程（61）
　4　災害復興行政過程（62）
　　災害の巨大化と被災の長期化（57）／広島土砂災害（58）／大川小学校の悲劇と過失（60）
第3節　災害における行政救済法　63
　1　災害における行政救済法（63）
　　（1）国家賠償（64）　（2）損失補償または結果補償（66）　（3）行政訴訟（67）
　　災害行政法（66）

第Ⅱ部　行政法各論

第1章　警察行政 ───────────── 70

第1節　警察の概念　70

第2節　警察の基礎　70
第3節　学問上の警察概念と実定法上の警察概念　71
　1　学問上の警察概念（71）
　　（1）歴史的背景（71）　（2）行政警察と保安警察（71）
　2　実定法上の警察概念（72）
第4節　警察の組織　73
　1　明治憲法下の警察組織（73）
　2　日本国憲法下の警察組織（73）
　3　昭和29年の警察法改正（73）
　4　現行の警察法の警察組織（74）
　　（1）中央機関（74）　（2）都道府県警察（74）　（3）都道府県警察の組織（74）
第5節　警察法以外のその他の警察組織　75
　1　国の警察組織（75）
　　（1）海上保安庁（75）　（2）公安審査委員会・公安調査庁（75）　（3）消防庁（75）
　2　地方公共団体の機関（75）
第6節　警察権を拘束する法原則　76
　1　一般原則（76）
　　（1）法治主義（76）　（2）協働型法治国家原則，主として生活安全条例（77）　（3）民主主義原則（79）
　2　警察権限界の原則（80）
　　（1）警察公共の原則（80）　（2）警察責任の原則（81）　（3）警察比例の原則（81）
第7節　警察作用　82
　1　権力的作用（82）
　　（1）警察下命（82）　（2）警察許可（83）　（3）警察上の強制執行と警察罰（84）
　2　非権力的作用（84）
第8節　警察救済　85
　1　行政訴訟（85）
　2　警察裁量の統制（86）
　3　国家賠償と公務員個人の責任（87）
　4　損失補償（87）
　　行政手続法（86）／行政指導と書面（86）

第2章　防衛行政 ─────── 89

第1節　防衛行政の概念　89

第 2 節　憲法と防衛行政　89
 1　「防衛行政法関係」の視点（89）
 2　憲法 9 条の意義（90）
 3　自衛隊の成立の歴史と日米安全保障条約（91）
 4　新しい国際貢献への動き（93）
　(1) PKO 等協力法（93）　(2) 日米防衛協力の指針（ガイドライン）に基づく安保体制の強化（93）　(3) 船舶検査活動（93）　(4) 国際テロリズムと日本（93）　(5) イラク復興特別措置法（94）　(6) 新テロ対策特別措置法，国際平和支援法（94）
 5　新安保法制（94）
　(1) 憲法と法治主義の危機（94）　(2) 閣議決定（95）　(3) 集団的自衛権の限定的容認（95）　(4) 新日米ガイドライン（95）　(5) 安保関連法の整備（95）
 6　新安保法制の重要問題（96）
　(1) 限定的な集団的自衛権の容認（96）　(2) いくつかの重要概念の定義（97）　(3) 武力攻撃事態と存立危機事態（97）　(4) 重要影響事態と存立危機事態（98）　(5) 他国軍隊に対する支援活動の拡大（後方支援の拡大）（99）　(6) 集団安全保障措置への参加（100）　(7) PKO 活動の拡充（駆け付け警護等）（100）　(8) 自衛隊法改正（101）　(9) 国会によるコントロールの重要性（101）　(10) 今後の課題と展望（102）
 7　わが国の防衛組織とその作用（104）
　(1) 防衛省（104）　(2) 自衛隊（104）　(3) 自衛隊の作用（104）　(4) 文民統制（シビリアン・コントロール）（107）
 8　自衛隊と行政争訟（108）
　(1) 防衛行政と国民の法的地位（108）　(2) 防衛行政に対する国民の権利救済（108）　(3) 防衛行政と争訟（109）
 9　会計検査院への審査要求（111）
　　平和的手段の重要性（91）／アメリカ駐留軍と戦力（92）／安保条約と国内法（92）

第 3 章　国土の開発・土地利用規制行政 ── 112

第 1 節　開発行政　112
 1　開発行政（112）
 2　行政計画と手続的統制（115）
 3　行政計画と裁判（117）
　(1) 抗告訴訟（117）　(2) 国家賠償（117）

第 2 節　開発計画に関する法　118
 1　開発計画行政（118）
 2　国土形成計画（118）
 3　国土利用計画・土地利用基本計画・土地利用計画（120）
　(1) 国土利用計画（121）　(2) 土地利用基本計画（122）　(3) 土地利用

計画（122）
　　4　海洋基本計画（123）
　　5　特定地域振興計画・水資源開発計画（124）
　　6　都市計画（125）
　第3節　土地取引の規制　127

第4章　公用負担行政 ── 130

第1節　公用負担の意義および種類　130
1　公用負担の意義（130）
2　公用負担の種類（132）
　(1)　人的公用負担（132）　(2)　物的公用負担（133）

第2節　公用収用　133
1　公用収用の意義と法源（133）
　(1)　公用収用の意義（133）　(2)　公用収用の法源（134）
2　土地収用の意義（134）
　(1)　土地収用の当事者（135）　(2)　土地収用の目的物（135）
3　土地収用の手続（136）
　(1)　事業の認定（136）　(2)　土地・物件調書の作成（139）　(3)　裁決手続（140）　(4)　収用委員会の裁決（142）
4　土地収用と損失補償（143）
　(1)　損失補償の原則（143）　(2)　補償の種類（144）　(3)　損失補償に関する細目等を定める政令（147）
5　土地収用の効果（148）
6　行政争訟の特例（149）
　　土地収用法の改正（133）／完全補償と相当補償（144）

第3節　公用権利変換　150
1　公用権利変換の意義と種類（150）
2　公用換地（150）
　(1)　公用換地の意義（150）　(2)　公用換地の手続（151）
3　権利変換（154）
　(1)　権利変換の意義（154）　(2)　権利変換の手続（155）
　　減歩（げんぶ）と保留地（151）

第4節　公用制限　157
1　公用制限の意義と種類（157）
　(1)　公物制限（158）　(2)　公用使用（158）　(3)　負担制限（159）
2　公用制限と損失補償（159）

第5章　公物管理行政————————————————————162

第1節　「公物」とは何か　162
1　「公物」の概念（162）
2　公物概念を用いる実益（162）
3　公物概念の特徴（163）
4　公物の種類（164）
　(1)　目的の違いに基づく分類（164）　(2)　成立過程の違いに基づく分類（165）　(3)　所有権の帰属主体の違いに基づく分類（165）　(4)　管理権の主体と所有権の主体の関係に基づく分類（165）
　　公の営造物（Öffentliche Anstalt）（164）

第2節　公物の法的特色　165
1　公物管理法（165）
2　公物管理法の特色（166）
　(1)　公物の不融通性・融通の制限（公物が私権の対象となるかどうか）（166）　(2)　公物の範囲の決定（167）　(3)　その他の取扱い（167）

第3節　公物の成立と消滅　168
1　公物の成立要件（168）
　(1)　公共用物（168）　(2)　公用物（168）　(3)　予定公物（168）
2　公物の消滅要件（169）
　(1)　公共用物（169）　(2)　公用物（169）

第4節　公物管理と公物警察　169
1　公物とその管理（169）
2　公物管理権（170）
3　公物警察権（170）

第5節　公物（公共施設）の使用関係　171
1　はじめに（171）
2　公物の一般使用（171）
3　公物の許可使用（172）
4　公物の特許使用（173）
5　公物の契約使用（174）
6　公物の目的外使用（175）

第6節　公物管理法の新しい動向　176
1　環境配慮と公私協働（176）
2　公物管理と環境配慮（176）
3　公物の設置・管理と公私協働（177）
　(1)　PFI法（177）　(2)　指定管理者制度（178）

第6章　環境行政 ─────────────────── 180

第1節　概説　180
  1　環境行政の沿革（180）
  2　環境行政の基本原則（182）
    (1)　持続可能な発展（182）　(2)　未然防止原則（182）　(3)　予防原則（182）
  3　環境行政の行為形式（182）
    (1)　規制的手法（182）　(2)　計画的手法（183）　(3)　契約手法（183）
    (4)　行政指導手法（183）　(5)　経済的手法（183）　(6)　情報的手法（183）

第2節　環境基本法　184
  1　概要（184）
  2　環境基本計画（184）
  3　環境基準（185）

第3節　環境影響評価　185
  1　意義（185）
  2　沿革（186）
  3　環境影響評価法の概要（186）
  4　環境影響評価法の手続（187）
    (1)　配慮書手続（187）　(2)　スクリーニング手続（187）　(3)　スコーピング手続（方法書手続）（187）　(4)　準備書手続（188）　(5)　評価書手続（188）　(6)　報告書手続（188）

第4節　大気汚染と法　188
  1　大気汚染防止法に基づく一般的規制（188）
    (1)　ばい煙規制（189）　(2)　粉じん規制（190）　(3)　自動車排出ガス規制（190）
  2　自動車 NOx・PM 法に基づく規制（191）
  3　自動車排出ガス抑制のための法政策（192）
    (1)　発生源対策（192）　(2)　道路交通政策（192）

第5節　水質汚濁と法　193
  1　水質汚濁防止法に基づく規制（193）
    (1)　工場・事業場に対する排水規制（193）　(2)　生活排水対策（194）
  2　閉鎖性水域の水質保全（194）

第6節　廃棄物と法　195
  1　廃棄物処理法の概要（195）
    (1)　「廃棄物」の定義（196）　(2)　廃棄物の種類と規制（196）　(3)　監督システム（197）
    豊島事件（197）

第7節　循環型社会と法　198
  1　循環型社会形成推進基本法の制定（198）

目次　xv

　　2　資源有効利用促進法（199）
　　3　容器包装リサイクル法（201）
第 8 節　生物多様性と法　202
　　1　生物多様性基本法の制定（202）
　　2　地域的自然環境保全の法システム（202）
　　　（1）自然公園法（203）　（2）自然環境保全法（205）
　　3　生態系保全の法システム（207）
　　　（1）鳥獣保護管理法（207）　（2）種の保存法（208）
第 9 節　環境訴訟　211
　　1　環境紛争の解決手段（211）
　　2　国家賠償請求訴訟（211）
　　　（1）国家賠償法 1 条に基づく請求（211）　（2）国家賠償法 2 条に基づく請求（211）
　　3　抗告訴訟（212）
　　　（1）処分性（212）　（2）原告適格（212）　（3）裁量統制（213）　（4）差止訴訟（213）　（5）住民訴訟（214）

第 **7** 章　社会保障行政 ──────────────────── 216

第 1 節　社会保障の概念および法体系　216
　　1　社会保障の概念（216）
　　2　社会保障立法の展開（216）
　　3　社会保障の法関係（217）
　　4　社会保障の法体系（218）
　　　（1）公的扶助（狭義の社会保障）（218）　（2）社会福祉（218）　（3）社会保険（218）　（4）社会手当（219）　（5）公衆衛生（219）
　　　社会福祉と社会手当との関係──堀木訴訟（218）
第 2 節　社会保障行政における法関係　219
　　1　社会保障行政と法治主義原理（219）
　　2　社会保障行政における公法と私法（220）
　　3　社会保障行政と行政手続（221）
　　　（1）通知（222）　（2）聴聞および弁明（222）　（3）裁量基準の設定（223）
　　　社会保障行政の訴訟形式（220）／永井訴訟と結果除去請求権（221）／行政手続法と生活保護法（222）
第 3 節　公的扶助　223
　　1　公的扶助の意義と生活保護行政組織（223）
　　2　生活保護の実施（224）
　　　（1）保護の補足性（224）　（2）保護実施の原則（225）　（3）保護の種類と基準（226）　（4）保護の実施手続（226）
　　　厚生労働大臣が定める最低限度の生活基準の算定方式の変遷（224）／生活保護基準額の例

（226）

第4節 社会福祉　227

1 社会福祉の概念（227）
2 社会福祉の対象（228）
3 社会福祉の実施機関（229）
　(1) 実施機関（229）　(2) 審議機関（229）　(3) 補助機関（229）　(4) 協力者（230）
4 社会福祉の給付（230）
　(1) 児童福祉の措置（231）　(2) 老人福祉の措置（231）　(3) 身体障害者福祉の措置（231）　(4) 精神障害者福祉の措置（231）　(5) 母子福祉の措置（231）

第5節 社会保険　232

第8章　医事・衛生行政 ─── 235

第1節 総説　235

第2節 医療行政　235

1 総説（235）
2 医療関係者──医師および保健師・助産師・看護師（235）
　(1) 免許（235）　(2) 法律上の義務（236）
3 医療施設──病院等（237）
　(1) 総説（237）　(2) 開設・管理（237）　(3) 監督・命令（237）
　医師の応招義務──「神戸診療拒否事件」（236）／医療計画と医療法上の勧告（237）

第3節 医薬品行政　238

1 総説（238）
2 薬局（239）
3 医薬品等の製造・販売等（239）
4 医薬品等の監督（240）
　医薬品のインターネット販売（239）／毒物・劇物の「登録」──ストロングライフ事件（240）

第4節 予防衛生行政　241

1 総説（241）
2 感染症予防（241）
　(1) 総説（241）　(2) 感染症の発見（242）　(3) 感染症に対する措置（242）
　予防接種による健康被害の救済をめぐる判例（242）

第5節 保健衛生行政　243

1 総説（243）
2 精神保健福祉（243）
　(1) 施設（243）　(2) 精神保健指定医（244）　(3) 保護の申請・通報・

届出（244）　（4）医療および保護（244）
第6節　環境衛生行政　245
  1　総説（245）
  2　食品衛生（245）
  （1）食品・添加物等の規制（245）　（2）営業・製造業等の規制（246）
  3　環境衛生（246）
  （1）公衆浴場・旅館（246）　（2）墓地埋葬（247）
    距離制限（247）

第9章　経済活動の規制行政 ── 248
  1　概説（248）
  （1）国家と経済（248）　（2）経済活動の自由の保障とその制約（249）
  （3）経済規制行政の意義と特色（250）
  2　経済活動の規制（251）
  （1）経済秩序の規制（251）　（2）動的な経済活動の規制（256）
  3　経済活動への介入手段（259）
  （1）行政立法（260）　（2）行政計画（260）　（3）行政行為（261）　（4）行政指導（262）　（5）行政契約（263）　（6）行政上の実効性確保手段（264）
  4　経済活動の規制と消費者保護（266）
  （1）経済活動の規制と消費者保護の必要性（266）　（2）消費者基本法と消費者の権利（268）　（3）消費者の権利保護（270）

第10章　交通行政 ── 272
第1節　交通および交通法の意義　272
  1　交通の概念（272）
  2　交通法の意義と分類（272）
  3　居住・移転の自由または交通権（273）
第2節　陸上交通行政　274
  1　鉄道行政（274）
  （1）鉄道の意義（274）　（2）鉄道行政の主体および法的性質（274）　（3）鉄道事業の法関係（275）
  2　道路行政（275）
  （1）道路交通の意義（275）　（2）道路交通の法関係（276）
  3　内水交通行政（277）
  （1）内水交通の意義（277）　（2）内水交通の法関係（277）
    調整使用（277）
第3節　海上交通行政　278
  1　船舶（278）

(1)　船舶の意義（278）　　(2)　船舶通航権（279）
　2　海上運送（279）
　　(1)　海上運送事業（279）　　(2)　海上運送事業の法関係（279）
第4節　航空交通行政　280
　1　航空交通の意義と航空交通法（280）
　2　航空交通の法関係（280）

第11章　教育行政 ─────────── 282

第1節　教育行政の意義と基本原理　282
　1　教育行政の意義（282）
　2　教育行政の原則（283）
　3　教育行政法の法源とその変遷（284）
第2節　教育行政の組織と権限　286
　1　教育行政組織の沿革（286）
　2　国の教育行政組織（287）
　　(1)　文部科学省の所掌事務（287）　　(2)　文部科学省の組織，関係する独立行政法人（287）　　(3)　文部科学大臣の権限（288）
　3　学校制度基準（289）
　　(1)　学校設置基準（289）　　(2)　教育課程の基準（289）　　(3)　教科書（290）
　4　地方教育行政組織（291）
　　(1)　概要（291）　　(2)　教育委員会（291）　　(3)　地方公共団体の長（294）
第3節　学校教育の制度と運営　295
　1　学校制度（295）
　2　学校の管理（295）
　　(1)　学校の管理（295）　　(2)　教職員（296）　　(3)　学校評議員（297）
　3　学校運営（297）
　　(1)　教育課程（297）　　(2)　入学・卒業（297）　　(3)　校則（298）　　(4)　懲戒（298）
第4節　教員　299
　1　教員の法的地位（299）
　2　教育の自由（299）
　3　県費負担教職員（300）
　4　教育公務員の義務（300）
　　(1)　公務員としての義務（300）　　(2)　政治的行為の制限，兼職禁止についての特則（300）　　(3)　職務命令服従義務（301）
第5節　学校事故とそれに対応する行政救済　301
　1　学校事故（301）
　2　学校教育活動に起因する事故（302）

3　学校施設・設備の欠陥に起因する事故（303）
　　4　県費負担教職員の場合の費用負担の問題（303）

第12章　スポーツ行政 ―――――――――――――――――――― 305

第1節　スポーツ法　305
　1　スポーツ法の意義（305）
　2　スポーツ法の概要（306）
　　スポーツとは（305）

第2節　スポーツ行政に関する法（スポーツ行政法）　306
　1　スポーツ行政に適用される法（306）
　　(1) 憲法（306）　(2) 教育基本法，学校教育法等の教育関連法（307）
　　(3) 日本スポーツ振興センター法（307）　(4) スポーツ振興投票の実施等に関する法律（307）　(5) その他のスポーツ行政関係法令（308）
　　ヨーロッパ・スポーツ・フォア・オール憲章とユネスコの体育・スポーツ国際憲章（308）

第3節　スポーツ権　309

第4節　スポーツ基本法　310
　1　歴史的経緯（310）
　2　スポーツ基本法（311）
　　(1) スポーツ基本法の概要（311）　(2) スポーツ基本計画（312）　(3) スポーツ立国戦略（313）　(4) スポーツ庁の発足とスポーツ行政（313）
　　(5) スポーツ行政組織と公的関連組織・団体や民間団体との関係（315）
　　スポーツ行政の目標（314）

第5節　障害者スポーツと法　315
　1　障害者スポーツ（315）
　2　障害者福祉とスポーツ（316）
　3　スポーツ振興法制定までの障害者スポーツ（317）
　4　スポーツ振興法と障害者スポーツ（317）
　5　スポーツ基本法の成立と障害者スポーツ（318）
　6　スポーツ基本法と障害者スポーツ施設（319）
　　ノーマライゼーションとは（316）／国際的な障害者スポーツの施策（319）／インテグリティ（320）

第13章　財政 ―――――――――――――――――――――――― 322

第1節　総説　322
　1　財政のコントロールの必要性（322）
　2　憲法と財政（322）
　　(1) 国会中心財政主義（322）　(2) 会計検査院による審査（323）　(3) 国民への報告（公開性の確保）（323）　(4) その他の基本原則（323）

「財政法」のとらえ方（322）

第2節　予算と決算　323

1　予算（323）

(1) 予算の意義と種類（323）　(2) 予算の編成（324）　(3) 予算の審議・議決（325）　(4) 予算の執行（326）

2　決算（327）

予算の内容（324）／予算の種類（325）／予算の法的効力（326）／財政投融資（327）

第3節　財産の管理　328

1　国有財産の管理（328）

(1) 国有財産の分類（328）　(2) 国有財産の管理・処分（328）

2　物品の管理（328）

3　債権の管理（329）

租税の種別（329）

第4節　財源　330

1　租税（330）

(1) 総説（330）　(2) 徴収手続（330）　(3) 納税者の権利保護（332）

2　その他の収入（332）

租税法律関係（331）

第5節　地方財政の特色　333

1　地方財政の構造（333）

2　地方財政の財源（334）

(1) 地方税（334）　(2) 地方交付税（334）　(3) 地方譲与税（334）　(4) 国庫支出金（負担金・委託金・補助金）（335）　(5) 地方債（335）　(6) その他の財源（335）

3　住民監査請求と住民訴訟（335）

4　自治財政権確立の課題（336）

財政健全化法（333）

事項索引　337

判例索引　350

序　執筆にあたって

　『新・応用行政法』は，『新・基本行政法』の姉妹編であり，『応用行政法』の後継書である。なぜ，「応用行政法」というのかというと，二つの意味がある。すなわち，第一は，「基本行政法」では行政法の基本原理・原則を一般的に説明したが，それらの原理・原則を具体的な行政の領域に，「応用」しようという意味において，「応用」とした。第二の意味は，現代行政は，質・量ともに大きく変化しており，伝統的な総論または一般的な原理・原則でもってしては，現実の行政において発生する法律問題を適切に解決することは困難になってきている。そこで，具体的な行政を念頭に置きつつ，したがって具体的な行政目的や権利・義務関係を意識しつつ，法律問題の解決のために「応用の利く」法理論を構築しようという意味で，「応用」とした次第である。

　本書の特色としていえることは，姉妹編である『新・基本行政法』は従来の伝統的な「総論」に該当するといってもよいが，『新・応用行政法』はけっして伝統的な「各論」と同一ではないということである。すなわち，本書は，前書『応用行政法』を引き継ぎ，伝統的な「総論」と「各論」の間に「中間行政法」または「中庸行政法」という範疇を設け，それを従来の「総論」と「各論」の中間に位置づけている。

1　中間行政法

　このような，「中間行政法」という概念は全く新しいものだが，奇異の感を抱かれる読者がむしろ多いと思われる。そこでまずこの概念の意義を説明しておかなければならないだろう。すなわち，前述のように，現代産業社会においては行政の量および質ともに大きく変化し続けてきており，伝統的な総論と各論でもっては，現実の行政をめぐり生ずる法律問題を十分に説明することは難

しくなってきている。すなわち，総論では一般的すぎ，他方，各論では具体的すぎるということで，現実の行政には応用が利かないといった事態も生じている。そこで，少しでもよりよく現代行政の特徴を描き，かつあるべき行政法的ルールを構築するために，一つの試みとして，総論と各論の中間にある種の「陣地」をつくり，そこから現実の行政上の法律問題の解決のための理論を提供しようというものである。それが中間行政法という概念である。したがって，それは論理的に出てくるような概念ではなく，目的的に提起される一つの道具概念である。

　上記のように，中間行政法は，伝統的な総論と各論の間に，さらにもう一つ新しい範疇を創設しようとするものである。そこで，中間行政法と，総論および各論とのそれぞれの違いを，次のように指摘しておきたい。

　まず各論と中間行政法との相違についてであるが，各論の場合には，たとえば警察行政のように，扱う行政領域がはっきりしており，かつその背後には国民の具体的な人権が存在しているといってよい。しかもすでに明白な法原理が構築されている。ところが現代行政は非常に複雑であり，ある種の行政においては，そのような各論の理論でもっては，逆に具体的すぎて，適切な解決を図ることができず，したがって，実際には応用が利かないような法分野があるように思われる。しかしまた，総論では抽象的すぎて役に立たないという場合もある。そこで，中間行政法という新しい範疇を構築する意義があるのではないかと思うのである。

　このような中間行政法が，どのような特徴をもっているのかについては，次のように考えている。すなわち，第一に，各論ほどには行政と関わる国民の人権は単一的または明白ではなく，むしろさまざまに関わりあっていることがまずあげられる（たとえば，給付行政における社会保障行政と資金補助行政など）。第二に，総論ほどには，一般的・抽象的ではないことがあげられる。すなわち，中間行政法も，一応，かなり具体的な行政を念頭に置いて考察される法理論である（たとえば給付行政，監察行政，海の管理および災害行政など）。第三に，中間行政法はあくまでも，目的的なものであるゆえ，論者の目的意識により何をもって中間行政法とするかは，異なりうるものである。このため，中間行政法は，われわれ執筆者の問題意識に応じて構成されている。そこでわれわれの目

的意識というのは，中間行政法の中に，これまでわが国ではあまり扱われてこなかった行政の分野に学問的スポットをあて，そこに法関係を発見し，その法関係の特徴を認識し，かつどのような法を適用・構成すべきかについて一定の方向性を与えることである。第四に，この中間行政法は，過渡的なものである。流動的なものであるといってもよいものである。その輪郭は必ずしもはっきりとはしていない。その意味でファジー的要素が強い。総論に組み込まれていく可能性も常にある。また，各論に分かれてゆく場合もありえよう。さらには，特殊法化して各論からも分離独立してゆくこともありうる。以上のような特徴をもつのが中間行政法である。

　そこで次に，本書が，どのような行政の分野を中間行政法の概念で取り込んでいるのかについて説明しておきたい。すなわち，第一に給付行政法があげられる。これを各論でもなく，総論でもないところに位置づけて説明してみたい。第二に，監察行政法を中間行政法として扱いたい。とりわけ会計検査院や総務省による検査や監察（監視・評価を含む）を中心に述べてみたい。今日，このような行政監察の意義はますます高まりつつあるゆえ，行政法学で必ず扱わなければならない重要問題といえよう。将来は「監察行政法」として特殊法化されて分離独立すべきものといえよう。あるいは監察行政法は，行政の根幹として，むしろ総論の中で扱うことを視野に入れておきたい。第三に，海の管理行政法があげられる。海は陸上の公共施設と違って，まさに立体的・重層的な利用がみられ，法関係は実に複雑である。また，これまであまり行政法学の中で議論されてこなかった領域である。第四に，災害行政法があげられる。これは，いわゆる規制行政と給付行政が混然一体となっている行政の分野であり，しかも行政法学上の法理論が十分に整理されていないところである。雲仙の火山活動や阪神・淡路大震災および東北大震災・巨大大津波・原発事故ならびに熊本大地震による災害対策に際してみられるように，災害行政における法関係は不明瞭なままである。しかし今後，災害対策は行政としてどうあるべきか，非常に重要であり，中間行政法として扱い，これまで気づかなかった法関係に行政法学の光をあててみたい。

　最後に指摘しておきたいのは次のことである。すなわち，われわれの中間行政法の発想・方法論は，現在わが国で主張されているさまざまの方法論と対立

したり，それを克服しようとするような考えは毛頭もっていない。むしろ，行政過程論，行政領域論，特殊法論およびシステム論等の優れた方法論を吸収・参考にしつつ，新たな発想を盛り込もうとするものである。

2　行政法各論

次に本書は，『新・応用行政法』の体系の中に，第Ⅰ部の「中間行政法」の次に，第Ⅱ部として，いわゆる各論というものを考える。各論においては，これまでの「各論」の教科書において扱われてきたものが多く扱われている。すなわち本書では，「各論」において，まず警察行政（第1章），防衛行政（第2章），国土の開発・土地利用規制行政（第3章），公用負担行政（第4章），公物管理行政（第5章），環境行政（第6章），社会保障行政（第7章），医事・衛生行政（第8章），経済活動の規制行政（第9章），交通行政（第10章），教育行政（第11章），スポーツ行政（第12章），財政（第13章），を扱う。

この各論においては，中間行政法と異なり，原則として何よりも具体的な人権を念頭に置いた。すなわち，警察行政においては自由権，防衛行政においては平和的生存権，国土の開発・土地利用規制行政や公用負担行政においては財産権，環境行政においては環境権，社会保障行政においては社会権，医事・衛生行政では生存権，経済活動の規制行政では職業選択の自由や財産権，交通行政においては移転の自由，教育行政においては教育を受ける権利，スポーツ行政においてはスポーツの自由（2020年の東京オリンピックの関連も重視），財政においては財産権など（結局は国民の負担となる）がそれである。しかし，これらのさまざまな人権と関わりつつ，行政がねらう具体的な行政目的または公共性の内容も国民は常に知っておきたいものである。本書はこれらの具体的な行政目的についても留意している。

要するに『新・応用行政法』の「各論」においては，具体的な人権と具体的な行政目的との関わりの中で発生する法関係したがって権利・義務関係を論じてみたいと思う。

第Ⅰ部

中間行政法

第1章　給付行政法

第1節　給付行政法の意義

1　給付行政の概念

　現代国家はよく給付国家または社会国家と呼ばれる。給付行政とは，この給付国家または社会国家の目的を実現するために行われる行政であるといってよい。給付行政の概念は，1938年にドイツのフォルストホッフ（Ernst Forsthoff）が，『給付主体としての行政』を著したときに始まる。彼は，当時生活に困窮したドイツ国民への「生存配慮」を嚮導(きょうどう)概念として，給付行政理論を構築したのであった。すなわち彼は，国民に対する生存配慮行政を給付行政と呼び，国民に対して給付行政へのTeilhabe権（配分参加請求権）を保障しようとしたのであった。彼の給付行政論は第二次世界大戦後の自由権中心のボン基本法のドイツにおいても，広く引き継がれて今日に至っている（代表的な論者として，Peter Badura元ミュンヘン大学教授）。

　このような給付行政の概念の下に，現代においては，広く財貨やサービス等の供与により国民の利益追求を促進し，または国民の生存に配慮するような公行政が含められている。すなわち，公的扶助や社会保険および社会福祉等の社会保障行政，公共施設や公企業等の供給行政，ならびに資金補助行政等の助成行政などが給付行政の中にとり入れられている。

2　給付行政の公共性

　現代国家においては，国民生活の多くが国家の財貨やサービスの給付に依存するようになってきた。また，たとえ社会の発展により，自律性や自己決定権が高まり，その結果，国民の給付行政に対する依存性が弱まってきたとしても，

給付行政に対する一般的な需要には依然として強いものがある。また日本国憲法で保障されている社会権（25条〜28条）を充足させること，およびたとえ自由権が関わる場合であってもその前提基盤をつくり，それにより自由権を実質的にまたは積極的に援助することも，憲法上十分に公共性があるといえる。したがって給付行政の公共性は，実際上も憲法上も明白に肯定することができる。問題はこの公共性をいかに実現するかにある。とりわけ，この公共性の実現に際し，行政主体による財貨・サービスの配分・提供を公正かつ透明に行わせることが重要な課題となる。本書の，中間行政法または中庸行政法としての給付行政法論のねらいは，給付行政において実体的にも手続的にも公正性を実現することにある。ただし，この給付行政における公共性もけっして公行政のみにより十分に実現できるものではない。老人介護をみてもわかるように民間の力による協働がなければ，より細やかな老人介護は不可能である。給付行政の分野においても，官と民との協働が求められる。まさに給付行政における公共性の問題は協働型社会的法治国家の問題である。

3 給付行政法と中間行政法

本書は，全く新しい試みとして，中間行政法という範疇をつくってみた。そしてこの中に給付行政を入れてみた。その理由は，

① 第一に，給付行政の概念に含まれる具体的な内容としての行政活動には，さまざまなものがあるということである。この点，警察や公用負担などのように，行政内容が非常に具体的で，歴史的にみても法律による行政の原則など，統一した法原理が形成されており，また詳細な法律上の規律も存在し，かつ何よりも国民の基本的人権が明確に存在している。たとえば警察の場合には自由権，公用負担の場合には主として財産的自由権のように。それに対して給付行政法は，その中に，社会保障，公共施設・公企業，および資金補助行政等が含まれ，いまだ確固とした共通の法原理が構築されているとはいえず，資金補助行政には法律の根拠は不必要との説もあるのである。そのうえ，これらの行政が関わる国民の基本的人権には異なるものがある。たとえば，少なくとも社会保障においては社会権が，そして資金補助行政にあっては，少なくとも企業者やスポーツ・文化活動への資金補助において，それぞれ財産権的自由権や精神

的自由権等が関わりあっているのである。したがって、給付行政を伝統的な「各論」の中で論ずるには少なからず難点が存する。

② 次に給付行政法を総論の中で論ずることは妥当かどうか。周知のように、フォルストホッフは総論の体系の中で、公行政を侵害行政と給付行政に二分した。しかし、このような分類の是非については今日多くの批判がなされているところであり、かつそこで展開される給付行政の法原理ではあまりに抽象的であって、少なくとも今日の多様でかつ複雑な行政を律することは難しいといえよう。

③ そこで本書は、伝統的な総論と各論との間に「中間行政法」あるいは「中庸行政法」という範疇を考案し、そこに給付行政を入れて、現代的な給付国家または社会国家で重要な地位を占める給付行政の法関係を明らかにし、かつ可能な限り妥当な解釈原理を提示できればと考えた。すなわち、総論よりは具体的で、しかし各論よりは抽象的という意味において、給付行政法を「中間行政法」の中に位置づけてみたのである。

4 給付行政法の意義

それでは、このような給付行政法論の意義はどこにあるのだろうか。

(1) **救済手段の拡大と給付行政** まず、わが国の行政法学はこれまで、侵害行政または不利益行政中心に構築されていた。これらの行政に対して、救済手段として取消訴訟が中心的役割を果たしていた。しかし、2004（平成16）年の改正行政事件訴訟法により、義務づけ訴訟および仮の義務づけが法定化された。これにともない大幅に給付行政にとって裁判所による救済の手段が増した。これにより従来は主として取消訴訟でもってのみ給付の拒否処分を争うしかなかったのが、従来の給付訴訟に加えて新たに義務づけ訴訟および仮の義務づけを求めることが可能になり、給付行政の分野で実効的権利救済が可能になった。たとえば、痰の吸引が必要な児童の市立保育園への入園をめぐる訴訟で、裁判所は市側の入園拒否を違法とし、6歳の女児の入園を認めるよう市に仮の義務づけを言い渡すとともに（東京地決平18・1・25判時1931号10頁）、義務づけ判決を出した（東京地判平18・10・25判時1956号62頁）。

さらに改正行訴法4条によれば、「公法上の法律関係に関する確認の訴え」

が明文で定められた。これにより、資金補助行政においても、交付決定を処分ではなく契約ととらえても、その違法性を争うことが可能となってきた。このように給付行政に実効的権利救済の手段が備わり、国民にとって給付行政がより現実的なものになってきた。

(2) **手続的正義の確立と給付行政**　また、行政手続法（平5法88）の成立により、申請に対する処分について、審査基準の作成と公表が義務づけられ、標準処理期間が要求され、かつ拒否処分に対して理由の提示が求められることになったので、給付行政に対しても、その限りで大幅に適正手続の原則が実現されることになった。しかし、給付行政は、処分以外の法形式、すなわち契約や要綱で行われる場合も多いが、とりわけ契約については行政手続法の規定は存在しない。そのうえ、処分に関しても、国の補助金は行政手続法を適用除外としている（補助金24条の2）等、多くの適用除外がある。このように、給付行政の手続の多くが行政手続法の枠外に置かれているのが現実である。それゆえ、なおも給付行政としてあるべき適正手続のあり方を提示する意義が今なお存在する。

(3) **人間の尊厳の確立と給付行政**　なお、2005（平成17）年改正行政手続法により、命令等に関する意見提出手続（パブリックコメント）が新たに法定されたので、政令や省令および審査基準等の制定・改廃について国民の手続的権利が尊重されてきた。

給付行政といえども、けっして恩恵的または恣意的に行われてはならず、手続的にも内容的にも公正かつ透明に行われる必要がある。しかし給付行政の場合、侵害行政または規制行政の場合と違って、とくに配分的正義が指導原理とならなければならない。また自立性がとりわけ重視されるべきであるので、個人の尊重の原理や人間の尊厳の原理が尊重されなければならない（学資保険訴訟、最判平16・3・16民集58巻3号647頁、判タ1148号66頁は、生活保護法による保護を受けている者が子の高等学校修学費用に充てる目的で加入した学資保険の満期保険金について収入の認定をして保護の額を減じた保護変更決定処分が違法であるとしたが、この判決は、個人の自立を尊重する点でも、実質的には人間の尊厳を認めたものといってよいと思われる）。これらの法原理・法原則を提起するところに、給付行政法論の意義がある。

さて配分的正義を実現するためには、国民の給付行政に対する権利性を実現することがふさわしいことはいうまでもない。日本国憲法は25条から28条において社会権を保障している。しかし、たとえば憲法25条の生存権規定の性質に関しては、今日でもプログラム規定説がある。最高裁は、なるほど朝日訴訟判決（最判昭42・5・24民集21巻5号1043頁）において抽象的権利説を採用しているようにみえるけれども、周知のように、厚生大臣の裁量権の行使の際にその時々の財政状況を考慮してもよいとしたので、実質的にはプログラム規定説に可能な限り近いものとなっている。そこで、給付行政法論により、国民に給付行政に対する権利性または法的地位を保障する必要が出てくる。しかし、給付行政法論により、国民に権利性を保障するばかりでなく、一定の場合には、積極的に国の側に給付行政を行う義務を課すことも可能にさせることも構想したいのである。

(4) 2種類の給付を受ける権利

① **社会権と自由権侵害における原状回復請求権**　日本国憲法上、国民は、国家から給付を受ける抽象的地位、あるいは抽象的ではあれ、給付を受ける権利を有している。憲法上の文言でいえば、25条〜28条により、社会権としての給付を受ける権利を享有している。しかし、広い意味でとらえると、給付を受ける地位や、給付を受ける権利は、社会権に限らない。日本国憲法上、基本権としての自由権が保障されている。自由権は、積極的か消極的かといえば、消極的であろう。すなわち国家権力から侵害を受けたときに、防御権として機能するものであろう。しかし、もし自由権が国家から侵害をこうむったときには、原状回復を求める地位が与えられるべきであろう。もし基本権（自由権）の統合性（Integritaet）すなわち、自由権の絶対性を説くなら、原状回復請求権が認められるべきであろう。その際、国家には原状回復する責任あるいは義務が発生するであろう。そのときには国民は原状回復という給付を国家に要求できることになる。この給付を受ける地位あるいは給付を受ける権利は、前述の、社会権としての給付を受ける権利とは明らかに性質が異なっている。

② **2種類の給付を受ける権利**　本書では、給付を受ける権利には、したがって、2種類あることを前提とする。一つは、社会権、あるいは配分参加請求権のように、自由権を前提としない給付を受ける権利であり、今一つは、自由権

を前提として，自由権が侵害されたとき（財産権の侵害等）に，原状回復を求める給付を受ける権利（ドイツの公法上の原状回復請求権としての結果除去請求権など）である。

　後者の給付を受ける権利としての原状回復請求権は，主として取消訴訟で争われる（取消訴訟の拘束力。行訴33条１項）。ただし事実上の不利益についての原状回復は取消訴訟ではなく，給付訴訟によることになる。他方，前者（社会権）の給付を受ける権利の救済は，主として，給付訴訟で争われることになる。もちろん，社会権に基づき給付を申請して，行政から拒否処分がなされたときに，取消訴訟（形成訴訟）もありうるが，義務づけ訴訟（給付訴訟）で争うことが認められようし，また当事者訴訟として，給付を請求することも可能であろう。もちろん，給付を受ける権利や地位の確認を求める公法上の法律関係に関する確認訴訟（行訴４条）も可能であろう。要するに，実体法的には，給付を受ける権利には，性質上異なる二つの給付を受ける権利が存在し，救済法もそれぞれ相応の手段が存在している。

　なお，社会権に関する請求権の問題として，ドイツでは，社会法上の回復（実現）請求権（原状回復請求権）が確立され，間違った教示等により，本来法律上もらえたはずの社会法上の権利がもらえなくなったとき等において，わが国におけるような，損害賠償請求権ではなく，権利そのものの回復（実現）請求権が連邦社会裁判所を中心として認められている。

　③　**基本権あるいは人権の統合性理論**　　基本権の統合性とは，基本権が侵害されようとしたら不作為請求権が，侵害されたときは原状回復請求権が，しかし原状回復が不可能なときには，補償請求権が，国民に与えられるとする理論のことである。なお，この理論は，「受忍せよ。そして補償を求めよ」とのかつての思想とは異なり，人権の絶対性あるいは基本権の存在・存立そのものを尊重する思想と深くかかわっている。すなわち，基本権が侵害されたときには，補償ではなく，まず権利そのものの原状回復を求める権利，したがって原状回復請求権が認められなければならないと考えるのである。

第2節　給付行政を拘束する原理

1　法治主義原則

(1)　**法律による行政の原理**　伝統的な「法律の留保」原則によれば，自由主義的な価値観に基づき，国民の自由・財産を侵害する場合に限り法律の授権を要するとされた。なるほど，民主主義原理に立脚する日本国憲法になると，国民の権利・義務関係に関わる公行政は，たとえ利益付与的なものであっても，原則として法律の根拠を必要とすると解すべきであるとする説が台頭してきた。

ところが，給付行政においても，その中に侵害的な要素も存在している。すなわち，給付に際してのさまざまの条件・負担等の「附款」により基本権の制約がありうる。また，資金補助を受けることのできない者が，もし競争者である場合には，他者に対する資金補助により競争上，営業上の不利益をこうむることも起こりうるのである。さらに資金補助により，給付に甘える現象が生じ，そもそも「自由の競争意識」自体が毀損されうると考えることもできる。したがって，給付行政においても，伝統的な法治主義理論（侵害留保理論）からいっても，法律の授権を要すると考えることができる。

なお，わが国においては，戦後，社会権の保障は，行政による恩恵ではなく，確固とした権利として保障されるべきであるとして，社会権の保障は法律によるべきとする「社会権留保説」がある。しかし，この説は次項 **3** に述べる社会国家の原則から説かれるものである。

なお，ドイツでは資金補助行政の目的は，法律で確定すべきとする理論が唱えられている（Goerg Haverkate）。私は，給付行政一般において目的を確定すべきとする理論を提起したい。それにより，比例原則を通して手段・方法をいっそう強く統制することを可能にさせたいのである。

(2)　**適正手続の原則**　1993（平成5）年11月にわが国においてもようやく行政手続法が制定された。この法律により，給付行政においても，事前手続が尊重されなければならないことはいうまでもない。

とくに同法第2章において，申請に対する処分手続（許認可申請手続のこと）については，あらかじめ審査基準を作成すべきこと（5条1項），そしてそれを

あらかじめ公表すべきことが義務づけられた（同条3項）。多くの適用除外規定があるとはいえ、行政手続法により、大幅に適正手続が給付行政においても実現されることが可能となった。

2 民主主義原則

日本国憲法は民主主義原則に立脚している。この原則により、前述の「法律による行政の原理」も大幅に変化すべきことになる。すなわち、公の行政は原則として全部、国民の同意を要するとされることになる。それによれば、給付行政も国民の同意としての法律による授権を要するものとされよう。ところでドイツでは、民主主義原理に基づいて、近年「本質性理論」が唱えられ、基本権にとり本質的な事柄は議会が法律で定めるべきであるとされる（「議会の留保」）。しかしこの理論の弱点は「何が本質的か」が明確でないことにあるが、給付行政において基本権にとって本質的な事柄とは、少なくとも給付行政の目的、対象、内容、手続等であろう。これらについては、委任は許されず、必ず法律または条例で定めるべきとされよう。

ところで給付行政の分野では、とりわけ情報公開の意義が強調される必要がある。もちろん国民の側の「知る権利」から、給付行政に関する情報公開の義務を導き出すこともできようが、民主主義的な行政のあり方から、この分野においても、給付行政の情報公開の義務が国の側にあると考えることもできよう。

3 社会国家原則

社会国家原則は、給付行政を導く法原則として最も重要なものである。とりわけ憲法25条の生存権が重要である。しかし、前述のように憲法25条については、プログラム規定説がなおも有力である。そのため給付行政の分野において国民に権利性を保障する理論を構築する意義がある。

さて、国民の側に権利性が認められると、国家の側に義務が生ずる。しかし、一般的には、国家の給付には、補完性原則が働いている。すなわち、原則として、私人の自主的な生存または創造的な営みを尊重し、国家の側からの給付は、補完的になされるべきとされる。もちろん、より強い公共性の要請があれば、国家の側からの給付にイニシアティブが認められる場合もあろう。

4 基本権による拘束の原則

給付行政は，たとえ私法形式でなされる場合であっても，憲法上の基本権による拘束および平等原則の拘束を受けることは当然とされよう（これを行政私法論という）。

また，最近の憲法学では，基本権保護義務論が説かれるようになっている。この理論によれば，私人による基本権侵害に対しても国家には基本権の保護義務があるとされる。もっとも，この義務は客観的な義務にとどまる場合もある。ところが，ドイツのアレクシー（Robert Alexy）は，基本権の中に，事実上真に自由を享有できる地位を承認することにより，個人の主観的な保護を求める権利を構築しようとする。その場合，個人には国家に対して広い意味で給付を求める権利が認められる。もっともこのような権利は，一応の権利とされるが，諸原理の衡量の結果，場合によっては具体的で確定的な権利として高められうるとされる。この理論は，わが国の給付行政に対する権利性を考える際にも参考になろう。

5 内部基準の外部法化

これまで行政の内部基準とされていた通達や審査基準等については，たしかに平等原則により，通達や審査基準違反の行政を国民が争うことが認められてきた。しかし今日では，通達や審査基準も行政手続法により公開されるようになり，内部基準に反する行政は国民の信頼保護の利益を侵害する（藤田理論）と考えられるようになった。しかも，情報公開法により行政の説明責任が強く求められるようになり，内部基準に反する行政に対して合理的な理由を説明できなければ違法となる（塩野理論）と主張できるようになってきた。かつての内部法は今や外部法的にも行政を拘束するものとされるようになってきた。この内部基準の外部法化の理論は給付行政においてもとりわけ重要である。

第3節　給付行政の行為形式

1 非権力的行為形式

(1) 契約　　給付行政は，本来は命令・強制ではなく，非権力的に行われる。

したがって、公権力としての行政行為ではなく、契約が給付行政にふさわしい行為形式であるといってよい。もっとも、契約は本来は相異なる方向での意思や利益の合致として行われる。しかも、給付行政は、けっして贈与契約であってはならず（国家は何物も贈与してはならない）、給付を受ける国民とともに同一の公共の利益の増進を目指して行われるものであるから、本来は、私的利害の調整を内容とする契約は給付行政には親しまないともいえる。とはいえ、長年、私人間のことではあれ当事者相互の利益の調整を行ってきた民法における契約の手法は、給付行政にあっても、共通法として大いに参考にすべきものであるといわなければならない。

もっとも、ここで、公法契約と私法契約とに分ける必要はないといってよい。要は行政が行う契約（行政契約）ということで、その特殊性を実定法の趣旨を考慮しつつ判断することであろう。

なお、私法上の行為形式としての契約を公行政が用いる場合、それを行政私法としてとらえ、私的自治ではなく、憲法の平等原則や、行政法の一般原則としての比例原則を適用できるとする行政私法論が説かれる。

(2) **要綱**　給付行政の行為形式としては、現代的に重要なものとして、要綱がある。とくにわが国においては、給付行政には正式の法律・条例の根拠がなくともよいとの理論に基づいて、事実上の法形式としての要綱に基づいて給付行政を行う場合がみられる。したがって、いわば行政が事実上国民に利益を供与してきた。とりわけ地方公共団体の場合、要綱に基づいて資金補助がなされる場合も多くみられる。この場合、資金補助は処分によらず、契約で交付することが可能となる。しかし公行政が要綱の形式でなされると、不公正かつ不透明な結果を招きやすい。それゆえ、要綱による給付に対しても、平等原則や比例原則が適用されるべきことはいうまでもない。

地方公共団体の資金補助については、たとえ、それが要綱でもって根拠規定が置かれているにすぎないにせよ、実体法的には資金補助を受ける権利利益があると考え、しかも補助金額が類型的に特定されている場合、申請しても応答もなく給付がなされない場合、行訴法4条の当事者訴訟に基づく給付訴訟で資金補助給付を求めて争いうる場合もあると考えることができよう。

国の補助金の場合には、補助金適正化法（後述）により、交付決定に処分性

が認められているので、取消訴訟で争うことが可能である。

　また、地方公共団体の補助金については、資金補助そのものの授権は要綱で定められても、手続は地方公共団体の補助金交付規則で統一的に定められている。国の場合と似ているわけである。しかし、地方公共団体の規則には国の補助金適正化におけるようなサンクション性の強い規定（刑罰や滞納処分の例による等）を欠いている。それゆえ、地方公共団体の場合には、たとえ交付決定という文言が補助金交付規則で使われていても、それは処分ではなく、契約の申込みに対する承諾と考えられている。そうすると地方公共団体の場合には、非交付決定に対して取消訴訟で争うことができないおそれがある。しかし、その場合でも、前述のように、行訴法4条の当事者訴訟により、給付訴訟を提起できる可能性があるわけである。もっとも広島県や鳥取県のように、国の補助金適正化法と同じく交付決定を処分とし、しかし国と違って、行政手続条例の適用を認め、審査基準をあらかじめ定めてそれを公表するとの運用をしている県もみられる。

2　形式的行政処分

　前述のように、給付行政は本来は非権力的に行われる。しかし、給付行政の分野にも、政策的に行政行為が持ち込まれる場合がある。これを形式的行政行為または形式的行政処分と呼ぶ。たとえば、画一的・公平・公正に行わせるために生活保護法（昭25法144）は「決定」という形で処分性を導入している（24条3項）。同様に補助金等に係る予算の執行の適正化に関する法律（昭30法179、いわゆる補助金適正化法）も交付決定（6条）と定めることにより処分性を用いる。また、理論でもって処分性を認め、執行停止の申立てを許容しようとする場合もある（国立歩道橋事件、東京地決昭45・10・14行集21巻10号1178頁）。

　しかし、形式的にではあれ、ひとたび処分性が導入されると、行訴法のシステムにより、公定力が存在することにならざるをえないことになってしまう。もっとも、形式的行政行為論の中には、給付行政の本来の地盤が非権力的作用であることから、公定力にとらわれず、抗告訴訟と民事訴訟の選択を国民の側に委ねようとする説もある。

第4節　給付行政における法関係の特色

1　侵害・規制行政と給付行政との違い

(1) **継続的関係**　　伝統的な侵害行政にあっては，局所的な決定の瞬間をとらえる行政行為中心にできあがっており，その法関係は継続的ではなく，むしろ1回限りの法関係としてとらえられ，後は行政行為の取消しや撤回の問題があるのみとされていた。それに反し，給付行政の場合には，資金補助，公共施設の利用および社会保障のように，ある一定期間継続的に給付関係は続くものである。とはいえ，規制行政にあっても，公害規制のように，継続性を有する場合も多数みられるので，継続性のモメントは給付関係だけに特有なものとはいえない。しかし給付行政の場合には継続性にこそ本質的に重要な位置づけがなされうる。

(2) **協力・協調関係**　　侵害行政または規制行政の場合にも，警察行政や土地収用そして租税行政等にあっても，究極的には行政と市民の双方が公共の利益を目指して協力関係に立つべきことが要請されることは否定できないが，明らかに，行政と市民との利益関係は対抗関係に立っている。それに対して給付行政においては，給付主体と給付受領者としての国民は，対立関係に立つのではなくして，同一の公共の利益の実現を目指して緊密な協力・協調関係に立つものである。

なお，侵害行政や規制行政も，究極的には公益の増進のため，あるいは私人の利益のためにも行われるということを強調して，それらも給付行政であるという見方もある。しかし本書ではこのような給付行政観には基づいていない。

2　わが国の給付行政における法関係のいくつかの例

(1) **公営住宅法**　　まず，協調・協働関係の例として，公営住宅法事件（最判昭59・12・13民集38巻12号1411頁）があげられよう。すなわち，この事件では，公営住宅法（昭26法193）は民法や（旧）借家法（現行，借地借家法〔平3法90〕）の特別法として位置づけられ，特別の定めがあれば，それが優先適用されるが，もし特別の定めがなければ一般法としての民法や（旧）借家法の原則が適用さ

れるとして，契約の解除は，公営住宅法の特別の定め（22条１項）のほかに，(旧)借家法の原則としての信頼関係の破壊の事実が存在すべきことが要求されたのである。この判例は，給付行政としての公営住宅の提供が，行政と国民との間に，協調関係が存在しなければならないことも示唆しているものである。

　ある地方公共団体が条例で暴力団員であることを契約解除原因にすることは平等原則違反にならないとした最高裁判決（最判平27・3・27民集69巻２号419頁）が注目されうるが，公営住宅の利用関係が継続的信頼関係に基づくものとする考えによれば，そのことを条例の排除規定は確認するものであろう。しかし解除原因を法律ではなく，条例で定めることができるのかどうか。最高裁は，前掲判決において，使用関係に関する同条例の規定を（条例の形式で成文化された）約款とみなし，かつ契約条項を不利益に変更できる附合契約に位置づけて明渡請求を認容している。また暴排条例を合理的理由があるものとして平等原則違反ともしていない。当該条例を約款とみなし，不利益変更につき附合契約とみなす点については根拠は明らかでないとされているが，前掲昭和59年最判のように，借地・借家法の原則としての信頼関係の破壊の適用にかんがみ，暴力団員であることは，公営住宅の継続的関係を根底から覆すものであることは明白であることから，附合契約としての条例で，あらかじめそのことを確認することも，あながち許されないわけではないと思われる。なぜなら，究極的には信頼関係原則は，民法１条２項の信義誠実の原則と密接に関わっており，しかも民法１条２項は公法と私法に通ずる法の一般原則とみなされているゆえ，条例で約款的にその内容を定めることも，すべての法に通ずるものであるから，その限りで当該条例は違法とはならないと解したい。奈良県ため池保全条例事件（最判昭38・6・26刑集17巻５号521頁）においても，最高裁は，堤とうの上での耕作権の行使は権利の濫用であり，憲法29条の財産権の保障の埒外にあるとし，条例による規制を憲法違反ではないとしたように，継続的信頼関係の破壊は，条例により附合契約として規律することも許容されうると思われる。

　以上のように，公営住宅の利用関係を協力・協働関係とみる見方からも，当該条例の適法性を認めたい。公営住宅の場合は，他の給付行政と比較しても，とりわけ協力・協働・信頼関係は決定的に重要な要素であるゆえ，その限りで，他の給付行政一般に，約款・附合契約による侵害行政化を危惧する理由は，小

さくなるように感じる。

　(2) **補助金等適正化法**　次に民法が大幅に後退している例として，補助金等適正化法があげられよう。この法律は，国のいわゆる補助金や負担金等の交付決定手続や補助金等の運用過程の適正化を目指すものであるが，第6条の交付決定手続や，他用途使用に対しての取消規定（17条），および罰則規定（29条〜33条）等からすれば，民法によるというよりは，かなり公権力性が承認されている。国民の交付決定手続への手続的参加権等もほとんど認められていない。行政手続法も補助金に関しては適用除外とされている（補助金24条の2）。したがって行政手続法の審査基準の公表の規定の適用等が除外され，国の恣意的運用の危険性がある。手続的公正さが強く要請されよう。現今の森友学園事件をみても，国・地方公共団体・民間組織の運営や資金交付の手続的運用の不透明さが目立つところである。

　また，この補助金等適正化法に対しては，給付行政において核となる「協調関係」を重要視すれば，受領者の地位を配慮する解釈，たとえば撤回や取消しに対する適正手続的な配慮が必要であろう。また取消し・撤回の制限の理論も重要視される必要があろう。

　(3) **社会保障法における協働関係**　今日，一方では給付サービスの質が問われてきた。他方ではしかし，国も地方公共団体もきわめて厳しい財政危機に直面している。このような状況を克服するには，とりわけより緊密な法関係の下にある社会保障の分野においては，市民と行政の双方がそれぞれ責任を機能分担しつつ協調・協働してゆくことが非常に重要となってきた。とりわけ2000（平成12）年の社会福祉法（法111〔「社会福祉事業法」を改称〕）により，地域の特色を生かした，住民主体と住民本位の地域福祉の推進を図ることが明示された（4条・107条）。また，1997（平成9）年の児童福祉法の改正により保育所の入所が契約関係へと改められ，および同年の介護保険法によっても，本人と事業者との契約に基づいて介護サービスを受けることができるとされるなど，福祉が従来の措置型から，契約型へと変更されてゆく。さらに社会福祉法によっても，契約方式が障害者福祉にも拡大されていった。このように，社会保障法の分野においては，よりいっそう緊密な協調・協働関係が形成され，これまでよりゆきとどきかつ細やかな配慮が実現されつつあることが注目されよう。

3 給付行政に対する権利性

(1) 歴史

① **戦前の状況** わが国においては，給付行政に対する国民の権利性については，戦前においては，憲法レベルでは存在せず，法律がとくに明白に承認しない限り，認められていなかった。国民にとって，給付行政の多くはせいぜい反射的利益として構成されていたにすぎない。しかしドイツにあっては，第一次世界大戦後の賠償債務や世界大恐慌（1929年）の影響により，国民の生存が根底から脅かされ，その結果，国民は国家による生存配慮に強く依存しなければならなくなった。まさにそのとき，フォルストホッフは，配分参加請求権（Teilhaberecht）概念を構成し，生存配慮概念により嚮導される給付行政法論において，生存に対する一定の権利性を国民に対して保障しようとしたのであった。

② **戦後の状況** しかし，基本的人権が強く保障された日本国憲法の下では，憲法25条～28条により，社会権が保障された。それにより，給付行政における権利性を認めることが戦前に比べてはるかに容易になった。しかし，憲法25条の法意については，依然としてプログラム規定説が強い。しかも，給付行政にあっては行政の裁量が強く認められている。したがって，どのように国民の権利性を確立するかに関して，なおも重要かつ困難な解釈問題が横たわっている。

(2) 給付行政における人権の関わり方と国家の義務

給付行政にあっては人権の関わり方には大別すると2種類あるように思われる。

① 第一は，社会保障や公企業の利用におけるように，背景または根底に自由権があるという論理があてはまらず，もっぱら国民の側に給付行政への依存性が強く，そのため憲法や法律により一定の給付を請求できる権利が保障される場合がある。この場合には，行政の側に生存配慮の義務があるとされよう。

② 第二は，企業への資金補助やスポーツ団体への補助のように，元来は営業の自由や文化活動の自由が存在するのみで，国民の側の給付への権利性は希薄といってよい場合，および一般国民の自由使用に供される公共施設・設備の場合である（ただし道路のように依存性の強いものもある）。このように，自由が主として関わる場合には，給付行政を行う国家の義務をどのように構成すべきかが問題となる。この場合，ドイツのフォルストホッフのように，「一般的な需

要」が存する施設・設備に対しては、依存性という基準から離れて、「緊急性（Dringlichkeit）」の基準でもって、需要に即した配慮を保障する公行政の義務があるとする理論も、参考になろう。

(3) わが国における給付行政における権利性のいくつかの例

① 公共施設の利用権　　伝統的には反射的利益にとどめられていた道路の一般使用について、権利性が認められている。たとえば、最高裁は、道路の一般使用に関し、一定の場合、民法710条による「使用の自由権」を認めた（最判昭39・1・16民集18巻1号1頁）。

また地方公共団体の公の施設の利用に関して、住民の利用権を尊重し、拒否処分に対して、裁判所の審査密度が強められている。たとえば、最高裁（呉市公立学校施設利用拒否事件、最判平18・2・7民集60巻2号401頁）は、従来の標準的な社会観念審査とは異なり、処分をする際の要考慮事項を考慮しているか、他事考慮をしていないか等について審査を行い、より深く裁量処分の審査に立ち入り、裁判所による審査密度を向上させていることが注目されうる。

② 瑕疵なき裁量を求める権利　　これは何も給付行政に限ったことではないが、裁量権が強く認められる傾向の強い給付行政にあっては、とりわけ意義深いものであろう。

③ 給付行政の申請権　　わが国の福祉立法の中には、たとえば老人福祉法（昭38法133）のように、公的扶助としての生活保護法の場合とは異なり、「職権主義」で福祉施設の入所決定がなされるしくみがとられている場合がある（老福11条の職権保護）。しかし、この職権主義は、けっして申請権を排除する趣旨ではなく、むしろそれを前提にしつつも、たとえ申請手続が定められていてもその手続を行使できない老人がいるやもしれないゆえ、職権で福祉施設への入所を必要とする老人を探すべきであるという趣旨と解すべく、したがって、申請に対して不作為のままでいると、当該申請者には、行政不服審査法（昭37法160）3条や行訴法3条5項により「法令に基づく申請に対する不作為」として争うことができると解することができよう。

④ 資金補助と権利性　　難解なのは、資金補助行政に対する権利性の問題であろう。とくに営業の自由を根底に置く企業者に対する国家的資金補助は、広範な行政裁量の下に置かれており、企業者の側に資金補助に対する権利性を積

極的に認めようとする理論はほとんど見出されない。もちろん前述の「瑕疵なき裁量を求める権利」が資金補助を申請する者に与えられることはいうまでもない。しかし資金補助の交付それ自体を求める権利は通常は認められない。いわゆる工場誘致条例で、新設工場に奨励金の交付に関する手続が条例で規定されていても、奨励金交付請求権は行政庁の交付決定により初めて発生するとされ、工場の新設または増設という単なる事実行為の完了によって当然に発生するものではないとされる。かつ期待権についても、それはいまだ法的保護の対象になりうる地位にはあたらないとされている（釧路市工場誘致条例事件、札幌高判昭44・4・17行集20巻4号459頁）。しかし、少なくとも文化・教育の分野においては、前述のフォルストホッフの理論を、さらにこれらの領域にも発展的に及ぼし、依存性のみならず緊急性がある場合には、国家・公共団体の側に一定の給付を行う義務があるとしてもよい場合があるように思われる。

⑤ **給付行政と手続的権利**　1993（平成5）年制定の行政手続法により、わが国においても、公正で透明な行政運営が法律上要求されるようになった。それによれば、申請に対する処分および不利益処分に対しても、一定の適正手続が義務づけられた。しかし、申請に対する処分にあっても、補助金申請に対する処分については、適用除外とされているし（補助金24条の2）、また、社会保障にあって重要な生活保護においても停止等の不利益処分に対して適用除外とされている（生保29条の2・62条5項）。さらに金銭の給付決定の取消し等の不利益処分に対しても適用除外とされている（行手13条2項4号、補助金24条の2）。さらにまた、公共施設を設置する場合に必要とされる計画策定手続についても、なるほど個別の法律（河川法や土地収用法など）により事前手続が整備されつつあるが、一般法である行政手続法には積み残されたままである。このように、給付行政のかなりな部分につき適用除外領域が設けられている。それゆえ給付行政の多くの分野に対して行政手続法の適用はない。このような法状況を前提にすれば、給付行政の分野にも、給付行政法論として、法解釈により、適正手続の原則を確立する必要があるように思われる。

　前記の課題を達成するためには、第一に憲法または法治国家原則に基づき、給付行政にも適正手続を実現する方法が考えられよう。第二にしかし、中間行政法理論としての「給付行政法理論」の一つの内容的帰結として、給付行政の

適正手続を提起することができないであろうか。その場合には，憲法13条または31条に支えられての適正手続の理論でなければならないことはいうまでもない。その際，フォルストホッフの提起した配分参加請求権（Teilhaberecht）の理論を，究極的には配分的正義に基づきつつ，単に実体的な配分参加請求権としてとらえるばかりでなく，手続的参加請求権（Teilnahmerecht）としてもとらえ，しかもこの手続的参加請求権を，適正手続的に事前に参加できる権利ととらえることにより，給付行政における手続を，少なくとも現行の行政手続法の精神に可能な限り近づけるよう構成すべきように思われる。たとえば資金補助行政の審査基準の公表等を義務づけるべきであろう。さらにまた，市民と行政のパートナーシップから両者の協調・協働が強く求められる今日，緊密な法関係にある給付行政においては，より強く手続的正義が要求されると思われる。

第5節　給付行政と権利救済

　まず指摘されることには，わが国の場合，実体法上の給付を受ける権利がいまだ強固に確立されていないことであろう。しかし救済法は，行訴法が2004（平成16）年に改正されて，要件はかなり厳しいものの，行訴法の訴訟手段が大幅に拡充された。また2014（平成26）年に行政不服審査法や行政手続法が改正され，処分等の中止，処分等を求めることが一定の場合に可能になり，簡易迅速な救済手続が整備されてきた（行手36条の3）。給付行政の分野においても，今後の展開が期待されうる。

1　行政事件訴訟法の改正

　従来の行訴法は，抗告訴訟中心，とりわけ取消訴訟中心につくられていた。しかし2004（平成16）年の行政事件訴訟法改正により，義務づけ訴訟が法定された。また，同法4条で公法上の法律関係に関する確認の訴えが明文で設けられた。この改正により，生活保護法において，保護の申請に対して拒否処分がなされたとき，従来は取消訴訟でのみ争うことができたが，取消訴訟に併せて義務づけ訴訟を提起できるようになった。また仮の義務づけも求めることができるようになった。さらに補助金の交付に関しても，地方公共団体の場合，補

助金交付規則でたとえ交付決定に処分性が認められず，契約とされても，同法4条による公法上の法律関係に関する確認の訴えにより，不交付の決定に対して違法の確認を求め，確認判決を得るとその拘束力により（41条1項が準用する33条）一定の救済を図ることができるようになった。このように改正行訴法により，憲法32条の裁判を受ける

行政事件訴訟法4条は輝き始めた
「公法上の法律関係に関する確認の訴え」は，従来の公法上の当事者訴訟としての給付訴訟とともに，権利・義務関係が法令に明白に定められている給付行政の場合には，たとえ給付拒否決定に処分性が認められなくとも，拒否決定に対して，違法の確認を求めたり，一定の場合には給付を請求したり給付を義務づける訴訟を提起することもできよう。

権利が実質的に保障され，給付行政における権利救済が大幅に進展されうることになった。

　このような訴訟手段の拡大に対応して，実体法の分野で給付行政に対する権利性を充実させる必要がある。たとえば，給付を受益する側の国民に対して，たとえばドイツの配分参加請求権のような，すべての給付に対して一定の請求権的地位を付与することも有益ではないかと思われる。もっとも，わが国においては，ドイツと違い憲法上明白に社会権が保障されているので，配分参加請求権の意義は，憲法の社会権規定よりも強い権利性を保障したり，あるいは社会権で包摂されないような請求権的地位を，たとえば自由権の実質的保障のために，給付行政において認めること，および手続的権利が行政手続法上あまり保障されていない給付行政の分野において，これを配分参加請求権の中で積極的に構成してゆくこと等にあろう。

　このような配分参加請求権の法的基礎・根拠としては，憲法25条～28条の社会権規定のほかにも，憲法13条（幸福追求権）や14条（平等権）を基礎にして自由権の中にも一定の配分参加請求権が認められるべきであると考えたり，さらに究極的には民主主義原則に基づき国家の財貨の配分にはすべての国民が一定の配分参加請求権をもつと考えることもできよう。このように社会権および配分参加請求権を給付行政に際し強く意識することにより，これらの権利を充足することが「緊急（dringlich）」なときには，行政の側に給付行政を行う義務が具現化されると考え，この義務を行政が適切に果たさず，申請に対し裁量の名の下に不作為を続ける場合には，「不作為の違法確認訴訟」を，そして申請に対して拒否決定する場合には，取消訴訟およびそれに併せて義務づけ訴訟を提起できると考えることができよう。

2　仮の権利保護

　仮の権利保護が十分に保障されていないと，実効性のある権利保護を保障するはずの憲法32条の裁判を受ける権利が真に保障されているとはいえない。従来の行訴法によれば，その25条により執行停止の制度が定められていたにすぎなかった。しかし，給付申請に対する拒否処分については執行停止を申し立てる利益がないとされてきた。他方，給付行政においては民事保全法（平元法91）の仮処分による救済が考えられるが，行訴法44条により明文で公権力の行使には仮処分は適用できないとされている。

　また執行停止については，従来は要件として「回復しがたい損害」を避けるためでなければならなかったところ，現行では，なるほど「重大な損害」を避けるためと要件が緩和されたけれども，依然として厳しい条件をクリアしなければならない。さらに，行訴法27条により内閣総理大臣の異議の制度が存在し，同条4項によれば，異議があったときは，裁判所は，執行停止をすることができず，また，すでに執行停止の決定をしているときは，これを取り消さなければならないとされている。アメリカのトランプ大統領が出した，一定の国の人の入国を制限する大統領令（2017年1月26日等）について，州にある連邦地方裁判所は，全米で執行の停止を命じる仮処分の決定を出した（同年2月）ことが大きく報道されたが，アメリカには，わが国におけるような内閣総理大臣の異議の制度は存在しない。アメリカでは，裁判所の執行停止の仮処分に対しては，大統領といえども裁判所に救済を求めなければならない。それゆえ，ある意味でわが国の内閣総理大臣は，アメリカの大統領以上の強い公権力を保持しているとされるゆえんである。しかし，内閣総理大臣の異議の制度は，司法権の品位を傷つけるとして憲法違反の疑いを持たれている。

　このように従来はわが国の仮の権利保護制度は，きわめて不十分で問題が多いが，2004（平成16）年の行訴法改正により，仮の権利保護に関して，仮の義務づけと，仮の差止めの制度が加えられた（37条の5）。これにより給付行政の分野において，実効的救済の制度が充実されてきた。前述の東大和市で起こった入園拒否事件で，東京地裁が仮の義務づけを決定したように，個人の尊厳を守るうえでも，そして給付行政のためにも，仮の権利保護は大きな役割を今後も果たすに違いない。しかし，仮の義務づけや仮の差止めの制度にも，内閣総

理大臣の異議の制度が準用されている（37条の5第4項）。

3　競争者訴訟および第三者訴訟

現代行政においては、ある人に対する利益の付与が他の人には不利益となるような複効的な行政が増大している。給付行政の分野においても、実際には同時に権利侵害の問題が発生しうるのである。たとえば、①資金補助行政の分野において、補助金の申請をしていようがいまいが、資金補助を受けることのできない競争業者がある場合、その業者は資金補助を受ける同業者との競争に敗れ、不利益をこうむる可能性が出てくる。このような場合、競争者訴訟または競業者訴訟が現実のものとならなければならない。また、②公共施設の設置と管理が周辺の居住者に対して、大きな苦痛を与える結果となっている。このような場合、周辺の居住者に対して、公共施設の設置と管理に対して、権利保護の道が与えられる必要があろう。以上のように、現代的な給付行政に際しては、配分的正義をめぐり、本来は第三者と思われる法主体に対しても、裁判所で争う道が開かれなければならない。

ところで、行訴法は2004（平成16）年の改正により、9条2項において、処分の相手方以外の者にも原告適格が認められるようになった。すなわち、「当該法令の趣旨及び目的並びに当該処分において考慮されるべき利益の内容及び性質を考慮するものとする。」と規定され、しかも、考慮する場合、「当該法令の趣旨及び目的を考慮するに当たつては、当該法令と目的を共通にする関係法令があるときはその趣旨及び目的をも参酌するものとし」、「当該利益の内容及び性質を考慮するに当たつては、当該処分又は裁決がその根拠となる法令に違反してされた場合に害されることとなる利益の内容及び性質並びにこれが害される態様及び程度をも勘案するものとする。」と規定された。とりわけ、「害されることとなる利益の内容及び性質並びにこれが害される態様及び程度をも勘案するものとする」との規定により、従来は「法律上の利益」とは、具体的な個別の法律において保護された利益と解釈されていたところ、裁判所で「保護に値する利益」も含まれることとなったことが注目されうる。また、「当該法令と目的を共通にする関係法令があるときはその趣旨及び目的をも参酌する」との規定により、都市計画事業認可において第三者としての沿線住民に原告適

格が認められた（最判平17・12・7民集59巻10号2645頁，判例百選Ⅱ・177）ことが注目されうる。

4 課税の限界と最低限の生活の保障

ところでドイツの連邦憲法裁判所は，課税権の行使の限界として，人間の尊厳（1990年5月25日第一法廷判決）あるいは国民の自由な人格の発展（1992年9月25日第二法廷判決）を害してはならないとした。したがって，課税に際し最低限の生活をこえて課税してはならないことになった。これらの判決の意義は，それまではさまざまな給付行政の分野で，さまざまな基準に基づいてさまざまに異なる最低限の生活保障がなされていたが，これらの判決により最低限の生活保障の統一化が要求されるようになったことにある。それにより社会援護法の最低限の生活保障基準が中心に置かれるようになった。しかしドイツでは税収入の減少により，社会援護の最低保護基準に対し政治的圧力が加わり，今や節約を図る給付法律が登場してきている。そのため学問的に最低限度の生活を法的に保障する意義が高まり，何が人間の尊厳か等をめぐり，新たな視点で給付行政における権利救済の問題をとらえ直さなければならないことになっている。わが国では，大島訴訟控訴審判決（大阪高判昭54・11・7行集30巻11号1827頁）で，納税後の納税者の所得が，憲法上の最低生活費の数倍に達するところから，最低生活費に課税してはならないとの憲法25条違反の主張は理由がないと判示され，課税と最低生活費の保障の関係の一般的問題の司法判断は回避されてしまった。しかしわが国でも，少なくとも課税と給付行政とが相互に関連づけられて議論されなければならない。

5 住民訴訟と給付行政

地方自治法242条によれば，住民は誰でも，自治体の財務（公金や公有財産の管理）に関して，監査委員に監査を請求できる。それによりなお不服があるときは，住民訴訟を裁判所に提起できる（242条の2，これを納税者訴訟〔Taxpayers' suit〕と呼ぶ）。したがって，住民監査請求および住民訴訟は給付行政と深く関わっている。とりわけ補助金（232条の2）の公益性に関して住民訴訟でしばしば争われている。

住民監査請求では適法・違法ばかりでなく、当・不当に関しても監査請求できる。それに対して住民訴訟では適法・違法に限定される。住民訴訟については、これまで数多くの裁判例がみられる。そのうち、住民訴訟を起こしやすくした判決として、住民訴訟と訴額につき、最高裁（最判昭53・3・30民集32巻2号485頁）は、複数の住民が共同して出訴した場合でも、「各自の『訴を以て主張する利益』は同一であると認められるので、その訴額は、民訴法23条1項により合算すべきではなく、一括して35万円とすべきものである」とした。

また、住民訴訟の訴訟類型に周知のように4類型あり、第一号請求として差止訴訟があるが、2004（平成14）年自治法改正前には一号請求には「回復の困難な損害を生ずるおそれ」要件があったが、改正により緩和され、一号請求が四号請求（従来の代位請求）の従属性から解放され、一号請求は間口が大きく拡大されることとなり、今後は違法な当該行為はなるべく事前に差し止め、当該行為の執行後の段階にまで引きずらない立法方針が打ち出されたと解されている。

ところで、この地方自治法上の住民訴訟にあやかり、国においても国民訴訟を法制度化しようとする動きがある（日弁連による提案）が、前途には厳しいハードルがあるようである。そこで注目されるのが会計検査院法35条の審査要求の制度である。たしかに同条による国民の審査要求の要件として、「利害関係人」としての国民の厳しい要件があるけれども、解釈により、納税者はすべて利害関係人とする考え方を軸にしながら、さらに配分参加請求権、給付請求権等の補強理論を積み重ねて、会計検査院法35条の利害関係人の範囲を拡大することを企図したい。

6 給付を受ける権利としての原状回復請求権
(1) 自由権侵害における防御的原状回復請求権としての給付を受ける権利

前述のように、自由権が侵害されたとき、「受忍せよ、そして補償を求めよ」にならい損害賠償あるいは損失補償（正当な補償）を求めるのではなく、受忍しないで、原状回復請求権として、元々あった状態の回復を求める権利が認められるべきである。これは憲法上は自由権が侵害されたときの防御権として保護されるべきものである。その限りで国家の側には原状回復の義務が課さ

れるのである。すなわち、原状回復という給付を求める権利と、原状回復という給付をなす義務が、権利義務関係として発生するのである。その際、もし原状回復が不可能ならば、代替的に結果補償請求権（Folgenersatzanspruch）が賦与されるべきと思われるのである。この補償は、損害賠償とも異なるし、正当な補償を目指す損失補償とも全く異なる補償である。またわが国で、ほとんどの行政法教科書にとり上げられている結果補償（損害賠償でもあるような、かつ損失補償でもあるような。損害賠償と損失補償の中間）とも異なるものである。

さて、この自由権の侵害から生ずる原状回復請求権は、不作為請求権とも異なる。しかも原状回復請求権は、不作為請求権よりはるかに強力な権利である。たとえば不作為請求権は利用制限を要求するにとどまるかもしれないが、原状回復請求権は、場合によれば、施設そのものの撤去を要求できるとされうるものである。その例として、生活妨害の原因となっている公共施設の撤去を要求できるとされる。

ところで原状回復請求権は、行政事件訴訟法の取消訴訟の取消判決の拘束力（行訴33条）により担保されることもありうる。しかし、処分とは直接には関係のない、事実上の結果については、取消訴訟以外の、給付訴訟によることができる。

(2) **社会権侵害における原状回復請求権（回復請求権ないし実現請求権）としての給付を受ける権利**　自由権侵害ではなく、社会権侵害に関わる原状回復請求権としての給付を受ける権利が存在する。すなわち、いわゆる社会法上の回復（実現）請求権といわれる原状回復請求権がこれである。この権利は、自由権侵害を前提としないで、社会権に関する給付を受ける権利が、行政庁の間違った教示によって、法律を正しく執行しておれば、給付を受ける権利が与えられた状況の中で、給付が与えられなかった場合、本来与えられたはずの権利を回復あるいは実現させる原状回復請求権である。この社会法上の回復（実現）請求権は、とくにドイツでは連邦社会裁判所を中心に積極的に認められている権利である。ドイツでは社会法典総則13条ないし15条において教示の義務が明白に規定されていることも、この権利が認められる根拠になっている。

他方わが国においては、実定法上、教示の義務が確立されておらず、そのうえ、実定法上、多くの福祉立法において申請主義が採用されている。すなわち

（認定）申請がなければ権利そのものの存在が認められないしくみになっている。たとえ教示が誤っていても，申請がない限り権利そのものが存在しないとされる。しかし，永井訴訟（児童扶養手当認定処分取消等請求事件）において，京都地裁（平3・2・5判時1387号43頁）は，児童扶養手当法のように認定請求主義（非遡及主義）をとる社会保障の担当行政庁の周知徹底等の広報義務は，憲法25条の理念に即した児童扶養手当法1条と7条1項・2項の解釈から導き出すことができるとして，損害賠償請求を認めた。しかし，同事件で大阪高裁（平5・10・5訟月40巻8号1927頁，判例地方自治124号50頁）は，児童扶養手当の支給に関する広報，周知徹底義務を法的義務として肯認することはできず，法的強制のともなわない広報，周知徹底の責務が認められるにとどまるとし，請求を退けた。ただし，大阪高裁は，市民が役所の窓口で制度について具体的に質問し相談しているのにこれに的確に答えないで誤った教示をするなど，広報，周知徹底に関する国等の対応がその裁量の範囲を著しく逸脱したような場合には，これを違法として損害賠償義務を認める余地があると判断していた。

　ところが，大阪高裁（平26・11・27判時2247号32頁）は，社会保障制度に関与する国や地方公共団体の機関は，当該制度の周知徹底を図り，窓口で適切な教示を行う責務を負っているとし，教示等につき広範な裁量があっても，条理上具体的な相談等の内容に応じて何らかの手当を受給できる可能性があると考えられるときは，適切な指示を行い，また該当する制度の特定に努める職務上の教示義務があるとし，それに違反する場合，裁量権の範囲の逸脱を認めて損害賠償責任を負わせている。

　しかし，前掲京都地裁平成3年判決や大阪高裁平成26年判決は，ドイツにおけるような社会法上の回復（実現）請求権そのものを認めたのではなく，損害賠償責任を行政に負わせたものである。しかし，責務から条理上教示義務を認めるのであれ，教示義務を肯定すれば，損害賠償をこえて，権利そのものの回復・実現へあと一歩進むべきである。そうでないと，行政がたとえ間違っていても，行政のやることを「受忍せよ。そして補償を求めよ」式の古い思考方法が僅かであれ残存することになる。原状回復請求権は，損害賠償ではなく，権利の存在そのものの回復（実現）を図る思想である。社会権規定のないドイツで社会法上の回復（実現）請求権が認められるのであれば，社会権規定が明白

に存するわが国において，同様の権利が認められても不思議ではない。

第6節　給付行政と行政の監視・評価

1　行政監察（広義）の意義

　給付行政は金銭的または物質的な利益の供与でもって公共の利益を増進しようとする行政という性格を有している。このような行政にあっては適法・違法の問題ばかりでなく，より広い意味において当・不当の問題も前面にあらわれる。そこで，国民に対して，不当性まで争うことのできる法治国家にふさわしい争訟手段を準備するばかりでなく，違法・不当な給付行政に対する国家自身による監察・検査の充実がきわめて重要なものとなる。

　まず国のレベルでは，違法・不当な給付行政に対する行政監察（広義）としては，会計検査院や総務省による行政監察が，次に地方公共団体のレベルにおいては，監査委員による行政監察・監査が重要である。その際会計検査院の場合には財政的な観点での行政監察が，また総務省の場合には行政運営一般の監察（正式には行政評価・監視および政策評価）が主要な任務である。また，地方公共団体における監査委員の場合には，1991（平成3）年の地方自治法改正により，財政的な面ばかりでなく行政運営一般についても監査できるよう監査権限が拡大されている。

　なお現在，国および地方公共団体ともに膨大な長期累積債務に苦しんでいる。もはや予算の無駄遣いや政策判断の誤りも許されない。そのため行政の監視と評価が厳しく問われるようになり，伝統的な行政監察あるいは検査ばかりでなく，政策評価の重要性が強調される。たとえば，1998年の中央省庁等改革基本法により各省に政策評価局を置くこと，総務省設置法により総務省が官庁横断的に政策評価を行うことが定められるとともに，会計検査院に対しても，政策評価も期待されうるようになってきた。地方公共団体においても，行政監察に加え，政策評価の意義が大きくなってきた。それゆえ監査委員や外部監査人にも新たな課題が負わせられるようになってきているといえよう。

　まさにこのような状況の下で，2001（平成13）年に行政機関が行う政策の評価に関する法律（法86），すなわちいわゆる政策評価法が成立し，国の行政機

関および総務省の行う政策の評価についてその基本的事項を定めた。この法律は、公共事業を含め行政の政策に関し、計画の中止・変更もありうるとするもので、広義の行政監察にとっても非常に意義がある。

2　行政の監察および政策評価の基準

まず、監察基準としては、会計検査院にあっては、正確性、合規性のみならず、明文をもって経済性、効率性および有効性の観点その他会計検査上必要な観点から検査を行うものとするとされる（会検20条3項）。また総務省にあっては、法律上の任務としては、「行政の総合的かつ効率的な実施」（総務省設置法3条）が確保されているかどうかが監察の基準となる。具体的には、行政の監視・評価の基準として「行政が本来の企図のごとく運営」されているかどうかが、監察の基準となる（行政評価・監視業務運営要領・平13総務省訓令64）。

また政策評価基準としては、とくに必要性、効率性および有効性が強調される。しかしこれらの基準は、非常に重要なものであるため、理論的にいっても基本的には法律でもって定めてゆくべきであろう。この意味で、前述の政策評価法が政策評価の基準を法律で定めたことは大いに注目できよう。しかし、この場合にも、政策評価業務運営要領（平14総務省訓令51）が内部的に作成されており、同4条によれば、政策評価法に定められている効率性と有効性の基準のほかに、公平性、優先性等の基準が定められている。

これらの監察や政策評価の基準については、単に行政の経済性や効率性に監察や評価の視野を限定すべきではなく、より広い視点で個人の生命、身体、および財産の安全をも配慮した行政の公正さが監察や評価の究極的基準に置かれなければならないだろう。

3　行政の監察（監視・評価）と国民

まず行政の監察・検査や評価の結果は、会計検査院の場合には内閣や国会自身により、総務省の場合には内閣総理大臣の指揮権をとおして、行政の改善が図られる。

このような行政監察に対して、民主主義国家においては、国民が接近できる道が保障されるべきであろうが、まず会計検査院の場合には、利害関係を有す

る者が会計検査院法35条に基づく審査要求により，また総務省の場合には非公式ではあれ，いつでも誰でも苦情を同省に提起することにより接近できる。さらに，情報公開法により，総務省のみならず，会計検査院に対しても国民は公文書の公開を求めることができるようになった。

しかし会計検査院の場合，審査要求を提起できる利害関係人の範囲は従来は非常に狭く解されているが，少なくとも給付行政にあっては，単に納税者としての資格からばかりでなく，すべての人が配分参加請求権を有するゆえ，国民はすべて審査要求を提起できる地位を原則として有すると考えるべきではなかろうか。さらに会計検査院は，憲法90条の解釈として，内閣を通して国会に検査報告を提出するにとどまらず，内閣へ検査報告を提出するのと同時に国会へも検査報告を提出できると考えるべきではなかろうか。また会計検査院の検査の結果は，国民が情報公開を請求しようがすまいが，原則として公開すべきように思われる。このように，会計検査院を，給付行政において，配分的正義すなわち公正性を担保するための重要な国家機関に高める理論，または会計検査院を国民にいっそう接近させる試みが，今後ますます重要になってくるのではなかろうか。

さらに，行政の評価とくに政策評価においても，予算の執行に関わるということだけでなく，国民に対する説明責任を尽くすためにも，これらの評価の重要な基準や手続に関し，法律を定めて行うべきように思われる。その意味では，前述の政策評価法が制定され，かつその中で国民に対する説明責任が規定された（1条）ことは意義深いものであるが，国民が政策評価に接近できる道，すなわち国民自身からの政策評価を求める手続的請求の道がどこにも規定されていないのは，依然として行政内部の評価手続にとどまっていることを示すものであり，不徹底であろう。

第 2 章　監察行政法

第 1 節　総説

　行政活動の適正かつ効率的な運用を確保するため，行政機関等の業務状況を調査し，必要な改善勧告等を行った旧総務庁行政監督局による「監察」は，現在，総務省行政評価局による「行政評価・監視」として引き継がれている。

　行政活動のコントロールは，いうまでもなく議会や裁判所によるものが基本となる。しかし，議会によるコントロールは多分に政治的な要素を含み，また裁判所によるコントロールも「法律上の争訟」に対象が限られる（裁3条）。つまり，行政の適正かつ効率的な運営は議会および裁判所によって実現できるわけではなく，これらから抜け落ちる部分を補完することが必要となる。この役割を担うのが監察行政である。また，監察行政には，違法または不当な行政活動から国民の権利利益が保護されるという機能も存在し，ここに私人との間に法関係を見出す契機が存在する。

　監察行政の範囲は限られるものではなく，日常における上司の助言をはじめ，行政の適正かつ効率的な運営に資する活動はすべて含まれてよい。ただし，ここでは，フォーマルな形で法制度化されたものを中心に扱うこととする。すなわち，国においては，政策評価，総務省による行政評価・監視，そして会計検査院による会計検査，また，地方公共団体においては，監査委員による監査および外部監査委員による監査を取り上げることとする。

　行政過程は「PLAN – DO – CHECK – ACTION」のサイクルからなる。監察行政は，その中で，従来稀薄であると指摘されてきた CHECH – ACTION の部分に該当する作用である。この作用は，代表的には，合規性や経済性といった基準に基づいて行われ，基準に照らして改善すべき点があればそれを指摘し，

次のPLANやDOにフィードバックさせていくという役割が課せられているのである。

第2節　政策評価と総務省による監視・評価

1　政策評価

(1)　**各府省の政策評価**　政策評価は，中央省庁等改革基本法（平10法103）による改革の基本方針の一つとして盛り込まれた。これを国家行政組織法（2条2項）および内閣府設置法（5条2項）が受け，「国の行政機関」および内閣府に，「その政策について，自ら評価し，企画及び立案」を行うことが義務づけられた。そして，この政策の評価に関する基本的事項について，「行政機関が行う政策の評価に関する法律」（平13法86．以下「政策評価法」という）が制定されている。

まず，政府は，政策評価に関する基本指針を定めなければならず（政策評価法5条1項），それに基づき各行政機関の長は3年以上5年以下の期間ごとに基本計画を定めなければならない（6条1項）。そして，各行政機関の長は，1年ごとに事後評価の実施に関する計画（「実施計画」）を（7条1項），また，国民生活等に相当程度の影響を及ぼす政策を決定しようとするなど所定の要件に該当する場合には事前評価を行わなければならない（9条1号）。

評価は，当該政策について「必要性，効率性又は有効性の観点その他当該政策の特性に応じて必要な観点」から行われる（3条1項）。「その他」の観点としては，「公平性」（効果の受益と費用の負担が公平か），「優先性」（他の政策より優先すべきか）などが考えられる。評価に際しては，その客観性および厳格性を確保するため，できる限り定量的に把握することや，学識経験者の知見を活用することが求められる（同条2項）。また，各行政機関の長は，政策評価を行ったときは評価書を作成し（10条1項），すみやかに総務大臣に送付するとともに，これを公表しなければならない（同条2項）。

(2)　**総務省による政策評価**　総務省には，政府全体としての統一性を確保し，総合的な推進を図る見地から必要な評価を行う任務が課されている（政策評価法12条1項）。また，各行政機関の実施状況からあらためて評価が必要な場

合や，社会経済情勢の変化に的確に対応するために評価が必要な場合にも，総務省が，当該行政機関の政策について，その政策評価の客観的かつ厳格な実施を担保するための評価を行うこととされている（同条2項）。総務大臣には，これら評価のため必要な範囲において，各行政機関の長に対し資料の提出や説明を求め，実地に調査する権限（15条1項），さらに，評価の結果必要があれば，関係行政機関の長に対し必要な措置をとるべきことを勧告する権限（17条1項）が与えられ，この勧告内容は公表される（同前）。このように，国民に対する説明責任を徹底し行政の透明性を図る趣旨から，評価結果の公表や，評価の際に使用した仮定等の前提条件，評価手法・指標，データ等の情報の開示はきわめて重要である。そして，これらに対して国民から出された意見，要望についても，各行政機関の政策等に反映させるシステムの構築がさらに求められるであろう。

2　総務省による評価・監視

　総務省設置法は，総務省の任務として，まず初めに「行政の基本的な制度の管理及び運営を通じた行政の総合的かつ効率的な実施の確保」を掲げ（3条1項），その任務を達成するために所掌する事務として，各府省の政策についての評価や各行政機関の業務の実施状況の評価および監視をあげている（4条1項各号）。

　総務大臣は，この評価・監視を行うために必要な範囲で各行政機関の長に対し資料の提出や説明を求め，実地に調査することができる（6条2項）。とくに各行政機関の業務の実施状況の評価・監視のための調査に関しては，相手方はこれを拒否できないこととされている（同条3項）。そして，結果を次なるPLANやDOに反映させるため，総務大臣は，評価・監視に基づき必要があれば関係行政機関の長に対し勧告を行うことができ（1項），勧告に基づいてとった措置について報告を求めることができ（6項），さらに内閣総理大臣に対しても意見を具申することができる（7項）。

第3節　会計検査院による検査

1　会計検査院による検査の意義

「国の収入支出の決算は、すべて毎年会計検査院がこれを検査し、内閣は、次の年度に、その検査報告とともに、これを国会に提出しなければならない」（憲90条1項）。国の財政を処理する権限は国会の議決に基づかなければならず（83条）、予算執行の結果についても、内閣は、国会の審査を受けなければならないのである。その際、憲法は、ややもすると政治的駆け引きに陥りやすい国会の決算審査に、内閣から離れた立場での専門的知見を提供するよう会計検査院に求めている。この会計検査院の活動は、国会への情報提供に加えて、前節の総務省による評価・監視と同じく行政の合規性や経済性の実現にも寄与するものである。

2　会計検査院の法的地位

会計検査院は、憲法により直接設置を要求された機関である（90条1項）。同条2項を受け制定された会計検査院法は、その1条で「会計検査院は、内閣に対し独立の地位を有する」（会検1条）と定める。会計検査院の独立性が憲法上も要求されているかどうかについては異なった見解がある。すなわち、①憲法83条「国会中心財政主義」の徹底から国会附属機関化が求められるとする立場、②専門性を保つ観点から国会からの独立性も要請されているとする立場、③実質的に独立性を確保すれば国会附属機関化も可能とする立場等、である。本書は基本的に②の理解に立っている。

3　会計検査院の検査

(1)　**対象**　会計検査院は、憲法90条の規定により国の収入支出の決算の検査を行うほか（会検20条1項）、会計経理の適正を期し是正を図るため「常時の会計検査」も会計検査院の任務とする（同条2項）。対象となるのは、国のすべての分野の会計のほか、国が資本金の2分の1以上を出資している法人の会計や個別法で特に会計検査院の検査に付するものと定められた会計、たとえば放

送法79条に規定された日本放送協会の会計検査などである（会検22条）。また，国が補助金その他の財政援助を与えているものや国が資本金を出資したものがさらに出資しているものの会計も，会計検査院が必要と認めるとき等，検査の対象となりうる（23条1項）。

（2）**任務**　まずはこれらの「決算の検査」が本来的な任務ではあるが，これは事柄の性質上いくら急いでも人々の関心に追いつけない。会計検査院の言明に適時性を持たせるためには，現に進行中の会計についても積極的に検査の対象とし，そのつど会計検査院としての見解を表明していく試みが求められよう。なお，取り扱うテーマは基本的に会計検査院の裁量によるが，各議院またはその委員会は会計検査院に特定事項につき検査，報告を求めることができる（国会105条）。ただし，その要請に対し，会計検査院側は「検査を実施してその検査の結果を報告することができる」とされ，要請にかかる検査・報告が義務として課されているわけではない（会検30条の3）。

（3）**観点**　検査は，①正確性，②合規性，③経済性，④効率性，⑤有効性，その他の観点から行われる（会検20条3項）。すなわち，①は決算が予算執行の状況を正確に表示しているかどうか，②は会計経理が予算や法令等に従って適正に処理されているかどうか，③④は個々の事業が経済的・効率的に行われているかどうか，⑤は事業全体が所期の目的を達成し効果をあげているかどうか，を問うものである。

（4）**報告**　検査の結果は，検査報告として内閣に提出されている。この内容いかんで当該支出部分が取り消され，無効にされるというような効果を有するものではない。検査報告には，国の収入支出の決算の確認のほか，法令等に違反しまたは不当と認めた事項，懲戒処分を要求した事項，予算執行職員の弁償責任の検定，会計検査院として会計経理や制度・行政に関して意見を表示したり処置を要求した事項とその結果，などが記載されなければならない（会検

法原則としての経済性　ドイツの会計検査院もわが国とほぼ同様の観点から検査を行っている。ただし，ドイツでは，「合規性（…）および経済性（…）」が，憲法上明文で示されている点が特徴的である（ドイツ連邦共和国基本法114条2項）。そして「経済性」は単なる検査基準ではなく，一つの法原則としても考えられている。つまり，公的財源を取り扱うものは，立法府であれ執行府であれ，法原則である「経済性」に制約され，これに違反すると，もはや「不当」ではなく「違法」とされることもありうるのである。もっとも，わが国でも住民訴訟の判決をよくみると，「社会通念上の儀礼の範囲を逸脱」などという言葉で，経済性違反の司法的判断がなされているともいえる。基準の精緻化とともに，国のレベルでも法原則として確立する必要がある。

29条)。このほか，必ずしも法所定の記載要求事項には該当しないが，検査報告には，広く問題を提起する趣旨から，「特定検査対象に関する検査状況」，「国民の関心の高い事項等に関する検査状況」等の掲記も行われている。なお，会計検査院は，34条または36条の規定により意見を表示しまたは処置を要求した事項その他とくに必要と認める事項については，随時，国会および内閣に報告することができる（30条の2）。

第4節　地方公共団体における監査

1　監査委員による監査

(1)　**総説**　監査委員は，当該地方公共団体の財務や経営のみならず，事務（自治事務および法定受託事務）全般に関する監査を通じて，公正かつ効率的な行政運営の実現に寄与する合議制の専門的機関である（自治195条以下）。地方自治法上，その独立性を確保するため，所定の場合を除き，その意に反して罷免されることはない（197条の2第1項・2項）とされ，罷免の際にも，議会での公聴会を経ることを条件とするなど，強い身分保障がなされている。ただし，監査委員は，住民による解職請求の対象となっている（86条1項）。

監査委員の一般的な権限としては，①関係人の出頭を求め，もしくは関係人について調査し，または関係人に対し，帳簿，書類その他の記録の提出を求めることができること（199条8項），②監査の結果に関する報告を決定し，これを当該地方公共団体議会および長ならびに関係機関に提出できること（同条9項），そして，③監査の結果に基づいて，当該地方公共団体の組織運営の合理化に資するため，その意見を提出することができること（10項）などがあげられる。その他，監査の種類に応じて個別的な権限が定められている。

(2)　**監査の種類**

①　**財務監査**　まず，監査委員の監査の基本は，普通地方公共団体の財務に関する事務の執行および普通地方公共団体の経営に係る事業の管理を監査することにある（自治199条1項）。これは，毎会計年度，少なくとも1回以上期日を定めて行わなければならない（同条4項）ほか，必要があると認めるときはいつでも行うことができる（5項）。この場合，監査委員は，とくに次の2

点に意を用いて監査しなければならない（3項）。すなわち，その事務を処理するにあたって，住民の福祉の増進に努めるとともに，最少の経費で最大の効果をあげるようにしなければならないこと（2条14項），ならびに，常にその組織および運営の合理化に努めるとともに，他の地方公共団体に協力を求めてその規模の適正化を図らなければならないことである（同条15項）。

② **行政監査** 監査委員は，必要があると認めるとき，当該地方公共団体の所定のものを除く事務の執行についても広く監査することができる（199条2項）。一方，当該地方公共団体の長から事務の執行に関し監査の要求があったときは，監査委員はその要求に係る事項について監査をしなければならない（同条6項）。

③ **財政的援助の監査** 監査委員は，必要と認めるとき，または当該地方公共団体の長の要求があるときは，補助金，交付金，負担金，貸付金，損失補償，利子補給，その他の財政的援助を与えているものの事務の執行で，当該財政的援助に係るものについて監査することができる（7項）。

④ **決算の審査** 地方公共団体の長は，会計管理者から提出された決算および関係証書類を監査委員の審査に付さなければならない（233条1項・2項）。これを受けて監査委員は，当該決算を審査し，長はそれを議会の認定に付さなければならない（同条3項）。議会の認定に付した決算の要領は，住民に公表される必要がある（6項）。

⑤ **職員の賠償責任監査** 会計管理者等，所定の職員が故意または重大な過失（現金については故意または過失）により現金，有価証券，物品等を亡失・損傷した場合，ならびに支出負担行為や支出・支払等の権限を有する職員等が故意または重大な過失により法令の規定に違反して当該行為をした場合等，これにより当該地方公共団体に損害を与えたと認められるとき，長から求めがあれば，監査委員は，その事実があるかどうかを監査し，賠償責任の有無および賠償額を決定することとされている（243条の2第3項）。

⑥ **議会の要求に基づく監査** 議会は，監査委員に対し，当該地方公共団体の事務に関する監査を求め，監査の結果に関する報告を請求することができる（98条2項）。また，議会は，採択した請願のうち，監査委員において措置することが適当と認めるものは，監査委員にこれを送付し，かつ，その請願の処理

の経過および結果の報告を請求することができる（125条）。

⑦ **有権者の直接請求に基づく監査**　選挙権を有する者はその総数の50分の1以上の連署をもって，その代表者から，監査委員に対し，当該地方公共団体の事務の執行に関し，監査の請求をすることができる（75条1項）。この請求があったときは，監査のうえ，その結果に関する報告を代表者に送付し，これを公表するとともに，議会および長ならびに関係機関に提出しなければならない（同条3項）。

⑧ **住民監査請求に基づく監査**　住民は，当該地方公共団体の長や職員などが違法・不当な公金の支出や財産の取得・管理・処分等があると思われるとき，あるいは違法・不当に公金の賦課・徴収や財産の管理を怠る事実があると思われるときには，これらを証する書面を添えて，監査委員に監査を求めることができる（242条1項）。監査委員は，もし請求に理由があると認めるときは，議会，長その他の執行機関または職員に対して，期間を示して必要な措置を講ずべきことを勧告するとともに，当該勧告の内容を請求人に通知し，かつこれを公表しなければならない（同条3項）。この監査および勧告は，請求があった日から60日以内に行わなければならないこととされている（5項）。

2　外部監査人による監査

(1)　**総説**　地方分権の進展にともなう地方公共団体の自立の必要性や責任の高まりに対応すべく，地方公共団体「外部」の独立した監査人と外部監査契約を締結し，より客観的で専門的な評価を得ることを通じて，監査の強化を企図した外部監査制度が導入されている（自治252条の27以下）。外部監査契約には包括外部監査契約と個別外部監査契約がある（同条1項）。あくまで契約締結の資格者は個人であるので（弁護士，公認会計士，職員OB等，同252条の28第1項・2項），補助職員の協力があるとはいえ（252条の32第1項），地方公共団体の膨大な業務に対し，いかに適切な監査を実施していくかが課題とされている。

(2)　**外部監査の種類**

①　**包括外部監査**　契約地方公共団体が，地方自治法2条14項（事務処理にあたり住民の福祉の増進に努めるとともに最少の経費で最大の効果を）および15項（常に組織・運営の合理化に努め規模の適正化を）の趣旨を達成するために，外部監査

人の監査を受け，その結果に関する報告の提出を受けることを内容として締結するものである（252条の27第2項）。都道府県，政令で定める市（指定都市，中核市）等は，包括外部監査契約の締結を義務づけられている（252条の36第1項）。包括外部監査人は，必要と認める特定の事項について監査し，契約期間内に監査の結果に関する報告を決定し，議会および監査委員ならびに関係機関に提出しなければならない（252条の37第5項）。監査のため必要があれば，監査委員と協議して，関係者の出頭を求め，帳簿や書類その他の記録の提出を求めることができる（252条の38第1項）。

② **個別外部監査**　契約地方公共団体が，事務監査請求，議会からの監査請求，長からの監査請求，住民監査請求があったときに，当該請求に係る事項について外部監査人の監査を受け，その結果に関する報告の提出を受けることを内容として締結するものである（252条の27第3項）。これを締結するためには，地方公共団体はこの点につき条例を制定していることが必要である（252条の39第1項）。

第 3 章　海の管理行政法

第 1 節　海の管理の意義

　海は，海底，海中，海面および海浜から成り立つ。海と陸地は，現在の実務上では，潮汐干満の差がある水域においては春分および秋分における満潮位，その他の水域においては高水位を標準として境界としている。また，海は，国連海洋法条約によって，内水・領海（国際海峡・群島水域），接続水域，排他的経済水域に区分されている。

　海は，行政法学からみると自然公物である。海は，港湾や漁港など個別的に限られた海域について港湾に適用される港湾法（昭25法218）や漁港に適用される漁港漁場整備法（昭25法137）などの法律があるものの，これらの法律で規定されていない，いわゆる一般海域に対する公物管理法は，現在は存在しない。一般海域は公共用物のうち，法定外公共物である。法定外公共物という言葉は，法律上の用語ではないが，里道（認定外道路），水路（普通河川），海浜地（海岸保全区域以外の海岸）等，公共用物でありながら公共用物の管理に関する法律の適用や準用がない公共用物の総称として広く用いられていた。しかし1999（平成11）年，地方分権一括法（地方分権の推進を図るための関係法律の整備等に関する法律〔平11法87〕）により，里道，水路（溜池，湖沼を含む）として現に公共の用に供されている国有財産は市町村に譲与されるとともに，平成11年改正海岸法（平11法54，平成12年4月1日施行）により，海浜地は，一般公共海岸区域となり海岸法の適用を受けることとなった。この改正により，わが国のすべての海岸が公共海岸（海岸保全区域と一般公共海岸区域）として公物管理法としての海岸法の適用を受けることとなり，これにより公共海岸については公物管理者と財産管理者は一致することになった。したがって今日，法定外公共用物としては

主として一般海域あるいは一般海面がこれにあてはまることとなった。さらに，港湾区域，漁港区域，海岸区域および一般海域のすべてを含んだ海域全般の管理法も存在しない。海は，本来は誰でも自由に使用できるものである。このような自由使用に基づく使用は，伝統的に公物の反射的利益とされている。しかし，現在あまりにも多様な利用が海に競合しており，いわゆる反射的利益同士および特許使用との紛争，水域周辺環境の問題等が生じており，その紛争をできるだけこじらせないようにする公物管理の方法の開発（検討）が課題とされている。

このように，海においては，いまだ法整備されていない部分があり，権利義務関係がはっきりしていない部分が多い。本書では，中間行政法として，海の管理の法律関係について説明する。

第2節　海の管理における法制度の整理

1　海の所有権

海が所有権の対象となるか否か検討する場合，海は①海面，②海水，③海底地盤の三要素から構成されているので，それぞれに分けて検討する必要がある。

①　国有財産　　海は，本来不特定多数人の用に供されるものであるが，海底の土地は，土石採取，構造物の築造，埋立てが可能であり，その財産的価値は科学と技術の発展にともない拡大する。このように海は，経済的価値を有するものであるので，海が特定の私人に排他的かつ独占的に利用されるおそれがある。その場合には，海の所有権がどこにあるのかが問題となる。現在のところ，海は，国の所有物であるというのが戦前から現在に至るまでの学説・判例の一致した見解である。その根拠として，1874（明治7）年の地所名称区別改定（太政官布告120号）があげられる。しかし，1931（昭和6）年の地租法（昭6法28）91条は「左ノ法律ハ之ヲ廃止ス」とし「明治7年第120號布告地所名稱區別」をあげ，地所名称区別改定を廃止している。

現在，最高裁判所は「海は，古来より自然の状態のままで一般大衆の共同使用に供されてきたところのいわゆる公共用物であって，国の直接の公法的支配管理に服し」（最判昭61・12・16民集40巻7号1236頁，田原湾干拓訴訟）とし，領土

高権に基づき直接的支配管理権という概念で、海の所有権を説明している（ただし、形態上、海であっても水底地盤が私的所有権の対象となっている水域も現に存在する）。ここでは、財産管理権の根拠である所有とは、公法的な支配管理権を意味しており、民法上の所有権とは異なる概念である。

② **私的所有権**　私的所有権が海面、海水、海底に成立するかという問題がある。海と同じ公共用物である河川について参照すると、河川法2条2項に「河川の流水は、私権の目的となることができない。」と規定されており、河川の流水を特定することが困難であり、これに財産的支配を及ぼすことが不可能であることから、所有権その他の財産権等一切の私権の設定を否定している。海についても、たえず変動する海面、海水については、排他的支配可能性が否定され、私的所有権の対象とならない。

次に海底（地盤）については、前述の田原湾干拓訴訟最判では、海であっても、他の海面から区別して排他的支配が可能であれば法理論上は私的所有権の対象とすることが可能であるが、現行法制度上はそれらの手続が定められていない。よって、海底については、私的所有権の対象とすることは可能であるが、特別に私的所有権が認められる場合（長崎県のレジャー施設ハウステンボス、東京都の東京港野鳥公園汐入の池、住友重機械工業による神奈川県の造船所の追浜ドックと茨城県の工場用地の掘削による港、広島県の厳島神社の前面海域）を除き、私的所有とはならない。

2　海の管理権

海の管理権について説明するにあたり、海の法的性格を法令のみに則して論ずるのは困難であるので、準備として行政法学上の概念を整理する。

(1) **海は公物**　公物は、「公の用に供されるものが、その効用を発揮するためにどのような特別の法規制が必要か」という観点に着目して構成された講学上の概念で、道路、河川のような公共用物と、官公署の建物のような公用物とに分類されるが、国有財産のうち、単に収益を目的とするような普通財産は、公物には含まれない。自然公物・人工公物、国有公物・公有公物・私有公物といった区別をする場合もある。海はこのうち、自然公物である。また、海は公共用物のうち、一般海域は法定外公共物である。法定外公共物としての一般海

域に関する事務は国土交通省の事務とされ，その財産としての管理に関する事務は，法定受託事務として都道府県が処理しているが，一般海面を一般海面として管理する明確な公物管理法が存在していない。

(2) **個別海域の管理法**　港湾に関する港湾法，漁業に関する漁港漁場整備法（旧漁港法），海岸に関する海岸法，埋め立てに関する公有水面埋立法（大10法57），閉鎖海域に関する瀬戸内海環境保全特別措置法（昭48法110），水産資源の保護に関する水産資源保護法（昭26法313），国立公園または国定公園の海中の景観を維持するため指定される海中公園地区に関して自然公園法（昭32法161）等の部分的・個別目的の管理法がある。

鉄杭撤去事件　ある漁港においてプレジャーボートを係留するために多数の鉄杭を打った人がいた。旧漁港法26条によれば漁港管理者は漁港管理規則を制定して管理できることになっているが，当該自治体にはそのような規則は制定されていなかった。それでも町長は，無権限で鉄杭の撤去を命じたが，応じられなかったので，代執行によって鉄杭を撤去してしまった。しかし，これは違法な行政のための出費だとして住民訴訟が提起された。これに対して最高裁は，代執行としては違法だが，かかる鉄杭の撤去行為は旧地方自治法2条3項1号に基づいてなされた住民の危難防止行為として適法であり，かつ民法720条の緊急避難行為としても適法であるとされた（最判平3・3・8民集45巻3号164頁）。最高裁によれば，鉄杭の撤去のような行為は何も公権力の行使のような大げさなものではなく，単に道路に生えている草花を抜いたりするような事実上の行為のようにされるのであろうか。ただし本件は，危難防止のためである。

(3) **一般海域の管理**　公物管理法の適用のない海域を一般海域という。一般海域の管理権については争いがある。第一は，海は国有財産として管理するという説である。さらに，海を行政財産の一種としての公共用財産ととらえ，他の法定外公共用物とともに「建設省所管国有財産取扱規則」（昭30建設省訓令1）に基づき，機関委任事務として都道府県知事が規則でもって管理できるとする説があった。しかしこの説も，機関委任事務とするには法律または政令により委任されなければならなかったので（旧地方自治法148条）問題があった。第二は，地方公共団体の自治権に基づく説である。これは，地方公共団体が，自治権に基づきその自治事務として，自主条例でもって一般海面を公物管理できるという説である。第三は，二元的管理説である。この説は，機能管理の側面を重視し，公物管理法が存在しない場合の公物，すなわち法定外公共物の財産管理については，地域密着性の観点で，国有財産法と地方自治法による二元的管理が承認されるとする説である。

実際，多くの地方自治体は，一般海域の管理について，機関委任事務として長の定める規則によっていた。一方，いくつかの県は，独自の条例でもって一般海域の管理を行ってきた（広島，長崎，京都，茨城および佐賀〔ただし，内水面〕）。

これらの条例は単に海面の占有料を定めた手続的あるいは取締的な性格のものである。しかし，広島県の場合，旧広島県公有水面使用条例（昭23）では知事が国の事務を機関委任事務として行うのではなく，「海面利用の不可欠性」を前堤としながらも，海面の占用許可を条例に基づく知事の権限としていた。地方自治法の改正にともない，地方分権一括法（平11法87）によって機関委任事務が廃止され，法定外公共物の管理を市町村に譲与する手続が定められたことにより，多くの地方自治体が従来の規則を条例化した。また，広島県では廃船を利用した海上のホテルや駐車場など浮体構築物による海面占有など，必ずしも海利用の不可欠性を要しない新たな海の土地的利用に対応するため「広島の海の管理に関する条例」（平3広島県条例7）を制定し，広島県が沿岸の一般海域を管理する根拠とした。広島県に倣い，海砂利の採掘を規制するなど瀬戸内海環境保全を目的として瀬戸内海関係府県は沿岸の一般海域の管理を条例で定めた。

(4) **海の管理の変遷と現状** 海の所有権については，国有（公法的な支配管理権）であると考えて問題はない。しかし，海が国有であるといっても，国有財産法上の行政財産として所管省庁によって適正に管理されているとはいいがたい状況である。たとえば，漁業免許，公有水面埋立てに際し，国有財産としての使用料金は徴収していない。また，国有財産法上の払下げ，貸付手続もとられていない。

地方自治法の改正前において，海は，大きく分けて二つの手法で管理されていた。第一は，都道府県知事が，建設大臣からの機関委任事務として「建設省所管国有財産取扱規則」に基づいて「建設省所管公共用財産管理規則」を制定して管理している場合がほとんどであったが，第二としては，広島県など限られた地方公共団体が「一般海域管理条例」を制定して自治事務として管理されてい

自治体の一般海域管理権 広島県は，ホテルや博物館など陸域の建築物を浮体構築物として海に設置し占有するという事例に直面し，海の土地的利用から海の乱開発を防止するために，広島の海の管理に関する条例（平成3年）を制定し，海域管理を県の自治事務として，条例に基づく県の一般海域の管理権を明確にした。また，愛媛県中島町では，都会の建設土砂の海洋投棄による周辺海域の汚濁から「ふるさと中島の海を守り育てる条例案」（平成7年）を策定した（同年末，この町条例案は，愛媛県が広域行政の立場から，市町村地先海域の開発に関しては沿岸市町村の意見を踏まえるとして，愛媛県の海を管理する条例となった）。中島町の海域管理条例案に関し，1995年9月，建設省会計課長の名で，「海の機能管理は自治体の本来業務。制度上は問題ない……市町村条例による一般海域の管理を建設省としては積極的に評価するものではないが，また，否定するものでもないと考える。機能管理に関する条例制定は地方公共団体の固有事務として，地方自治法に基づき制定するものであるから，地方自治の問題である」という見解が示された。国は，消極的ながらも，海の機能管理を条例事項とし，地方自治に基づく地方公共団体の海の管理権を認めたのである。

（編者）

た。地方自治法が改正されたことにより，機関委任事務が廃止されたため，多くの都道府県が従来制定していた規則を条例化した。

また，1999（平成11）年，地方分権改革を目指した大がかりな地方自治法改正（2000年4月1日施行）においても，法定外公共物である海の管理に係る問題は，整理されたとは言い難く，他の法定外公共物のように，財産管理と機能管理の一元化が明確にされていない。海が国有財産として，国有財産法9条3項・4項の第1号法定受託事務（地方自治法別表第一）とされるとして，財産管理をなし，機能管理については，他の法定外公共物と同様に自治事務であるとすることが，現状における管理の姿に近い。

3　海の使用とその権利性

海の本来の利用を考えると，船舶の通航，漁業が主であり，また，海水浴，釣り，プレジャーボート等のレジャーも海を海として利用するものである。一方，埋立てや構造物の設置は，海の排他的占用で，半永久的な独占使用で海を土地として利用するものである。また，法律で管理する海域と，法律がない海域であるいわゆる一般海域では，海の利用形態が同じでも，利用関係の法的性質は異なる。

(1)　海の使用の類型

①　自由使用（一般使用）　公物の使用形態には，自由使用・許可使用・特許使用がある。自由使用の場合，使用目的は問われず，供用の枠内で自由に使用することが可能であり，(ｱ)法律，(ｲ)公物管理者の定める制限，(ｳ)他人の共同使用を妨げてはならないとの制約に服する。(ｲ)は，公物管理者が管理上の必要に基づき行うものであり，(ｳ)は一般的な社会見解・地方的慣行により具体化される。公物である海の自由使用は，前述のように一般海域における漁業，船舶の通航，海水浴，釣り，プレジャーボートの通航等があたる。自由使用に基づく使用は，伝統的に公物の反射的利益と解されている。

②　許可使用　　一般に，公物の許可使用とは，公物の一般公衆の自由使用（一般使用）が社会・公共の安全と秩序の維持にとって障害の発生を防止し，また一般公衆が自由に使用することによって公物本来の利用が妨げられないように管理調整上，自由な使用を制限し，特定の場合に使用を許可することをいう。

この許可は，公物の使用者に独占的・排他的な権利（第三者の介入・妨害を排除できる力ないし法的地位）を付与するわけではない。むしろ，許可は単に使用の禁止状態を解除して，本来の自由の状態を回復させる法的効果を有するにすぎない。海の許可使用は，その利用が海本来の用法に従いながらも，法令上の規制の下に置かれている利用形態であり，個々の管理法の対象となっている海域における利用形態である。たとえば，漁業権は物権とみなされ，土地に関する民法上の規定が準用される（漁業23条）という意味では自然に有する権利であるが，漁業権は一定の水域で，許可された漁法で漁業を営むことができる（6条）という意味では，許可されるまで一定の漁法で漁業を営むことが禁止されているので許可使用である。

③ **特許使用** 海の特許使用として考えられるものとしては埋立て，海底施設の排気口や気象観測用の機器の設置，浮体構造物による空港・海上レストラン・海上ビル・駐車場等の設置がある。これらは公共用物である海を土地にする特別の権利を付与し（公水2条の公有水面埋立て免許），海本来の用法をこえ，または海を利用しなくても陸上でも設置が可能である構造物であるということから，特定人に一定の海域の占用を認めることから，公物の特許使用に類似する。

なお海それ自身ではないが，前述のように，新たな一般公共海岸区域の管理について，機能管理と財産管理が一元化されたが，桟橋設置のための占用許可申請を拒否した事件で，最高裁（平19・12・7民集61巻9号3290頁，新・基本行政法160頁参照）は，拒否事由が海岸法に規定されていないが，海岸管理者は，行政財産の側面からだけでなく，海岸法の目的の下で地域の事情に照らして判断しなければならず，占用の諾否の判断にあたって裁量権が与えられていると考えるが，その判断過程にいちじるしく妥当性を欠いていないかどうか，審査密度を高め審査し，裁量権の範囲を超えまたはその濫用があったものとして，不許可処分を違法とした注目すべき判断をしている。

(2) **海の権利性** 現在，公物の特許使用を認められた者の立場は法の保護する利益，権利として保障されている。つまり，理念的に，権利の設定をもっぱら立法者の裁量に委ねている。とくに法律が個人のために留保した利益のみが，例外的・特恵的に権利に高められている。たとえば，公有水面埋立法（大

14法57）は，国有に属する水面について申請人に埋立てを認め（ただし，若干の制約がある。法4条1項等），最終的に申請者に埋立地の所有権を付与することを法律で規定し，その権利性を保障している。

一方，公物の本来の利用目的に沿って利用している人々の立場は，それがいわゆる自由使用であるから，自由使用によって得られる利益は単なる反射的利益であるとして，その侵害に対して，法的な権利として対抗することはできないとされている。しかし，従来，反射的利益にとどまるとされていた公共用物の使用者の利益を，法律上保護される利益，または保護に値する利益として，その権利性を認めようとする意見もある。

(3) **環境権**　海における環境権としては，入浜権といわれているものがある。入浜権が提唱されたのは，1969（昭和44）年3月和歌山市磯ノ浦海水浴場に隣接する第三工区埋立事業に対するもので，当時は高度成長の社会情勢もあり，受け入れられることはなかった。その後，長浜町入浜権訴訟で人格権として構成され（松山地判昭53・5・29行集29巻5号1081頁），現在では，環境権，親水権および自然享受権といった新しい権利が主張され，良好な環境の下での生活利益を守ろうとしたり，開発に対する違法・不当性を争っている。これらの究極的な根拠は，憲法25条や13条に求められる。

4　海域利用調整（海の管理に向けて）

(1) **沿岸域管理法の必要性**　わが国の沿岸海域には，公物管理法として海岸法・港湾法・漁港漁場整備法（旧漁港法），埋立てに関する公有水面埋立法，漁業に関しては漁業法，海上交通法として海上衝突予防法・海上交通安全法・港則法，財産管理法として国有財産法・地方自治法等のさまざまな法律が，それぞれの目的で錯綜した状態である。このような法律が錯綜した状態により複雑な権利関係が生じている。このような状態を解消するためには，沿岸海域（陸域と海域を含めた区域）を管理する目的のより上位の法制が必要である。

(2) **公物管理から環境管理へ**　これまでの海や海岸の管理は，どちらかといえば防災面を重視し，災害からどれだけ陸域を守るべきかという点から法制が整備され，防災面の機能管理に重点が置かれていた。しかし，1996年の国連海洋法条約締結により，海洋の開発・利用・保全の義務が生じ，翌97年の河川

法，99年の海岸法，2000年の港湾法，2001年の水産基本法をはじめとして，海に関する法律の改正が実施され，防災重点から環境や利用調整へ変化がみられる（公物管理から環境管理への論文として，磯部力「公物管理から環境管理へ」成田記念・27頁以下，また自然公物の管理に関して塩野宏「自然公物の管理の課題と方向」建設省編『国土建設の将来展望』〔1979年，ぎょうせい〕1131頁以下）。

(3) **公共信託論の導入**　わが国では，公物の自由使用は他人の自由使用を妨げない限りにおいて認められる反射的なものとされており，基本的に何らかの権利が付与されていないことは，すでに述べた。しかし，この様な状態は，法的保護が非常に弱く，本来的な使用でない許可使用や特許使用が法的に強く保護されるという矛盾が発生している。近年では，自由使用についても状況によってある程度の権利性が認められる事例も存在する（公物の利用権や使用権を認めようとするものとして，道路の自由使用に関し最判昭39・1・16民集18巻1号1頁以下，道路の供用に関し，最判昭62・11・24判時1284号56頁）。個々の事例を詳細に検討する必要があり，普遍的な法理を導くことはかなり困難である。

これに対し，イギリスの法制の流れを汲むアメリカでは「公共信託論」という理論による法制度が存在し，コモン・ロー上の理論として発展してきた。アメリカにおける沿岸域管理法は，「公共信託論」を「公衆の最良の利益」のための従来の理解から進めて，航行，通商および漁労等を認め，保護するためのものから，それらの保護の前提と

「芦屋市清潔で安全・快適な生活環境の確保に関する条例」における芦屋キャナルパーク水路航行規制　兵庫県芦屋市の親水エリアの芦屋キャナルパーク水路は，阪神港尼崎西宮芦屋区の一部であり，芦屋浜シーサイド地区と南芦屋浜潮芦屋地区とに挟まれた東西約2km・幅約150mの水路内は外からの波の影響が少なく，2006（平成18）年の兵庫国体では，カヌー会場，カッター，ウェイクボード等の水上競技に利用されている。2007年頃より，ウェイクボードや水上バイク等の航行が目に見えて増加し，それらレジャー行為からの騒音に対し，芦屋キャナルパーク水路周辺の住民から苦情が芦屋市にもたらされていた。芦屋市としては，騒音被害の軽減のための策として，実効性と強制力のあるものとして条例制定へ踏み切った。同市では，市民の安全や快適な生活環境を守るため，2007年に「芦屋市清潔で安全・快適な生活環境の確保に関する条例」（以下，「市民マナー条例」とする）を制定している。芦屋キャナルパーク水路の騒音被害軽減ために，2011年12月「市民マナー条例」に「芦屋キャナルパーク水路での指定された時間におけるプレジャーボート等の航行禁止」を加えた。要点は，①隣接する地域の生活環境を保全するため，芦屋キャナルパーク水路において，午後6時から翌午前8時の時間帯にプレジャーボート等の航行禁止。②水難その他の非常事態の発生時に必要な措置を講ずる場合，国または地方公共団体の業務を行う場合は，午後6時から翌朝午前8時の時間帯においてもプレジャーボート等の航行は可能。③違反者には，市の職員等が注意・指導・勧告・命令を行い，命令に従わない場合には，罰金（10万円以下）が科せられる。全国には，芦屋市と同じように迷惑防止条例の中にプレジャーボート等の航行について規制しているものもある。しかし，それらの条例の多くはプレジャーボート等を利用する上で当然のマナー程度についての記載のみのものである。一方，「芦屋キャナルパーク水路航行規制条例」のように迷惑防止条例に船舶の航行規制を盛り込んだことは新たな試みであり，条例の射程範囲の観点から注目に値する。

して，海岸や河川をそれ自体保護し，環境を保護するための法となっている。また，私人の公物に対する使用権または利用権（具体的には，通行権や自由使用権）を構成し，市民訴訟を認めている。

また，いわゆる入浜権の法理論的基礎として，公物の管理はもともと国民から国家・公共団体に信託されたものであり，公権力による恣意的な公物の廃止・変更は信託違反として許されないという，英米法において形成された「公共信託」の法理を加える新説として主張されている（田中唯文「入浜権の法的構造」高崎裕士・木原啓吉共編『入浜権』〔1977年，ジャパン・パブリッシャーズ〕83頁）。この説は，伝統的な公法理論の変革もふまえ，住民参加の新しい政治・行政体系への展望を拓く学説である。海を真正の公共用物に戻す理論的な拠り所となろう。

(4) **当面の課題**　当面の間，沿岸海域管理法が成立する望みは少ない。よって，地方公共団体が条例を制定し，海の機能管理を行うことが考えられる。しかし，法定外公共物である海の管理について，条例によって法令の存在する海を含めて管理する場合に法令と異なる規制（上乗せや横出し）が許されるかどうかという問題があるが，海は状態や利用形態がさまざまであることから，法令は一般的な内容を定めたものと考え，その地方の特性に応じた条例による規制を行うことも不可能ではない。また，海という物の性質上，広範囲にわたり陸地と接していることによって多数の地方公共団体が管理することとなり，かえって混乱することがないように統合されたアプローチが必要である。

第4章　災害行政法

第1節　災害行政と法

1　災害行政における法関係

　災害は予期せずに襲ってくる。災害で突然に住む家を失い，ふるさとを失い，家族を失うという非情の出来事と背中合わせである。1977年の有珠山（北海道）噴火，1986年の三原山（東京都伊豆諸島）噴火，1991年の雲仙普賢岳（長崎県）の噴火，1995年の阪神淡路大震災，2011年の東日本大震災と原子力発電所事故，2014年の広島市土砂災害，2016年の熊本地震など，近年の災害は巨大化・広域化し，被災者の避難生活が長期化している。人々は「天変地異」という自然の力に怯え，不運の災いに無力となりながら，復興とともに生きる力を呼び起こし災害と向い合ってきた。巨大化・広域化する災害の原因は，人間の力が及ばない自然災害ばかりではない。起こりえる災害を無視した都市計画は，盛土や樹木の伐採による宅地開発を進めた結果，土砂崩れや地層を脆弱にして地盤沈下による被害をもたらし，河川の護岸をコンクリートで固めたために逃げ場を失った流水が堤防の内側の住宅地に浸水して氾濫する水害となり，地震や津波などの自然災害に起因する事故に適切な対応ができずに放射能汚染を拡大させるなどの人為的な災害もある。

　ここでは，自然災害および人為的な所作によってもたらされる災害を対象にするすべての行政を「災害行政」とし，災害行政に関する法を「災害行政法」とする。まず，災害対策基本法2条1号は「災害」を「暴風，竜巻，豪雨，豪雪，洪水，崖崩れ，土石流，高潮，地震，津波，噴火，地滑りその他の異常な自然現象又は大規模な火事若しくは爆発その他その及ぼす被害の程度においてこれらに類する政令で定める原因により生ずる被害をいう。」と定義している。

すなわち，災害は「異常な自然現象」または「大規模な火災または爆発」等に因る「被害」とされる。したがって，その被害が不可抗力に起因して生じたのではなく，国民や住民に対する行政主体の安全配慮義務等の義務違反に起因するのであれば，その被害は「損害」であり，行政主体（国家または地方公共団体）の賠償責任が問われる。科学技術が目覚ましく発達した現代社会では，「被害」が災害なのか損害なのかを見極め，被災者の救済をはかる災害における法関係は明確でない。本書で災害行政法を中間行政法として位置づける理由は，災害における行政と私人との法関係の不明瞭性が災害行政救済法の限界となっているだけでなく，災害対策計画の立案（行政計画），避難勧告（行政指導），避難命令や危険地帯への立入禁止（行政行為）など災害行政作用にも限界をともなっているからである。たとえば，砂防ダムの設置など災害対策上求められる私人に対する財産上の制限（砂防4条1項）によって生じる被害は「損失」であるから，憲法29条3項に基づいて補償請求権が発生するから（名取川事件，最大判昭43・11・27刑集22巻12号1402頁），災害対策上の法関係は明確である。しかし，災害による被害を補填する「賠償」や「補償」の要件は，自然と人為（行政）の境界線にあることが多く，賠償も補償も結局は立法政策によらざるをえない。災害は公共の安全と秩序を害する事実を規制の対象とする警察行政であるが，公共の安全と秩序を害する災害を規制することはできないし，被災者がこうむった損害や損失の填補を求め，あるいは失った生活基盤に対する法的地位は，災害の実情に応じて構成しなければならない。災害行政における行政主体と個人の法関係は，立法によって顕在となり，その範囲で形成される中間行政法に属する。

伊勢湾台風 1959（昭34）年9月20日に熱帯低気圧から台風15号となり，9月25日昼頃まで900hPa前後と急速に発達して最大風速60m/s，暴風雨圏は東側400km，西側300kmという猛烈で超大型の台風となった。進路を北西から次第に北に転じ，26日18時過ぎ，930hPaの勢力を持って潮岬の西15km付近に上陸し，その後は60〜70kmで紀伊半島を縦断し，中央高地を経て27日0時過ぎに日本海に抜け，秋田沖に進んだ。人的被害は，紀伊半島の和歌山県，奈良県，伊勢湾沿岸の三重県，愛知県，日本アルプス寄りの岐阜県を中心に犠牲者5,098人（死者4,697人・行方不明者401人）・負傷者38,921人にのぼり，全壊家屋36,135棟・半壊家屋113,052棟，流失家屋4,703棟，床上浸水157,858棟，船舶被害13,759隻，被災者数は全国で約153万人に及んだ。伊勢湾台風での犠牲者の数は，1995年1月17日に兵庫県南部地震（阪神・淡路大震災）が発生するまで，自然災害で最多のものであった。

2 災害行政過程

(1) **中間行政法における災害行政法** 災害を法の対象とするようになった

のは，紀伊半島を中心に全国に大きな被害をもたらした1959（昭和34）年の伊勢湾台風が契機となって制定された災害対策基本法（昭36法223）であった。同法は「国土並びに国民の生命，身体及び財産を災害から保護するため，防災に関し，……国，地方公共団体及びその他の公共機関を通じて必要な体制を確立」（1条前段）するとし，防災を災害行政の重点にしていた。防災の中でも，災害予知に力が注がれ，「災害は起こりうるもの」という視点は軽視され，実際に起きた災害に対する避難誘導，救助や復旧・復興への対応に遅れ，対策が後手にまわることも多かった。1995年の阪神淡路大震災は，災害予知に力を注いでいた防災のあり方を反省し，災害は起こることを前堤に減災を見据えた防災へと転換した（2条の2第1号）。活断層の分布や盛土による宅地造成（平成18年改正宅地造成等規制法〔昭36法191〕20条）など災害情報の提供や避難勧告や指示の出し方などに防災行政は転換し，防災と災害救助や災害復旧と復興が総合的に機能するように「防災計画の作成，災害予防，災害応急対策，災害復旧及び防災に関する財政金融措置」（災害基1条後段）を講ずる本格的な災害行政へと展開した。

　災害行政を法の対象とする災害行政法は，危険管理責任として災害を論じる警察法の一分野と位置づけられ（遠藤博也『行政法Ⅱ』〔1977年，青林書院新社〕），「災害防止行政とは，事前の計画にもとづいて，災害を未然に防止するために私人に財産権行使を規制し，治山治水等の国土保全の事業を行い，災害が発生した場合に被害の拡大を防ぐために災害応急対策を講じ，事後的に災害の復旧を図ることによって，災害の危険から国民の生命，身体および生命を護るという目的を達成しようとする行政作用の全体をいう」（小髙剛『行政法各論』〔1984年，有斐閣〕）とされ，行政法学は，当初，災害行政法を警察法と区別された行政法各論の法領域として位置づけていた。行政法総論における行政過程論の勃興が災害行政法の体系化にも影響し，災害行政を災害の事前段階として災害予防行政（防災），災害時の避難誘導行政（救助），災害後の災害復旧と災害復興の一連の過程とし，災害行政過程における国民の法的地位を構成する災害行政法が形成されつつある（日本公法学会第78回総会〔2013年〕における棟据快行「大規模災害と権利保障」，鈴木庸夫「大規模震災と住民生活」公法研究76号〔2014年〕）。したがって，災害行政法は警察行政の対象である国民の生命と財産に対する危険

を除去するための災害の「予知と減災」，災害弱者を中心として，災害から国民を保護するために提供される情報とその周知，災害による生命・身体への危機を救助し，被災者や地域の生活基盤を復旧させ，被災前の状態を復興させる給付行政の二つの側面を有する行政過程である。災害に関係する情報だけをみても，活断層の分布や避難場所とその経路に関する普段の情報提供だけでなく，災害時の情報を継続的に提供する必要など，通常の警察行政にみられる1回限りの法関係でなく，継続的な法関係を視野に入れなければならず，災害行政法は中間行政法に属する法領域である。しかも，災害行政と国民の行政上の法関係は，行政の保護義務も国民の権利義務も一般的かつ抽象的な段階にあり，その具体化がどこまで可能かを検討し論じる必要がある。

　下の三つの図は，①阪神淡路大震災後に示された災害行政の過程（林モデル），②東日本大震災後に行政法学者が提示した災害行政の過程（鈴木モデル），③同じく東日本大震災後に憲法学者が災害における国民の権利を理論的に構成した

① 林モデル：

林敏彦『大災害の経済学』41頁（PHP 研究所，電子書籍版，2011年：日米法学会日本支部第3回総会〔1996年〕の林敏彦報告「経済政策としてのニューディール」レジメに基づく）

② 鈴木モデル：

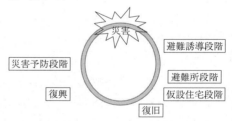

鈴木庸夫「大規模震災と住民生活」66頁（公法研究76号〔2014年〕）

③　棟居モデル（公権論モデル）：国家の保護義務

棟居快行「大規模災害と権利保障」43頁（公法研究76号〔2014年〕）

段階論：国は個人の生命について妥協のない絶対的な保護義務を具体的規範として負う。第一に災害発生前の「防災」の段階，第二に災害が発生した直後の「救援」の段階，第三に破壊されたインフラを再建し個人の自律的な生活への端緒を供給する「復旧」の段階，第四にコミュニティと個人の生活空間の再構築を支援する「復興」の段階（棟居モデル下記典拠文献56頁）。

災害行政の過程（棟居モデル。ただし，行政過程論を「段階論」と表現している）である。以下，これらの災害行政過程のモデルを参考にしながら，災害行政法について概観する。

第2節　災害行政過程

災害の法制度は，その規模が大きいほど特定非常災害となり，行政組織法上は「危機管理」条項に該当する。災害対策基本法に基づきながら災害救助法，特定非常災害の被害者の権利利益の保全等を図るための特別措置に関する法律，災害からの復興に関する法律などが災害行政を規律する。これら災害行政を対象とする災害法は，「武力攻撃災害」（国民保護2条4項）に対処する国民保護法と補完関係にある。被災者や被災地域に対する助成や財政措置をとくに必要とする激甚災害（激甚災害に対処するための特別の財政援助等に関する法律〔昭37法150〕1条・2条）に指定される大規模災害であれば，平時に違法とされる行政活動や行政措置が数多く執られ，違法とされる行政措置を法的にどのように評価すべきか，という問題が指摘されている（鈴木モデル典拠論文）。これは緊急時における法治主義に関わるものであり，事実上の行為と制定法の関係をどのようにとらえるかという行政法解釈の方法が根本的に問われる問題でもある。「法なき空間」は，制定法が積極的にコミットしない領域であった。災害行政に行政過程論を視座にして，便宜的に「災害予防」「災害救助」「災害復旧」「災害復興」という過程に分け，それぞれの過程に観念される法を検討する。

1　災害予防行政過程

災害予防行政とは，災害を前提として，自然現象を日常的に観察・観測することによって異常な自然現象を予測し，異常な自然現象による災害の発生または拡大を防止する行政過程である（災害

災害の巨大化と被災の長期化　1995年1月の阪神淡路大震災では，5,500人近い死者と32万人をこえる避難生活者が出ており，約15万戸の住宅やビル，道路や鉄道が倒壊した。都市機能の中枢が壊滅し，被災者の生活と生存が脅かされた。2011年3月の東日本大震災は，さらにそれを上回る被害をもたらし，死者・行方不明者は18,455人，建築物の全壊・半壊は約40万戸，ライフラインはいたるところで寸断され，避難生活者40万人以上となった。しかも，地震から1時間後に襲った津波は原子力発電所事故を引き起こし，放射能汚染地域からの避難とその地域の自治機能の喪失を招いた。避難生活は，復興庁調べで震災後5年を過ぎた2016年6月時点で，約15万4千人をこえている（被災地域以外の被災者を含む）。災害の巨大化と被災の長期化は，災害行政法のあり方を大きく転換させた。

基46条1項)。国土交通省の外局である気象庁は日常の自然現象の観察・観測を行い、気象庁防災情報を提供し（国土交通省設置法〔国交設〕47条、気象業務法〔気業〕11条・13条・13条の2)、その予報に基づいて関係行政機関は土砂崩れ、雪崩、高波や高潮、交通（陸上、海上、航空）への影響など、各行政機関が管理する道路、河川等の公物や対象地域に居住する住民に対して災害を回避するために必要な予報、警報、注意、指示、命令（禁止）など状況に応じた災害情報を関係者に提供しなければならない。とくに、東日本大震災を教訓に国土地理院（国交設28条）が運用する統合災害情報システム（DiMAPS）は、事前情報と災害発生時の被害情報からなるが、土砂災害などの危険箇所、浸水想定区域、避難施設など各種インフラやハザードマップを提供し、避難訓練などをすることによって日常の災害予防行政として重要である。災害予防行政過程は、災害の減災を目的とするから、平生の防災情報の提供から災害時の指示、勧告、被災地への立入り禁止などを含む。

広島土砂災害　2014年8月未明に、局地的な大雨で住宅地の背後にある山が、同時多発的に大規模の土砂崩れを起こし、被災地域での死者は74人、重軽傷者は44人にのぼった。広島市は、土砂災害警戒情報を出していたが、災害発生時は避難勧告の発令を検討していたという。最初の避難勧告が出されたのは、すでに土砂災害が起こったとき、担当者は、頻繁な避難勧告は勧告の信用性を疑われることを懸念したとも伝えられている。その他気象台からの「1時間70ミリ」という通報を見落としていたことも避難勧告が遅れ、大規模災害となった原因であるといわれるが、災害情報の重要性ばかりでなく、「異常な現象」となったとき、行政の裁量は法に基づくマニュアルではなく、根拠法に基づく減災を図るためのあらゆる措置をとることが職務上の義務であることを示している。

(1) **災害予防行政の行為形式**　まず、災害予防の主たる行為形式は予報という情報提供である。気象庁は一般の利用に適合する情報を観測、予報、警報しなければならない（気業13条・14条）。ただし、「予想される現象が特に異常であるため重大な災害の起こるおそれが著しく大きい場合……気象、地象、津波、高潮及び波浪についての一般の利用に適合する警報をしなければならない」（気業13条の2第1項）とし、この場合の「警報」は関係都道府県および関係市町村の意見を聴取し（同2項）、特別警報として扱うなど（3項引用の15条の2)、情報提供の意味をこえた行為形式となっている。また、災害が発生するおそれがある異常な現象を発見した者は、市町村長または警察官もしくは海上保安官に通報しなければならない（災害基54条）。この通報を受け、自ら災害に関する予報もしくは警報を知ったとき、市町村長は、地域防災計画に基づいて、気象庁その他の関係機関に通報し、または気象庁その他の国の機関から災害に関す

る予報，および住民（公私の団体を含む）に伝達しなければならない。つまり，災害予防行政の行為形式は日常的な情報提供であるが，災害の蓋然性が高くなると，予報や警報を行うことが義務づけられている。

次に，災害予防に必要な措置として，居住者に対する立退きの勧告，立退き先の指定，急を要する場合は立退き指示を行うことができる（災害基60条・61条）。これらの指示その他の措置は，局所的，一時的であれば対象者に協力を求める行政指導であるが，近年の大規模災害は複数の自治体住民を対象に，災害が発生してから長期化することが多く，その法関係は災害復旧行政過程に及ぶ。しかも，災害発生時における生命または身体に対する危険を防止するため，市町村長が警戒区域を設定すると，当該区域への立入りが制限もしくは禁止され，または退去を命じられ，これに反すると罰則が科せられるなど（63条・116条2号），行政処分や行政罰の行為形式がとられ，長期の受忍義務が課せられる。

(2) **災害予防行政過程における法関係**　災害予防行政過程において，国民は，誰でも災害情報を入手できる地位にあり，災害情報へのアクセス権が保障されなければならない。個々人のライフスタイルは，災害情報を参考にしながら，その自己決定に属する。しかし，その法的地位である「知る権利」やアクセス権が法律上の保護に値する権利利益といえるかどうか——換言すれば，行政主体の義務違反（担当行政機関の職務上の権限の不行使）を問えるかどうかは明確ではない。とくに，災害予防行政過程における災害弱者にとっては，災害から生活を守ることに直接関わる重要な問題である。したがって，誰であろうと，「最低限度の生活」（憲25条1項）に関わる災害情報を適切に入手できるように配慮することは予防行政上の義務といえる。しかし，それが法的義務といえるかについては下級審判決も対立する（永井訴訟で，京都地判平3・2・5判時1387号43頁は「社会保障の受給者が障害者家庭であるなど社会的弱者である場合は，相応の注意をもって普通の努力をすれば制度を知りうる程度に，周知徹底することを要する」とするが，同訴訟の控訴審である大阪高判平5・10・5訟月40巻8号1927頁，判例地方自治124号50頁）は，「その内容や範囲が必ずしも明確とはいえない広報や周知徹底を公的強制力をもつて強要するような法的義務を無理なく導き出すことは困難であるから，法的義務としての広報，周知徹底義務を肯認することはできない」とする）。小田急高架化訴訟最高裁判決における藤田宙靖裁判官は補足意見として，行政庁の「リ

スクからの保護義務」を指摘される（最大判平17・12・7民集59巻10号2645頁）。情報機器が普及している現代社会は，テレビ，ラジオ，インターネットに依存しすぎ，災害予防段階における災害弱者（児童，老人，障害者だけでなく，情報リテラシーが十分でない者も含む）に対する情報提供が十分になされないおそれがある。国および安全な住民生活に直接の責任を負う地方公共団体は，広報活動や家庭訪問を行うと同時に，近隣住民の協力を得て，災害弱者の日常の生活を把握するよう努めることが要求され（災害基3条・4条・6条・7条），本書は災害行政を中間行政法に位置づけ，問題発見の視点を提供したい。

2　災害救助行政過程

（1）**災害救助行政の組織**　災害救助行政過程は，災害発生時に避難を誘導し，応急的に被災者を救助および保護し，被災者の避難生活が終了するまでの行政過程である。災害が起こったときは，内閣総理大臣は国務大臣を長とする非常災害対策本部を設置し（災害基24条・25条），その本部長は，当該災害に係る被害情報に基づいて，関係省庁および地方行政機関，地方公共団体の長等に必要な権限を委任し（26条・27条），災害救助に当たる。なお，「著しく異常かつ激甚な非常災害が発生した場合」，非常災害対策本部の設置に準じて緊急災害対策本部が設置され，「災害応急対策を的確かつ迅速に」実施することとされる（28条の2〜6）。また，都道府県の地域や市町村の地域における災害についても，同様にそれぞれ都道府県災害対策本部と市町村災害対策本部が設置され，災害情報の収集など応急的措置，必要に応じて国および他の地方公共団体との連携に努め，災害救助に当たらなければならない（23条〜23条の2）。いずれの場合においても，災害が発生した地域の市町村長は，消防，水防，救助その他災害の防禦に必要な応急措置をとることとされる（62条）。

（2）**災害救助行政とその法関係**　災害発生地

大川小学校の悲劇と過失　東日本大震災の津波で石巻市立大川小学校の児童74人と教職員10人が死亡・行方不明になった。市のハザードマップでは，同小は津波の浸水予測区域に含まれておらず，児童を誘導する教員が想定外の津波であることを予測したのは市の広報車が高台への避難を呼びかけてからであった。ただちに教員は校庭から移動しなければならないと判断したが，避難場所となっていた標高10mで傾斜20度の裏山（退避していた校庭から百数十m，徒歩で2分程度）に避難するのではなく，同小から約150m離れた河川堤防に移動を決め，津波にのまれた。2016（平成28）年10月26日仙台地裁は，広報車の呼びかけで津波の襲来を予見できたこと，避難先として移動した河川堤防は標高7m余りで，被災を回避できる可能性が高い裏山に避難しなかったことに結果回避義務を怠ったとし過失を認めた（裁判所ウェブサイト）。

域の市町村長は，収集した災害情報に基づき，警戒区域を設定し，当該区域への立入りを制限もしくは禁止し，または退去を命じることができる（63条）。応急措置を実施するため緊急の必要がある場合は，他人の土地や工作物その他物件を使用または収用する応急公用負担を求めることができ（64条），この場合の損失については「通常生ずべき」範囲で補償しなければならない（82条）。都道府県知事が市町村内で行う災害救助について定めた災害救助法4条1項は，災害時の被災者の救出のほか，災害時の生活に関する救助の種類として①避難所および応急仮設住宅の供与，②炊き出しその他による食品の給与および飲料水の供給，③被服，寝具その他生活必需品の給与，④医療および助産，⑤被災した住宅の応急修理，⑥学用品の給与，⑦埋葬などを具体的に定め，災害による生業の喪失に備え，⑧生業に必要な資金，器具または資料の給与または貸与等の救助を行うとし，その他必要な救助については政令で定めることとして，災害の状況に応じた柔軟な措置がとれるようにしている。そして同条2項は，これらの救助は「金銭を支給してこれを行うことができる」としている。これら救助に要する費用は，国または都道府県の負担とされる（災害基91条・92条）。また，被災者の国税・地方税その他の徴収金についての軽減もしくは免除または徴収猶予など（85条）必要な措置がとられ，給付行政における法関係が妥当する。

　問題となるのは，災害発生後に行政機関が対象地域の住民等に対し行う避難誘導行政との法関係である。東日本大震災の際の「大川小学校の悲劇」にみられるように，災害予防行政過程に基づいて，ハザードマップが作成され，普段の避難訓練が行われていたとしても，実際に生じた災害がその予報に対応できるものかどうかはわからない。一般的に，災害が発生したときに当該災害の状況に応じた避難誘導ができないのは過失であるが，規模の大小によらず，異常な想定外の災害にまで過失を認定し，行政のリスクからの保護義務を問うのは難しいであろう。

3　災害復旧行政過程

　災害復旧行政過程は，災害によって崩壊した住宅や建物の撤去，道路の陥落や亀裂の回復，流出した土砂の撤去など各個の災害によって失われた生活基盤

やインフラを災害前の状態に復旧する行政である。災害対策基本法は，国の行政機関の長および地方公共団体の長など災害復旧を担当する行政庁に対し「災害復旧を実施しなければならない」（災害基87条）とするとともに，災害復旧事業の費用負担についても定める（災害基88条・90条）。災害復旧事業として，被災した公共施設の復旧を目的とする公用土木施設災害復旧事業（公共土木施設災害復旧事業費国庫負担法），農林水産施設災害復旧事業（農林水産施設災害復旧事業費国庫補助の暫定措置に関する法律），文教施設等災害復旧事業（公立学校施設災害復旧費国庫負担法），その他厚生施設・社会福祉施設等の災害復旧事業を行う。また，被災者の住宅再建については，被災者の申請に基づいて，「住家の被害その他当該市町村長が定める種類の被害の状況を調査し，当該災害による被害の程度を証明する書面（……「罹災証明書」という）を交付」する（災害基90条の2第1項）。罹災証明書は，その住家の被災の程度を示す全壊，大規模半壊，半壊の区分に応じて被災者生活再建支援法が定める被災者支援金の給付金の根拠となる（被災者支援3条）。その他災害融資として，災害復旧貸し付け（災害基104条），市町村が実施する災害救助法が適用される災害によって負傷または住居や家財に被害を受けた者に対する災害援護資金，災害障害見舞金，災害弔慰金の支給（災害弔慰金の支給等に関する法律）がある。

　なお，国民経済に著しい影響を及ぼす激甚災害の復旧に対しては，地方負担を緩和し，被災者に対する特別の助成措置がとられる（激甚災害2条）。

　災害復旧行政過程の法関係も給付行政における法関係であるから，実定法が定める根拠と範囲で被災者の給付請求権が保障される。しかし，実定法がない給付について，直接憲法上の生存権や損失補償請求権を構成できるかは，せいぜい被災者に対しこれら給付制度の周知義務が尽くされたかどうかを手続法的に争うことになる（前述の永井訴訟第一審〔京都地判平3・2・5〕および控訴審判決〔大阪高判平5・10・5〕，および小田急高架化訴訟最大判平17・12・7藤田裁判官補足意見を参照）。

4　災害復興行政過程

　災害復興行政過程とは，災害復旧の次の段階として災害地域の活性化に必要な諸施策を実施する行政過程である。災害規模が大きいほど，被災地域の生活

基盤や産業が失われ，人口の減少と産業の停滞を招くから，地域の財政基盤が脆弱となる。地域の復興に向けた行政が，災害復興行政過程である。災害の復旧から復興への理念が生まれたのは，いうまでもなく東日本大震災を契機とし，2011（平成23）年の東日本大震災復興基本法（東復興基）2条1号は「被災地域における経済活動の停滞が連鎖的に全国各地における企業活動や国民生活に支障を及ぼしている等その影響が広く全国に及んでいることを踏まえ，国民一般の理解と協力の下に，被害を受けた施設を原形に復旧すること等の単なる災害復旧にとどまらない活力ある日本の再生を視野に入れた抜本的な対策及び一人一人の人間が災害を乗り越えて豊かな人生を送ることができるようにすることを旨として行われる復興のための施策の推進により，新たな地域社会の構築」を基本理念に掲げる。同24条は「期間を限って」（2項），「内閣に，復興庁を設置するもの」（1項）とし，復興庁に「復興に関する施策の企画及び立案並びに総合調整に関する事務」とその実施を担当させている（3項）。国は復興に要する費用を講じるために「予算を徹底的に見直し」「財政投融資…及び民間の資金」の活用（7条）を図り，他の公債と区分して管理される復興債を発行する（8条）などして，復興資金を賄うとしている。しかし，復興庁設置法15条に基づく復興推進委員会の提言にもかかわらず，復興と関係のない事業に多くの復興予算が使用されたことは，災害復興行政に対する財政面からの統制が重要であり，「その復興に係る国の資金の流れについては，国の財政と地方公共団体の財政との関係を含めてその透明化を」図らなければならない（東復興基9条）。

第3節　災害における行政救済法

1　災害における行政救済法

　災害は，天災という不可抗力による被害であるが，天災だけが災害をもたらすのであれば，行政主体は災害による被害に対して無責任である。したがって，被災者が行政主体に求める請求権（法的地位）が成立する余地はないといってよい。しかし，被災者の行政救済が法的問題として論じられるのは，災害が必ずしも天災だけによって生じたとはいえない場合もあるし，災害の多いわが国

では減災を目的とする法令に基づく災害予知，災害救助，災害復旧，災害復興という災害を対象に災害行政が行われているからである。被災者がよりどころとする生存権保障は，リスクから国民を保護することを国の責務としていることをふまえ，行政は災害という偶発的な災いによって生活を脅かされた被災者の生活上の不利益を放置できないから，国民を「リスクからの保護」することは災害大国であるわが国の統治システムに組み込まれている。その意味では，災害は既存の法体系で対応できるものもあれば，既存の実定法では対応できない事態もあり，被災者を救済する法の発見と宣言が災害行政上の法関係から導き出される必要がある。都市開発技術の進展と都市化された生活システムで生活しなければならない生活様式の変化によって，大規模盛土によって海を陸地とし，山奥まで開発された生活環境が創り出され，さまざまな情報の需要と供給がインターネットを通じて行われ，国民の生活基盤となりつつある。災害を軽視した都市開発は，豪雨や地震による脆弱な地盤を崩れやすくしており，また堤防の内側で氾濫して丘陵地，河川沿いや埋立地に建てられた住宅を被災させ，被災者の生活に被害を与える。すなわち現代社会は，災害が人災となる要因を含んでおり，被災者がこうむった不利益に対する救済法の法理論が構築されなければならない。

(1) **国家賠償**　今日，災害情報は国民の生活設計の大きな判断基準となっている。もちろん災害の予知には技術的な限界があるが，国民に対する情報提供は行政主体の義務である。とりわけ，災害発生の蓋然性が高く，現に災害が発生しているにもかかわらず，何らの災害情報も伝えなかったために，被災した者に対して国または公共団体は，国家賠償法1条1項に基づく損害賠償責任を負う。旧陸軍が海中に投棄し大量の砲弾が海岸に打ち上げられ，その砲弾が突然爆発し死傷者が出た新島砲弾爆発事件で最高裁は，危険な状況であることを「警察官が容易に知りうる場合には，警察官において右権限を適切に行使し，自ら又はこれを処分する権限・能力を有する機関に要請するなどして積極的に砲弾類を回収するなどの措置を講じ，もつて砲弾類の爆発による人身事故等の発生を未然に防止することは，その職務上の義務でもある」（最判昭59・3・23民集38巻5号475頁）とする。

道路の崩壊や堤防の決壊による河川の氾濫による災害が「道路・河川その他

営造物の設置・管理の瑕疵」によって引き起こされた場合，国または公共団体の国家賠償法2条1項の責任が生じる。これら公物の「設置又は管理の瑕疵」について，判例は道路と河川で異なる判断基準を設けている。道路については，国道の上方から重さ約250～400kgの岩石が自然落下し，その直撃を受けて即死した高知落石事件で，最高裁は「国家賠償法2条1項の営造物の設置または管理の瑕疵とは，営造物が通常有すべき安全性に欠いていること」とし，道路が「通常有する安全性」を重視し，道路管理者による管理の状態や防護柵を設置するための予算措置が講じられなかった等の抗弁を認めなかった（客観説。最判昭45・8・20民集24巻9号1268頁）。ところが，他車が工事中の道路に設置された赤色灯標柱を引き倒した直後に通った事故車が工事現場と気づかず6m下に崖から転落し運転手が即死した赤色灯標柱蹙倒事件で，最高裁は，夜間工事現場が暗闇なのは道路が通常有する安全性に欠けるが，道路管理者として遅滞なくこれを原状に復旧し道路を安全良好な状態に保つことは不可能であったとし，客観的な安全性の有無に加えて，道理管理を設置・管理の瑕疵の有無という主観的な判断要素に加えた（折衷説。最判昭50・6・26民集29巻6号851頁）。このような判断の変化は，飛騨川バス転落事故の下級審判決の影響がある。豪雨の中を飛騨川沿いの国道を走行していた観光バスを土砂が直撃し，飛騨川に転落して死傷者を出したが，道路管理者が地滑り，鉄砲水などで通行に危険が生じることを予見できたのに，通行止めなど道路管理者がなすべき危険防止措置を怠ったとして損害賠償を認めた（主観説。名古屋高判昭49・11・20判時761号18頁）。

　河川の氾濫等による水害について，木曽川河口のデルタ地帯の周囲に設置された堤防が，超大型の台風による高潮の襲来によって決壊し，潮流で死者4,697名，行方不明者401名や12万戸余りの全半壊家屋を被災させた伊勢湾台風事件（災害対策基本法の制定のきっかけとなった）で，名古屋地裁は「堤防の設置または管理に瑕疵があるとは……堤防が通常備えるべき安全性を欠いている状態にあることを意味……する。……国または公共団体が堤防を設置してこれを管理する目的は，堤防によつて国土を保全し住民の生命財産等を保護するにあるのであるから，堤防は右目的を達成するに足るだけの安全性を保有する構造をもたなければならず……本件堤防は，同堤防の位置にある堤防として既往最

高の高潮に堪え得るだけの高さと構造を有しているのであるから，同堤防として通常備えるべき安全性を保有していたと認めざるを得ない。……計画堤防高の決定その他堤防の設計において妥当であり……それが築造当時予見され得なかつた高潮等により決壊することがあつても，それは不可抗力による災害と認めざるを得ず，堤防の設置または管理に瑕疵があつたということはできない。」（名古屋地判昭37・10・12下民集13巻10号2059頁）と判示し，「通常備えるべき安全性」を前提に，その基準を築造当時の計画堤防高とし，それを越える堤防の決壊は不可抗力としている。また，大東水害訴訟で最高裁は，河川の判断基準を計画高水流量（200年に一度の水量）に堪えることを求め，さらに「河川管理の特質に由来する財政的，技術的及び社会的諸制約……のもとでの同種・同規模の河川の管理の一般水準及び社会通念に照らして是認しうる安全性を備えていると認められるかどうかを基準として判断すべきである」とし，道路管理と河川管理の「設置又は管理の瑕疵」の判断基準が異なることを明確にした（最判昭59・1・26民集38巻2号53頁）。

(2) **損失補償または結果補償** 災害は，直接行政が私有財産に対し「特別かつ偶発的な犠牲」（損失）を強いる公用負担行政の作用ではないので，損失補償の対象にならない（憲29条3項）。しかし，災害発生時における災害予防のために行政が応急措置として強いた人的物的公用負担に対しては損失補償または「損害補償」を定めている（災害基82条・84条）。このことから，災害の発生により警戒区域が設定され，立入り禁止になったために土地や家屋の不動産，家財，家畜などの生活基盤を失った場合，災害行政過程における行政の「リスクからの保護義務」という視点から，これら不利益については結果補償として考え，個人補償制度を検討すべきである。この場合の補償は，災害によるものであるから，相当な補償で足りると解される。その具体的なものとして，1998（平10）年

災害行政法 これまで災害行政を行政法各論の中に取り入れたものとして，遠藤博也『行政法Ⅱ』（1977年，青林書院新社）と小髙剛『行政法各論』（1984年，有斐閣）があった。前者は，警察法の中で危険管理責任として論じ，後者は「災害防止法」として1章を設け，災害行政全体のうち，力点を「防災」に置いている。日本公法学会第78回総会（2013年）が「大規模災害と公法の課題」というテーマで開催され，第1部会「統治のあり方」のもとで「行政組織」「災害行政過程論」「実力組織」「民間組織」「専門性」，第2部会「国民生活」のもとで「補償」「復興・地域づくり」「災害情報」「生命・生存・健康」の各報告に基づいて議論が行われた（公法研究76号〔2014年〕）。過去と現在の災害行政法の位置づけをみても，警察行政法から災害予防行政法，そして災害行政過程論に基づく災害行政法の新たな展開は，災害行政法が真に行政法各論となる歩みを着実に積んでいる。災害行政法が各論として，災害行政における法関係を明確にする努力が，災害大国であるわが国の行政法には求められている。

に制定された被災者生活再建支援法（平10法66号）がある。阪神淡路大震災で個人補償の可否が検討され，被災者の支援事業として立法化されたもので，基金と国の補助金によって運営されており，国は「支援法人が支給する支援金の額の2分の1に相当する額を補助する」（被災者支援18条）と定める。

(3) **行政訴訟** 原子力発電所等の災害の原因となる公共施設，保安林や護岸堤などの設置や指定解除または廃止は，関係住民の生活に関わる事項である。したがって，これらの施設等の設置改廃に関する行政処分について，住民は「法律上の利益」（行訴9条，同条を準用するその他抗告訴訟の規定）を有し，行政処分に不服の者は抗告訴訟を提起する原告適格を有する。「法律上の利益」は，実体的権利のみならず手続的権利としても保護される。長沼ナイキ基地を建設するために，農林水産大臣がした保安林の指定解除を争った長沼ナイキ基地訴訟で最高裁は，森林法25条1項は「保安林指定処分は……当該森林の存続によつて周辺住民その他の不特定多数者が受ける生活上の利益……を自然災害の防止，環境の保全，風致の保存などの一般的公益……の保護を目的とする処分……であるが，農林水産大臣が保安林の指定を解除しようとする場合に……これに異議があるときは，意見書を提出し，公開の聴聞手続に参加することができるものとしており（法29条，30条，32条）……保安林の指定が違法に解除され，それによつて自己の利益を害された場合には，右解除処分に対する取消しの訴えを提起する原告適格を有する」とする（最判昭57・9・9民集36巻9号1679頁。なお，条文番号は判決文のママで，判決時のもの）。

ところで原発訴訟に関して，最高裁は1992（平成4）年に四つの判例を示した。まず伊方原発訴訟（最判平4・4・10民集46巻7号1174頁）においては，原発設置許可に関し，現在の科学技術水準の下での安全基準に照らして審査できること，および審査密度を高め，判断過程に看過しがたい過誤・欠落があり不合理かどうか審査できるとした。また，もんじゅ原発訴訟において，取消訴訟の原告適格を原審は一律20km以内の住民に認めたが，最高裁（最判平4・9・22民集46巻6号571頁）は，原子炉の種類，構造，規模等の具体的条件を加味して当該住民の居住地域と原子炉の位置との距離関係を中心として社会通念に照らして合理的に判断すべきであること，および被害の性質をも考慮し，58km離れている住民に対しても認めた。さらに，住民が動燃の原発稼働の民事差止訴

訟に併せて，無効確認を提起したところ，原審が行訴法36条違反としたが，最高裁（最判平4・9・22民集46巻6号1090頁）は，住民は原発設置許可の無効を前提にして現在の稼働の民事差止訴訟を提起しているのではないから，無効確認訴訟は同条違反にならないとした。最後に福島第2原発訴訟で，最高裁（最判平4・10・29民集46巻7号1174頁，判時1441号50頁）は，原発訴訟において，原発許可はあらゆる安全性の審査を尽くすのではなく，基本設計の安全性に関わる事項のみを対象とするのであり，廃棄物の処分方法や廃炉の方法は審査の対象にならないとした。これらの四つの判例により原発訴訟における判断枠組みが提示された。地震，津波，噴火による火砕流や火山岩の飛来，原子力発電所事故など近年の災害は，これまでの予想をこえた災害をもたらしている。瞬時に財産等の生活基盤を失い，命を失う。災害は結果として生活再建を急務とし，国家賠償や損失補償では限界があり，災害大国であるわが国における災害行政は，警察行政や社会保障行政などと並ぶ主要かつ重要な行政領域である。「緊急事態に法はない」といわれ，災害行政における法関係は，行政法総論における一般的な関係としてとらえられず，行政法各論ですべてその法関係が具体的に論じられるわけではないので，中間行政法として考察しなければ，重要な行政に関する法が行政法から抜けてしまう。

第Ⅱ部
行政法各論

第1章　警察行政

第1節　警察の概念

　警察とは，公共の安全と秩序の維持を目的として行われ，そのために国民の自由権の制約をともなう行政をいう。主として権力的手段で行われるが，非権力的な手段で行われることも多い。

　公共の安全とは，社会において保護に値する価値のあるものが，毀損されないでそのままの状態にあることをいう。

　公共の秩序とは，公共の安全が守られている状態を意味する。ここで，社会において保護に値する価値のあるものとは，個人の生命，身体，財産，もろもろの基本的人権，および団体の組織，活動の自由等をいう。

第2節　警察の基礎

　ここで警察とは形式的意味における行政権による作用をいう。それゆえ，形式的意味における立法権や司法権の作用として，それぞれの秩序維持のために行われるものは，ここにいう警察に入らない。さらに，警察は一般的統治権に基づいて行われるものであって，内部規律的な部分社会における勤務関係や公共施設の利用関係の秩序維持のために行われる作用は警察に入らない。しかし，これらの場合にあっても，それが同時に公共の安全の問題になると，警察の対象に入る。

第3節　学問上の警察概念と実定法上の警察概念

1　学問上の警察概念

(1) **歴史的背景**　警察の目的を消極的なものに限定する学問上の警察概念は，歴史的に形成されてきたものである。すなわち，かつては，絶対主義的な君主が国家権力を掌握していた時代，国家は，警察の名の下に，積極的な公共の福祉の増進のためにする行政も行っていたが，ブルジョアジーを中心とする市民階級が台頭してくると，自由放任を求め，警察行政権の行使を，ただ公共の安全と秩序の維持だけに制限されるべきと要求するようになった。その制度的結晶は，1794年のプロイセン一般ラント法2章17節10条において，警察の趣旨は公共の安全と秩序の維持にあるとされたことにある。

しかしこのことが判例で確認されたのは，ベルリン警視総監が眺望の維持のためという積極的な目的により建築禁止命令を出したことに対して，ベルリンのプロイセン上級行政裁判所が，前述のプロイセン一般ラント法に基づき，警察は消極目的においてなされなければならないとし，建築禁止命令を違法としたときであった（1882年の有名なクロイツベルグ事件判決）。これにより，学問上も，警察の概念は消極目的に限られるようになったのである。

わが国においても，1875（明治8）年，行政警察規則により，「行政警察ノ趣意タル人民ノ凶害ヲ防止シ安寧ヲ保全スルニアリ」と定められたこともあって，警察が消極目的に限られるとする学問上の概念が成立した。しかも，明治憲法9条によれば，天皇に独立命令権が与えられていたので，警察の目的を限定する必要があったのである。

(2) **行政警察と保安警察**　学問上の警察の概念は，どのような行政機関であれ，公共の安全と秩序の維持のためにする行政を行う場合を包含する。これを行政法学上の警察，すなわち，行政警察（広義）と呼ぶ。なお，この行政警察概念が，さらに，それ自体独立して行われる保安警察（表現警察や風俗警察）と，交通行政と交通警察のように，「○○」行政と関連して行われる「○○警察」というとらえ方がある。後者を再び行政警察（狭義）という場合がある。この区別は，今では実際にはあまり実益がないが，かつて，警察権力の分散化

のために，保安警察は警察をもっぱら任務とする警察機関がこれを行ってもよいが，狭義の行政警察は，普通の「○○」行政を担当する行政機関がこれを担当すべきではないかとする理論であった。しかし，今日では実定法上，かなり警察権力は分散化されており，しかも，警察担当機関はすべて実定法が定めるとすればそれで足りるので，保安警察と行政警察（狭義）の区別はあまり意義はないとされる。

保安警察の例としては，表現の自由を規制する警察（破壊活動防止法，公安条例，屋外広告物法等），出入国に関する警察（出入国管理及び難民認定法，旅券法等），営業に関する警察（風俗営業等の規制及び業務の適正化等に関する法律〔以下，風営法〕，古物営業法，質屋営業法，火薬類取締法等），風俗を害する行為に関する警察（風営法，屋外広告物法等），災害に関する警察（災害対策基本法，核原料物質，核燃料物質及び原子炉の規制に関する法律〔以下，原子炉規制法〕，災害救助法，活動火山対策特別措置法，砂防法，海岸法等），危険物取締警察（銃砲刀剣類等所持取締法，火薬類取締法，サリン等による人身被害の防止に関する法律等）その他がある。

狭義の行政警察の例としては，衛生警察（食品衛生法，麻薬及び向精神薬取締法，あへん法，大麻取締法，覚醒剤取締法，毒物劇物取締法，医師法，薬事法，公衆浴場法，廃棄物の処理及び清掃に関する法律，家畜伝染病予防法等），交通警察（道路交通法，道路運送車両法，海上交通安全法，港則法，船舶安全法，航空法等），建築警察（建築基準法，宅地造成等規制法等），産業警察（電気事業法，ガス事業法，原子炉規制法，鉱山保安法，砂利採取法，森林法等）その他がある。

2 実定法上の警察概念

これに対して，実定法上の警察概念とは，現行法としての警察法（昭29法162），すなわち警察をもっぱらその任務とする警察機関に関する法律が定める「警察」概念をいう。すなわち，同法2条1項は，警察機関の任務を，「警察は，個人の生命，身体及び財産の保護に任じ，犯罪の予防，鎮圧及び捜査，被疑者の逮捕，交通の取締その他公共の安全と秩序の維持に当ることをもつてその責務とする。」としている（海上保安庁法2条1項もほぼ類似の規定で同じことがいえる）。しかしこのうち，学問上の警察は，ただ犯罪の予防と鎮圧，交通の取締りだけであり，犯罪の捜査および被疑者の逮捕は，司法警察の範疇に入り，そ

れゆえ，検察官の指揮の下に，刑事訴訟法に従って行われるものである。このように，実定法上の警察概念は，学問上の警察概念よりも，ある意味では広く，またある意味では，多くの学問上の警察を含まないゆえ，狭いといえるのである。

第4節　警察の組織

1　明治憲法下の警察組織

明治憲法の下においては，警察は国家警察であり，しかもほとんどの警察作用は内務省に集中させられていた。すなわち，内務大臣を頂点とし，その下に警視総監，北海道庁長官および府県知事を，さらにその下に警察署長が置かれていた。

2　日本国憲法下の警察組織

日本国憲法の下においては，警察制度の民主化のため，警察権力の内務省から他の行政官庁への分散化が行われた。しかも，警察権力の地方分権化が行われた。すなわち，1947（昭和22）年に（旧）警察法が制定され（昭22法196），警察組織は自治体警察と国家地方警察とに分けられた。自治体警察は，市および人口5,000人以上の市街的町村に設けられた。かくして市町村に警察権力が与えられたのである。しかも，英米の民主的な委員会制度の導入により，市町村警察を管理するものとして市町村公安委員会が，国家地方警察の運営管理を行うために都道府県公安委員会が設けられた。

3　昭和29年の警察法改正

上述のように，戦後間もない頃は，市町村に警察組織が設けられていた。しかし，（旧）警察法によれば市町村警察の費用は当該市町村の負担とされていた。そのため，市町村は財政的にきわめて逼迫するようになり，自治体警察返上論が登場するようになった。その結果，1954（昭和29）年に警察法が改正され，能率的任務遂行という観点も強調した現行の警察法（昭29法162）となった。

4 現行の警察法の警察組織

警察法は，警察組織を中央機関と都道府県警察とで構成するとともに，両組織の一元化を意図している。

(1) **中央機関** 国の警察組織として，まず，内閣総理大臣の所轄の下に国家公安委員会が設けられた（警4条）。これは，委員長と5人の委員で構成され（4条2項），委員長は国務大臣をもってあてられる（6条1項）。国家公安委員会は国の公安に係る警察運営その他の重要な警察事務を担当する行政機関である。

さらに国家公安委員会の庶務を担当する事務部局として警察庁が置かれる（13条）。しかし，警察庁には，そのほか一定の事務を国家公安委員会の管轄のもとにつかさどる権限も与えられている。また，警察庁に，その所掌事務の一定部分を分掌する地方機関として，7管区警察局が置かれている。

(2) **都道府県警察** 地方の警察組織として，従来の市町村警察が廃止され，代わって都道府県警察が設置された。都道府県の警察の経費は都道府県が支弁するが，警察法37条1項に列挙されている国家的色彩の強い一定の仕事のための経費は国が支弁する。

(3) **都道府県警察の組織** 都道府県に都道府県警察が置かれる（36条）。都道府県警察を管理する機関として，都道府県知事の所轄の下に，都道府県公安委員会が設けられる。都・道・府および指定県にあっては5人の委員，指定県以外の県では3人の委員をもって組織される。都道府県公安委員会には規則制定権が与えられている（38条）。

都道府県警察の本部として，都には警視庁，および道府県には道府県警察本部が置かれる（47条1項）。それらは都道府県公安委員会の庶務を処理し（44条），かつそれぞれの警察の事務をつかさどる（47条2項）。また都道府県の区域を分かち，各地域に警察署が置かれ，さらにその下部機構として交番その他の派出所または駐在所を置くこともできる（53条）。政令指定市には，道府県警察本部の事務を分掌するものとして，市警察部が置かれ，そこに部長が置かれる（52条）。

また，警視庁の長には警視総監，道府県警察本部の長としては警察本部長が置かれる。警視総監は，国家公安委員会が都公安委員会の同意を得たうえ内閣

総理大臣の承諾を得て任免する（49条1項）。また，道府県警察本部長も国家公安委員会が道府県公安委員会の同意を得て任免する（50条1項）。さらに，警察庁長官を除く警察官の階級には，警視総監，警視監，警視長，警視正，警視，警部，警部補，巡査部長および巡査があるが（62条），警視総監，警察本部長および方面本部長以外の警視正以上の場合は，すべて国家公安委員会が都道府県公安委員会の同意を得て任免し，その他の職員は，警視総監または警察本部長がそれぞれ都道府県公安委員会の意見を聞いて任免する（55条3項）。これらのことからすると，都道府県警察とはいえ，きわめて国家警察的色彩の強い組織となっている。

第5節　警察法以外のその他の警察組織

1　国の警察組織

(1) **海上保安庁**　「海上において，人命及び財産を保護し，並びに法律の違反を予防し，捜査し，及び鎮圧するため」に，国の一般的な海上警察組織として，国土交通省の外局として海上保安庁が設置される（海上保安庁法1条）。またその地方支分部局として11の管区海上保安本部が設けられている。各管区本部の下に保安部，保安署が設置され，巡視船艇が保安部署に所属することとなっている。別に航空基地も設置されている。

(2) **公安審査委員会・公安調査庁**　破壊活動防止法の定める破壊的団体の規制を行う機関として，法務省の外局として公安審査委員会が，また規制についての調査や処分請求を行う機関として，同じく法務省の外局として公安調査庁が設けられている。

(3) **消防庁**　消防について，国の行政機関として，総務省の外局たる消防庁が置かれる（消組2条）。また，地方自治体の機関として，市町村長の管理の下に，消防本部，消防署，消防団等が設けられる（9条）。

2　地方公共団体の機関

普通地方公共団体は，都道府県警察組織のほか，警察組織を有する。すなわち，地方自治法（昭22法67）2条2項により，地域における事務およびその他

の事務で法律またはこれに基づく政令により処理することとされるものを処理できる。このうち公共の安全と秩序の維持のためにする事務がすなわち警察事務である。これらの警察事務を地方公共団体の長その他の機関が行うが，警察事務は，住民に義務を課したり権利を制限することになるため，法令に特別の定めがある場合を除くほか，条例によらなければならない（自治14条2項）。

第6節　警察権を拘束する法原則

1　一般原則

(1)　**法治主義**　法治主義の原則は，一口にいえば，国家権力から国民の自由・財産を守ろうとする原則である。

この原則の中には，法律による行政の原則のほか，基本的人権尊重・不可侵の原則，適正手続の原則，裁判所による救済等がありうる。すなわち実質的な意味での法治主義になっていなければならない。

①　**法律による行政の原則**　警察は，国民の自由権に関わる限り，法律に基づくことが強く要請される。その際，組織法のみならず，作用法としての法律の授権が必要であることはいうまでもない。この場合，法律の定める要件は，目的・手段・対象・内容・方法等につき可能な限り明白であることを要する（例：警察官職務執行法2条など）。さらに法律による授権は，同時に警察作用の内容的な羈束にもならなければならない。

②　**基本的人権尊重・不可侵の原則**　警察行政を行うにあたり，基本的人権が尊重されなければならないことはいうまでもない。ここで，憲法13条の個人の尊重の原則も警察として守らなければならない大原則であろう。これに対応して，警察権の行使は必要最小限に行われなければならないことになる（比例原則）。

③　**適正手続の原則**　1993（平成5）年にわが国においても，行政手続法（平5法88号）が成立した。この法律は，公正で透明な行政の実現を目指し，よってもって国民の人権を保障するものである。警察行政の場合も，この法律の趣旨に十分に沿わなければならないことになった。たとえば，行政手続法（行政手続条例も同じ）によれば申請拒否処分には理由を提示しなければならないが，

最高裁によれば，警視庁個人情報非開示決定取消訴訟において，東京都公文書の開示等に関する条例の事件で，単に非開示の根拠規定を示すだけでは，条例7条4項の要求する理由付記としては十分ではないとしている（最判平4・12・10判時1453号116頁）。

④ **裁判所による権利救済**　憲法32条によれば，何人にも裁判を受ける権利が保障されている。しかし，この権利は，より実効的なものでなければならない。したがって，仮の権利保護が警察行政においても十分に機能する必要がある。さらに取消訴訟などの原告適格も，2004（平成16）年改正行訴法9条2項により処分の相手方以外の者について，当該法令と目的を共通にする関係法令があるときはその趣旨・目的を考慮できるとされ，かつ国民の利益の性質・内容も考慮されうることとされるなど，大幅に拡大されてきた。さらに義務づけ訴訟や差止訴訟も法定化され，しかもそれぞれ仮の救済として仮の義務づけや仮の差止制度が認められるようになった。

また，国家賠償法の問題についても，同法1条1項の「故意・過失」を，公務員個人の主観的な責任要素ではなく，行政の客観的な瑕疵としてとらえる判例もあり（東京地判昭39・6・19下民集15巻6号1438頁〔安保教授団事件〕は，公務員の行為に起因して直接負担する自己責任を定めたものと解する），もしくは主観的にとらえても緩和して（最判昭57・4・1民集36巻4号519頁は，具体的にどの公務員のどのような違法行為によるものであるかを特定することができなくても，一連の行為のうちのいずれかに故意または過失による違法行為があったのでなければ右の被害が生ずることはなかった場合も，故意・過失を認める）考察するなど，国家賠償責任の認定が緩和されつつある。

また立法の不作為に対しても，国家賠償法1条で損害賠償を認めることが可能とされてきたことが注目される（警察の問題ではないが，在外邦人選挙訴訟，最判平17・9・14民集59巻7号2087頁がある）。

(2)　**協働型法治国家原則，主として生活安全条例**　現代行政にあっては法律の目的としての公共の利益を行政権のみで達成することは困難になってきている。より細やかな配慮をするためには，公私協働，官民協働が不可欠となってきた。公私協働，官民協働は，現代行政において，警察に限らず，多くの分野でみられるところであるが，警察行政の分野でも顕著になっている。

まず，公共の安全を守るためにも，民間企業のコンプライアンスすなわち自主法令遵守体制が確立されることも必要である。さらに2006（平成18）年に施行された公益通報者保護法（平16法122）も重要である。これは，事業者が刑罰で処罰されうる行為を行っているような場合，労働者や従業員が，公益のために事業者内部，行政機関および報道機関等に通報できることを認め，通報者に対する解雇を無効とし，不利益を課してはならないこと等を定めている。

　さらに，今日，多くの自治体でいわゆる生活安全条例が制定され，住民や国民の安全・安心を守るために，住民，組織，行政等が協調・協力する仕組みが構想されてきている。

　たとえば，小学校へ暴漢が侵入し多くの生徒を殺傷した事件を契機に，大阪府が，都道府県では，全国に先駆けて，大阪府安全なまちづくり条例（平14条例1）を制定した。それにより，府民，事業者，行政が協働して府民の安全・安心な暮らしを守る体制が整備された。ただし規制がやや厳しく，同条例19条1項で，「何人も，道路，公園，広場，駅，空港，埠（ふ）頭，興行場，飲食店その他公衆が出入りすることができる場所又は汽車，電車，乗合自動車，船舶，航空機その他公衆が利用することができる乗物において，その本来の用途に従い使用し，又は運搬する場合その他社会通念上正当な理由があると認められる場合を除いては，鉄パイプ，バット，木刀，ゴルフクラブ，角材その他これらに類する棒状の器具であって，人の生命を害し，又は人の身体に重大な害を加えるのに使用されるおそれのあるものとして公安委員会規則で定めるもの（以下「鉄パイプ等」という。）を携帯してはならない。」と定めた。違反者には，同24条により，10万円以下の罰金に処すると規定された。問題は野球のバットやゴルフクラブも，正当な理由なしに携帯してはならないとされたことである。すなわち，バットやゴルフクラブの携帯は本来は個人の自由の領域に属し，正当な理由なしに携帯を禁じること自体，濫用のおそれがあると危惧された。そこで大阪府は，同府の歴史的に法治主義を厳格に遵守する伝統に従い，公安委員会の規則（大阪府安全なまちづくり条例施行規則，平14大阪府公安委員会規則9）により，19条の解釈および運用に関する基準を定め，これを公表するものと規定した。

　他方，東京都は，翌年の2003（平成15）年に，東京都安全・安心まちづくり

条例（平15条例114）を制定し，安全・安心まちづくりを，都ならびに特別区および市町村ならびに都民等の連携および協力の下に推進することを定めた。まさに協働型法治主義の実験となっている。ただし，大阪府条例19条のような携帯禁止規定は設けられていない。

　ところで生活安全条例に属するが，暴走族に特化した条例として，暴走族追放条例が広島県でも広島市でも制定された。広島市の暴走族追放条例に関して，最高裁判所の判断がなされている（平19・9・18刑集61巻6号601頁）。当該事件は，精神的自由権を問題とする条例であるところから厳格に審査され，違憲とまではいえないとした多数意見に対し，藤田宙靖裁判官，田原睦夫裁判官の反対意見があった。暴走族の定義，禁止行為の対象，および市長の中止・命令の対象も社会通念上の暴走族以外の者の行為にも及ぶ文言になっていたことなど，規定の仕方が適切ではなく，本条例がその文言どおりに適用されることになると，規制の対象が広範囲に及び，憲法21条1項，および31条との関係で問題があることが反対理由であった。しかし，多数意見は，限定的に解釈し，暴走族による集会等が公衆の平穏を害してきたこと，規制に係る集会であっても，これを行うことをただちに犯罪として処罰するのではなく，市長による中止命令等の対象にするにとどめ，この命令に違反した場合に初めて処罰すべきものとするという事後的かつ段階的規制によっていること等にかんがみると，その弊害を防止しようとする規制目的の正当性，弊害防止手段としての合理性，この規制により得られる利益と失われる利益との均衡の観点に照らし，いまだ憲法21条1項，31条に違反するとまではいえない，と判断している。

　(3)　**民主主義原則**　　民主主義原則とは，一口にいえば，国民の同意に基づく行政といってよい。前述の法律による行政の原則の中には，この民主主義的な要素も入っている。警察行政において，民主主義原則を確立する課題は大きいが，とりわけ現代的な重要課題としては，警察行政の情報公開であろう。情報公開は，もちろん，国民の「知る権利」からも導くこともできるが，根本的には民主主義的な行政のやり方として，国民との間の信頼関係を確立してゆくためにも，情報公開する義務が行政の側にあるといえよう。もちろんしかし，個人のプライバシーの権利は警察行政としても最大限の配慮を必要としよう。

　なお，犯罪の予防や捜査等，公共の安全と秩序の維持に支障を及ぼすおそれ

のある情報（犯罪等情報）に該当することを理由とした非開示情報該当性が争われた事案に関する最高裁の判例（最判平21・7・9判時2057号3頁）がある。最高裁は，行政機関の判断に相当の理由ありとして，当該情報の非開示情報該当性を認めている。

2　警察権限界の原則

伝統的には，警察裁量権の限界の理論として，しかも条理上の限界として，①警察消極目的の原則，②警察公共の原則，③警察責任の原則，および④警察比例の原則が唱えられてきた。しかし，警察消極目的の原則は，警察概念のところで確認ずみなのでここでさらに述べる必要はないだろう。また，いわゆる警察権限界の理論は，人権保障に厚い日本国憲法の下では（とくに憲13条など），単なる条理上の原則にとどまらず，憲法原則にまで高まらなければならないものである。

(1)　**警察公共の原則**　この原則によれば，警察権力の行使は，公共の安全と秩序の維持のために発動が許されるべきものであるから，単なる個人の活動範囲にとどまる限り，許されない。この原則はさらに三つに分かれる。

①　**私生活の自由**　この原則は，個人の私的な生活は，公共の安全と秩序の維持と関わらない限り警察権力の対象とはならない，とするものである。ただし，ストーカー行為は，個人の私的な生活というより，公共の安全の問題とされよう。なお，ストーカー行為等の規制に関する法律（平12法81）は，「『ストーカー行為』とは，同一の者に対し，つきまとい等……を反復してすることをいう」（2条3項）と規定し，「何人も，つきまとい等をして，その相手方に身体の安全，住居等の平穏若しくは名誉が害され，又は行動の自由が著しく害される不安を覚えさせてはならない」と定める（3条）。これに違反した者は，1年以下の懲役または100万円以下の罰金に処せられる（18条）。さらに，「つきまとい等」行為に対する被害者の求めに応じ警察署長等は警告書による警告ができ，この警告に従わず「3条行為」をした場合は，公安委員会が聴聞を経て「3条行為」の禁止命令を出すことができる（4条1項・5条1項・2項）。この禁止命令等（5条1項1号に係るものに限る。以下同じ）に違反してストーカー行為をした者は，2年以下の懲役又は200万円以下の罰金に処せられる（19条）。

② **私住所の自由**　この原則は，個人の居住する空間は警察権力から自由であるとするものである。しかし，駅の待合室，ホテルのロビーのように不特定多数者が集まる場所が公開中のときは私住所とはいえない。もちろん，工場や企業の構内は，多数の者が集まる場所であっても不特定多数とはいえないので，私住所である。

③ **民事関係の自由の原則**　民事上の紛争は公平な裁判所をとおして解決するというのが大原則であるから，警察が当事者の一方に干渉するというのは違法となるというのがこの原則である（高松高判昭40・4・30下刑集7巻4号560頁など）。

しかし，児童虐待の防止等に関する法律（平12法82）10条，配偶者からの暴力の防止及び被害者の保護に関する法律（平13法31）8条等は，警察の介入を認める。これまでは私的領域（親族・家庭内関係）とされていたところへ，公共の安全の観点で警察事実を構成する領域が次第に増えてきている。もちろんながら，ここには，憲法上の基本権保護義務も密接に関連している。

(2) **警察責任の原則**　この原則は，警察権力の行使は警察責任を有する者に対してのみ許されるとするものである。

ただし，責任を有する者のとらえ方に，責任者を基準とする考え方と原因を基準とする考え方がある。

① 責任者を基準とする場合，さらに行為者の責任と支配者の責任とに分けられる。この場合，支配者とは，他人の行為を支配する者（例：親権者）や物を支配する者（例：動物の飼主等）をいう。

② さらに，原因を基準とする見方は，原因を行為にとらえる行為責任と，それを物の状態に求める状態責任とに分けられる。

ただし，この警察責任の原則には例外があり，とくに緊急な場合には警察責任を有しない者にも，警察権力の発動が許される場合がある。これを警察緊急権または警察急状権という。

(3) **警察比例の原則**　憲法13条によれば，個人は最大限尊重されなければならない。したがって，警察の保護法益としての公共の安全・秩序の維持は，制約を受ける個人の自由権と比例関係に立たなければならない。この警察比例の原則はさらに，警察権を発動するかどうかの場合と，発動するとしてどのよ

うな程度・方法でという場合とに分けられる。

まず，発動の場合，発動するかどうかは，達成されるべき公共の安全の法益が，制約される個人の自由の程度よりも大きい場合に限られる（東京高判昭31・5・8高刑集9巻5号425頁〔東大ポポロ事件〕，「たとい警察当局よりみて大学〔学生をも含む広義のもの〕がわに若干警察活動の対象を以て目せらるる事態がありとしても，その予防または除去のため直ちに大学の使命とする学問や教育の本務の実質を害する程度の警察活動をおよぼすが如きは警察権の限界を踰越するものといわねばならない。」）。

次に，発動するに際しての程度・方法についても，公共の安全と制約される個人の自由とが比例しなければならないとされる（東京地判昭40・8・9下刑集7巻8号1603頁〔安保反対デモ隊国会突入事件〕，国会構内に大挙して侵入するデモ隊を制止することは，適法な警察官の職務執行行為であるが，すでに身体の自由を失い逃げまどう学生に対し，警棒をふるって，なぐる，突く等の暴行を加え，多数人に重軽傷を負わせる所為は，明らかに職務権限をこえ違法というべきである）。

第7節　警察作用

　警察作用としては，権力的なものと非権力的なものとに分けられる。権力的なものとは，国民の意思にかかわらず一方的に警察作用がなされるものをいう。その例としては，法律（条例等を含む）によるもの，個別的な処分（行政行為）によるもの，および実力行使としての警察罰や警察上の強制執行等がある。すなわち，国民に対して，命令として義務が課され，または解除されるが，もし国民が義務を履行しない場合には，国家により実力行使としての警察上の強制執行や警察罰が課されることになる。

1　権力的作用
(1)　警察下命

①　法律による下命　　法治主義原則に基づき，警察作用は法律によらなければならない。法律により，行政庁に対して，国民へ作為，不作為（禁止），給付および受忍の義務を課すことが授権される。ときには法律による義務づけだ

けで足る場合もある（道路交通法など）。しかし多くの場合，法律によりあらかじめ一般的に国民に向けて予測可能なように義務づけがなされ，その後，いわゆる警察上の行政行為により，個別的・具体的に個人に向けて義務が課されてゆくのである。

　これらの警察義務のうち，禁止は，原則として相対的なものであり，公共の安全と秩序の維持にとって障害がない限り，解除すなわち許可すべきものである。しかし，ときには絶対的な禁止もありうる（未成年者の喫煙・飲酒など）。

　なお，国民に対して義務が課される場合，その義務は誰に向けられて履行されるべき義務なのかという問題がある。本来は，国民に対する義務は，国家に向けられる。たとえば，医師法は，医師に対して，患者から診察を求められたら診察しなければならないとする，いわゆる診察義務（診療義務）を課している（19条）。しかしこれにより，診察を拒否された患者が，自己に対する診察の義務違反であることを理由に損害賠償等を求めることは原則としてできないのである。法律による診察の義務は，実は国家に向けられているのであって，診察の拒否がなされた場合には，国家が義務違反として，しかるべき措置をとるのである（ただし，診療拒否が不法行為による損害賠償責任を問われることがありうる。第8章第2節コラム欄参照）。たとえば，前記の例においては，警察上の強制執行や警察罰の定めは実際には現行医師法にはないので，場合によっては，厚生労働大臣が医師の品位に欠けるとの理由で免許（許可）の取消処分をなすことができるのである。

　② **行政行為による下命**　　行政行為は，個別的・具体的になされるものである。普通は個人に対して向けられるが，しかし特定の道路・橋等の通行禁止処分のように，不特定多数の者に向けられる場合がある。これを一般処分という。

　行政行為による下命にも，作為，不作為（禁止），給付および受忍の義務，そしてこれらの義務の解除がある。

　(2)　**警察許可**　　不作為義務すなわち禁止の解除をとくに警察許可と呼ぶ。禁止の解除により，個人がもともと自然に有する行為の自由が回復される。

　① **禁止の意味**　　ここで禁止とは個人の行為それ自体を禁ずるものである。個人の行為には事実行為（自動車の運転など）と法律行為（売買契約など）があるが，これらが，公共の安全と秩序の維持の観点に基づき禁止されるわけである。

無許可のままこれらの行為をした場合，法律行為にあっては，その法的効果がどうなるのかが争われる。しかし，警察上の禁止による個人の活動への介入は必要最小限にとどまらなければならないのであり，法律行為の効果にまで，警察は介入すべきではない（最判昭35・3・18民集14巻4号483頁〔食肉代金請求事件〕）。法律効果すなわち有効か無効かは民法90条等により決すればよいとされる。しかし，行為をすること自体は禁止されていたのであるから，そのことに対して，行政罰または行政上の強制執行等の実力行使を受けることになるのである。

② **警察許可の意味**　警察許可は，もともと存在する個人の自然の自由を尊重しなければならないから，公共の安全と秩序の維持の観点からして危険がないと認定されれば，許可をすべく拘束されなければならない（公衆浴場法の先願主義，最判昭47・5・19民集26巻4号698頁，判例百選Ⅰ・67事件）。

許可により回復されるのは，行為の自由，すなわち適法に行為できるというのみで，それ以上に，権利が設定される（特許）わけではない。したがって，すぐ近くの他人に許可がなされることにより，たとえ利益が減少したとしても，それは営業権の侵害にもならない。ただし公衆浴場法の距離制限違反の許可については，最高裁（最判昭37・1・19民集16巻1号57頁〔京都府公衆浴場法距離制限違反事件〕）は，既存の業者に対して法律上保護された利益を侵害していると判断している。

また，禁止はさまざまな立法目的に基づいてなされるので，ある一つの禁止を解除すなわち許可すればそれですべてよし，というわけにはいかない。他の個別の禁止があれば，その解除（許可）をさらに必要とする。

(3) **警察上の強制執行と警察罰**　これらについては『新・基本行政法』（第9章193頁以下）で述べたところで足りよう。なお，これらはいずれもあらかじめの義務の存在を前提とするが，義務の存在を前提としない即時強制があるが，これも実力行使の一つである（消防法に基づく破壊消防など）。

2　非権力的作用

公共の安全と秩序の維持のためには，前述の権力的な作用のほかに，非権力的な作用もさまざまに行われている。たとえば，行政指導，行政契約，行政調査および公表などがある。

なお，警察官職務執行法に基づく職務質問（2条）は従来は即時強制の範時に入れられていたが，権力性の程度（停止させて質問できる）が小さいので，行政調査に入れられるようになってきた。しかし，国民の基本的人権は最大限尊重されるべく，警察による調査は，犯罪と何ら関わりのないようなもの，および法律による授権のないものは，とくに慎まれるべきものであろう。最高裁大法廷判決（平29・3・15判時2333号4頁）によれば，裁判所の令状なく捜査対象者の車などにGPS（全地球測位システム）端末を取り付ける捜査について，「令状が必要な『強制捜査』にあたり，捜査は違法だった」との初めての判断を示した。判決は「立法で対処することが望ましい」とも述べている。

さらに行政指導についても，行政手続法の公正性と透明性が最大限尊重されるべきであろう。

第8節　警察救済

警察救済とは，警察権力により不利益をこうむった個人の権利救済をいう。とりわけ行政訴訟と国家補償の問題が警察救済においては重要となる。

1　行政訴訟

ここではまず，法定化された義務づけ訴訟が現代的な警察行政において重要とされよう。すなわち，現代国家・社会においてはさまざまな危険と隣合わせに国民は生活している。このような状況の下，国民は警察に対して生命や身体または財産の保護のために，裁判所をとおして警察権力の発動を求めるため，義務づけ訴訟を提起できることが肝要となってきた。そこで，そのためには警察権力の発動を求める法的権利（警察介入請求権）が国民にあるかどうかが解釈論的に問題となる。この問題の解決のためには，まず従来の反射的利益論が克服されなければならない。すなわち，公共の安全のためにする警察の作用は，けっして個々人の主観的な法的権利・利益に即してなされるのではなく，たとえ個々人がそれにより利益を受けても，それは反射的利益にすぎないとされてきた。しかし，個々人の利益は，けっして公共の利益に埋没されてはならない場合もあるのであって，伝統的な反射的利益論は大幅に後退しつつある。

なお，義務づけ訴訟には，申請拒否型の義務づけ訴訟と，非申請型の義務づけ訴訟とがある。第三者が提起する義務づけ訴訟については，後者の非申請型の義務づけ訴訟が重要となろう。

ところで，行政不服審査法（平26法68）が大改正され，それにともない行政手続法も改正された（最終改正：平26法70）。第三者との関連においては，改正行政不服審査法によれば，行訴法の申請拒否型の義務づけ訴訟を参考に，申請拒否処分または不作為についての審査請求については，審査庁が一定の処分をすべきものと認める場合，上級行政庁が処分庁に対して処分をすべき旨を命じ（行審46条2項1号・49条3項1号），審査庁が処分庁であれば一定の処分をすることとされた（46条2項2号・49条3項2号）ことは，簡易迅速な権利保護が充実・拡充されたことを意味する。

さらに，非申請型義務づけ訴訟との関連については，まだ処分自体が何らなされていないこともあり，事前行政手続に関わるとされ，行政手続法が改正され，行政指導の中止等の求め（行手36条の2），処分等の求め（行政指導を含む）（36条の3）ができるようになった。

これらの行政争訟法の新しい方式が警察行政においても権利救済のために活用されるに違いない。

2　警察裁量の統制

このような法状況の下，裁量権の「ゼロ」への収縮の理論が唱えられる。この理論によれば，われわれの日常的な生活の中で，危険が切迫し，かつ単なる危険性ではなく客観的に蓋然性をもって個々人に損害が発生することが予想される場合，そしてさらに，行政が何らかの措置をすれば容易にその危険性を除去できるような場合には，行政の裁量権は「ゼロ」または大幅に収縮し，その場合には，たとえ法令上，「できる」とされていても，「すべき」と解釈すべき

行政手続法　行政手続法により，許可基準（審査基準）が公表されなければならなくなった（5条）。標準処理期間の定めも設けられた（6条）。また，許可を取り消す等の不利益処分をする際にも，その基準（処分基準）を公表するよう努めなければならないとされている（12条1項）。さらに聴聞や弁明の手続も整備されてきた。そして，受理という行政の側からみた言葉づかいが微妙に避けられ，届出という言葉が使用され（37条），あくまでも国民の側からみた手続が重視されている。このような手続の重視からすると，警察許可を考える際にも，おのずから，国民の自由または法的地位については，いっそうの配慮が必要であろう。

行政指導と書面　行政指導は，その趣旨および内容ならびに責任者を明確に示さなければならないとされ，しかも相手方が書面の交付を求めたときには，特別の支障がない限り，これを交付しなければならないとされる（行手35条1項・3項）。ただし，その場で済んでしまうものについてはその適用が除外されていることも知っておきたい（同条4項）。

ではないかとされるのである（東京高判昭52・11・17判時875号17頁〔野放し野犬幼児咬殺事件〕。なお，最判昭59・3・23民集38巻5号475頁〔新島漂着砲弾暴発事件〕は，裁量権の収縮論をとらずに単刀直入に義務があるとしているが，同趣旨としてとらえることも可能かもしれない）。上述の場合には，生命・身体に対する切迫する危険性だけでも行政が何らかの措置をすべき義務があると解することもできよう。これらの場合には少なくとも，行政の介入を求める権利が国民の側にあるとされなければならない。ともあれ，生命や身体に対する損害につき事後的な救済だけでは遅すぎるのであり，かかる場合にこそ義務づけ訴訟が可能とされなければならない。

なお行政の不作為において，最高裁は，不行使がいちじるしく不合理である場合には，国家賠償法1条による責任を認めた（最判平16・4・27民集58巻4号1032頁〔筑豊じん肺訴訟〕，判例百選Ⅱ・231事件）。これを消極的裁量濫用理論という。

3　国家賠償と公務員個人の責任

国家賠償法1条1項による賠償責任は国・公共団体にあるとされ，公務員個人は被害者に対して責任を負わず，ただ国・公共団体との関係における内部的な求償権の問題として扱われるにすぎない（国賠1条2項）。したがって，公務員個人が損害賠償を請求されることはほとんどなかったが，警察官の組織的盗聴行為に対して東京地裁（平6・9・6判時1504号41頁）は，「公務としての特段の保護を何ら必要としないほど明白に違法な公務で，かつ，行為時に行為者自身がその違法性を認識していたような事案」は例外的に個人責任を問えるとして，警察官個人の賠償責任を認めた。この判決は，公務員の責任感・倫理観を高め，わが国の民主的な警察行政の確立のためにも，きわめて大きな意義のあるものであろう。

4　損失補償

損失補償は，周知のように，「特別かつ偶然の損失（特別の犠牲）」に対してなされるものである。しかし，警察は，公共の安全と秩序の維持のためになされる。それゆえ警察による制約は，国民にとり，内在的なものとして，一般的

かつ必然的に受忍しなければならないものとされるから、損失補償は不必要とするのが判例・学説である。有名な奈良県ため池保全条例事件において、最高裁は、堤とうの上での耕作権の行使に対する制限に対して、損失補償は不要としている（最判昭38・6・26刑集17巻5号521頁〔奈良県ため池保全条例違反事件〕、判例百選II・259事件）。さらに、ガソリンタンク等危険物に対する警察制限についても、その制約は、遅かれ早かれいつかは具現すべきもので、たとえ地下道が後からつくられ、ガソリンタンクを移動しなければならなくなっても、そのような制約に対しても所有者は損失補償を要求できないとされている（最判昭58・2・18民集37巻1号59頁、判例百選II・255事件）。

ただし、これに対しても例外があり、警察緊急権に基づきなされる警察権力の行使は、警察責任を有しない者にもなされる場合がある。このような場合には、「特別の犠牲」にあてはまるとみることもできるから、損失補償がなされる場合もある（消防29条3項、水防28条2項）。さらに、警察責任を有する場合であっても、その制約がとくに受忍の限度をこえるような場合にも損失補償が与えられる場合もある（海岸12条の2）。

第2章　防衛行政

第1節　防衛行政の概念

　防衛行政は，警察行政が国内における公共の安全と秩序の維持を目的とするのに対し，外国からの直接攻撃（武力攻撃事態等），およびわが国と密接な関係にある他国に対する武力攻撃が発生しわが国の存立が脅かされ，国民の生命等が根底から覆される明白な危険がある事態（存立危機事態）に対して国家および国民を守ることをその任務とする。すなわち，警察行政の目的が社会目的であるのに対して，防衛行政の場合は，国家目的であるところにその特色がある。しかし，国家を守るといっても，民主主義国家の下，けっして国民個人と対立する国家概念であってはならない。

第2節　憲法と防衛行政

1　「防衛行政法関係」の視点

　大日本帝国憲法（明22）の下においては，「天皇ハ陸海軍ヲ統帥ス」（11条）とあったように，明白に軍隊の存在を認めていた。

　しかし，日本国憲法は，前文および9条により，徹底した平和主義を目指している。したがって，現行憲法は本来，戦争を念頭に置いていないため，軍隊に関する手続規定は存在しない。そうすると防衛行政という概念自体，憲法になじまないようにみえる。

　しかし現実には自衛隊法（昭29法165）により，わが国にも「軍隊」が存在している。それゆえ，「軍隊」による場合を含めた防衛行政という観念が成立しうる余地がで出てくる。もちろん，自衛隊法が憲法違反とされれば，防衛行政

という概念はその重要な存立基盤を失うことになろう。しかしながら，実際には自衛隊法が憲法に違反するかどうかは学説・判例でも争われている。このような状況の下，現実には防衛行政が存在する以上，本書においてもそれを取り扱うことにした。この場合，われわれの視点としては，防衛行政の中にも，できる限り法関係を発見し，しかも，可能な限り，憲法原理を尊重した「防衛行政法関係」理論を提起することを目指した。

2 憲法9条の意義

憲法9条は，第1項で戦争放棄，第2項で戦力の不保持を定める。しかし，同条については，周知のように，以下のように大別して三つの解釈がある。すなわち，第一説は，憲法は，第1項で侵略戦争も自衛戦争も放棄したこと，かつ第2項でおよそ戦力をもたないことを定めたと解する。第二説は，憲法は，第1項では，自衛戦争はとくに禁止されていないと解して，これを認めるのであるが，結論的には，第2項が，およそ戦力をもたないことを定めたと解釈するのである。第三説は，第1項は，侵略戦争のみ放棄したのであり，自衛戦争についてはとくに禁止されていないので，これを肯定し，かつ第2項は，「その目的を達するための軍隊」は保持できないと解することにより，結局，侵略戦争のための軍隊はこれを保有してはならないが，自衛戦争のための軍隊はとくに禁止されていないと解するのである。

歴史的には，軍隊を保有しないとする第一説または第二説が憲法の趣旨に合致した解釈であることはいうまでもない。また，法文言的にみても，第三説の解釈には，相当無理があるように思われる。なぜなら，9条2項の法文は，「前項の目的を達するため，」とあり，けっして「前項の目的を達するための」とはなっていない。すなわち，前項の目的が何であれ，結論的には「戦力」を有してはならないとされているのである。さらに，憲法前文によれば，「名誉ある地位を占めたい」とあるが，その趣旨は，たんに侵略戦争を放棄しただけではけっして達成されることのできない「崇高な理想」といわなければならないと思われる。

このように考えると，第一説または第二説の解釈が妥当とされよう。それにもかかわらず，わが国にはすでに自衛隊および防衛省が厳然として存在してい

る。ここに規範と事実が正面から対立するという奇妙な法現象がわが国に起こっている。しかし，わが国の実定法体系を総体的にみると，必ずしも規範と事実が対立していると単純に割り切ることはできない。正しくはむしろ規範と規範とが対立

平和的手段の重要性 平和的手段で国際紛争を解決することは，戦争による解決よりもはるかに困難であり，かつ継続的・日常的な国民による努力を必要とし，かつ諸外国の国民との間の協調関係・信頼関係を構築することが何よりも必要不可欠であろう。

しているのである。すなわち，次に述べるように，根本的には「憲法」体系と「日米安全保障条約」体系とが根本的に対立しているからこそ，憲法（規範）と自衛隊（事実）との矛盾が起こってしまったとみることができるのである。

3 自衛隊の成立の歴史と日米安全保障条約

歴史的にみると，わが国は1945年7月26日に発せられたポツダム宣言（後に旧ソ連が加わり共同宣言）を20日後に受諾し，無条件に降伏した。これにより日本は軍国主義を放棄し，民主的な平和国家を樹立することが義務づけられた。

しかし1949年，1950年に相次いで起こった三つの世界史的事件が日本に決定的な転機をもたらす。すなわち，1949年には，（旧）ソ連が核兵器の実験に成功する。また同年，中国に毛沢東を主席とする中華人民共和国が誕生した。さらに1950年には朝鮮戦争が勃発した。これらの事実により，アメリカは，周知のように，対日政策を転換し，日本をスイスのような永世中立国ではなく，社会主義国に対する砦にしようとしたのであった。

そこで，朝鮮戦争勃発に際し，警察予備隊令（昭25政令260）に基づき警察予備隊が創設された（1952年に保安隊と改称）。しかし，この時点では警察予備隊は本格的な軍隊とはまだいえなかった。ところが，1952年の日本国との平和条約（サンフランシスコ平和〔講和〕条約〔昭27条5〕）により，連合国の一部との間ではあれ，日本は講和条約を締結し，ここに正式に戦争状態は終了し，連合国のすべての占領軍は撤退しなければならないとされたが（6条(a)），同時に，日本国が1または2以上の連合国との間に協定を結べば，その国の軍隊はそのまま日本国の領域に駐留できることとされた（6条(a)）。それに基づき（したがって同平和条約とともに）締結されたのが，（旧）日米安全保障条約（日本国とアメリカ合衆国との間の安全保障条約〔昭27条6〕）であった。この条約は，「極東における国際の平和と安全の維持に寄与するために」，アメリカ軍が日本国内およ

びその付近に配備されることを定めた。そしてそれとともに、あるいはそれに関連して、諸種の協定が締結され、国内法が制定された。しかし、この条約は、日本にとって屈辱的な基地提供条約の性格をもったものであり、いまだ双務的または「軍事同盟」とはなっていなかった。たんにその前文において、日本の再軍備を期待するとつつましやかに規定されるにとどまっていた。

しかし、同条約により、着々と再軍備が整備されてゆく。そして1954年にはMSA協定（日本国とアメリカ合衆国との間の相互防衛援助協定〔昭29条6〕）が日米間に締結される。この協定により、日本の再軍備が法的に義務づけられた（8条「自国の防衛能力の増強に必要となるすべての合理的な措置を（中略）執るものとする」）。その趣旨に従い、同年、自衛隊法（昭29法165）および防衛庁設置法（昭29法164）が制定され、「軍事同盟条約」の態勢づくりが進められてゆく。そして最終的に1960年に、現行の日米安全保障条約（日本国とアメリカ合衆国との間の相互協力及び安全保障条約〔昭35条6〕）へと改定された。それによれば、日本が外国から侵略されたらアメリカ軍が援助し、他方、在日アメリカ軍が他国から攻撃されたら自衛隊が援助するという意味において、ここに「軍事同盟条約」が成立することになった。

しかし、憲法体系はまさに平和主義を理念に構築されているが、日米安全保障条約の体系は、条約上も明らかなように、軍備の増強が義務づけられており（3条は、「武力攻撃に抵抗するそれぞれの能力を、憲法上の規定に従うことを条件として、維持し発展させる」と定める）、少なくともこの点で、両体系はまさしく対立しあっている。また同条約によれば、条約上の守備範囲の限界は、極東とされているが（4条）、その範囲は常に拡大されるおそれがある。さらにまた、万

アメリカ駐留軍と戦力　いわゆる砂川事件において、東京地裁判決は、アメリカ駐留軍を憲法9条2項にいう戦力であるとした（昭和34・3・30下刑集1巻3号776頁）。これに対して、最高裁は、憲法9条2項が保持を禁止した戦力とは、「わが国がその主体となってこれに指揮権、管理権を行使し得る戦力」すなわち「わが国自体の戦力をいう」とした（最判昭34・12・16刑集13巻13号3225頁）。

しかしアメリカ駐留軍は、日本国の「希望」によって「日本国の安全」のために「日本国内及びその付近に」配備されたものである。かような日本国の意思に基づき日本国の主権の及ぶ範囲内に日本国の防衛のために保持される戦力は、9条2項の「戦力」に該当するといわなければなるまい（杉村・98頁）。

安保条約と国内法　なお、安保条約と一体をなすものとして締結され、制定された協定・国内法として、本文にあげたMSA協定のほか、「日本国とアメリカ合衆国との間の相互協力及び安全保障条約第6条に基づく施設及び区域並びに日本国における合衆国軍隊の地位に関する協定」（昭35条7）、その実施に伴う民事特別法（昭27法121）、刑事特別法（昭27法138）、土地等の使用に関する特別措置法（昭27法140）その他がある。なお、沖縄は日本本土のわずか0.65％にすぎないにもかかわらず、在日米軍基地の70％をこえるものが沖縄に存在しているが、沖縄県民の基本的人権を不当に侵すようなことが起こってはならない。

が一，在日アメリカ軍が日本の領域内で他国と戦闘を開始したとき，「共通の危険に対処する」ということで，自衛隊は「自動的」に参戦する義務が負わせられている（5条）。しかし独立した主権国にあっては宣戦布告権があるのが普通であろうが，同条約では，もっぱらアメリカの決定に従って，「自動的に」戦争に参加せざるをえない仕組みになっている。これではしかし，真の意味での自衛隊ではなく，かつてベトナム戦争のとき危惧されたように，「他衛隊」になるおそれもあることになり，平和憲法上，問題が生ずることになる。

日米安保条約の意義については，さまざまな観点でこれを肯定する考え方がありえよう。しかし，少なくとも上記の法的問題点につき，平和憲法の趣旨に従いあるいは独立した民主国家として，なお改善されなければならない問題点が残っているように思われる。

4　新しい国際貢献への動き

(1)　**PKO等協力法**　1991年の「湾岸戦争」以来，「一国平和主義」が批判され，日本も国際社会の平和維持活動等に協力すべきであるという見解が強く提起されるようになった。その結果成立したのが，1992年6月のPKO等協力法（国際連合平和維持活動等に対する協力に関する法律〔平4法79〕）であった。

(2)　**日米防衛協力の指針（ガイドライン）に基づく安保体制の強化**　そして，1997年9月，「日米防衛協力のための指針（ガイドライン）」がつくられ，日本周辺地域において日米が協力して軍事的に対処する法制が整備されることになった。その結果，1999年，周辺事態に際して我が国の平和及び安全を確保するための措置に関する法律（平11法60）が制定され，政府は，周辺事態に際して，適切かつ迅速に，後方支援，後方地域捜索救助活動その他の周辺事態に対応するため必要な措置を実施することが認められた（2条1項）。

(3)　**船舶検査活動**　さらに，2000年11月には周辺事態に際して実施する船舶検査活動に関する法律（平12法145）が成立し，日本周辺での有事で米軍などが経済封鎖を行う際，後方支援活動として自衛隊が公海で民間船舶に立ち入って検査することができることとされた。

(4)　**国際テロリズムと日本**　2001（平成13）年9月11日のアメリカ同時多発テロの後，国際的なテロリズムの防止等を目的として，「平成13年9月11日

のアメリカ合衆国において発生したテロリストによる攻撃等に対応して行われる国際連合憲章の目的達成のための諸外国の活動に対して我が国が実施する措置及び関連する国際連合決議等に基づく人道的措置に関する特別措置法」（いわゆるテロ対策特別措置法）（平13法113）が制定された。同法2条2項によれば，対応措置の実施は，武力による威嚇または武力の行使にあたるものであってはならないとされる。

(5) **イラク復興特別措置法**　次いで，2003年3月の米英軍によるイラク攻撃の後，「イラクにおける人道復興支援活動及び安全確保支援活動の実施に関する特別措置法」（いわゆるイラク復興特別措置法）（平15法237）が同年7月に強行採決によって成立した。

(6) **新テロ対策特別措置法，国際平和支援法**　さらに，上記(4)，(5)の法律がいずれも時限立法であったことから，海外派兵を永続的なものにするための恒久法の制定がめざされ，2008年1月に新テロ対策特別措置法が成立した。そして，2015年9月には後述の安全保障関連法の一環として，国際平和共同対処事態における協力支援活動等の実施が「国際平和支援法」（新法）で認められ，日本の安全保障政策に大きな転換がもたらされた。

5　新安保法制

(1) **憲法と法治主義の危機**　今，日本国憲法の根幹が揺れている。立憲主義そのもの，そして行政法学の法治主義が揺らいでいる。日本国憲法は平和主義を貫いている。しかし，積極的平和主義を唱える安倍内閣総理大臣の下に設置された「安全保障の法的基盤の再構築に関する懇談会」（「安保法制懇」）は，2014（平成26）年5月15日に安倍総理に提出した報告書において，従来の政府の憲法9条の解釈について，その見直しを行うべきことを提言した。この報告書は，9条が禁じているのは，侵略戦争等の国際法上違法な武力行使であって，集団的自衛権の行使や集団安全保障措置への参加といった「国際法上合法的な活動への憲法上の制約はないと解すべき」と提言した。

安保法制懇の報告書が提出されると，安倍総理はただちに，報告書の見解は「従来の政府の基本的な立場を踏まえた考え方」であるとして，これを基礎に「いかなる憲法解釈が適切なのか」，それまでの政府の9条の解釈を変更する方

向で検討を進めることを明らかにした。

(2) **閣議決定**　それを受けて，2014（平26）年7月1日に「国の存立を全うし，国民を守るための切れ目のない安全保障法制の整備について」が閣議決定された。それにより，新たな解釈によって，これまで自衛権発動の3要件とされていたものが，以下の武力の行使の3要件に置き換えられることになった。すなわち，武力の行使の3要件とは，①わが国に対する武力攻撃が発生したこと，またはわが国と密接な関係にある他国に対する武力攻撃が発生し，これによりわが国の存立が脅かされ，国民の生命，自由および幸福追求の権利が根底から覆される明白な危険があること，②これを排除し，わが国の存立を全うし，国民を守るために他に適当な手段がないこと，および，③必要最小限度の実力行使にとどまるべきことである。

(3) **集団的自衛権の限定的容認**　そして，同閣議決定で政府は集団的自衛権の限定的容認に方針を転換した。この閣議決定では，憲法上許容される武力の行使について，「国際法上は，集団的自衛権が根拠となる場合がある」と明記された。これまで政府は，戦後一貫して，憲法9条は自衛のための必要最小限度の実力行使のみを認めているのであるから，集団的自衛権の行使は，必要最小限度を超えるので憲法違反であると解釈してきたが，この閣議決定により，大転換がなされたのであった。

(4) **新日米ガイドライン**　これを受けて政府は，2015年4月28日，日米ガイドラインを18年ぶりに改定し，「アジア太平洋地域およびこれを越えた地域が安定し平和で繁栄したものになる」ことを目的として，日米間の安保協力を拡大させ，自衛隊による米軍支援をさらに大幅に広げたのであった。従来の日米ガイドラインは，活動地域や協力内容を厳しく制約していたが，新ガイドラインにより，日本国周辺以外でも，他国軍への給油などを含む後方支援ができるようにし，その結果，米軍による日本国防衛に重点を置いた日米協力から，地理的な制約を設けずに共同対処や国際貢献を可能にする強固な協力体制を築いた。

(5) **安保関連法の整備**　このような地盤ならしの後，政府は，新たな安保関連法の整備を行った。具体的には，国際平和支援法という新法（国際平和共同対処事態に際して我が国が実施する諸外国の軍隊等に対する協力支援活動等に関する

法律）と，10本の既存の法律の一部改正を束ねた平和法制整備法（①自衛隊法，②国際連合平和維持活動等に対する協力に関する法律〔PKO協力法〕，③重要影響事態に際して我が国の平和及び安全を確保するための措置に関する法律〔重要影響事態安全確保法〕〔周辺事態安全確保法を改正〕，④重要影響事態等に際して実施する船舶検査活動に関する法律〔船舶検査活動法〕，⑤武力攻撃事態等及び存立危機事態における我が国の平和と独立並びに国及び国民の安全の確保に関する法律〔武力攻撃事態等対処法〕，⑥武力攻撃事態等及び存立危機事態におけるアメリカ合衆国等の軍隊の行動に伴い我が国が実施する措置に関する法律〔米軍等行動関連措置法〕，⑦武力攻撃事態等における特定公共施設等の利用に関する法律〔特定公共施設利用法〕，⑧武力攻撃事態における外国軍用品等の海上輸送の規制に関する法律〔海上輸送規制法〕，⑨武力攻撃事態における捕虜等の取扱いに関する法律〔捕虜取扱い法〕，⑩国家安全保障会議設置法）が，2015年7月16日に衆議院本会議を，同年9月19日に参議院本会議を通過した。同年9月30日，政府は安保関連法を公布し，2016年3月までに政令で施行日が決定されることとなった。

6　新安保法制の重要問題

以下，新安保法制の重要問題を指摘したい。政府は，切れ目のない安全保障体制の確立を目指すということで，さまざまな事態を想定して，自衛隊の武力行使等が想定される。

(1)　**限定的な集団的自衛権の容認**　まず，新安保法制で集団的自衛権が容認されたが，政府によれば，一般的な集団的自衛権が認められたのではなく，あくまでも限定的な集団的自衛権が容認されたとされる。すなわち，武力攻撃事態等対処法において，これまでのわが国自身が攻撃される「武力攻撃事態」とは別に，新たに「我が国と密接な関係にある他国に対する武力攻撃が発生し，これにより我が国の存立が脅かされ，国民の生命，自由及び幸福追求の権利が根底から覆される明白な危険がある事態」が存立危機事態とされ（2条4号・8号ハも参照），この存立危機事態に対処するために，我が国が武力攻撃を受けた場合と同様に自衛隊が防衛出動し，「事態に応じ合理的に必要と判断される限度」において武力行使をすることができることになった（自衛隊法76条1項2号および88条2項）。したがって，集団的自衛権といっても，あくまでも，わが

国の存立が脅かされ，国民の生命，自由および幸福追求の権利が根底から覆される明白な危険がある事態，すなわち存立危機事態における集団的自衛権のみが容認されていると説明されている。しかも，存立危機事態においても，これを排除し，わが国の存立を全うし，国民の生命，自由および幸福追求の権利を守るために他に適当な手段がないときに，必要最小限度の実力行使が可能になったとされるのである。

(2) **いくつかの重要概念の定義**　武力攻撃事態等対処法によれば，
① 武力攻撃とは，わが国に対する外部からの武力攻撃をいう（2条1号）。
② 武力攻撃事態とは，武力攻撃が発生した事態または武力攻撃が発生する明白な危険が切迫していると認められるに至った事態をいう（2条2号）。
③ 武力攻撃予測事態とは，武力攻撃事態には至っていないが，事態が緊迫し，武力攻撃が予測されるに至った事態をいう（2条3号）。
④ 存立危機事態とは，わが国と密接な関係にある他国に対する武力攻撃が発生し，これによりわが国の存立が脅かされ，国民の生命，自由および幸福追求の権利が根底から覆される明白な危険がある事態をいう（2条4号）。

上記のように，安全保障関連法では，個別的自衛権の範囲内で自衛隊が出動できる状況を，緊迫度の段階に応じて，⟨1⟩武力攻撃予測事態（予測事態），⟨2⟩武力攻撃切迫事態（切迫事態），⟨3⟩武力攻撃発生事態（発生事態）の3段階に分けている。

日本への攻撃の可能性が高まった段階である予測事態では，自衛隊による防御施設の構築などが可能となる。明白な危険が迫る切迫事態では，防衛出動を発令し，自衛隊を前線に配備することができる。実際に攻撃が発生したとみなす発生事態では，個別的自衛権を発動して武力による反撃も可能となる。いずれのケースもこれまで認定されたことがない（読売新聞2017年4月18日）。

(3) **武力攻撃事態と存立危機事態**　さて，新安保法制においては，武力攻撃事態と存立危機事態とに分けられる。
① まず，武力攻撃事態等対処法では，「武力攻撃が発生する明白な危険が切迫していると認められるに至った事態」を，わが国に対する武力攻撃が発生した事態と並べて「武力攻撃事態」としたうえで（2条2号），このような事態に際しては，内閣総理大臣が自衛隊法76条に基づき自衛隊に防衛出動を命じる

などして，武力攻撃の発生に備えるべきことを定めている（3条3項）。

② また，武力攻撃事態等対処法によれば，存立危機事態とは，わが国が直接武力攻撃を受けなくても，わが国と密接な関係にある他国に対する武力攻撃が発生することによって，わが国の「国民の生命，自由及び幸福追求の権利が根底から覆される明白な危険がある」場合が存在することであるが，この場合に積極的に武力行使をすることによって国民の安全を守るということである。

政府は，どのような状況が存立危機事態に該当するかについては，わずかな具体例があげられるにとどまったが，以下のように，三つの具体例があげられた。

その第一は，ホルムズ海峡の機雷封鎖等の事態である。要するに，わが国が直接武力攻撃を受ける危険がない場合であっても，「国民生活に死活的な影響が生じるような場合」には存立危機事態に該当することがあるとされる。しかし政権が変わればその判断は容易に覆される可能性があり，流動的である。第二は，米艦船の防護であるが，紛争国から逃れようとする日本国民を乗せた米艦船を自衛隊が防護する事例であり，存立危機事態として集団的自衛権の行使により防護するとされる。第三は，同じく米艦船の防護であるが，たとえば朝鮮半島で有事の際に，公海上で警戒監視に当たる米軍艦船を防護する事例である。手をこまねいていると，ミサイル攻撃等によりわが国に戦禍が及ぶ蓋然性があり，集団的自衛権を行使して米艦を防護する必要があるとされるのである。

(4) **重要影響事態と存立危機事態** 前記(3)で存立危機事態を説明したが，それと区別されるのが重要影響事態である。これら二つの関係は，国会審議の中で大きな論点の一つとされた。すなわち，従来の周辺事態安全確保法は，今回，重要影響事態安全確保法に改められて，「我が国の周辺の地域」とする限定がはずされるとともに，支援の対象も米軍に限定されないこととなったが，わが国の支援が「そのまま放置すれば我が国に対する直接の武力攻撃に至るおそれのある事態等我が国の平和及び安全に重要な影響を与える事態」において支援が行われる点は，これまでと変わらない。しかし，重要影響事態安全確保法では外国の領域を含め，単に非戦闘地域であれば支援が実施できるように改められた。

重要影響事態と存立危機事態とは，どこが異なるのかといえば，まず重要影

響事態は，重要影響事態安全確保法が，存立危機事態は，武力攻撃事態等対処法（武力攻撃事態等及び存立危機事態における我が国の平和と独立並びに国及び国民の安全の確保に関する法律〔平15法79〕）が定めるところである。

すなわち，重要影響事態と存立危機事態の両者は異なる法律上の概念としてそれぞれの法律に定める要件に基づいて該当するか否かを個別に判断するものであるが，わが国にどれくらいの戦禍が及ぶ可能性があるのか，そして国民がこうむることとなる被害はどの程度なのかといった尺度は共通するが，存立危機事態は概念上は重要影響事態に包含されるものである。したがって事態の推移により重要影響事態が存立危機事態の要件をも満たし，存立危機事態が認定されることもありうる。

しかし軍事的な影響のない，経済面のみの影響が存在することのみをもって重要影響事態となることは想定されていない。

(5) 他国軍隊に対する支援活動の拡大（後方支援の拡大）　さて，集団的自衛権の行使と並んで，「切れ目のない安全保障法制」の核となったのが，米軍その他の外国軍隊に対する後方支援活動の拡充である。三つの種類の支援活動がある。

① 第一は，国際平和協力支援法がある。従来は，テロ特措法やイラク特措法など，これまでの多国籍軍等に対する後方支援活動は，その都度特別の法律に基づいて実施されてきたが，新たに恒久法として国際平和協力支援法が制定され，事態に際してより迅速に自衛隊派遣を行うことを可能とする体制が整えられた。国際平和協力支援法では，国連決議に基づき，脅威を除去する活動を行っている諸外国の軍隊などに対して，武器提供を除く協力支援活動を実施するとしている。このほかに，捜索救助活動や船舶検査活動なども行う。なお，すでに戦闘が行われている地域での支援協力は実施しないとされている。

② 第二は，重要影響事態安全確保法により，従来の周辺事態安全確保法では後方地域，すなわち我が国の領域と非戦闘地域たる我が国周辺の公海・公空での実施に限られていた自衛隊の支援活動が，重要影響事態安全確保法では外国の領域を含め，単に非戦闘地域であれば実施できるように改められた。

③ 第三は，米軍等行動関連措置法10条や自衛隊法76条1項に基づき，後方支援は，存立危機事態において存立危機武力攻撃を排除するために必要な軍事

行動を展開している外国軍隊に対しても行えることとなった。

なお，国際平和協力支援法及び重要影響事態安全確保法によれば，一般に，外国の領域を含め「現に戦闘行為……が行われている現場」以外であれば，支援を実施できることとされた（重要影響事態安全確保法2条3項等）。また，遭難した戦闘参加者の捜索救助活動については，すでに遭難者が発見され，自衛隊がその救助を開始している場合には戦闘現場においてもこれを継続できることに改めた（7条6項等）。

国際平和協力支援法および重要影響事態安全確保法によれば，武器の提供は除外されるが，弾薬の提供は除外されないとされる。さらに，重要影響事態安全確保法により「戦闘作戦行動のために発進準備中の航空機に対する給油及び整備」を行いうることとされた。

(6) **集団安全保障措置への参加**　さらに，集団安全保障措置への参加が認められた。いったん集団的自衛権を行使して開始した機雷除去活動等については，その途中で加盟各国の武力行使を容認する国連決議が行われた場合も，当該国連決議に基づく活動としてこれを継続することができるとした。

国連決議に基づく武力の行使は，各国限りで判断をして参戦をする集団的自衛権の行使とは区別して「集団安全保障措置」と呼ばれている。これまで政府は，集団安全保障措置への参加（いわゆる多国籍軍への参加）も，集団的自衛権の行使と同じ理由で認められないとしてきたが，それが改められたわけである。

(7) **PKO活動の拡充（駆け付け警護等）**　わが国がPKO（国際連合平和維持活動）に参加した場合に自衛隊が実施できる業務の範囲を拡大することも，安保法制の大きな柱の一つであった。政府はいわゆるPKO参加5原則中，武器使用権限を除く4原則はPKO協力法の改正前後で変わらないとしつつ，PKO業務の範囲と自衛隊員の武器使用権限等について，次のように大幅な改正を行った。

①　わが国が参加できるPKOは，これまで国連の総会または安保理の決議に基づき，国連の統括の下に行われるものに限られていたが，EUその他の地域的機関等の要請に基づいて実施される「国際連携平和安全活動」にも参加できることとした（PKO協力法1条・3条等）。

②　停戦合意がなくとも，武力紛争が終了してPKO活動の行われる地域に

紛争当事者が存在しなくなり，その国の同意がある場合などには参加できることとした（3条1号ロおよびハ）。

③　住民への危害の防止その他の安全確保業務と一定の場合に他国のPKO活動関係者等を保護するいわゆる駆け付け警護の業務を追加した（3条5号トおよびラ）。

④　宿営地をともにする他国の軍隊の部隊の宿営地が攻撃された場合に，当該部隊とともに武器を用いて対処することができることとした（25条7項）。

⑤　自己等の生命，身体を防衛するための武器使用に加えて，任務の遂行のために必要な武器の使用が合理的に必要な限度でできることとした（26条）。

(8)　**自衛隊法改正**　今回の自衛隊法改正によって追加された武器使用権限は，「自衛隊と連携して我が国の防衛に資する活動……に現に従事している」（95条の2）米軍等の武器等を防護するためのものであり，米軍等の要請を受けて防衛大臣が必要と認めた場合に可能となる。政府は2017年5月1日，昨年施行された安全保障関連法に基づく新任務「米艦防護」の実施に踏み切り，海上自衛隊の護衛艦「いずも」が房総半島沖から四国沖まで米海軍の補給艦の警護を開始した。政府が2016年12月に策定した米艦防護に関する運用指針は，①弾道ミサイルなどの警戒監視・情報収集，②放置すれば日本が攻撃される恐れがある「重要影響事態」での補給・輸送，③共同訓練を想定しているが，今回は防衛大臣の命令内容は明らかではないが，共同訓練の形で実施されたとみられている。米艦防護は「武力攻撃事態」や「存立危機事態」などの有事に至る前の「グレーゾーン事態」を想定して，平時から「日本の防衛に資する活動」を行う他国軍の武器や装備を自衛隊が守れるとする新任務である（毎日新聞2017年5月2日参照）。

自衛隊法の改正によって，在外邦人等の保護措置の実施が自衛隊の任務として追加された（84条の3）。この任務を遂行するための外国の領域内での武器使用権限も付与されている（94条の5）。

(9)　**国会によるコントロールの重要性**　重要影響事態安全確保法や国際平和協力支援法においても引き続き，後方支援活動の実施に際しては，活動の種類や内容，当該活動を実施する区域の範囲等を基本計画に定め，原則として国会の事前承認を得ることとされている（重要影響事態安全確保法4条・5条，国際

平和協力支援法4条・6条)。国会の監視の役割はますます高まっているといえよう。

(10) **今後の課題と展望**

① **概念の抽象性と不明確性**　新安保法制をみると、構成要件がきわめて一般的・概括的である。存立危機事態は、「我が国の存立を脅かし、国民の生命、自由及び幸福追求の権利を根底から覆される明白な危険がある」場合とされるが、政府によれば、ホルムズ海峡における機雷の敷設がそれに該当するとされるように、きわめて恣意的に認定される文言である。

武力行使についても、武力攻撃事態等対処法3条3項は、「武力の行使は、事態に応じ合理的に必要と判断される限度においてなされなければならない」と定め、自衛隊法95条の2（合衆国軍隊等の部隊の武器等の防護のための武器の使用）も、「人又は武器等を防護するため必要であると認める相当の理由がある場合には、その事態に応じ合理的に必要と判断される限度で武器を使用することができる」と定める。

「必要がある」とか「合理的に」という文言をみるに、かつてわが国の行政法学は、要件裁量説を採用した場合（佐々木惣一博士）、要件が何も規定されていない場合（必要がある場合）、あるいは公益という文言が要件に使われているときには、立法者が要件判断につき自由裁量権を行政権に賦与したものと考えた。しかし今日の最高裁判所は、行政の裁量統制の切り札として、周知のように、合理的判断かどうかについて審査密度を高めて、裁量権の濫用統制のための判断基準を使っている（『新・基本行政法』160頁参照）。安保法制の文言は、必要がある場合、合理的に判断して、という文言を使う。これは、防衛行政権に自由裁量権を与えたとみることが可能になるに違いない。しかし合理的にみてそれが適切かどうか、裁判所も議会も、そして何よりも国民自身が、常に監視しなければならないと思われる。

それに加えて、今後ますます増加の一途をたどると思われる防衛予算の運営につき、憲法上の機関としての会計検査院による検査の役割が今後いっそう高まると思われる。その際、会計検査院法35条の審査要求制度に注目したい。すなわち、利害関係人としての国民が会計検査院に審査要求できるとする制度である。従来のところ、この利害関係人の範囲は厳格に考えられているが、納税

者としての国民は誰でも審査要求できる資格があると考えるべきであろう。

　②　**今後の課題**　さらに，成立した安全保障関連法は，きわめて多岐にわたる法制度になっている。そのうえ，密接な関係にある他国への攻撃により，わが国の存立が脅かされ，国民の生命，自由および幸福追求の権利が根底から覆される明白な危険が存在する場合に，その範囲で集団的自衛権を行使できるとされたものの（限定容認論），はたしてこの限定で国内最強の権力を制御することができるのかどうかきわめて疑問である。

　存立危機事態とは何か。安倍首相はホルムズ海峡に機雷が敷設されて原油の輸入が止まればそれにあたるとするが，「明白な危険」が存在しない局面での先制攻撃の可能性も否定できず，行使できる場合があいまいであり，権力を縛る立憲主義機能を果たさない点が最大の問題であると批判されうる（『現代用語の基礎知識』〔2016年，自由国民社〕141頁参照）。

　立憲主義はもちろん，法治主義も，もはや，国際貢献の旗印の下，世界へと羽ばたこうとするわが国の行政権の巨大なエネルギーを制御することはできなくなりつつある。ここに，コントロールできない原子炉以上に，大きな問題が発生している。

　そして，目を世界に向けると，アメリカも中国も軍事予算を大幅に増大させつつある。必然的にわが国も防衛予算の増強が企図されよう。しかし逆に，国民の生活が制約されるに違いない。国の予算運営を監視する憲法上の機関としての会計検査院の役割がかつてないほど注目されうる。しかし，それとともに，普遍的原理である，憲法学での立憲主義，そして行政法学での法治主義あるいは法治国家原則により，巨大な公権力を拘束する意義がますます高まっている。けれども，立憲主義，法治主義や法治国家原理は，わが国ばかりでなく，中国にもアメリカにも，およそ世界の国にあてはまることであろう。

　また注目される見解として，憲法9条について何らかの結論が得られるまでは，憲法に違反するおそれのある法執行を行わないことが肝要であるとし，集団的自衛権の行使など，憲法上の疑義がある部分を含め，新たな安保法制は海外での自衛隊の活動を義務づけているわけではなく，単にわが国として実施できる活動の外延を画しているにすぎないゆえ，自衛隊の海外派遣に際しては，真にわが国の利益に資するかどうか，そして何よりも9条との関係で許される

活動であるのかどうかをあらためて真摯に検討すべきことが緊急の課題であるとする考察を紹介しておきたい（阪田雅裕『憲法9条と安保法制——政府の新たな憲法解釈の検証』〔有斐閣，2016年〕110頁参照。同書は新安保法制に関し，たいへん参考になった）。

7　わが国の防衛組織とその作用

このようにして形成された新防衛体制において，わが国の防衛組織とその作用の概略は，次のとおりである。

(1)　**防衛省**　防衛省は，「我が国の平和と独立を守り，国の安全を保つことを目的とし，これがため，陸上自衛隊，海上自衛隊及び航空自衛隊……を管理し，及び運営し，並びにこれに関する事務を行うこと」（防衛3条1項）のほか，「条約に基づく外国軍隊の駐留及び日本国とアメリカ合衆国との間の相互防衛援助協定……の規定に基づくアメリカ合衆国政府の責務の本邦における遂行に伴う事務で他の行政機関の所掌に属しないものを適切に行うことを任務とする」（同条2項）。その長は防衛大臣であり（2条2項），その下に，本省には内部部局，審議会等，施設等機関（防衛大学校，防衛医科大学校）および特別の機関（防衛会議，統合幕僚監部，三自衛隊の幕僚監部，部隊および機関，情報本部，防衛監察本部，外国軍用品審判所等）が置かれた（10条～32条）。さらに防衛省に国家行政組織法上の国の行政機関として防衛装備庁が置かれ（35条～38条），技術研究本部，装備本部とともに統合された。

(2)　**自衛隊**　他方，自衛隊とは，防衛大臣，防衛副大臣，防衛大臣政務官，防衛大臣補佐官，防衛大臣政策参与および防衛大臣秘書官ならびに防衛省の事務次官および防衛審議官ならびに防衛省本省の内部部局，防衛大学校，防衛医科大学校，防衛会議，統合幕僚監部，情報本部，防衛監察本部，地方防衛局その他の機関ならびに陸上自衛隊，海上自衛隊および航空自衛隊ならびに防衛装備庁（一部を除く）を含む組織である（自衛2条）。このように，自衛隊は，防衛省を構成する機関（防衛装備庁の一部を除く）を包摂している。それゆえ，防衛省は国家行政組織法上の国の行政機関として，いわば静的にとらえられた組織であるのに対し，自衛隊は動的な防衛作用面からとらえられたものといえる。

(3)　**自衛隊の作用**　自衛隊は，「我が国の平和と独立を守り，国の安全を

保つため，我が国を防衛することを主たる任務とし，必要に応じ，公共の秩序の維持に当たる」（自衛3条1項）。それゆえ，自衛隊は防衛作用のほか，副次的に警察作用をも行う。

しかし自衛隊は，国際貢献の関係で，「我が国の平和及び安全に重要な影響を与える事態に対応して行う我が国の平和及び安全の確保に資する活動」および「国際連合を中心とした国際平和のための取組への寄与その他の国際協力の推進を通じて我が国を含む国際社会の平和及び安全の維持に資する活動」も行う（同条2項）。

以下，具体的な自衛隊の作用を説明する。

① **防衛出動** 防衛作用としての防衛出動は，内閣総理大臣が，外部からの武力攻撃が発生した事態または武力攻撃が発生する明白な危険が切迫していると認められるに至った事態，およびわが国と密接な関係にある他国に対する武力攻撃が発生し，これによりわが国の存立が脅かされ，国民の生命，自由および幸福追求の権利が根底から覆される明白な危険がある事態に際して，わが国を防衛するため必要があると認める場合に，自衛隊の全部または一部の出動を命ずるものである（自衛76条1項）。この場合においては，「武力攻撃事態等及び存立危機事態における我が国の平和と独立並びに国及び国民の安全の確保に関する法律」（平15法79）9条の定めるところにより，国会の承認を得なければならない（自衛76条1項）。出動を命じられた自衛隊は，わが国を防衛するため必要な武力を行使しうる（88条1項）。またその際必要に応じ公共の秩序を維持するため行動することができる（92条1項）。なお内閣総理大臣は，自衛隊に出動命令を出した場合に，特別の必要があると認めるときは，海上保安庁の全部または一部を防衛大臣の統制下に入れることができる（80条1項）。

② **治安出動** 自衛隊は，命令または要請によって治安出動する場合がある。

(ア) **命令による治安出動** これは，内閣総理大臣が，間接侵略その他の緊急事態に際して一般の警察力をもっては，治安を維持することができないと認められる場合に，自衛隊の全部または一部に出動を命ずる場合をいう（自衛78条1項）。この場合には，事後に国会の承認が必要である（同条2項）。

(イ) **要請による治安出動** これは，都道府県知事が治安維持上重大な事態につきやむをえない必要があると認める場合に，当該都道府県公安委員会と協

議のうえ、内閣総理大臣に対して部隊等の出動を要請し、内閣総理大臣が事態やむをえないと認めて出動を命ずるものである（81条1項・2項）。治安出動した自衛隊の職務執行については、警察官職務執行法が準用される（89条1項）。

なお、命令による治安出動に際しても、内閣総理大臣は、海上保安庁を統制することができる（80条1項）。

③　**海上における警備行動**　防衛大臣は、海上における人命もしくは財産の保護または治安の維持のため特別の必要がある場合には、内閣総理大臣の承認を得て、自衛隊の部隊に海上において必要な行動をとるように命ずることができる（自衛82条）。

④　**災害派遣**　災害派遣とは、都道府県知事その他政令で定める者が、天災地変その他の災害に際して、人命または財産の保護のため必要があると認める場合に部隊の派遣を防衛大臣またはその指定する者に要請し、その場合、防衛大臣またはその指定する者が、事態やむをえないと認めて部隊等を救援のため派遣するものである（83条1項）。とくに緊急の場合には、要請を待たないで行うことができる（同条2項）。また、庁舎、営舎その他の防衛省の施設またはこれらの近傍に火災その他の災害が発生した場合にも、部隊等の長は、部隊等を派遣することができる（3項）。さらに、防衛大臣は、地震災害警戒本部長（大規模地震11条1項）から要請があった場合は、部隊等を支援のため派遣することができる（自衛83条の2、地震防災派遣）。

⑤　**その他**　このほか、領空侵犯に対する措置（自衛84条）、機雷の除去（84条の2）、および在外邦人等の保護措置（84条の3）、および在外邦人等の輸送（84条の4）のためにも自衛隊は行動する。

⑥　**PKO活動等**　なお、防衛大臣は、自衛隊法3条2項に規定する活動として、㈠重要影響事態に際して我が国の平和及び安全を確保するための措置に関する法律（平11法60）の定めるところにより、防衛省本省の機関または部隊等に、後方支援活動としての役務の提供を行わせることができる（自衛84条の5第2項1号）。㈡また、国際緊急援助隊の派遣に関する法律（昭62法93）の定めるところにより、隊員または部隊等に国際緊急援助活動および当該活動を行う人員または当該活動に必要な物資の輸送を行わせることができる（84条の5第2項3号）。㈢さらに、防衛大臣は、PKO等協力法の定めるところにより、

部隊等に国際平和協力業務および委託に基づく輸送を行わせることができる（84条の5第2項4号）。

(4) **文民統制**（シビリアン・コントロール）

① **大臣と文民**　憲法66条2項によれば，内閣総理大臣その他の国務大臣は，文民でなければならないとされている。まずこの意味において，防衛省および自衛隊も，文民統制に服するものとなる。

さらに文民統制で重要なのは，次に述べる国家安全保障会議である。

② **国家安全保障会議**（National Security Council，略称：NSC）　国家安全保障会議は，国家安全保障会議設置法に基づき，国家安全保障に関する重要事項および重大緊急事態への対処を審議する目的で，内閣に置かれる（1条）。主任の大臣および議長は，内閣総理大臣である（4条1項）。内閣総理大臣と一部の国務大臣により構成され，四大臣会合を中核として，九大臣会合，緊急大臣会合の三形態の会合が置かれる。

③ **情報公開**　民主主義国家においては，あらゆる公行政について国民に対して情報公開される必要がある。防衛行政の情報公開にはさまざまな問題があろうが，シビリアン・コントロールを実効的ならしめるためにも，可能な限り公開すべきであろう。

2013年12月に成立した特定秘密保護法（平25法108）をめぐり，会計検査院が「特定秘密を含む文書が検査対象の省庁から提出されない恐れがあり，憲法の規定上問題」などと内閣官房に指摘していたことが判明した。会計検査院は，現代財政国家の要石と喩えられている。すなわち，この要石としての会計検査院が崩れると，それは現代財政国家の崩壊を意味する。会計検査院の無視は，いわば現代財政国家の瓦解につながるのであり，到底許されないことである。このように，防衛行政において，情報公開の意義も重要であるとともに，会計検査院の憲法上の役割を再認識したいところである。

さらに，南スーダンの国連平和維持活動（PKO）に派遣している自衛隊の「日報隠し」の問題が起こった。すなわち，日報は現地部隊が電子データとして作成し，陸上自衛隊のシステムを通じて海外派遣司令部にあたる中央即応集団に送っていた。情報公開請求に対し，2016年12月「廃棄を理由に不開示」としたが，その後，陸海空自衛隊を統合運用する統合幕僚監部のコンピューター

内に保管されているのが見つかったとのことである。公文書の管理と情報隠しの実態が浮き彫りにされた事件である。

8　自衛隊と行政争訟

(1)　**防衛行政と国民の法的地位**　　法治主義の下，防衛行政も，法律による行政の原則に服さなければならないことはいうまでもないが，その際，国家と国民との関係は法関係の中へと位置づけられなければならない。すなわち，国民は防衛行政に対しても，実体法的にも手続法的にも一定の法的地位を有することができる。たとえば，国民は憲法に基づき，恐怖と欠乏から免れ，平和的に生きる権利を有する（札幌地判昭48・9・7判時712号24頁）。また，もちろん，憲法13条により，防衛行政にあっても個人は最大限尊重されなければならないことはいうまでもない。さらに，いたずらに防衛秘密を蓄積することは，国民の「知る権利」からも，また民主主義的行政の運営からいっても許されず，防衛行政といえども可能な限り情報公開に努めるべきであろう。

さらに，憲法32条により個人は裁判を求める権利を有するが，それは実効性のあるものでなければならないといといえよう。

(2)　**防衛行政に対する国民の権利救済**　　防衛行政に対しては，権利救済が保障されなければならない。この場合，公権力の行使とされる場合には，取消訴訟および執行停止のみならず，改正行訴法により法定化された義務づけ訴訟および仮の義務づけ，ならびに同じく法定化された差止訴訟および仮の差止が許容されるべきであるし，公権力の行使でない場合には民事上の差止訴訟や民事保全法の仮処分の活用も可能とされる必要もあろう。また，損害賠償による救済も十分でなければならない。

さらに，以下に考察するが，差止訴訟は十分な救済機能を実際にはいまだ果たすことができない状況にある。この場合において，差止めよりいっそう強力な公法上の原状回復請求権あるいは結果除去請求権がドイツでは，とくに生活妨害等で確立されつつある。基地の撤去は実際には不可能であろうが，人権の絶対性に基づき，すなわち憲法上の権利としての原状回復請求権あるいは結果除去請求権に基づく撤去を理論的には考えるべき時が来ているのかもしれない。本書『新・応用行政法』の問題として提起し，それを『新・基本行政法』にも

何時の日か取り入れたいと願う。

(3) 防衛行政と争訟

① **実弾射撃訓練の差止め**　自衛隊の演習場をめぐる訴訟について，実弾射撃訓練を抗告訴訟で争った事件で，岡山地判（昭58・5・25行集34巻5号781頁）は射撃訓練を公権力の行使ではないとしている。最高裁（上告審）も同様である（最判昭62・5・28判時1246号80頁）。

② **自衛隊機の飛行差止め**　自衛隊機の飛行差止めに関して，民事上の差止請求につき，これを適法とするものに，金沢地判（小松基地騒音公害訴訟，平3・3・13判時1379号3頁）があるが，控訴審である名古屋高金沢支判（平6・12・26判時1521号3頁）は，公権力の行使として，民事上の請求を不適法として却下している。

厚木基地自衛隊機飛行差止訴訟で，最高裁は，本来は行政権内部の命令の根拠規定としての自衛隊法8条や一般的責務規定としての同法107条5項に基づいて行われる飛行に伴い，事実上住民に受忍義務が発生するとの理由で処分性を認め，それに対する民事上の差止請求を不適法とした（最判平5・2・25民集47巻2号643頁）。しかし，国民に対する公権力の行使（処分）かどうかは，厳密に外部法としての授権法に基づき解釈される必要があるとして学説上批判される。ところで同判決で最高裁は，行政訴訟で争うならともかく，と述べていた。もちろん当時は抗告訴訟による差止訴訟はいまだ法定化されていなかった。

ところが，2004（平成16）年に改正行訴法が成立するとともに差止訴訟が法定化された。これを受けて，第4次厚木基地訴訟（自衛隊機飛行差止請求）において，横浜地裁（第一審）（平26・5・21判時2277号38頁）は，処分性を認めながら，行訴法3条7項の「一定の処分」性を必要とする正式の差止訴訟を認めないものの，無名抗告訴訟としての要件をみたすとし，夜間の一定の飛行差止めを認容した。同事件で東京高裁（控訴審）（平27・7・30判時2277号13頁）は，本件差止めの訴えは自衛隊機の運航という事実行為に関わる権限行使（自衛隊機運航処分）として特定されているとして行訴法3条7項の訴訟要件をみたしているとし，かつ防衛大臣の運航統括権限の範囲を逸脱・濫用しているとして違法であり，一定期間・時間の差止めを認容した。これに対して最高裁（平28・12・8民集70巻8号1833頁）は，上記平成5年の最高裁判決の趣旨の下に処分性を認

め，しかし自衛隊機の運航に係る防衛大臣の権限行使が，行訴法37条の4第5項所定の行政庁がその処分をすることが裁量権の範囲をこえまたは濫用となると認められるときにあたるといえないとして，訴えを退けた。

③　辺野古基地建設をめぐる国と沖縄県の対立　　辺野古移設に必要な沿岸部の埋め立ては，公有水面埋立法に基づき，2013年に仲井真・前知事が国の申請を承認したが，翁長知事が2015年10月に，前知事の認可に瑕疵ありとして認可処分を取り消した。埋立認可は地方自治法上では法定受託事務とされるので，国土交通大臣が知事に対して，地方自治法245条の7第1項に基づき，取消処分の取消しを行うよう是正指示を出したが，翁長知事が応じなかったので，地方自治法251条の7第1項に基づき，機関訴訟としてのいわゆる代執行訴訟として，従わないことは違法であることの確認を求め福岡高裁那覇支部に提訴した。裁判の過程で，裁判所から和解が勧告され，双方それに応じ，代執行訴訟手続は一応終了した。その間，地方自治法上の国地方係争処理委員会に沖縄県が審査を求めていたが，同委員会は是正指示の適法・違法について「判断」せず，双方が協議を継続することを求める決定を行った（平28・3・23）。しかし，国はその後，沖縄県を訴え，和解条項にはない「辺野古違法確認訴訟」を提起した。地方自治法上，高裁が第一審とされるが，2016（平成28）年9月16日の福岡高裁那覇支部判決（判時2317号42頁）は「前知事の埋め立て承認に違法はないのに，これを取り消した翁長知事の行為は違法」と認定した。これに対して沖縄県が上告したが，最高裁判決が2016年12月20日に言い渡された（民集70巻9号2281頁）。最高裁によれば，国土交通大臣が県に対し公有水面の埋立ての承認の取消しが違法であるとしてこれを取り消すよう是正の指示をしたにもかかわらず，県知事が当該埋立ての承認の取消しを取り消さないことにつき地方自治法251条の7第1項にいう相当の期間が経過したとされ，沖縄県の敗訴が確定した。

しかし，沖縄県は，以上の手続は，前知事の認可が違法だとして，それを取り消した事件であったが，たとえ前知事の認可処分が適法であるにしても，処分後に新たな事情が発生した場合に行われる撤回処分を考えているようである。たとえば運転免許自体は適法であっても，その後の違反行為等の事情があった場合，公益上の理由で将来に向かって免許の効力を無くする行為として，免許

の取消しが行われるが，これを学問的には撤回という。それに似た考えにより，撤回が今後は議論されてゆくことが予測されている。

9　会計検査院への審査要求

会計検査院法35条によれば，利害関係人による審査要求の制度が認められている。しかし実際には利害関係人の範囲は，非常に制限的に解されている。けれども，本来は納税者としての国民を利害関係人と解するべきであろうが，少なくとも改正された行訴法9条2項の第三者への取消訴訟の原告適格の拡大や判例（新潟空港訴訟最判平元・2・17民集43巻2号56頁，小田急高架化鉄道事業認可取消訴訟最大判平17・12・7民集59巻10号2645頁）にならい，法律の目的規定および関連法律（関係法令）の規定，ならびに利益の内容・性質（損害の態様や程度）から総合的に解釈して，ならびに行政不服審査法や行政手続法の改正により，国民は簡易な救済手続として，処分等を求めることや，中止を求めることも認められてきていることにもかんがみ，審査要求できる利害関係人の範囲を今後拡大的に考え，納税者としての国民は利害関係人として審査要求できると考えるべきであろう。とくに基地周辺の住民は，関連する防衛予算の運用等（安全性の保障されていない航空機の配備に対する高額の予算等）につき，利害関係人として審査要求できる法的地位を有すると解すべきであろう。

第3章　国土の開発・土地利用規制行政

第1節　開発行政

1　開発行政

　開発行政とはどのようなものであるかについては，定説があるわけではない。多くは，経済開発を中心にこれを論じているが，実定法上も明確な定義がなされているわけではなさそうである。開発という用語は，水資源開発，海洋開発，宇宙開発，技術開発，宅地開発等，きわめて多義的に使用されている。しかし，あまりに広い範囲で開発をとらえると，一つの行政領域として成り立たなくなるおそれがある。ここでは，開発行政は，積極的かつ計画的に国土および未利用の資源の有効利用を図ることによって，国民のよりよい生活のために，海域を含めての国土の全体および一定の地域の物的環境を整備形成する行政作用のことをいう，といった理解を前提にしている。それは，そもそもは，土地利用の要素に密接に関連した経済開発，そして地域開発が中心となる行政領域であり，一定の地域開発計画に基づき，公共施設の整備，土地利用規制，事業誘導など各種の行政手段を総合して一つの目的に向けられる計画行政としての性質をもつ行政過程でもある（小高・76・77頁）。類似の見解として，開発整備行政として，国民の人格の自由な発展の場としての地域社会の社会的・経済的・文化的発展の基盤となる基礎条件を整備し，国土の未利用資源や土地または生活空間を効率的に使用しうる状態に置き，全体として国土および地域社会を積極的・計画的に将来に向かって形成する国および公共団体の行政活動を総括した概念としている（成田・103頁）。あるいはまた，開発とは，国民の健康で文化的な生活を積極的に保障・増進するために，国または地方公共団体等が資源の効率ある開拓・利用，文化・経済・社会の発展，人間性尊重に基礎を置く生活

環境の整備等を目的とした国土に関わる一連の活動であり，これに関する行政を開発行政と呼ぶことができよう，とする見解もある（荒秀『開発行政法』〔1975年，ぎょうせい〕12頁）。ここに示したこのような理解が一般的であろうと思われる。また，開発行政は国土の将来を見通した計画に基づいて，積極的に地域を整備形成する行政作用であり，生活環境を向上させるため，規制，事業，誘導などの手段を総合して目的達成に向ける行政過程でもある。そうであるならば，長期的展望に立って将来を予見する，総合的な国土利用と開発の計画を樹立することがぜひとも必要であると考えられる。そして，たとえば国土形成計画法のように，開発行政の根拠たる実定法の枠組みにおいて，一般的なガイドラインを示す計画や，私人の権利制限をともなう計画が策定されることが前提とされているので，開発行政の中核は行政計画であるということができる。

　国土の開発計画に関する基本的な法律として国土形成計画法が制定されている。この法律は，国土総合開発法を抜本的に改正し，従来の国土総合開発計画に代えて，新たに国土形成計画を策定することとなっている。国土総合開発法は，それが制定された1950（昭和25）年当時の社会経済情勢等を背景に，開発を基調とした量的拡大を志向したものであった。しかしながら，国土計画の改革については，第5次全国総合開発計画「21世紀の国土のグランドデザイン」（1998〔平成10〕年3月閣議決定）においても，国土総合開発計画および国土利用計画の見直しが明記され，2000（平成12）年11月に国土審議会政策部会・土地政策審議会計画部会審議総括報告「21世紀の国土計画のあり方」が，2002（平成14）年11月には国土審議会基本政策部会報告「国土の将来展望と新しい国土計画制度のあり方」がとりまとめられた。2003（平成15）年6月に，国土審議会に調査改革部会が設置され，「国土計画制度の改革」と，わが国の国土の現状と課題を検討し，長期的な視点に立った国土政策の対応方向を示す「国土の総合的点検」について調査審議が行われた。2004（平成16）年5月にとりまとめられた部会報告では，国土全般の現状と課題および今後の国土政策の基本方向を示し，その中で，「人口減少・高齢化」「国境を越えた地域間競争」「環境問題の顕在化」「財政制約」「中央依存の限界」といった国土づくりの転換を迫る新たな潮流も踏まえ，国土計画自体も大胆にその改革を図るべきものとされた。このように新たな時代の要請に的確に対応した国土計画制度とするために，

これまでの国土総合開発計画を,「国土形成計画」に改め,計画事項の拡充,都道府県等による提案制度および広域地方計画の創設等を行うなど,国土総合開発法を抜本的に改正した「国土形成計画法」が2005（平成17）年7月に成立し同年12月22日に施行されている。

そこで,この国土形成計画法を手がかりに国土の開発の意味について検討してみる。同法1条では「この法律は,国土の自然的条件を考慮して,経済,社会,文化等に関する施策の総合的見地から国土の利用,整備及び保全を推進するため,国土形成計画の策定その他の措置を講ずることにより,国土利用計画法（昭和49年法律第92号）による措置と相まつて,現在及び将来の国民が安心して豊かな生活を営むことができる経済社会の実現に寄与することを目的とする。」とし,2条1項で「この法律において『国土形成計画』とは,国土の利用,整備及び保全（以下「国土の形成」という。）を推進するための総合的かつ基本的な計画で,次に掲げる事項に関するものをいう。一　土地,水その他の国土資源の利用及び保全に関する事項　二　海域の利用及び保全（排他的経済水域及び大陸棚に関する法律（平成8年法律第74号）第1条第1項の排他的経済水域又は同法第2条の大陸棚における同法第3条第1項第1号から第3号までに規定する行為を含む。）に関する事項　三　震災,水害,風害その他の災害の防除及び軽減に関する事項　四　都市及び農山漁村の規模及び配置の調整ならびに整備に関する事項　五　産業の適正な立地に関する事項　六　交通施設,情報通信施設,科学技術に係る研究施設その他の重要な公共的施設の利用,整備及び保全に関する事項　七　文化,厚生及び観光に関する資源の保護並びに施設の利用及び整備に関する事項　八　国土における良好な環境の創出その他の環境の保全及び良好な景観の形成に関する事項」と規定し,同条2項で国土形成計画には,全国計画と広域地方計画とすることを定めている。この改正された国土形成計画法2条の定めでは,1項2号に海域の利用および保全が加えられたのが特徴的である。

さて,開発行政の中心は計画行政であることはすでに述べたが,それ以外にも,開発行政の特色として,積極性,主体の多様性,手段の多様性,司法的統制の困難性といったことが指摘できる。わが国の国土は狭小で,地域により開発の程度に大きな差がある。限られた市街地に産業・人口が集中しており,地

域による人口の過密・過疎，生活水準の格差，無秩序な市街地の拡大，企業による土地の買占め，地価問題，住宅の不足，交通渋滞，公害問題等，種々の弊害も生じている（杉村・116頁）。そして，これらに対するに，各個別の問題として警察的規制の対象としてとらえるのでは問題解決は困難であり，積極的，能動的に，国や地方公共団体が国民に働きかけるという側面を有しているのである。次に，開発行政の主体は，国や地方公共団体に限られず，多種多用である。そして，開発行政を実施する手段としてはまず調査活動から始まり，計画策定，地域指定，利用制限，換地等，多くの手段が考慮されており，これらの手段を行為の性格からみれば，権力的行為，非権力的行為，法律行為，事実行為と，あらゆる行為類型を含むものであるということができる。また，各種の計画や行政指導は，処分性が認められにくいということから裁判による救済になじみにくいということもあり，行為に処分性が認められるものであっても，広範な裁量権の範囲内とされるなど，その違法性を裁判で争うことが困難なことが多いといったことが考えられる。

2 　行政計画と手続的統制

　開発行政の中核は計画にあると考えられるが，そこでまず，行政計画について，開発行政と関連する範囲でそのアウトラインをみておきたい。行政が社会秩序の形成に積極的に介入してゆく場合に，それは行政のイニシアティブによって目的が実現される継続的な事業となるから，その計画的遂行が，行政の目的を達成するうえに必要な手順になる（今村・145頁）。そこで行政計画とは，行政が将来到達すべき目標を設定し，その達成のために必要な諸手段を総合化し体系化する作用である（宇賀・［Ⅰ］243頁）。このように目標設定とその目標達成のための手段の総合性に特質が求められる行政計画は，行政行為等，他の行為形式とは必ずしも同一の次元で論じられない面もあるが，他方，それぞれの行為形式のいずれかに組み入れることができるという性格をもっている。従来，国民との関係では，行政行為などの伝統的な行為形式の介在によって初めて法効果が生じるとされてきたため，行政計画それ自体は，法的な行為とはとらえられてこなかった。しかし，過去の無計画な発展の結果としての現在の社会の不調和を是正する必要が生じるとともに，現代行政が，給付行政あるいは

経済・開発行政の領域における，国民の生存権の保護を指向するさまざまな行政活動を包摂するに至ったことから，行政計画の必要性が強く認識され，計画に基づく行政がいちじるしく進展することになった。これらの行政は，単なる法の執行としてのみ行われるのでは足りず，積極的な法目的実現のため，長期的な展望の下に総合的な計画を策定して行政活動の目標を具体化し，さらにこれを指標として，具体的な行政活動を整合性をもって統一的に実施する必要があったからなのである。

　次に行政計画の手続的統制にもふれておきたい。行政計画が策定される際，その専門技術性や即応性，柔軟性の必要から広い裁量の余地が認められることは否定できない。そこで，計画の策定については，裁量統制も含めて，関係機関・利害関係人の調整・意見聴取のしくみ等を整備し，多様な利害関係につきバランスのとれた配慮がされることを確保する事前手続を整備する必要があると認識されるようになった（高橋滋『行政法』〔2016年，弘文堂〕161頁）。そして，近時，計画策定手続に関する次のような動きがみられる。まず説明責任（アカウンタビリティ）の強化である。都道府県または市町村が都市計画を決定しようとするときは，理由を記載した書面を添えて，公衆の縦覧に供することとされている（都計17条1項）のがその例である。理由の提示は，国民の納得を得る手段としても重要であり，案の段階で理由が示されることは国民の参加にも寄与する（宇賀・前掲250頁）。参加手続の整備として，計画策定に際し，住民・利害関係者の参加を認める制度として，土地所有者，まちづくりNPOあるいは民間事業者が，一定の要件の下に都市計画の提案をすることができるというのがその例である（都計21条の2以下，都市再生37条以下）。加えて1997（平成9）年に環境影響評価法が制定されたが，各種の公共事業計画については，事業実施に先行する事業計画策定の段階において，環境への適切な配慮を確保することが重要であるとの見地から，計画案に対して，都道府県知事や住民等が意見を述べ，公共事業に反映させるしくみが考えられ（戦略的環境アセスメント），2011（平成23）年の環境影響評価法の改正により制度化されている（高橋・前掲162頁以下，宇賀・前掲250頁以下）。

　次に行政計画策定の際の裁量を，とくに計画裁量と呼ぶとすると，通常の行政裁量とは異質な計画裁量を，どのように法的に統制するかも重要な課題とな

る。計画の内容に対する規制として，①計画間での整合性の確保または調整の要請，②計画の策定において勘案または考慮すべき事項の指示，③計画の目標または方向の指示，が現行法上の諸規定を手がかりにして指摘される（芝池義一「行政計画」現代体系［2］348～352頁）ことから，これらのことが計画裁量の有効な統制手段として注目される。

3　行政計画と裁判

（1）　**抗告訴訟**　　行政計画が違法である場合に，関係国民に抗告訴訟を認めるかどうかという問題は，行政計画が「行政庁の処分」に該当するかどうかという問題に関わる。学説は，行政計画が具体的に私人の権利義務に変動を生じる効果を有するときには，これに処分性を認めるべきであるとし，国民の権利利益への関わり方の具体的検討によって処分性の有無を判断しようとする。最高裁は，国民に一定の法効果を及ぼす土地区画整備事業につき，いわゆる「青写真判決」において，この計画は事業の青写真にすぎず，国民に課せられる制限は特定個人に対する具体的処分でないこと，したがって，この計画自体を争うにつき成熟性ないし具体的事件性を欠くとして，処分性を否定していた（最判昭41・2・23民集20巻2号271頁）。しかし，最高裁は，行政処分取消請求事件上告審判決（最判平20・9・10民集62巻8号2029頁）において，土地区画整理事業計画について，事業の施行区域内の宅地所有者は事業計画が決定されると，各種の規制からその法的地位に直接的な影響が生じるとして，土地区画整理事業計画について法的効果を認定し処分性を認めて，従来の青写真判決を変更している。また，違法な行政計画により国民が具体的な損害を受けた場合には，たとえ計画が非拘束的なものであっても，国家賠償の請求が可能な場合がある。

（2）　**国家賠償**　　計画を信頼して行動した国民には，一定の範囲で，計画を変更されたことによって生じた損害につき，信頼保護の原則によって賠償が認められることがある。判例でも，市長が市営住宅団地の建設計画を突如廃止したため，市の指導の下に当該予定地に公衆浴場の建設を進めていた業者が損害をこうむった事例につき，市に対し損害賠償の支払いを命じた判決（熊本地玉名支判昭44・4・30判時574号60頁）は，この分野におけるリーディングケースとなっている。また，最高裁も，地方公共団体の工場誘致政策の変更を信頼関係

の不当な破壊として不法行為責任を認めている（最判昭56・1・27民集35巻1号35頁）。

この判決は，計画変更にともない，計画を信頼した国民が不測の不利益を受ける場合，その不利益・損害を補てん・賠償するという計画担保責任（高橋・前掲163頁）を認めたものと解されている。

第2節　開発計画に関する法

1　開発計画行政

開発計画行政は，限られた土地，生活空間と未利用の資源を効率的に利用し，社会，経済活動の基盤整備を図るために，積極的に公共施設の整備と土地利用の確立を将来に向かって総合的かつ整合性をもって実現する計画作成および海域の利用保全の海洋基本計画の実施の過程である。国土利用計画法2条は，「国土の利用は，国土が現在及び将来における国民のための限られた資源であるとともに，生活及び生産を通ずる諸活動の共通の基盤であることにかんがみ，公共の福祉を優先させ，自然環境の保全を図りつつ，地域の自然的，社会的，経済的及び文化的条件に配意して，健康で文化的な生活環境の確保と国土の均衡ある発展を図ることを基本理念として行うものとする。」とし，国土の有限性と，国土の基盤性を基本認識として行うものであることを確認している。このような開発計画は，主たる政策目的のいかんにより，国土形成計画法と国土利用計画法の二体系に大別され，加えて海洋基本法に基づく海洋基本計画として説明される。

2　国土形成計画

国土形成計画法は，国土の自然的条件を考慮して，経済，社会，文化等に関する施策の総合的見地から国土の利用，整備および保全を推進するため，国土形成計画の策定その他の措置を講ずることにより，国土利用計画法による措置とあいまって，現在および将来の国民が安心して豊かな生活を営むことができる経済社会の実現に寄与することを目的とする（1条）国土形成計画の基本法である。この法律にいう国土形成計画とは，国土の利用，整備および保全，す

なわち国土の形成を推進するための総合的かつ基本的な計画とされ，海域の利用，保全も含めて八つの事項が規定されており，国土形成計画には全国計画と広域地方計画の2種類がある（2条1項・2項）ことはすでに記したとおりである。この法律にいう国土形成計画の基本理念は同法3条に詳細に規定されているが，要約すると，人口および産業の動向その他の社会経済の変化に的確に対応し，特性に応じて自立的に発展する地域社会，国際競争力の強化および科学技術の振興等による活力ある経済社会，安全が確保された国民生活，地球環境の保全にも寄与する豊かな環境の基盤となる国土となるように，わが国の国土に関する諸条件を維持向上させる国土の形成に関する施策を，国内外の連携に配慮しつつ国土形成計画を定めること，そして地方公共団体の主体的な取組みを尊重しつつ，全国的な規模でまたは全国的な視点に立って行わなければならない施策の実施その他の国が本来果たすべき役割をふまえ，国の責務が全うされることである。

　そして本法に定める全国計画とは同法6条に定めがあるが，総合的な国土の形成に関する施策の指針となるべきものとして，基本的な方針，目標，全国的な見地から必要とされる基本的な施策について定めるものであり，環境の保全に関する国の基本的な計画との調和が保たれたものでなければならない。計画作成手続について，国土交通大臣は，国民の意見を反映させるため必要な措置を講ずるとともに，関係行政機関の長と協議し，都道府県・政令指定都市の意見を聴き，国土審議会の調査審議を経て計画案を作成し，閣議の決定を求め，これを遅滞なく公表するものとされる。全国計画は，国土利用計画法4条の国土利用全国計画と一体のものとして定められなければならない。

　同法8条は全国計画に係る提案等について定めているが，その骨子は，都道府県・指定都市は，全国計画またはその変更の案の作成について，素案を添えて，国土交通大臣に対し提案することができることとされている。

　次に広域地方計画（9条）であるが，これも全国計画と同じように広域地方計画区域における国土の形成に関する方針，目標，広域の見地から必要とされる主要な施策を定める。国土交通大臣は，国民の意見を反映させるために必要な措置を講ずるとともに，広域地方計画協議会における協議を経て，関係行政機関の長と協議して計画を作成するものとされている。法は，国土形成計画を

定める広域地方計画区域として，首都圏，近畿圏，中部圏その他2以上の県の区域であって，一体として総合的な国土の形成を推進する必要があるものとして政令で定める区域を指定している。かつての国土総合開発法が国土形成計画法として改正・整備されたことにより全国総合開発計画が国土形成計画（全国計画と広域地方計画）にされただけでなく，かつての首都圏，近畿圏および中部圏の事業計画が廃止され，首都圏整備計画，近畿圏整備計画，中部圏開発整備計画とされ，新制度に発展的に吸収される形で東北開発促進法をはじめ，北陸，中国，四国，九州の地方開発促進法は廃止された。

3　国土利用計画・土地利用基本計画・土地利用計画

　国土利用計画法は，「国土利用計画の策定に関し必要な事項について定めるとともに，土地利用基本計画の作成，土地取引の規制に関する措置その他土地利用を調整するための措置を講ずることにより，国土形成計画法による措置と相まつて総合的かつ計画的な国土の利用を図る」（1条）ことを目的とする国土利用と土地規制に関する基本法である。国土形成計画法へと改正される前の国土総合開発法が制定されて（1950〔昭和25〕年）以来，国土の開発・整備に関する法は逐次整備されていったのではあるが，それぞれの時代の要請や，考え方が十分に整理されないままに法律が累積されたために，法律の数がきわめて多数にのぼったばかりでなく，相互に複雑多岐な様相を呈することになった。これに加えて，昭和30年代からの人口と産業の大都市集中により，大都市圏域における土地需要が逼迫したために，地価がいちじるしく高騰し，公共用地，宅地の取得が困難になるなど土地問題が深刻化した。そこで，地域開発法制の見直しの要請と土地対策の確立の要請を同時にみたす方策として，当初，国土総合開発法を廃止し，土地取引規制を含む新しい国土総合開発法案が提出されたのである。しかし，同法案は土地問題，環境問題に対する配慮に欠けるという批判が強く，結局，国土総合開発法を廃止してこれを新法に吸収することをやめ，国土総合開発計画とは別体系の国土利用計画の体系を定め，実質的には土地利用規制法ともいうべき内容の国土利用計画法が制定されたのである（小高・前掲84頁）。なお同法の成立と並行して，国土を適正に利用することにより健康で文化的な生活環境の確保と国土の均衡ある発展を図り，豊かで住みよい

地域社会の形成に寄与するため，国土に関する行政を総合的に推進することを主たる任務とする国土庁が，総理府の外局として設置され2001（平成13）年からは国土交通省に統合されている。国土の利用は，国土が現在および将来における国民のための限られた資源であるとともに，生活および生産を通ずる諸活動の共通の基盤であることにかんがみ，公共の福祉を優先させ，自然環境の保全を図りつつ，地域の自然的，社会的，経済的および文化的条件に配意して，健康で文化的な生活環境の確保と国土の均衡ある発展を図ることを基本理念として行うものとされる（国土利用2条）。

さて，国土利用計画法に基づいて作成される計画には，国土利用計画と土地利用基本計画とがある。

(1) **国土利用計画** 国土利用計画は，全国計画（全国の区域について定める国土の利用に関する計画），都道府県計画（都道府県の区域について定める国土の利用に関する計画），市町村計画（市町村の区域について定める国土の利用に関する計画）の3種類について定めがある（国土利用4条）。いずれにしても，その計画の内容として，政令により，①国土の利用に関する基本構想，②国土の利用目的に応じた区分ごとの規模の目標およびその地域別の概要，①②の事項を達成するために必要な措置の概要，について定めるものとされている。全国計画の案は，国土交通大臣が作成して，閣議の決定を求めなければならず，また，案を作成する場合には，国土審議会および都道府県知事の意見を聴かなければならない。さらに，国土交通大臣は，全国計画の案を作成するにあたっては国土の利用の現況および将来の見通しに関する調査を行うものとされ，全国計画の案について閣議決定があった場合には，遅滞なく公表しなければならないものとされている（5条）。全国計画以外の国の計画は，国土の利用に関しては，全国計画を基本にするものとされ（6条），都道府県計画や，次に述べる土地利用基本計画の基本となる（7条2項・9条9項）。都道府県計画は，全国計画を基本とし，都道府県が計画を定めるについては，あらかじめ法38条1項の審議会および市町村長の意見を聴き，市町村長の意向が十分反映されるような措置を講ずるものとされている（7条2項〜4項）。市町村計画は，都道府県計画が定められているときはそれを基本とするとともに，市町村計画を定める場合には，あらかじめ，公聴会の開催等住民の意向を十分反映させるために必要な措置を講ずる

よう努めなければならないものとされている（8条2項〜4項）。

(2) **土地利用基本計画** 国土利用計画が，国土の利用に関する基本的・長期的構想であるのに対して，土地利用基本計画は，具体的な土地利用に関する計画である。都道府県知事は，当該都道府県の区域について，土地利用基本計画を定めるものとされるが，計画では，都市地域，農業地域，森林地域，自然公園地域，自然保全地域を定め，土地利用の調整等に関する事項についても定める。土地利用基本計画は，全国計画（都道府県計画が定められているときは，全国計画および都道府県計画）を基本とし，計画を定める場合には，あらかじめ法38条1項の審議会その他の合議制の機関および市町村長の意見を聴くとともに，国土交通大臣と協議しなければならない。都道府県は，市町村長の意見を聴くほか，市町村長の意向が土地利用基本計画に十分反映されるよう必要な措置を講ずるものとされ，土地利用基本計画を定めたときは，遅滞なくその要旨を公表しなければならない（国土利用9条1項〜3項・9項・10項・13項）。また，土地利用基本計画に即して適正かつ合理的な土地利用が図られるよう，関係行政機関の長および関係地方公共団体は，この法律に定めるものを除くほか，別に法律で定めるところにより，公害の防止，自然環境および農林地の保全，歴史的風土の保存，治山，治水等に配意しつつ，土地利用の規制に関する措置その他の措置を講ずるものとする（10条）とされていることから，都市計画法，農業振興地域の整備に関する法律，自然環境保全法などに基づく諸計画に対する上位計画として，それらの諸計画を調整する機能を営み，土地利用に関しては，これらの個別規制法を通じて間接的に規制の基準として機能するものと考えられ，また，土地取引に関しては，国土利用計画法16条や24条の関係規定にみられるように，直接的に規制の基準として機能する（杉村編・前掲119・120頁）。

(3) **土地利用計画** 地価の高騰が，国民の住宅取得を困難にし，社会資本の整備に支障を及ぼすとともに，資産格差の拡大や，社会的不公平感を増大させ，わが国の社会や経済に重大な影響を与えているのではないかという問題に，適切に対処するため，国および地方公共団体が一体となって需給両面にわたる各般の施策を総合的に推進するとともに，その前提として，国民各層にわたって土地についての共通の認識を確立し，国民の理解と協力を得ることが不可欠である。このような考え方に基づいて，土地基本法（平元法84）が制定されて

いる。そして，土地基本法は，その3条2項に規定する土地についての基本理念を受けて，国および地方公共団体が講ずべき施策の方向として，土地利用計画が策定される。同法11条によれば，国および地方公共団体は，適正かつ合理的な土地利用を図るため，人口および産業の将来の見通し，土地利用の動向その他の自然的，社会的，経済的および文化的諸条件を勘案し，必要な土地利用に関する計画，すなわち，土地利用計画を策定するものとされている。現在，すでに，総合的かつ計画的な国土の利用，良好な生活環境の形成，産業の振興等の政策目的を実現するため，既述の国土利用計画，土地利用基本計画や，あるいは都市計画等，各種の土地利用計画制度が設けられている。そこで，土地基本法にいう土地利用計画は，既存の土地利用計画制度との関係においては，土地利用に関する上位法として，その意義，必要性をあらためて明確化したものである。この土地利用計画は，法令の根拠に基づき，特定の区域を限って，当該区域内の土地について，たとえば，土地の用途，公共施設の配置，面的開発事業の施行地区，個々の建築物の構造等を定める等一定の利用を促進し，または，禁止等を行っている計画およびこのような計画の上位計画・基本計画として，将来において実現されるべき望ましい土地利用の状況を示す計画の，双方の計画を指すと解されている。

4　海洋基本計画

2007（平成19）年4月27日法律33号で海洋基本法が制定され，同法16条で，政府は，海洋に関する施策の総合的かつ計画的な推進を図るため，海洋に関する基本的な計画（海洋基本計画）を定めなければならないとしているので，2008（平成20）年3月に，海洋基本計画が策定され（同法16条5項で，おおむね5年ごとに，見直しを行い，必要な変更を加えるものとするとされており，本稿執筆時点の海洋基本計画は2013〔平成25〕年3月に改定され閣議決定されたものである），日本の海洋政策の基本的な方針が示され，日本における海洋立国の推進と海洋開発が具体的に進行することとなった。

海洋基本計画には，①海洋に関する施策についての基本的な方針，②海洋に関する施策に関し，政府が総合的かつ計画的に講ずべき施策，③前二号に掲げるもののほか，海洋に関する施策を総合的かつ計画的に推進するために必要な

事項を定めるものとされている（16条2項）。基本施策としては海洋資源の開発および利用の推進（17条），海洋環境の保全等（18条），排他的経済水域等の開発等の推進（19条），海上輸送の確保（20条），海洋の安全の確保（21条），海洋調査の推進（22条），海洋科学技術に関する研究開発の推進等（23条），海洋産業の振興および国際競争力の強化（24条），沿岸域の総合的管理（25条），離島の保全等（26条），国際的な連携の確保および国際協力の推進（27条），海洋に関する国民の理解の増進等（28条）と，もりだくさんの施策事項が定められている。改定された海洋基本計画では，東日本大震災以降の防災・エネルギー政策の見直しや，メタンハイドレート等の海洋エネルギー・鉱物資源への期待の高まり，さらには海洋権益をめぐる国際情勢の変化等の社会情勢の変化をふまえ，海洋立国日本の目指すべき姿として，国際協調と国際社会への貢献，海洋の開発・利用による富と繁栄，「海に守られた国」から「海を守る国」へ，未踏のフロンティアへの挑戦の四つを取組姿勢と目指すべき方向性の基本として構成されている。海洋政策の推進として，具体的には，海洋再生可能エネルギーの利活用や海洋資源等の開発・利用，海洋開発人材の育成，エネルギー等の効率的な海上輸送，海洋産業の振興を図るとともに，わが国の主権と領土・領海を堅守するため，海上保安庁の体制強化に取り組む。さらには海洋権益の保全に資する海洋調査等の推進，排他的経済水域の根拠となる低潮線の保全および南鳥島・沖ノ鳥島の活動拠点整備などの海洋フロンティアを支える環境整備を継続して積極的に推進していくものとされている（2014〔平成26〕年度『国土交通白書』128頁以下）。このように，陸域の諸計画とはずいぶん趣を異にするものの，今後とも国土形成計画の大きな柱として重要度を増していくと考えられ，海洋開発に関する法制度もさらに整備されていくことが期待されている。

5　特定地域振興計画・水資源開発計画

これは，復帰した諸島の復興や，過疎地といった，特別の配慮と措置を必要とする特定地域に関わる振興開発計画である。離島振興計画（離島振興法），過疎地域自立促進市町村計画や過疎地域自立促進都道府県計画（過疎地域自立促進特別措置法），半島振興計画（半島振興法），奄美群島振興開発計画（奄美群島振興開発特別措置法），小笠原諸島振興開発計画（小笠原諸島振興開発特別措置法），沖

縄振興計画（沖縄振興特別措置法），豪雪地帯対策基本計画（豪雪地帯対策特別措置法），山村振興計画（山村振興法），農業振興地域整備計画（農業振興地域の整備に関する法律），特殊土じょう地帯対策事業計画（特殊土じょう地帯災害防除及び振興臨時措置法）等がある。

次に国土交通大臣が水資源開発水系の指定をしたときは，関係行政機関の長と協議し，関係都道府県知事・国土審議会の意見を聴き，閣議決定を経て決定される，水資源開発基本計画がある（水資源開発促進法）。また，国土交通大臣によって指定された水源地域について，都道府県知事が作成し提出した案に基づいて，国土交通大臣が，関係行政機関の長に協議して定める，水源地域整備計画（水源地域対策特別措置法）がある。

6　都市計画

都市計画とは，良好な都市をつくるための計画であり，都市の環境を保全しつつ，その機能を向上せしめる目的をもって，都市の区域を決定し，その区域内における土地利用のあり方を規制することによって住民による街づくりを誘導し，道路，公園，駅，下水道などの都市施設の位置・規模を決め，さらにこれらの構想を実現するための事業を行うための計画である（和田英夫編著『行政法講義下』〔1983年，学陽書房〕316頁）。都市計画法は，都市計画の内容とその決定手続，都市計画制限，都市計画事業等について定め，都市の発展，整備を図ることを目的とする都市計画に関する法である。この法律において，都市計画とは，都市の健全な発展と秩序ある整備を図るための土地利用，都市施設の整備および市街地開発事業に関する計画である（4条1項）。このように都市計画は，都市における土地利用計画でもあり，地域開発計画でもある。都市計画が国土形成計画と異なるのは，国土形成計画等が一般的な開発整備方針を示す計画であるのに対して，都市計画は，単なる青写真的な将来構想にとどまらず，土地利用につき私権を法的に規制し，かつ強制力を背景にして，事業を現実に執行するための計画なのである。

都市計画法に定める計画区域には，都市計画区域（5条）と準都市計画区域（5条の2）とがある。都道府県は，市または人口，就業者数その他の事項が政令で定める要件に該当する町村の中心の市街地を含み，かつ，自然的および社

会的条件ならびに人口，土地利用，交通量その他国土交通省令で定める事項に関する現況および推移を勘案して，一体の都市として総合的に整備し，開発し，および保全する必要がある区域を都市計画区域として指定するものとするとしている。次いで，都道府県は，都市計画区域外の区域のうち，相当数の建築物その他の工作物の建築もしくは建設またはこれらの敷地の造成が現に行われ，または行われると見込まれる区域を含み，かつ，自然的および社会的条件ならびに農業振興地域の整備に関する法律その他の法令による土地利用の規制の状況その他国土交通省令で定める事項に関する現況および推移を勘案して，そのまま土地利用を整序し，または環境を保全するための措置を講ずることなく放置すれば将来における一体の都市としての整備，開発および保全に支障が生じるおそれがあると認められる一定の区域を準都市計画区域として指定することができるとされている。それぞれの指定のための手続についても定めが置かれている。

これに次いで，区域区分として，都市計画区域について無秩序な市街化を防止し，計画的な市街化を図るために必要があるときは，都市計画に，市街化区域と市街化調整区域との区分を定めることができるとし，市街化区域は，すでに市街地を形成している区域およびおおむね10年以内に優先的かつ計画的に市街化を図るべき区域とし，市街化調整区域は市街化を抑制すべき区域とするとしている。

このように両区域を区分し，市街化調整区域に対して，より強度の開発等の制限を課することにより，いわゆるスプロール現象を抑制しようという狙いをもっている。この区分を一般に「線引き」と呼ぶ。このような計画を，市街化区域と市街化調整区域に関する都市計画ということができる。

都市計画法は，これまで述べたもの以外に各種の地区計画，地区整備計画について定めている。たとえば法12条の4の地区計画等で，地区計画，防災街区整備地区計画，歴史的風致維持向上地区計画，沿道地区計画，集落地区計画につき，他の個別の法律に基づく計画を都市計画に定めることができるとしている。

そして，建築物の容積率の最高限度を区域の特性に応じたものと公共施設の整備状況に応じたものとに区分して定める地区整備計画等各種の地区整備計画

についても定めている（12条の6～12条の12）。

　そして，このような都市計画は，国土形成計画，首都圏整備計画，近畿圏整備計画，中部圏開発整備計画，北海道総合開発計画，沖縄振興計画，その他の国土計画または地方計画に関する法律に基づく計画および道路，河川，鉄道，港湾，空港等の施設に関する国の計画に適合するとともに，当該都市の特質を考慮して，土地利用，都市施設の整備および市街地開発事業に関する事項で当該都市の健全な発展と秩序ある整備を図るため必要なものを，一体的かつ総合的に定めなければならない。この場合においては，当該都市における自然的環境の整備または保全に配慮しなければならない（13条1項）。

第3節　土地取引の規制

　国土の狭小なわが国において，土地の需要に対し，供給は限られている。土地は財産形態として最も安定したものと考えられており，常に需要は大きく，高地価をもたらす要因となっている。しかも，土地は往々にして投機的取引や買占めの対象となり，公共用地の取得を困難にするばかりでなく，一般国民が生活に必要な土地を購入できないという事態を生じる原因になっている（和田・前掲書304・305頁）。このため，国土利用計画法の規律に加え，平成元年には土地基本法が制定されている。ところで，土地基本法は，通常の法律のように個人の権利を制限し，あるいは義務を課すといった実体的事項を規定するものではなく，土地政策に関する基本理念や施策の基本方針等の抽象的な事項を規定している。土地基本法と他の法律との関係については，形式的には土地基本法は法律であり，効力的に他の法律より上位にあるということはない。しかし，土地基本法は各種の土地に関する施策を方向づけるものであり，個々の法律のあり方を実質的に規制するものであると考えられる。また，他の法律の規定する事項が，土地基本法の定める方針に合致しないような場合には，これらの法律の効力の有無が直ちに問題となるものではないが，できる限り早急にその方針に合致するよう個別法を改正する義務が国に生ずるものと解される（江口洋一郎「土地基本法の概要」ジュリ952号35頁）。さて，土地基本法は，目的として，土地についての基本理念を定め，ならびに国，地方公共団体，事業者およ

び国民の土地についての基本理念に係る責務を明らかにするとともに，土地に関する施策の基本となる事項を定めることにより，適正な土地利用の確保を図りつつ正常な需給関係と適正な地価の形成を図るための土地対策を総合的に推進し，もって国民生活の安定向上と国民経済の健全な発展に寄与すること（1条）とし，土地は，現在および将来における国民のための限られた貴重な資源であること，国民の諸活動にとって不可欠の基盤であること，その利用が他の土地の利用と密接な関係を有するものであること，その価値が主として人口および産業の動向，土地利用の動向，社会資本の整備状況その他の社会的経済的条件により変動するものであること等公共の利害に関係する特性を有していることにかんがみ，土地については，公共の福祉を優先させるものとする（2条）のである。そして，土地はその所在する地域の自然的，社会的，経済的および文化的諸条件に応じて，適正に利用されねばならず，土地は適正かつ合理的な土地利用を図るため策定された土地利用に関する計画に従って利用するものとするとされている（3条）。そして土地は投機的取引の対象とされてはならない（4条）ことを定めている。そして具体的に，国土利用計画法によれば，土地の投機的取引および地価の高騰が国民生活に及ぼす弊害を除去し，かつ，適正かつ合理的な土地利用の確保を図るため，全国にわたり土地取引の規制に関する措置の強化が図られるべきもの（11条）とし，土地の投機的取引が相当範囲にわたり集中して行われ，または行われるおそれがあり，および地価が急激に上昇し，または上昇するおそれがあると認められ（都市計画法の都市計画区域の場合），その事態を緊急に除去しなければ適正かつ合理的な土地利用の確保が著しく困難となると認められる区域（都市計画区域以外の場合）を，都道府県知事が規制区域として指定し（12条），その区域における土地の取引を都道府県知事の許可に係らしめることとしている（14条）。また，一定規模以上の土地の取引については，都道府県知事に届出をしなければならないものとされ（23条），届出に係る取引価格・利用目的が不適当なものである場合には，知事は必要な変更をすべきことを勧告することができる（24条）。そして，前述の許可・届出を経て取引がなされた土地が，取引後2年以上経過しても未利用のまま放置されている場合には，一定規模以上の土地で，その有効・適切な利用を促進する必要があれば，都道府県知事がこれを遊休地と認定して，その旨を

所有者に通知するものとされている（28条）。この通知を受けた者は，6週間以内に，遊休土地の利用または処分に関する計画を，当該土地が所在する市町村の長を経由して，都道府県知事に届け出なければならない（29条）。都道府県知事は，届出に係る遊休土地の有効かつ適切な利用の促進に関し，必要な助言をすることができ（30条），その計画が，有効かつ適切な土地の利用の促進を図るうえで支障があると認めるときは，土地利用審査会の意見を聴いて，その変更を勧告することができる（31条）。この勧告を受けた者が勧告に従わないときは，遊休地の買取りを希望する地方公共団体等は買取りのための協議を行うことができる（32条）。なお，国土利用計画法は，遊休地の買取価格の決定および土地取引規制の価格審査を，地価公示対象区域内においては公示価格を規準として行うこととしているから（33条），地価公示制度を規定する地価公示法も，土地利用規制法の法源の一つとみることができよう。

　付随的ではあるが，土地利用規制に関連して，大深度地下の公共的使用についてふれておきたい。昭和50年代の終わり頃からの，とりわけ首都圏，大都会の地価高騰は，土地政策を主たる行政上の課題として押し上げることになり，このような状況下で，大都市とくに東京において，都市発展のインフラストラクチュア（とくに道路・高速鉄道）の建設を，権利者との困難な交渉や，補償なしに迅速に進める妙手として，一定の深度以上の地下部分（大深度地下空間）の公共的利用の制度がクローズアップされ（成田頼明『土地政策と法』〔1989年，弘文堂〕274頁），大深度地下の公共的使用に関する特別措置法（平12法87）が制定された。この法律は，公共の利益となる事業による大深度地下の使用に関し，その要件，手続等について特別の措置を講ずることにより，当該事業の円滑な遂行と大深度地下の適正かつ合理的な利用を図ることを目的としている（1条）。大深度地下の利用は許可制（10条）であり，軌道法や鉄道事業法など法4条に掲げる事業が対象とされており，必要な事項の協議を行うための大深度地下使用協議会が設置されている（7条）。

　これはわが国の国土の開発・土地利用規制のある種の発展形態であり，注目に値するものと思われる。

第4章　公用負担行政

第1節　公用負担の意義および種類

1　公用負担の意義

　国・地方公共団体の行政活動には，給付行政の一環として，上下水道・教育・福利厚生などの生活基盤施設，河川・海岸などの国土保全防災基盤施設および道路・鉄道・空港などの交通基盤施設その他の基盤施設の整備・改善を図る供給行政が行われている。公共事業として整備されるこれらの基盤施設は，人々が生活を営み，産業が生産を行ううえで大きな役割を果たしている。

　しかし，近年の社会構造や経済環境の変化にともない，とくに，国民意識の多様化，国・地方自治体の財政悪化，地方分権化，循環型社会の形成などが要因と考えられるが，公共事業のしくみやその整備効果に対して従来にも増して厳しい目が向けられており，公共事業のあり方をめぐり活発な議論が展開されている。それだけに今日，公共事業に対して，その透明性・効率性の確保，説明責任の向上，国民のニーズと結びついた遂行が強く求められているところである。

　ところで，公共事業に必要となる土地その他の物件は，通常は当該事業主体が契約その他の私法上の手段によって取得し，その用に供することになる。しかし，補償金額などから権利者の同意が得られない場合や緊急を要するような場合などでは，私法上の手段でもってはその取得が困難となる。公用負担は，このような事態に対処するための制度で，特定の公益事業を実施するために権利者の意思にかかわらず強制的に負担を課すとともに，公共の利益と特定私人の強制的な負担とを合理的に調整する制度である。公共施設用地の強制的取得や非常災害に際しての労働力の提供などがその典型例となる。

公用負担の要素として，第一に特定の公益事業の需要をみたすために——今日では行政計画に基づく合理的な土地利用の目的実現のための手段に移行しつつあるが——課せられる負担であること，第二にその義務者が特定の私人であること，第三に負担の発生原因が強制的なものであること，第四にその内容が経済的な負担であることがあげられる。このことから，その目的の点で財政上の負担（納税義務など）や警察上の負担と，また強制的に課せられる点で契約その他私法上の手段に基づく負担と区別される。

　公用負担は，性質上，法律の根拠が必要となり，土地収用法その他個別の法律がこれを定める。また，公用負担は，法律によって直接課せられる場合もあるが（文化財43条・44条，収用102条など），法律に基づく行政処分により課せられる場合が多い（収用48条など）。

　公用負担の根拠に，法律のほか条例をあげることができる。これまで，1999（平成11）年改正前の地方自治法の旧規定（旧2条3項18号・19号）において自治事務の例示の中に建築・土地利用規制と不動産等の使用・収用の2項目のみが「法律の定めるところにより」と規定されていたことから，有力な反対説がみられたものの，公用負担は条例でその根拠を定めることは許されないとの見解が支配的であった。しかし，改正地方自治法において事務の例示規定がすべて削除されたため，個別法との関係で検討が必要となるものの，一般的に条例でもって公用負担の根拠を定めることが認められることになった。ただし，法律と条例との関係の問題について，憲法94条の定める「法律の範囲内」，および地方自治法14条1項の定める「法令に違反しない限り」との制約がある。公用負担のうち，公用収用や権利変換等については，ほとんど法律または法令の規定で埋め尽くされている。奈良県ため池保全条例事件では，最高裁（最判昭38・6・26刑集17巻5号521頁）は警察制限として耕作権の禁止をとらえたが，ため池保全事業のための制約ととらえると，公用負担としての公用制限の例として条例をとらえることができる。このように財産権の制限の分野で，条例が今後いっそう増えていくことが予測されうる。

　なお，公用負担は，元来講学上の概念であるが，そこには性質の異なる多様なものが含まれていることや，点・線から面への用地取得および市街地開発などの都市計画の登場によって公益事業の特定性や負担の偶然性に欠けるものが

含まれる傾向にあることなどから，この概念を維持することを疑問視する見解もみられる。

2　公用負担の種類

公用負担は，その内容上の差異から，人的公用負担と物的公用負担とに区分される。

（1）**人的公用負担**　　人的公用負担は，特定の公益事業の需要をみたすために特定の私人に対して一定の作為・不作為または給付の義務が課せられる経済的負担である。特定の私人に課せられる負担である点で，特定の財産権に着目して課せられる負担である物的公用負担とは区別される。また，一定の債権債務関係を発生させるため，たとえ特定の財産権の主体が変更されたとしても，当該負担者は変更されない。

人的公用負担はその内容から，負担金，夫役現品負担および労役物品負担とに分かれる。これらのうち，現在では夫役現品負担と労役物品負担が現実に果たす役割はほとんどなく，負担金のみが公益事業に対する社会的な利害調整方法として機能している。

①　**負担金**　　負担金は，特定の公益事業に必要となる経費の全部または一部を負担させるために，その事業と特別の関係をもつ者に対して課せられる金銭給付義務をいう。経費の一部を分担するという意味で，分担金と呼ぶことがある（自治224条）。

負担金は，負担の根拠または義務者の点から受益者負担金と原因者負担金に区別される。受益者負担金は，当該事業により特別の利益を受ける者に，その受益の限度において課せられるもので，都市計画事業，道路工事，下水道工事などに用いられている（都計75条，道61条，下水道19条，自治224条）。原因者負担金は，当該事業について，工事の必要を生じさせた原因者に，その工事費用の全部または一部の負担を課すものである（河67条，道58条等）。負担金の金銭給付義務が履行されないときは，行政上の強制徴収を行うことができる。

②　**夫役現品負担**　　夫役現品負担は，特定の公益事業のために必要な夫役（労役）の提供または現品（物品）の給付か，これに代わる金銭給付かのいずれかの義務の選択を許す人的公用負担である。かつては地方自治法で認められて

いたが1963（昭38）年の改正で廃止され，現在その例はごくまれに残存するにすぎない（土改36条）。

③ **労役物品負担**　労役物品負担は，非常災害その他の緊急の需要をみたすために労役の提供または物品の給付義務を課する人的公用負担である。現物給付義務を課す点で，負担金，夫役現品負担と区別される。非常災害や救助など急迫の必要がある場合における防ぎょ・救助・応急措置の業務への従事や物品の給付の義務がその例となる（道68条2項，災救7条1項・2項，災害基65条等）。

(2) **物的公用負担**　物的公用負担は，特定の公益事業の需要をみたすために特定の財産権に対して課せられる公用負担で，物上負担ともいう。特定の財産権に着目してこれに制限や変更を加える負担である点で人的公用負担とは区別され，負担の対象とされる財産権の主体の変更とともに公用負担も当該財産権の継承者に移転する。

物的公用負担は，その内容から公用収用，公用権利変換および公用制限に区分される。公用収用は財産権の消滅，公用権利変換は財産権の変換，公用制限は財産権の制限を内容とする。以下，公用収用，公用権利変換および公用制限について概観する。

第2節　公用収用

1　公用収用の意義と法源

(1) **公用収用の意義**　公用収用は，特定の公益事業の需要をみたすため，正当な補償の下に特定の財産権を強制的に取得することをいう。公用徴収ともいい，物的公用負担の一種である。

公用収用は，次のような特質をもつ。①収用の目的が公共の利益を増進するための事業の用に供することにあり，権利者の意思を無視して行われる財産権の強制的取得である。②収用者は事業主体であり，国・地方公共団体のほか営利法人である場合も多い。③収用権の内容は，承継取得ではなく収用者に他人の財産権を直接かつ原始的に取

土地収用法の改正　土地収用法は，日本国憲法の制定にともない，旧土地収用法（明33法29）に代わり制定された土地収用の基本法で，公益事業に必要な土地の収用・使用に関する要件・手続・効果ならびにこれにともなう損失補償等について規定する。同法は制定後頻繁に改正されているが，主要な改正に1967（昭42）年改正（昭42法74）および2001（平成13）年改正（平13法103）がある。1967年改正は，経

得させ，他方被収用者の財産権を一方的に消滅させるものである。④収用の対象は，特定の財産権であり，その非代替性のために土地所有権であることが多いが，土地に関する所有権以外の権利なども対象となる。⑤被収用者には正当な補償が支払われる。

(2) **公用収用の法源**　公用収用は，他人の財産権の強制的取得であるため，法律の根拠を要する。公用収用に関する一般的根拠法として「土地収用法」（昭26法219，以下「収用法」という）があり，土地収用の要件・手続・効果および損失補償などを定める。特別法には，緊急に施行を必要とする特定公共事業（高速自動車国道，一般国道，幹線鉄道，第一種空港等）に係る土地収用に関して特例を定める「公共用地の取得に関する特別措置法」（昭36法150，以下「特別措置法」という）がある。その他，個別の法律が公用収用の根拠を定めるが（災害基64条・71条・78条，水防28条，水道42条，鉱業105条以下，森林55条・56条等），都市計画事業においてはとくに広く土地収用が認められている（都計69条以下，都開118条の26，新都市基盤整備法10条以下）。

以下では，収用法に規定する土地収用を中心に説明する。

2　土地収用の意義

土地収用とは，土地の収用を目的とする公用収用で，正当な補償の下に公益事業を行う起業者に他人の土地所有権を直接かつ原始的に取得させ，他方従来の権利者の権利を一方的に消滅させる効果を発生させることをいう。土地収用が認められ

済の高度成長や人口の大都市集中等に起因する異常な地価高騰を背景に，地価対策の一環として行われたもので，開発利益を公共に吸収するため補償金額の算定基準時を収用裁決時から事業認定告示時に変更する土地価格固定制の導入に関連するものが中心となっている。2001年改正は，公共事業に対する時代の要請，住民理解の促進および円滑・効率的な事業の実施ならびに循環型社会の形成の観点から行われたもので，事業認定手続に関し，①事業内容の周知を図るための事前説明会開催の義務づけ（収用15条の14），②幅広い意見聴取のための公聴会開催の義務づけ（23条），③事業認定の中立性を担保するための第三者機関の意見聴取（社会資本整備審議会または条例で定める機関，25条の2），④公正の確保と透明性の向上のための事業認定理由の公表（26条1項）等が定められた。また，収用裁決手続に関し，①権利者が多数の場合等の土地・物件調書作成の特例（公告・縦覧方式）の創設（36条の2），②審理の円滑かつ合理的な遂行のための代表当事者制度の創設（65条の2），③現金書留郵便の活用など補償金払渡方法の合理化（100条の2），④収用委員会の審理における事業の公益性に関する主張内容の整理（63条3項）などが，損失補償に関し，①金銭補償に加えて代替地，代替住宅等のあっせん等生活再建措置の充実（139条の2），②補償基準の細目の政令化（88条の2）が定められた。さらに，補償金のみが争点になる場合において，紛争の迅速な解決を図るため簡易な補償金仲裁制度が創設され（15条の7），循環型社会の形成等のニーズに対応するため地方公共団体等が設置するリサイクル施設および廃棄物処理センターが設置する廃棄物処理施設が収用適格事業に追加されている（3条27号）。

なお，同法附則6条（平13法103）により，公共事業の早期の計画段階，すなわち「川上」の段階で，その情報公開および利害関係人の意見を求める機会を保障すべきとすることが，その趣旨として盛り込まれたことは，行政計画に対する住民参加を拡大するものとして大いに注目される。

る公益事業は収用適格事業と呼ばれ，収用法のほかその他の収用根拠法に規定されている。

(1) **土地収用の当事者**　土地収用手続の当事者は，起業者および被収用者である。

収用適格事業を行う者を起業者といい（収用8条1項），国，地方公共団体，独立行政法人，地方公社，企業等が起業者となる。国や地方公共団体が起業者となるのが通例であるが，鉄道会社，電力会社その他の営利企業が起業者として認められる例も少なくない。近年の民営化の動きの中で公共性を有する事業体が多様化し，それにともない起業者の種類も多様化する傾向にある。

起業者は，収用手続における裁決申請権，土地物件調査権，調書作成その他の手続上の権利・義務をもつほか，最終的には，土地その他の目的物を取得する権利を有し損失補償の義務を負う。

被収用者は，収用の目的物となる土地所有権および土地関連の権利などを有する者で，収用法上土地所有者および関係人がこれにあたる（8条2項・3項）。

土地所有者とは収用対象の土地の所有者であり，また関係人とは当該土地に関して地上権，永小作権，地役権等による権利その他所有権以外の権利を有する者および土地にある物件に関して所有権その他の権利を有する者である（8条3項）。ただし，事業認定の告示後に，新規にこれらの権利を取得した者は，既存の権利承継者を除き関係人に含まれない（同項但書）。

被収用者は，収用によって生ずる損失の補償請求権および収用手続における意見書提出，意見陳述その他の手続上の権利ならびに事業の廃止・変更等によって目的物が不用となる場合の買受権などの権利をもつ。

(2) **土地収用の目的物**　土地収用の目的物とは，独立して土地収用の対象として取り扱われる物ないし権利をいう。その目的物は，憲法上の財産権保障の趣旨にかんがみ，原則として当該事業に必要な最小限の範囲に限定される。

土地収用には，取得収用と消滅収用があり，所有権の取得を目的とする取得収用の目的物は，(ア)土地所有権（収用2条），(イ)土地の上にある建物，立木その他土地の定着物（6条），(ウ)土地に属する土石砂れき（7条）である。また，土地の上にある所有権以外の権利を強制的に消滅させる消滅収用の目的物は，(ア)地上権その他土地に関する所有権以外の権利（5条1項），(イ)土地に定着する物

件に関する所有権以外の権利（同条2項），(ウ)漁業権のほか，河川の敷地，海底，または流水・海水その他の水を利用する権利（3項）などである。

なお，収用の目的物は当該事業に必要な最小限の範囲に限定されるのであるが，例外的に，主として被収用者の利益のために，その限度をこえて収用が認められる場合があり，これを拡張収用という。拡張収用には，残地収用（76条），土地の使用に代わる収用（81条），物件の移転困難な場合の収用（78条）および物件の移転料多額の場合の収用（79条）がある。

3　土地収用の手続

収用法は，収用手続を通常手続と特別手続とに区分する。

通常手続は，当該事業が「公共のため」の事業であるか否かを判断する事業認定手続および被収用者に対し「正当な補償」を確保する収用委員会による裁決手続からなり，その主な手続に，(1)事業の認定，(2)土地・物件調書の作成，(3)裁決手続の開始，(4)収用委員会の裁決がある。

特別手続には，「協議の確認」（収用116条以下）および「緊急に施行する必要がある事業のための土地の使用」（122条〜124条）がある。

以下，通常手続を中心に概説する。

(1)　**事業の認定**　事業認定とは，起業者の申請に係る事業について土地等を収用できる事業であることを認定し，起業者に収用権を付与する処分である。事業認定は，土地収用の可否を第一次的に決定する重要な処分であり，土地価格の固定や土地の保全義務など各種の法的効果を発生させる。

起業者は，収用申請に先立ち，具体的な起業地を確定し，所定の図面を作成するなど事業計画を決定する必要がある。そこで，起業者には，収用手続に入る以前においても，事業計画の作成準備のため他人の土地への立入り，測量・調査，障害物の伐採・土地の試掘が認められる（収用11条〜15条）。

事業計画が決定されると，収用手続の第一段階となる事業認定の手続に入る（16条以下）。

まず，起業者は，事業認定の申請前に，利害関係を有する者に当該事業の目的および内容を説明するための説明会を開催しなければならない（15条の14）。この事前説明会の義務づけは，事業内容の周知を図ることで以後の収用手続を

円滑に進めることを目的とする。

　次に，起業者は，事業計画書その他の必要な書類を添えて，事業認定申請書を事業認定庁に提出しなければならない（18条・19条）。

　事業認定は，その事業の種類など一定の要件の下，事業認定庁である国土交通大臣または都道府県知事がこれを行う（17条，なお27条参照）。

　事業認定の手続として，事業認定庁は起業地の所在する市町村長に事業認定の申請書等の写しを送付し，市町村長はこれらを公衆の縦覧に供しなければならず（24条），利害関係者は事業認定につき意見書を提出することができる（25条1項）。また，事業認定庁は，土地の管理者，関係行政機関および専門的学識経験者の意見を求めること，および公聴会を開き一般の意見を求めることができる（21条・22条・23条）。公聴会は，事業認定における公正性・透明性を確保することへの配慮から，事業認定庁が「必要があると認めるとき」のほかに「当該事業の認定について利害関係を有する者」から請求があったときは，その開催が義務づけられる（23条）。

　さらに，事業認定の適正さに対する国民の信頼を確保するため，中立的な第三者機関の意見を事業認定に反映させる制度が設けられており，その機関（国土交通大臣の事業認定については社会資本整備審議会，都道府県知事の場合は都道府県が設けた審議会等）の意見を尊重しなければならないとされている（25条の2）。

　事業認定の要件は，第一に申請事業が収用法およびその他の法律に定められた収用適格事業に該当すること，第二に起業者が当該事業を遂行する十分な意思と能力を有する者であること，第三に事業計画が土地の適正かつ合理的な利用に寄与するものであること，第四に土地を収用する公益上の必要があるものであることと定められている（20条1号～4号）。収用法は，収用対象となる事業類型を列挙しているが，事業が類型的に公共性を有することと個別具体的な事業が収用を必要とするほどの公共性が認められるか否かとは別問題となることから，収用適格事業に該当する事業であっても事業認定手続においてさらに当該事業の公共性が吟味されることになる。

　当該事業の公共性は，事業によって「実現される利益」と「失われる利益」との比較衡量によって判断されることになる。とくに後者の利益については近年の国民意識の変化などを背景に多様な利益が主張される傾向にあり，比較衡

量に際しては経済的価値のみならず環境的・文化的・歴史的価値を含む非経済的価値に対しても十分配慮して判断することが必要となる（参照，日光太郎杉事件，東京高判昭48・7・13行集24巻6・7号533頁，判夕297号124頁）。また，比較衡量によって事業の公共性を合理的に判断するには，関連する諸利益が適切に反映される利害調整手続の整備が不可欠となろう。この点，公聴会や審議会などによる事業認定手続への第三者参加は，複雑で多様な諸利益を反映させる手段として一定の意義を有するものといえる。

　事業認定庁は，事業を認定したときは遅滞なく起業者にその旨を文書で通知するとともに，一定の方法でその告示を行わなければならない（収用26条）。

　事業認定の告示には，「事業を認定した理由」の公表が義務づけられる（26条）。事業認定は，認定拒否と異なり，行政手続法に定める「不利益処分」に該当しないため，申請者への理由の提示は不要となる。しかし，事業認定はその法的効果からみて実質的には不利益処分の性質を帯びるものといえるので，不利益処分に理由提示を義務づける行政手続法の趣旨などにかんがみ，事業認定庁は事業認定の理由を公表することが義務づけられている。

　事業認定は，告示があった日からその効果が発生する。その主な効果に，土地所有者等に対しては，その義務として，㈠事業に支障を及ぼす形質の変更を禁止する等土地保全の義務（28条の3），㈡補償算定における土地等の価格の固定（71条），㈢告示後の土地形質の変更等に関する損失補償の制限（89条），㈣関係人の固定（8条3項）などがあり，その権利として，㈠補償金の支払（前払）請求権（46条の2以下），㈡裁決申請請求権（39条2項），㈢事業の廃止・変更等による損失補償請求権（92条），㈣買受権（106条）などが生じる。起業者に対しては，㈠土地物件の調査権（35条），㈡収用裁決の申請権（39条1項），㈢協議の確認請求権（116条）などが付与される。

　なお，事業認定の効力は，当事者の利害関係の重要性を配慮し，一定の期間に限定されている。すなわち，事業認定の告示があった日から1年以内に起業者が収用裁決を申請しないなどの事由が生じたときは，事業認定は失効する（29条・30条・34条の6）。

　また，起業者が計画遂行上あるいは財政上の事情により，ただちにすべての収用手続の効果を発生させることが困難となる場合に対応するため，起業者の

申請に基づき起業地の全部または一部について手続開始の告示の時まで効果を停止させる収用手続保留の制度が規定されている（31条以下）。

次に，事業認定告示前に当事者が，用地取得に関する紛争を簡易・迅速な方法で自主的に解決するための手続として，あっせんおよび仲裁の手続が設けられている。

あっせんは，当事者の任意交渉および合意の成立を助けるために設けられているもので，一般に，あっせん委員が「あっせん案」を作成して，両当事者の合意を促す方法で行われる。あっせんの申請は，事業認定の告示前に限り，起業者，土地所有者および関係人が都道府県知事に対して行い，申請を受けた都道府県知事は，あっせんに適すると判断したときは，あっせん委員を任命し，あっせん委員のあっせんに付する（15条の2以下）。あっせんによって両当事者の合意が成立した場合には，私法上の売買契約が成立したことになる。

仲裁とは，一般に仲裁契約に基づき，紛争を仲裁人の判断により最終的に解決することをいう。収用法の定める仲裁は，仲裁法の特則を定めるもので，用地取得に関して補償に係る事項についてのみ当事者の合意が成立しない場合に，事業認定の告示前に限り，起業者，土地所有者および関係人が双方合意のうえで，都道府県知事に対し仲裁委員の仲裁を申請し，仲裁委員の判断に従うことで，当該紛争の解決を図る手続である（15条の7〜15条の13）。都道府県知事は，この申請があった場合には，仲裁に適しないと認めるときを除き，仲裁委員を任命し，仲裁委員の仲裁に付する。仲裁判断は確定判決と同等の効力を有する。

仲裁手続は，あっせんが両当事者の合意を促す以上の機能を有していないためあまり利用されることがなかったこと，また用地取得に関する紛争において難航するのが補償金に関する事項であることなどをふまえ，2001（平13）年改正で創設されたものである。

(2) **土地・物件調書の作成**　収用裁決の準備手続に土地・物件調書の作成があり，事業認定の告示後，起業者は，裁決申請に先立ち，被収用者の土地・物件について，土地調書・物件調書を作成しなければならない（収用36条）。土地調書は権利取得裁決の申請（40条1項）に，また，物件調書は明渡裁決の申立てに添付される（47条の3）。

調書の作成にあたっては，起業者および土地所有者・関係人の立会いと署名

押印が必要となる（36条2項）。調書の作成は，あらかじめ起業者および土地所有者・関係人に土地物件の必要事項を確認させ，収用委員会における審理を迅速かつ円滑に進行させることを目的とする。なお，土地所有者および関係人の署名拒否，その帰責事由による不署名・不押印および署名押印不能のいずれかに該当する場合は，市町村長または市町村職員が立会い署名・押印することになる（36条4項）。また，通常では想定できない程度・態様で土地・財産が細分化・複雑化されている場合において，①補償金の見積額が著しく低額である者がいる場合，②一筆の土地・物件に関して土地所有者および関係人が100名をこえると見込まれる場合の二つの要件がみたされるときは，特例として立会・署名押印方式に代わる公告縦覧方式が認められる（36条の2）。

　調書が作成されると，その記載事項は一応真実なものであるとの推定がはたらき，作成時に異議を付記した事項を除き，それが真実に反することを立証しない限り，当事者は異議を述べることができない（38条）。

(3)　**裁決手続**　　収用裁決は，収用委員会が起業者の有する収用権の内容を確定し収用権の実現を図る処分である。この収用裁決を請求する手続が収用裁決申請手続で，裁決申請請求（収用39条1項・2項），裁決手続開始の決定および裁決手続開始の登記（45条の2・45条の3）の手続が定められている。

　裁決申請請求について，起業者は，事業認定の告示後1年以内に限り収用委員会に収用裁決を申請することができる（39条1項）。他方，土地所有者・関係人は，起業者に対して，収用裁決の申請をするよう請求することができる（同条2項）。収用委員会は，起業者の提出した裁決申請書等を受理したときは，その写しを関係市町村長に送付するとともに，土地所有者・関係人に裁決の申請があったことを通知しなければならない（42条1項）。市町村長は，その写しを受け取ると，ただちに，裁決申請があったこと，および収用しようとする土地，地番，地目を公告し，その写しを2週間公衆の縦覧に供しなければならない（同条2項）。土地所有者・関係人等は，この縦覧期間内に，収用委員会に意見書を提出することができる（43条）。

　収用委員会は，縦覧期間（裁決申請の特例の場合は公告期間）の経過後，遅滞なく裁決手続の開始を決定し，これを公告するとともに，申請に係る土地を管轄する登記所に裁決手続開始の登記を嘱託する（45条の2）。土地所有者・関係

人は，事業認定の告示後，収用裁決前であっても，起業者に対して土地等に関する補償金の支払いを請求することができる（46条の2第1項）。この請求は，収用委員会の裁決による補償金の前払請求であるから，起業者に対して裁決申請の請求をするときに併せて行わなければならない（同条2項）。起業者は，前払請求を受けたときは，一定の期間内に，原則は2月以内に，自己の見積りによる補償金を支払わなければならない（46条の4）。この補償金支払請求制度は，土地等に対する補償金の価格を事業認定の告示の時に固定することに対応するものである。

　裁決の審理は，独立の行政委員会である収用委員会によって行われ，起業者，土地所有者および関係人は，それぞれ意見書提出および意見陳述の権利を有する（43条・63条）。ただし，収用委員会の審理と関係がない事項を意見書に記載すること，口頭で意見を陳述することはできない（43条3項・63条3項）。このため，収用委員会の審理において，事業認定に関する不服を主張することはできず，収用委員会も事業認定について審査権限を有しないことになる。このような主張制限は，この間の収用実務をふまえ，事業認定庁が行う事業の公共性判断の権限と収用委員会が行う損失補償に関する権限の関係を明確にすることで，両者の機能分担を図り，審理の円滑な遂行を実現する趣旨から規定されたものである。

　審理手続において，代表当事者制が採用されている。通常，土地所有者・関係人には意見の陳述，資料の提出，審問の申立てその他の行為を行うことが認められる。しかし，当事者が多数の場合，その手続は煩雑なものとなり，収用委員会は経費・時間において大きな負担を強いられ，他方当事者にとっても十分に権利主張ができない事態が起こりかねない。そこで，審理の円滑かつ合理的な遂行を図る趣旨から代表当事者制度が設けられ，共同の利益を有する土地所有者・関係人は，その中から，3名以内で代表当事者を選定することができ，自主的に選定されない場合であっても，収用委員会は「審理の円滑な進行のため必要と認めるときは」代表当事者の選定を勧告できる（65条の2）。

　収用委員会は，当事者の意見を聴取して裁決するのであるが，審理または調査のため必要あると認めるときは審問，鑑定，現地調査などを行うことができる（65条）。

委員会の審議は原則として公開で行われる（62条）。ただし，裁決の会議は，公開されない（66条）。

(4) 収用委員会の裁決　収用手続は，通常，裁決によって終結する。裁決は，裁決申請に対する収用委員会の応答で，それには却下裁決と収用裁決とがある。却下裁決は，収用の裁決を拒否するもので，申請に係る事業や事業計画が事業認定におけるものと異なるときその他申請が収用法の規定に違反するときになされる（収用47条）。収用裁決は，起業者に当該土地に関する権利を強制的に取得させ，また，起業者が支払うべき損失補償額を決定するものである（47条の2）。

収用裁決には，権利取得裁決と明渡裁決とがある。権利取得裁決は，収用する土地の区域，土地または土地に関する所有権以外の権利に対する損失補償，権利取得・消滅の時期等を内容とする（48条）。明渡裁決は，権利取得裁決で裁決された土地その他の権利補償以外の損失の補償（移転料補償，営業補償等），土地・物件の引渡期限等を内容とする（49条）。明渡裁決は，権利取得裁決と一体となって収用裁決を完成させるもので，権利取得裁決と併せて，あるいは権利取得裁決後に行われる。

通常手続によらない特別の手続に，協議の確認，緊急裁決および和解がある。

協議の確認は，事業認定告示後，裁決申請前において当事者間に任意の協議（合意）が成立したとき，収用委員会が確認することで，その協議に収用裁決と同じ効果を与える制度である（116条以下）。

緊急裁決は，特別措置法が収用手続の促進を目的に定める手続で，特定公共事業に係る明渡裁決が遅延することによる事業の施行に支障を及ぼすおそれのある場合に，補償金についてなお審理を尽くしていないときでも，概算見積りによる仮補償金でもって緊急裁決を行う制度である（用地取得特措20条・21条1項）。

和解は，裁決申請後においても，当事者間の円満な合意によって紛争の解決を図ることが望ましいことから定められたもので，和解には用地の確実な取得が可能となるように裁決と同じ効果が付与されている（収用50条）。和解は，当事者間の自発的合意や収用委員会の勧告により成立する。和解が成立し，その内容が一定の要件に適合するときは，収用委員会は起業者等の申請により和解

調書を作成することができる。和解調書が作成されたときは，権利取得裁決または明渡裁決があったものとみなされる。

4 土地収用と損失補償

(1) 損失補償の原則 損失補償は，従来一般に，適法な公権力の行使により意図的に加えられた財産権の特別の犠牲に対して，全体的な公平負担の見地からこれを調整するための財産的補償をいうとされる。その憲法上の根拠は，財産権の保障（憲29条）および公の負担の平等（14条）にある。土地収用は，公益事業の用に供するため土地所有権その他の権利を強制的に取得するものであり，土地所有者・関係人に「特別の犠牲」を負わせるものであるので，土地収用にともなう財産上の損失に対して，これを補償することは憲法上の要請となる。収用法は，損失補償につき「収用又は使用に因る損失の補償」（収用68条～90条の4）および「測量，事業の廃止等に因る損失の補償」（91条～94条）を定める。

損失補償の原則に，次のものがある。

① **起業者補償の原則** 損失の原因者または損失によって利益を受ける者が補償義務を負うべきであると考えられるので，損失は起業者が補償しなければならない（68条）。

② **個別払いの原則** 補償の支払方法には，賃借権等権利が錯綜する土地を収用する場合，土地所有者および権利者ごとに個別に補償金を決定し支払う個別払い方式と，所有権のみの価格を決定して土地所有者に一括して支払い，各権利者はその中から補償金を受け取る代位方式とがある。収用法は，原則として個別払い方式を採用し，代位方式は例外的に「各人別に見積ることが困難であるとき」に限り認める（69条）。

③ **金銭払いの原則** 市場経済社会では，土地その他の権利の財産的価値はすべて金銭という価値尺度でもって評価でき，金銭補償を得れば原則として従前の土地に見合う土地を入手することが可能となる。それゆえに，補償は金銭の支払いによる補償が原則となる（70条）。ただし例外的に，土地所有者または関係人の要求により収用委員会の裁決があった場合には，現物補償として代替地の提供，耕地・宅地の造成，工事・移転の代行により補償することができ

④ **事前補償の原則**　損失補償の支払時期は，事前補償が原則となり，権利取得裁決に定められた権利取得・消滅の時期までに補償を行わなければならない（95条）。収用裁決の効力は，起業者の補償金の払渡し等をもって発生する（100条・100条の2）。

(2) **補償の種類**　土地収用にともなう補償の種類に，①収用補償，②測量・調査，事業の廃止・変更等による補償，③事業損失補償，④生活権補償がある。

① **収用補償**　収用補償とは，公益事業の用地取得にともなって生じる損失に対する補償をいう。収用補償は，さらに，(ｱ)権利補償，(ｲ)残地補償，(ｳ)通損補償に分かれる。

(ｱ) **権利補償**　収用補償の中心は，土地所有権その他財産的価値をもつ権利（地上権，賃借権，地役権等）に対する権利補償である。この権利補償は憲法上の損失補償として完全な補償が要請される。周知のとおり，憲法29条3項が定める「正当な補償」については，完全補償説と相当補償説とが対立する。しかし，土地収用については完全な補償を必要とする点で学説は一致しており，また，最高裁も，「金銭をもつて補償をする場合には，被収用者が近傍において被収用地と同等の代替地等を取得することをうるに足りる金額の補償」と判示し，完全な補償を要するとする（土地収用補償金請求事件，最判昭48・10・18民集27巻9号1210頁）。

具体的な算定方法は，「近傍類地の取引価格等を考慮して算定した事業の認定の告示の時における相当な価格に，権利取得裁決の時までの物価の変動に応ずる修正率を乗じて得た額とする」（収用71条）との定めにより，一般取引価格を基準に算定されるが，算定の基準時は事業認定の告示の時点として，以後の地価変動は考慮せず一般物価

完全補償と相当補償　憲法29条3項の「正当な補償」の意義をめぐって，特定事業のため侵害を受けた財産の市場価格と侵害に付随して生ずる通常受ける損失を補塡しなければならないと解する完全補償説と，社会国家的基準により決定される相当な額で完全補償を下回る額で足りるとする相当補償説が対立する。しかし，土地収用にともなう補償については，学説・判例とも完全補償説が妥当する点で異論はみられなかった。ところが，補償金の算定時期を事業認定時と定める収用法71条の規定が憲法29条3項に違反するとして争われた事件で最高裁は，同条が憲法に違反しない根拠として，相当補償説を採用する大法廷判決（最大判昭28・12・23民集7巻13号1523頁）を引用した（最判平14・6・11民集56巻5号958頁）。このため，同判決は土地収用について相当補償説を採用し，判例は相当補償説に立つと解する向きもないではない。しかし，同判決は，1973（昭48）年判決（最判昭48・10・18）を引用しないものの，合憲性の判断基準をそれと同一の基準に置いていることからすると，実質的には完全補償と異なるものではないと解されよう。

の変動のみを考慮する価格固定制がとられている。算定基準時は，かつて収用裁決時が採用されていたが，公共事業の施行による開発利益を否定するために，1967（昭和42）年に現行の事業認定時に改正された。この事業認定時価格固定制に対して，仮に地価が上昇した場合，事業認定時から収用裁決時までの上昇分が考慮されず近傍で被収用地と同等の代替地等を取得することが困難になることなどから，批判がないわけではない。しかし，開発利益を事業者が補塡することは不合理であること，事業認定後に裁決申請と併せて見積りによる補償金前払い請求が認められていること（46条の2・46条の4），物価変動に応じた修正が加えられるので実質価値になることなどを論拠に，学説・判例は合憲と解している（最判平14・6・11民集56巻5号958頁）。

なお，通損補償（88条），移転料補償（77条）その他の明渡裁決の対象となる補償項目（75条・78条・79条・80条等）の算定基準時は明渡裁決の時点となる（73条）。すなわち，価格固定される補償項目および権利取得裁決の時の価格をもって算定される補償項目以外の補償項目は，明渡裁決の時の価格によって算定される（小澤道一『要説・土地収用法』〔2005年，ぎょうせい〕161頁参照）。

　(イ)　残地補償　　残地補償とは，一団の土地の一部が収用された結果，その面積が狭小または不整形となるなど残地の価格が下落すること，その他残地に損失が生じることがあるとき，これに対して補償するものである。残地に損失が生じたとき，収用部分について補償がなされても，土地所有者等の受ける損失が補塡されないため，残地補償が認められる（74条）。

　(ウ)　通損補償　　通損補償とは，土地収用にともなって付随的に生ずる損失で，通常の事情の下で当然に受けるであろうと認められる客観的な経済的損失に対する補償をいう。通損補償は基本的には憲法上の「完全な補償」に含まれると考えられており，収用と損失との間に相当因果関係があり，かつ公の負担の平等原則に照らし公共で負担すべき性質の損失に対して補償がなされる。収用法は，通損補償に関して，物件の移転料補償（77条）のほか，離作料，営業上の損失，建物移転による賃貸料を例示し，「その他土地を収用し，又は使用することに因つて土地所有者又は関係人が通常受ける損失は，補償しなければならない」と定めている（88条）。

　②　測量・調査，事業の廃止・変更等による損失の補償　　測量・調査による損

失の補償は，事業準備や土地・物件調書作成のため，土地・工作物への測量・調査，障害物の伐採，または土地の試掘等を行うことによって生じた損失を補償するものである（収用91条）。

事業の廃止・変更等による損失の補償は，いったん権利制限を課した後に，事業の廃止・変更，事業認定の失効，裁決の失効により生じる損失を補償するものである（92条）。

③　**事業損失補償**　事業損失補償とは，収用そのものに起因する収用補償と対比されるもので，公共事業の施行または施行後に起因して起業地および残地以外の土地において生ずる損失に対する補償をいう。補償請求権者が土地所有者・関係人以外の者であることから，いわゆる第三者補償となる。事業損失には，日陰，騒音，振動，臭気などさまざまな被害が混在している。

現在のところ，事業損失に関する統一的な制度はなく，その補償の取扱いもまちまちである。収用法は，事業損失について，起業地に隣接する土地に対する「みぞかき補償」（93条）を定めるのみで，その他の事業損失を補償の対象にしていない。

④　**生活権補償**　生活権補償とは，いまだ一致した見解が存しないのであるが，公共事業の施行にともなう生活基盤の侵害による生活・生存に関する利益の喪失に対する補償をいうとされる。ダム建設など大規模な公共事業が増加する中でその必要性が認識され，伝統的な財産権補償の枠をこえたものではあるが，憲法25条の生存権保障に照らして本来の補償として位置づけるべきであると主張されている。

この生活権補償に含まれるものに生活再建補償がある。これは，被収用者が生活の基礎を失うことになった場合に，収用補償とあいまって，その人の生活の再建を目的とする補償である。現行法は，生活権補償を法的な補償請求権として認めるに至らず，起業者に事情の許す限り各種の生活再建措置を講ずべき努力義務を課すにとどまっている（収用139条の2，用地取得特措47条，都計74条等）。なお，後述する「公共用地の取得に伴う損失補償基準要綱」（昭37・6・29閣議決定，改正平成14〔2002〕年7月2日閣議決定）においては，生活再建補償という概念は用いていないものの，少数残存者補償（45条），離職者補償（46条）などが定められていた。このように従来の土地収用法では，いわゆる生活権補償は

なく，特別措置法で，特定公共事業推進のために緊急代行裁決等を認める一方で，生活再建等のための措置を起業者にたいして努力義務として課していた（用地取得特措47条）。しかし平成13（2001）年改正土地収用法（法103）は，土地等を提供することによって生活の基礎を失うこととなる者からの申出により，起業者は，代替地，代替住宅，代替店舗等のあっせん，職業訓練のあっせん等の生活再建措置を講ずるよう努めるものとする（139条の2）。

　裁判例においては，生活再建補償は，憲法29条が定める損失補償は財産権に対する補償であるとの理由から請求権として認められるに至っていないとしている（岐阜地判昭55・2・25行集31巻2号184頁，東京高判平5・8・30行集44巻8・9号720頁）。

　(3) **損失補償に関する細目等を定める政令**　　公益事業の用地取得は，多くの場合土地収用ではなく任意買収の方法により行われている。その際の補償については，かつて各起業者間で補償の項目・内容等にばらつきがみられたため，その統一と適正化を図るべく，前述の「公共用地の取得に伴う損失補償基準要綱」（以下「基準要綱」という）が閣議決定された。これ以降，主要な起業者においては，基準要綱に基づく補償基準等が策定され，これらを用いて補償額が算定されている。

　土地収用の場合は，収用委員会が収用裁決で補償額を決定するが，その際に基準となるのは収用法の補償に係る規定であった。しかし，これらの規定は一般的・抽象的であり，その内容も基本的事項にとどまるため，これらの規定のみでもって具体的な補償金額を算定することは困難となっていた。各条文の適用に必要な細目化された基準が必要となるのであるが，そのような補償基準は法令化されてこなかった。このため，従来，多くの裁決例においては，「公共用地の取得に伴う損失補償基準要綱の施行について」（閣議了解）の第一後段に「この要綱は，収用委員会の裁決の場合においても基準となるものと認められる」と定められていたこともあり，任意買収を念頭に置いて定められた基準要綱を用いて，補償額の算定が行われていた。しかし，このような運用に対して，収用委員会が損失補償基準に法令上の根拠を欠く基準要綱を用いることは，法治主義の原則や収用委員会の独立性の観点から問題となるとの指摘がなされていた。さらに，従来は機関委任事務として国の監督を受けていた収用委員会の

補償額算定について，法の改正により機関委任事務が廃止され，その結果，法令化された補償細目を欠く状態では全国的に補償額の算定において不均衡が生ずることが懸念されることになった。このような事情から，収用委員会に対し補償に関する基準を法律上の根拠をもって提供することになり，補償要綱を基礎に各条文の適用に必要な事項の細目が政令（土地収用法施行令〔平17政令60〕）でもって定められた（収用88条の2）。なお，政令化にともない，前記後段の一文は基準要綱から削除されている。

5　土地収用の効果

　収用手続は収用裁決によって終了するが，収用裁決があっても，それによってただちに権利変動の効果が発生するわけではない。まず，権利取得裁決に定める時期までに，また，明渡裁決に定める明渡期限までに，起業者は収用裁決に係る補償金の払渡しまたは供託を行わなければならない（収用95条・97条）。これらの義務の履行が裁決の効果発生の停止条件となり，起業者がこの義務を履行しない場合は，収用裁決は失効する（100条）。これらの義務が履行された場合，起業者は権利取得裁決に定める権利取得の時期に当該土地の所有権を原始的に取得し，これと両立しない権利は原則として消滅する（101条）。また，起業者は明渡裁決に定める明渡期限までに土地・物件の明渡し・移転を受けることができ，当該土地の占有者はその期限までに起業者に土地・物件を引き渡し・移転をしなければならない（102条）。この義務が履行されないときは，「土地若しくは物件を引き渡し，又は物件を移転すべき者がその責めに帰することができない理由に因りその義務を履行することができないとき」や「起業者が過失がなくて土地若しくは物件を引き渡し，又は物件を移転すべき者を確知することができないとき」は，起業者は市町村長に対して土地の引き渡し，物件の移転代行を請求することができ（102条の2），「土地若しくは物件を引き渡し，又は物件を移転すべき者がその義務を履行しないとき，履行しても充分でないとき，又は履行しても明渡しの期限までに完了する見込みがないとき」は，知事に対して代執行を請求することができる（102条の2）。

　被収用者は，起業者の権利取得の時期または明渡しの期限までに，起業者から完全な補償を受ける権利を有する（95条・97条）。また，一定の要件の下に被

収用地の所有権を回復する権利（買受権）をもつ（106条・107条，なお105条2項但書参照）。買受価格は，原則として補償金に相当する金額である。

6 行政争訟の特例

土地収用をめぐる争訟は，事業認定を不服とする争訟と収用裁決を不服とする争訟に区分できる。いずれの争訟も，一般法である行政不服審査法および行政事件訴訟法が適用されるが，収用手続の特殊性にかんがみ，収用法がその特則を定めている。

主な特則に，まず事業認定に不服のあるときは，事業認定の告示があった翌日から起算して3カ月以内に審査請求を行なわなければならない（収用130条1項）。

次に，収用裁決の争訟では，「裁決それ自体に不服ある場合」と「損失補償に不服がある場合」とで，争訟方法が区別される。損失補償に関する部分は，損失補償額をめぐるいわば私益的裁決事項であるのに対し，裁決それ自体への不服の部分は公益的裁決事項にあたると考えられるためである。収用裁決それ自体に不服があるときは，裁決書の送達を受けた日の翌日から起算して30日以内に，国土交通大臣に対して審査請求をすることができる（129条・130条2項）。あるいは，不服申立てを経ることなく，ただちに国または地方公共団体を被告に収用委員会の裁決の取消訴訟を提起することもできる（行訴8条1項）が，不服申立をして国土交通大臣の裁決を待って取消訴訟を提起することも可能である。この場合，行訴法10条2項の原処分主義が適用され，原則としては，国土交通大臣の裁決ではなく，収用委員会の裁決（原処分）の取消訴訟を提起することになる。その出訴期間については土地収用法に特例規定がないので問題が生じていたが，最高裁は，土地収用法の特例規定（133条1項）が適用されるものではなく，他に同法に別段の特例規定が存しない以上，原則どおり行訴法14条3項の一般規定が適用され，審査請求に対する裁決（国土交通大臣の裁決）があったことを知った日から6カ月以内かつ当該裁決の日から1年以内となると解するのが相当であるとした（最判平24・11・20民集66巻11号3521頁）。

収用裁決のうち，損失補償の額に不服のあるときは，当事者（土地所有者・関係人と起業者）は，審査請求を経ることなく，裁決書の送達を受けた日から6カ月以内に，当事者間で当事者訴訟として争うこととされている（133条2項。

いわゆる形式的当事者訴訟）。

　この訴訟においては，損失補償額は，客観的に認定されうるものであるため，その決定について収用委員会に裁量権が認められるものと解することができないとされ，裁判所がみずからの証拠に基づき決定することになる（収用補償金増額請求事件，最判平9・1・28民集51巻1号147頁）。

第3節　公用権利変換

1　公用権利変換の意義と種類

　公用権利変換とは，行政計画に基づき，土地の合理的な利用を増進するため一定区域内の土地の区画・形質を変更し，または開発事業によって建築される施設建築物（都開2条6号）を除却・新設し，権利者の意思にかかわらず，土地の所有権その他の権利を強制的に交換分合することをいう。公用権利変換は，権利の交換分合を内容とするため，土地取得に対する金銭補償を原則とする公用収用および権利の制限にとどまる公用制限とは区別される。

　公用権利変換は，土地区画整理事業，土地改良事業および都市再開発事業などで用いられ，その種類には土地と土地との交換分合を行う公用換地と，土地・建物の権利を建築される新建築物およびその敷地の権利に交換する権利変換とがある。

2　公用換地

(1)　**公用換地の意義**　公用換地とは，行政計画に基づき，土地の区画および公共施設の整備等により土地の合理的な利用を増進するために，特定の土地に関する所有権その他の権利を，権利者の意思にかかわらず強制的に交換分合することをいう。従前の土地に関する権利関係は特段変動することなく，そのまま新たな換地上に移転する。

　公用換地は，「土地区画整理法」（昭29法119，以下「区画整理法」という）による土地区画整理事業および「土地改良法」（昭24法195）による土地改良事業のほか，「大都市地域における住宅及び住宅地の供給の促進に関する特別措置法」（昭50法67，以下「大都市法」という）による特定区域整理事業，住宅街区整

以下，区画整理法に定める公用換地につき，その基本的しくみを概説する。

土地区画整理事業とは，都市計画区域内の土地について，公共施設の整備改善および宅地の利用増進を図るために行われる土地の区画形質の変更および公共施設の新設・変更に関する事業をいう（区画整理2条）。その特徴は，公共施設が未整備の一定区域において，事業前の土地に代わり事業後に整形改良されてはいるがより狭い面積の換地に置き換える減歩の方法で道路・公園その他の公共施設の用地を生み出し，これらの施設と宅地を一体的に整備することにある。「区画整理は都市計画の母」といわれ，土地区画整理事業は，戦前，戦後を通じてわが国の市街地整備において中心的な役割を果たしてきた。

区画整理法に定める公用換地の主な手続として，①事業の開始，②換地計画，③仮換地の指定，④換地処分，⑤減価補償金・清算金がある。

減歩（げんぶ）と保留地 区画整理事業の施行により，整理前の土地に代わり交付される整理後の土地を換地というが，換地の地積は，公共施設用地の創出および保留地の設定のために従前の土地の地積に比して減少するのが通例であり，このことを減歩という。この減歩による地積の減少分は，原則として公共施設の整備あるいは土地の区画形質の変更などによる土地の利用価値の増加によって補償され，換地の交換価値は従前地のそれと比べて減少していないと考えられるため，補償を要しないとされる。最高裁は，「減歩によって直ちにその減歩分の土地の価額に相当する損失が生ずるわけでなく，また，換地の結果補償されるべき損失が生じたと認められる場合については土地区画整理法上その補償措置が講じられている」として，減歩が生じたこと自体によって憲法29条3項によりその補償義務が生ずるということはできないとしている（最判昭56・3・19訟月27巻6号1105頁）。

土地区画整理事業による市街地の整備は減歩により行われるが，減歩により新しく生み出された土地は公共施設用地および保留地に分けられる。後者の保留地は，売却して事業の費用に充てるもので，換地計画において一定の土地を保留地と定め，換地処分があった旨の公告がなされた翌日に施行者が取得することになる。

(2) **公用換地の手続**

① **事業の開始** 土地区画整理事業を行う者を施行者といい，個人（宅地所有権者または借地権者が1人または数人共同で行うもの），組合を設立して行う場合の土地区画整理組合，区画整理会社，地方公共団体（都道府県または市町村），国土交通大臣，独立行政法人都市再生機構および地方住宅供給公社が施行者として定められている（区画整理3条～3条の3）。

公用換地の手続は，個人施行または組合設立の認可，区画整理会社の施行認可，地方公共団体または都市再生機構・地方住宅供給公社の施行規程・事業計画の決定・認可，国土交通大臣の事業計画の決定で始まる（4条・14条・51条の2・52条・66条・71条の2）。事業決定など事業開始の処分により，一定の期間内は施行区域内における土地の形質変更や工作物新築改築等の権利行使は制限

される（76条）。

　ところで，区画整理法に基づく事業計画の決定・公告は，(ｱ)計画の青写真性，(ｲ)建築制限の付随的効果性，(ｳ)事件の成熟性の欠缺を理由に処分性が否定され，抗告訴訟の対象とならないとされていた（最大判昭41・2・23民集20巻2号271頁）。学説の多くは，処分性を認め訴訟で疑義の解消を図ったうえで事業を実施するほうが適切であるとして，これに批判的であった。しかしその後も，最高裁は，前掲大法廷判決を踏襲して土地区画整理事業計画の決定について処分性を否定する判決を下していた（最判平4・10・6判時1439号116頁）。

　しかし2008（平成20）年9月10日，最高裁はついに判例を変更した（最大判民集62巻8号2029頁）。その理由は，法廷意見によれば，事業計画決定により，ほぼ同じ内容で換地処分がなされるが，その間建築制限が課されており，その意味で計画決定は直接の効果を有しているとみることができること，および実効的な権利救済を図るという観点からみても，事業計画決定に処分性を認めるべきであるとされた。なお涌井裁判官は，補足意見として，土地を売りたいと思っていた人にとっては，建築制限により直接の不利益を受けることになり，事業計画の決定は処分性をもつと考えた。

　②　**換地計画**　　土地区画整理事業の各施行者は，関係権利者の同意，公衆への縦覧，意見書の処理など一定の手続を経て，換地計画を定めなければならない（区画整理86条・88条）。土地区画整理事業は，最終的には換地処分によって遂行されるが，この換地処分の基礎となる事項を定めたものが換地計画である。換地計画は，施行地区全体について定めるのが原則となり（86条3項），その内容として，換地設計，各筆の換地明細，各筆各権利別清算金明細，保留地その他を定める（87条）。換地計画は，換地および従前の宅地との位置，地積，土質，水利，利用状況，環境等が照応するように決定されなければならない（同89条1項）。これが換地を定める場合の基本的な原則となる「照応の原則」で，照応とは同項の定める各要素の諸事情を総合的に勘案して，換地が従前地と大体同一条件にあり，かつ，区画整理地区全域にわたるすべての換地が概ね公平に定められるべきことと解されている。ただし，所有者の申出または同意による換地不交付（90条），過小宅地等を増換地する宅地・借地の地積の適正化（91条・92条），宅地の立体化（93条）などの例外が定められている。

なお，換地計画については，施行者が個人施行者，組合，区画整理会社，市町村，または機構・公社であるときは，都道府県知事の認可が必要となる（86条）。

③ **仮換地の指定**　土地区画整理事業は，換地処分の公告により完了するが，事業の施行に長期間を要するときや工事のために建物の移転が必要となるときなど，暫定的に使用状態に変更を加え，換地予定地等に使用権能のみを移すことが必要となる場合がある。そのために，仮換地の指定制度が設けられている。仮換地は，換地と異なり使用収益権のみが移動するものである。

仮換地の指定は，換地処分を行う前において，土地の区画形質の変更もしくは公共施設の新設・変更に係る工事のために必要がある場合，または換地計画に基づき換地処分を行うために必要がある場合に行われる（区画整理98条）。仮換地の指定が行われると，従前の宅地について使用権を有する者は，仮換地の指定の効力発生の日から換地処分の公告の日まで，従前の宅地を使用収益することができなくなるが，その代わりに従前の宅地に対する権利内容と同一の使用収益権を仮換地上に行使することができることになる（99条）。また，施行者は，仮換地にともなう障害を除去するために，従前の土地に存する建築物等を移転・除却することができる（77条）。

④ **換地処分**　換地処分は，土地区画事業の工事の完了後，従前の土地に所有権その他の権利を有する者に対して，従前の土地に代えて，換地計画で定められた土地を割り当て，これに従前の権利を帰属させる処分である。広義では土地を割り当てず金銭で清算することを定める処分などを含むと解されるが，換地処分は換地を定める処分と狭義に解されることが多い。

換地処分は，工事完了後，施行者が関係権利者に換地計画において定められた事項を通知することで行われる（区画整理103条）。換地処分の効果は国土交通大臣または知事の公告の翌日から生じ，換地計画で定められた換地は従前の宅地とみなされる（104条1項）。また，換地計画に定められた清算金が確定するほか（同条8項），施行者が保留地を取得し（11項），新設された公共施設の用地はその施設を管理すべき者に帰属する（105条3項）などの効果が認められる。

なお，換地処分および仮換地指定処分について，処分性が認められることにつき争いはないものの，換地計画については計画自体では関係権利者の権利変

動が生じないことを理由に，また換地処分の公告については公告による法的効果が換地処分に付随する効果にすぎないことを理由に，いずれの処分性も消極に解されている（広島高判昭61・4・22行集37巻4・5号604頁）。

⑤　**減価補償金・清算金**　区画整理事業の施行者が地方公共団体，国土交通大臣または機構・公社である場合，これらの施行者は，事業施行後の宅地価格の総価額が事業前より減少するときはその差額相当額を補償金として関係権利者に交付しなければならない。これを減価補償金という（区画整理109条）。たとえば，地方公共団体が都市計画道路，駅前広場その他大規模な公共施設を整備する土地区画整理事業においては，大規模な公共施設用地が必要となるため，宅地面積が減少して施行後の宅地の総価額が施行前のそれよりも減少する場合があり，これを補償するものである。この制度は，個人，組合および区画整理会社である場合には適用がない。

また，換地計画において「照応の原則」に従い換地が定められるとしても，公益上の必要あるいは換地設計上の技術的理由などから関係権利者間で不均衡が生ずることは避けられない。この不均衡を是正するため，その過不足を金銭で清算する清算金の制度が設けられている（94条）。清算金は，換地処分の翌日に確定し，施行者は，この清算金を徴収し，または交付しなければならない（110条）。

3　権利変換

(1)　**権利変換の意義**　権利変換は，都市計画事業のうち市街地再開発事業を施行するにあたり，施行区域内の宅地または建築物に関する所有権その他の権利を新しく建築される建築物およびその敷地に関する権利に変換するものである。公用換地が土地と土地との交換分合であるのに対して，権利の性質の変換に特色をもつ。都市再開発法（昭44法38）における第一種市街地再開発事業のほか，大都市法による住宅街区整備事業などに用いられている。

市街地再開発事業とは，市街地の土地の合理的かつ健全な高度利用と都市機能の更新とを図るために，都市計画法（昭43法100）および都市再開発法に定めるところに従って行われる建築物・建築敷地の整備および公共施設の整備に関する事業ならびにこれに付帯する事業をいう（都開2条）。その目的は，低層木

造建築物が密集する平面的な市街地において，施行区域内の建築物等を除却し，建築敷地を統合し，不燃化された共同建築物に建て替え，併せて道路・広場等の公共施設を一体的に整備することで，土地の高度利用と都市機能の更新とを図ることにあり，今日における都市再開発の中核的事業方式に位置づけられている。市街地再開発事業は，第一種市街地再開発事業と第二種市街地再開発事業とに区分されるが，第一種市街地再開発事業において権利変換方式が採用されている（都開70条以下。なお，都市防災上の理由から公益性・緊急性を要する地区に限定して実施される第二種市街地再開発事業は収用方式を採用する〔118条の2以下参照〕）。市街地再開発事業における権利変換の基本原則は，第一に前後での価額に著しい差異が生じないこと，第二に相互間に不均衡が生じないことである。

市街地再開発事業を行う者を施行者といい，個人（1人または数人共同で行うもの），市街地再開発組合，再開発会社，地方公共団体，都市再生機構および地方住宅供給公社が施行者となる（2条・2条の2）。

都市再開発法は，権利変換の主な手続として，①手続の開始，②権利変換計画，③権利変換処分，④補償金の支払い・工事完了にともなう措置を定める。

(2) 権利変換の手続

① 手続の開始　市街地再開発事業は，一部の個人施行事業を除き都市計画事業として施行されるため，事業に先立ち，高度利用地区を定める都市計画決定や，第一種市街地再開発事業に関する都市計画決定など都市計画法に基づく市街地再開発事業に関する都市計画決定が行われる。

第一種市街地再開発事業は，都市計画で定められた市街地再開発事業の施行地区内における個人施行の認可，再開発組合の認可，再開発会社施行の認可，地方公共団体・都市再生機構・地方住宅供給公社の施行規程・事業計画の認可により始まる（都開7条の9・11条・50条の2・51条・58条）。事業計画などの認可の公告があったときは，施行者は，施行地区内の宅地・建築物，その宅地に存する借地権について，権利変換手続開始の登記を申請し，または嘱託する（70条）。宅地・建築物の所有者および借地権者のうち，権利変換を希望しない者は，一定の期間内に，それに代わる金銭の給付を希望し，または建築物を他に移転すべき旨を申し出ることができる（71条）。

② 権利変換計画　施行者は，登記にともなう一定の手続終了後，施行地

区ごとに権利変換計画を定め，国土交通大臣または知事の認可を受けなければならない（72条・73条）。権利変換計画は，災害を防止し，衛生を向上し，その他居住条件を改善するとともに，施設建築物および施設建築敷地の合理的利用を図るように定めなければならない（74条）。

このような見地から，権利変換計画は，原則として次の基準の下に作成される。㋐一個の施設建築物の敷地は一筆の土地となり，宅地所有者にはその所有権または共有持分が与えられる（75条1項・76条），㋑施設建築物の敷地には，施設建築物の所有を目的とする地上権が設定される（75条2項・3項），㋒宅地所有者は，施設建築物の敷地に地上権が設定されることの代償として，施設建築物の一部等を取得する（77条3項），㋓借地権者および建物所有者は，その借地権または建物の価格に対応する施設建築物の一部等を取得する（同条1項・2項），㋔それ以外の施設建築物の一部等は，施行者に帰属する（4項），㋕借家権者は，従前の家主に与えられる施設建築物の一部について借家権を取得する（5項），㋖宅地，借地権，建築物について存する担保等の登記に係る権利は，施設建築敷地，施設建築物の一部の上に移行する（78条）。このような基準から作成される権利変換計画は地上権設定方式と呼ばれる。ただし，地上権設定方式以外に土地共有方式など特則的権利変換も認められている（110条・111条）。

なお，個人施行者以外の施行者は，権利変換計画を定めようとするときは，これを2週間公衆の縦覧に供しなければならない（83条）。

③　**権利変換処分**　施行者は，権利変換計画の認可を受けたときは，関係事項を公告するとともに，関係権利者に書面で通知しなければならない。権利変換処分は，この通知により行われ（都開86条），この権利変換計画に定められた権利変換期日において，同計画に定められたところに従い土地・建物に関する権利の得喪変更の効力が発生する（87条以下）。

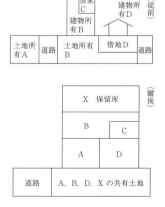

第一種都市再開発事業における地上権設定方式による権利変換　地上権設定方式による権利変換計画は，都市開発法において原則となるもので，土地を合筆・共有化し，その上に施設建築物の所有を目的とした地上権を設定するものである。それを簡単に示したものが，以下の図である。

この点を略述すると、(ア)施行地区内の土地については、権利変換日において、一個の施設建築物の敷地は一筆の土地となり、これらの土地の所有者の共有地となる。土地の所有権および土地の上に設定された担保物権を除き従前の土地を目的とする権利は消滅する（87条）。(イ)施設建築物の敷地となるべき土地には、権利変換期日において、施設建築物の所有を目的とする地上権が設定されたものとみなされる（88条1項）。また、施設建築物の一部は、施設建築物の完成時において、これと併せて与えられることと定められていた地上権の共有持分を有する者が取得する（同条2項）。(ウ)施行地区内の建築物の借家権者は、施設建築物が完成した後にその一部について借家権を取得する（5項）。(エ)宅地、借地権または建築物について存する担保権等の登記に係る権利は、権利変換日以後は、施設建築敷地もしくはその共有持分または施設建築物の一部等に関する権利の上に存することになる（89条）。

④ **補償金の支払い・工事完了にともなう措置** 施行者は施行地区内の宅地・建築物の所有者および借地権者・借家権者のうち、権利変換を希望しない旨を申し出た者または過小床不交付の適用を受けた者などに対して権利変換期日までに補償金を支払わなければならない（都開91条）。

権利変換期日以後、施行地区内の土地、建物についての登記が行われた後、土地の明渡しの請求など一定の手続を経て、施設建築物の工事が行われる。工事が完了したときは、施行者はすみやかにその旨を公告し、施設建築物に関し権利を取得する者に通知しなければならない（100条）。また、施設建築物および施設建築物に関する権利の登記（101条）、清算（104条～107条）、施設建築物の一部等の処分（108条）、公共施設の移管（109条）などの措置をとらなければならない。

第4節　公用制限

1　公用制限の意義と種類

公用制限は、特定の公益事業の需要をみたすため、他人の特定の財産権に対して課せられる制限をいい、財産権の制限を内容とする物的公用負担の一種である。

第4節 公用制限

公用制限は，財産権に対する単なる制限にとどまる点で公用収用および公用権利変換とは区別される。公用制限の対象となる財産権は，不動産（土地・建物），動産（重要文化財など），無体財産権（特許権）などである。その中で，土地を対象とすることが多く，この制限は「公用地役」と呼ばれる場合がある。

公用制限の種類として，従来一般に，制限の形態を基準に，公物制限，公用使用および負担制限の3種類に区分されている。

この伝統的な公用制限の類型化に対し，公物制限と負担制限はその目的または原因に着目する区分であるのに，公用使用とその他の公用制限はその内容に着目する区分であり，その区別の原理が異なるとの批判がある（柳瀬良幹『公用負担法』〔1971年，新版，有斐閣〕98頁以下参照）。そのため，新たな基準による類型化が試みられており，①計画適合性を保障するための制限，②事業制限，③保全目的のための制限，④公物隣接地などの制限に区別する見解（成田・135頁以下参照）や，①一定の行政計画に基づき地域地区制の実施を保障するための公用制限，②特定の公益事業の遂行または公共施設の管理の円滑を保障するための公用制限，③公益上必要な物の効用を全うするための公用制限に区別する見解（小髙・222〜223頁）などがみられる。ただし，現状では一致した見解は得られていないので，さしあたりここでは，伝統的な区別を用いることにする。

(1) **公物制限** 公物制限は，他人の所有する特定の財産権を公物に指定し，その目的を達成するために必要な限度において所有者の権利行使を制限することをいい，私有公物と公の保存物とに区分される。

私有公物は，特定の物を公の用に供するため，その権利行使を制限することをいう。道路や都市公園を構成する土地物件がその例となる（道4条，都園22条）。公の保存物は，特定の物の存在が公益上必要であるため，その権利行使を制限することをいう。重要文化財や保安林などがその例となる（文化財43条・44条，森林34条・44条）。両者は，私有公物が公の用に供されることで公益目的が達成されるのに対し，公の保存物はその物の保存のみによって公益目的が達成されることになる点において異なる。

(2) **公用使用** 公用使用は，特定の公益事業の需要をみたすために，事業主体が他人の特定の財産権の上に使用権を設定し強制的に使用することをいう。使用期間を基準に，一時使用と継続使用とに区別されている。

一時使用は，比較的短期間の公用使用で，簡易な手続により設定され，また事後払いによる損失補償が認められている。立入測量・調査のための土地の一時使用（収用11条・35条，区画整理72条，道66条等），非常災害の際の土地の一時使用（収用122条，河22条，道68条等）などがその例となる。継続使用は，長期継続的な公用使用で，権利者保護のため原則として土地収用と同様の厳格な手続を経て設定される。公共事業のための使用（収用2条）のほか，森林からの木材等の搬出などのための使用（森林50条～54条），坑口・坑井の開設や掘採などのための使用（鉱業104条）などがその例となる。

（3） **負担制限**　負担制限は，特定の公益事業の円滑かつ安全な遂行を確保するために，その事業に直接必要とされない他人の財産権に対して必要な制限を加えることをいう。制限対象となる財産権が，特定の公益事業に直接必要とされないこと，また，その物権的権利が有体物や所有権に限定されないことなどの点で，公物制限と区別される。都市計画事業，道路事業，自然保護事業，防災事業などに広く用いられている。

負担制限の内容として，作為・不作為・受忍の義務がある。作為義務には，道路・道路予定地の沿道地域等における危険防止施設の設置義務や工作物の移転・除却義務（道44条・48条・91条，高速14条・16条等），住宅地区改良事業の改良地区内における工作物の移転・除却義務（住改9条）などがある。不作為義務には，都市計画区域等における建築制限（都計53条）や河川区域・河川保全区域・河川予定地における建築行為・土地の形状変更等の制限（河26条・27条・55条）などがあり，また受忍義務には，非常災害時の応急措置（災害基64条）や事業のための障害物の移転・除去や除却（土改119条，森林66条等）などがある。

2　公用制限と損失補償

公用制限にともなう財産権の損失について，必ずしも常に法律に損失補償規定が置かれるとは限らない。そのため，公用制限による損失に対して憲法上損失補償を要するか否かが問題となる。憲法29条3項は，財産権侵害に対する損失補償を規定するのであるが，すべての財産権侵害に対して損失補償を要請するわけではない。一般に，財産権は公共の福祉に適合すべき社会的制約を内在するため，その範囲内での財産権侵害は，財産権者において当然受忍すべきも

のとされ補償を要しないが，他方，その損失が内在的制約をこえて「特別の犠牲」に該当する場合には憲法上損失補償が必要となると解されている。このように「特別の犠牲」が損失補償の要否の基準となり，財産権侵害が「特別の犠牲」に該当するのであれば，法律が損失補償を規定していない場合であっても，直接憲法29条3項の規定を根拠に補償請求を行うことが認められる（最判昭43・11・27刑集22巻12号1402頁，河川附近地制限令違反被告事件）。このことから，公用制限に対する補償の要否は，立法政策の問題としてではなく，その制限内容が「特別の犠牲」に該当するかどうかについての憲法上の判断に関わる問題といえる。しかし，公用制限において，憲法上の損失補償が義務づけられるための要件あるいはその補償範囲や内容について，一致した見解はみられない。

　実定法上の補償規定をみると，まず，公用使用の場合は，公用収用と同様の補償が定められている。公用使用は事業者が使用権を取得し，土地所有者等に対して土地の使用を妨げる権利行使を制限することを内容とするため，この場合，権利制限による土地の客観的利用価値の減少分が，地代および借賃を基準に算定された事業認定時における「相当な使用料」として支払われる（収用72条）。

　公物制限の場合は，権原設定契約における賃料の定めや，法律上の補償規定または補助金の規定により補償がなされる（森林35条，文化財35条・36条等）。しかし，補償がなされない場合あるいは補償が不十分な場合もみられる。

　次に，負担制限の場合は，一般に法律に「通損補償」規定を置くものがいくつかみられる。しかし，負担制限が社会的制約の範囲内として受忍すべきものと考えられる場合には，補償規定は置かれていない。

　たとえば，地域規制についてみると，都市計画事業による負担制限（都市計画法の用途地域の指定など）には，補償規定が置かれていない。他方，歴史的風土特別保存地区，自然公園特別地域または特別保護地区などには，建築等の一定の行為につき行政庁の許可が得られないとき等の不作為義務に対して通損補償規定が置かれている（古都保存9条，自園64条）。

　公益事業の遂行あるいは公共施設管理の支障の予防を目的とする負担制限には，補償規定が置かれていない場合が多い（道44条，河26条・27条等）。ただし，高速道路・飛行場など人為的事業による損失については補償規定が置かれるこ

とがある（高速15条1項，航空50条1項）。また，道路・河川の予定地での土地の形質変更等の制限，重要文化財・史跡名勝天然記念物の保存のための制限にも，補償規定が置かれている（道91条3項，河57条2項，文化財45条2項・125条5項）。

　負担制限において通損補償が定められている場合，その補償額の算定は困難な問題となる。この点について，(ア)実際に出費した費用について補償を認める実損説，(イ)負担制限による地価低落について補償を認める地価低落説，(ウ)負担制限と相当因果関係にあると認められる損失を補償すべきとする相当因果関係説などがある。現状変更の要素を重視する見地から，実損説を妥当と解する見解もみられるが（塩野・[Ⅱ]377頁），実損説がすべての事案に適切か問題が残る。

　このように，実定法における公用制限の補償の要件や範囲等はまちまちであるといえる。法律に補償規定が置かれていない場合でも憲法上損失補償が認められることがあるので，当該公用制限の内容について個別具体的に「特別の犠牲」に該当するか否かを判断することが必要となる。

第5章　公物管理行政

第1節　「公物」とは何か

1　「公物」の概念

　現代国家において，国・地方公共団体など（行政主体）が行う行政活動は広範・多岐にわたっている。そして，そのような行政活動を行うためには，行政主体はそれに応じた行政組織を形成するばかりではなく，現実に行政活動を行う人的手段，すなわち「公務員」を必要とする。だが，行政活動には人的手段のみならず，さらに物的手段が必要である。この行政活動の「物的手段」が公物である。

　ところで，「公物（öffentliche Sache）」というのは理論上の概念であり，個々の実定法に「公物」という用語が用いられているわけではない（個々の実定法に使用されているのは，「道路」「河川」「公園」などである）。公物は，「国又は地方公共団体等の行政主体により，直接，公の目的に供用される個々の有体物をいう」と定義される（田中・［中］305頁）。公物の具体例は，われわれの身近にある道路，河川，公園，官公庁舎，公務員宿舎などの物（＝財産）である。

　以下では，まず，伝統的な公物管理法および公物利用法について述べ（第2節〜第5節），最後に，公物をめぐる最近の理論的動向にふれることにする（第6節）。なお，一般に，海も公物に含まれる（自然公物）が，本書では「海の管理行政法」が独立の章として存在する（第Ⅰ部第3章）ので，海については本章での考察からは除外する。

2　公物概念を用いる実益

　道路，河川，公園などの物（財産）は，その管理権（所有権ではない）が行政

主体に属する点に特色がある。公物管理者（＝行政主体）が公物管理権に基づいて公の目的に供用している物（財産）が、公物である。このことから、公物は、その目的達成に必要な限度で私的取引の対象からは除外され、公物の管理・利用に関しては実定法上、私法とは異なる特有の規定の適用を受けるべきものとされている例が多い。そこで、このように管理・利用について特殊な規律を受ける一連の物（財産）があることに着目して、その法的性質を解明するとともに、それらの物に統一的説明を与える点に、「公物」という概念を立てる実益がある（日本行政法は、ドイツ行政法の影響を強く受けているため、包括的な公物の概念を設けているが、合衆国などにおいては、そのような概念を立てていないといわれている）。

3 公物概念の特徴

さて、上述の定義を分析すると、公物の特徴は、①個々の有体物であること、②行政主体に管理権が帰属する物であること、③公の目的に供用されている有体物であること、という3点にある。

①について、公物は、データ・情報などの無体物を含まず、特許権などの無体財産とも区別される。公物の概念が成立した時期においては、このようなものが存在しなかったためであるが、このように公物理論には、無体物を含めて理論を再構築すべきかという課題がある。さらに、河川の流水、地下水のように、一体としての（水）管理法制（水循環基本法が2014年に制定されている）が必要なものもあり、この点でも公物理論の発展が必要となろう。

②および③について、「公物」は、「誰が管理しているか」「誰によって利用される物か」という管理・利用の点に着目した概念である。すなわち、公物とは、道路や河川のように「公衆＝不特定多数の者によって利用される物」であり、その「物の所有者は誰か」ということとは、無関係である。言い換えれば、所有者は私人であるのに公物としての性格を有する物がありうる（たとえば、公の通行に供されている私有道路など＝私有公物）。そして、公物は、私人の管理権に属する物（たとえば、一般の自由通行に供せられた私道、公衆の自由使用に供せられた遊園地など）とは区別される。

他方、国および地方公共団体の財産の管理・処分に関して定めた法律がある。

すなわち，国有財産法（昭23法73）と地方自治法（昭22法67）である（第13章第3節参照）。この二つの法律では，国公有財産は「行政財産」と「普通財産」の2種に区分されている（国財3条，自治238条）。まず，行政財産は，財産（物）自体に使用価値があり，そのことのゆえに直接公用（国・公共団体自身によるいわば「行政組織内」使用）または公共用（一般公衆によるいわば「行政組織外」使用）に供される物である。次に，普通財産（財政財産とも呼ばれる）とは，本来その財産（物）には資本（資産）価値しか備わっておらず，もっぱら利子・賃借料・使用料といった「果実」を生み出す点に価値がある物（たとえば，不動産，現金・有価証券など）である。したがって，普通財産は直接に公の目的に供用されるのではなく，むしろ公の目的には間接的に役立つ物であるにすぎない。

> **公の営造物（Öffentliche Anstalt）**
> 公の営造物とは，理論上「行政主体により特定の行政目的に継続的に供用される人的物的施設の総合体」と定義される（田中・〔中〕300頁，325頁）。「営造物」という言葉を右に述べた意味に用いている実定法の例も見られる（たとえば，地財23条）が，今日ではそれに代えて「公の施設」という言葉が用いられる（たとえば，自治244条。理論上は，「公共施設」の語が一般化しつつある。杉村・101頁）。なお，国家賠償法2条1項にいう「公の営造物」は，上記の意味ではなく，本章でいう公物の意味で使用されている。

国公有財産のうち，行政財産は，公物としての性格を有する。これに対し，普通財産は，国・地方公共団体の私物である（原龍之助『公物・営造物法』〔1982年，新版，有斐閣〕65頁）。行政財産には私権を設定できない（国財18条1項，自治238条の4第1項。ただし，国財18条2項および自治238条の4第2項に該当する場合に限り，私権を設定することができる）のに対し，普通財産には私権を設定することができる（国財20条1項，自治238条の5第1項）。これは，立法者が普通財産（私物）は私法の適用を受けるが，行政財産（公物）は公法によって規律されることを予定している，ということを推測させる。

4 公物の種類

(1) 目的の違いに基づく分類

① **公用物**　国または地方公共団体の「組織内使用」，すなわち，公用目的に供される公物（たとえば，官公庁舎，公用車，国公立学校の建物，公務員宿舎など）をいう。

② **公共用物**　公衆の共同使用（国・地方公共団体から見ると「組織外使用」）に供される公物（たとえば，道路，公園，河川など）をいう。

(2) 成立過程の違いに基づく分類

① **自然公物**　天然・自然の状態において、すでに公の用に供すべき形態を備えている公物（たとえば、河川、港湾、海浜など）をいう。ただし、河川の堤防のように自然公物と人工物が密接不可分になっている場合もある。堤防等治水施設の設置やその管理の瑕疵は、国家賠償法2条に基づいて争われる場合がある（『新・基本行政法』第10章第Ⅰ部第2節 **2** (2)参照）。

② **人工公物**　行政主体が人の手を加え、公の用に供する旨の意思表示（公用開始行為）によって、初めて公物となる物（たとえば、道路、公園）をいう。

(3) 所有権の帰属主体の違いに基づく分類

① **国有公物**　所有権の帰属主体が国である公物（たとえば、国有地、国有林）をいう。

② **公有公物**　所有権の帰属主体が地方公共団体である公物（たとえば、県庁舎、地方公務員宿舎など）をいう。

③ **私有公物**　所有権の帰属主体が私人である公物（たとえば、市町村道として供用されている私有道路、国公立博物館に陳列されている私有の絵画や彫刻など）をいう。

(4) 管理権の主体と所有権の主体の関係に基づく分類

① **自有公物**　管理権の主体が同時に所有権の主体である公物（たとえば、国有地を走る国道、市有地にある市の公園など）。

② **他有公物**　管理権の主体が所有権の主体以外の者である公物（たとえば、私有地を市町村が道路として管理する場合）。

第2節　公物の法的特色

1　公物管理法

以上のような公物の管理や利用に関して定める法を、「公物法」または「公物管理法」と総称することができる。ただし、それは理論上の概念であって、「公物法」または「公物管理法」という名前の単一法典が存在しているわけではない。ここにいう公物管理法とは、河川法、海岸法、港湾法、公有水面埋立法、道路法、高速自動車国道法、都市公園法のような実定法律の集合体である。

これと並んで、各地方公共団体が公物に関して定めた多数の条例（たとえば、○○県河川管理条例、○○県漁港管理条例など）も、公物法としての性格を有している。

普通地方公共団体（都道府県・市町村）は、住民の福祉を増進する目的をもってその利用に供するための施設として「公の施設」を設けることができる（自治244条1項）。公の施設は、公共用物にあたる。公の施設の設置（廃止を含む）および管理に関する事項は、法律またはこれに基づく政令に特別の定めがあるものを除くほか、条例で定めなければならない（自治244条の2第1項）。

なお、法定外公共物とは、このような公物管理法の適用（準用）対象外となっている公共用物である。具体例としては、里道、水路などをあげることができる。里道、水路については、1999年地方分権一括法により、国有財産特別措置法に基づき、市町村の申請によって国から市町村への無償譲渡が可能となった（一部については、国による普通財産としての管理）。

2 　公物管理法の特色

すでに述べたように、公物とは物の支配（所有）ではなく、管理の面に着眼して立てられた概念である。したがって、国公私有の別を問わず、公物も所有権の対象としては原則として私法の適用を受ける。しかし、その反面、公物は公用または公共の用に供することを目的とする物である。そうである以上、この目的を達成するのに必要な限度で、公物の上に行使される私権を制限したり、禁止するなどして私法の適用を排除する（逆にいえば、公法の規律に服させる）必要が出てくる。さらに、公物の使用・収益に関しても、公法的な規制を加える必要がある。このように、公物法の特色と難しさは、公物の有する「公共性」と「私権の保護」という二つの要請をどこでどのように調和させるか、という点に求められる。

(1) 公物の不融通性・融通の制限（公物が私権の対象となるかどうか）

① 融通性の制限　各実定法によって取扱いは異なるが、私権の目的とはならない旨を定める立法例（河2条2項）、原則として私権の行使を否定する立法例（道4条）、処分等の制限を定める立法例（国財18条、自治238条の4）がある。

② 強制執行の制限　国有公物に関しては、強制執行は不可能と解されてい

る。ただし，その理由は「公物だから」ということではなく，「国に対する強制執行は論理的に不可能だ」と考えられてきたからである（ハンス・ケルゼン）。したがって，公有公物および私有公物に対する強制執行を排除する理由はない。ただ仮に，公物を差し押さえ，競落してその所有権を取得してみても，公物の所有権には公物の性格に由来する制限，すなわち「公の目的に供用する物である」ということに由来する制限（＝公用制限）が付着する（田中・[中] 311頁）。このような「制限付きの所有権」というのは，一般的にはあまり利点がないが，それでもよければ強制執行は不可能ではない。

　③ **取得時効の不適用**　当初の通説・判例は，公物が取得時効の対象とはならないと解してきた。しかし，最高裁は，黙示の公用廃止がされたと考えられる場合には，国有地（水路）につき，取得時効の成立を認めた事例（最判昭51・12・24民集30巻11号1104頁）を嚆矢として，取得時効の対象となることを認めている。同様に，公有水面埋立法に基づく埋立免許を受けて海面の埋立工事が完成したが，竣功認可がされていない埋立地につき，黙示の公用廃止がされたとして取得時効の対象となるとした事例がある（最判平17・12・16民集59巻10号2931頁）。

　④ **収用の制限**　公物は，そのままでは収用の対象とされることはない。なぜなら，収用とは，ある物を公の目的に供用するための手段である。そうであれば，すでに公の目的に供用されている公物をさらに収用するというのは論理矛盾だからである。もっとも，Aという公の目的（たとえば道路）に供用されている公物を，Bという別の公の目的（たとえば空港の設置）に供するために収用することは可能である。ただし，その場合，まず，Aに関する公用廃止（本章第3節2）の手続をとらねばならない。

　(2)　**公物の範囲の決定**　通常，公物の管理者は行政庁であり（主務大臣，都道府県知事，市町村長），公物の範囲（たとえば，道路区域と民有地の境界線）の決定を「行政庁の処分」に委ねている立法例がある（河6条，道18条）。この場合，処分に不服がある者は，行政処分に対する行政不服申立てまたは抗告訴訟を提起することになる（河97条，道96条）。しかし，こうした明文の規定がない場合には，公物であるとの理由だけで行政庁が当然に一方的に公物の範囲を確定できるわけではない（田中・[中] 312頁）。

第3節　公物の成立と消滅

1　公物の成立要件

　公物が公物としての性質を取得することを「公物の成立」といい，次のような要件が考えられる。

　(1)　**公共用物**　公共用物の成立要件としては，原則として，

　①　その物が公衆の利用に供することができる形態を備えていること，および，

　②　行政主体のその旨の意思的行為が存すること，

という二つの要件を必要とする。この意思的行為は公用開始行為と呼ばれ，特定物を公共用物として一般公衆の使用に供する旨の意思表示（＝行政行為）である。公用開始行為は，その公物に公用制限（公法上の利用制限）を付与する効果をもつ。

　公用開始の前提は，行政主体がその物の上に一定の権原（所有権，地上権，賃借権その他の支配権）を有することである。権原がないのに他人の物に対してなされた公用開始行為は，原則として無効である。ただし，すでに自然の状態で公物の性質を有する河川，海浜などの自然公物を公共用物として成立させるには，特段の公用開始行為は必要ではないと解される。

　(2)　**公用物**　公用物が公物として成立するには，公共用物の場合のような特別の意思的行為（公用開始行為）は必要ではない。一定の設備を整え，行政主体が事実上その物の使用を開始するだけで足りる。ただし，他人の物件や土地を公用に供するには，それらの物に関する正当な権原の取得が必要となることはいうまでもない。

　(3)　**予定公物**　将来，公の用に供されることは決定しているが，しかし目下のところは公用や公共用に供されるには至っていない状態の公物を，「予定公物」という。たとえば，道路予定地や河川予定地である。予定公物は，法律に基づき，公物に準じた取扱いを受ける（国財3条，自治238条3項，河56条～58条，道91条）。

2 公物の消滅要件

公物が公物としての性質を失うことを「公物の消滅」といい，次のような要件が考えられる。

(1) **公共用物**　公共用物の消滅要件としては，右の成立要件に対応して，

① その物の形態が永久的に変化し，原状回復が不能の場合，または，

② 公共用物を消滅させる旨の行政主体（公物管理者）の意思的行為がなされた場合，

のどちらかである。

右の意思的行為は，公用廃止行為と呼ばれる（例，道路法18条2項，本処分については，行政手続法の不利益処分手続は，適用されない）。ただし，たとえば洪水による堤防決壊で河川区域が変化したような場合には，黙示の公用廃止が認められる余地がある（国有地たる水路につき，前掲最判昭51・12・24）。公用廃止行為は公物から公法上の制限（公用制限）を除去する効果を有し，その結果，公物は非公物となる。

(2) **公用物**　公用物の廃止には，公共用物の場合のように別段の意思表示（公用廃止行為）は必要ではない。公物管理者がその使用を行わないことによって，事実上，公用物は公物としての性格を失う。

第4節　公物管理と公物警察

1 公物とその管理

公物は「物の管理」という側面に注目し，行政主体（公物管理者）による管理の法的性質を解明しようとするための概念である。公物の管理とは，公の目的に供用するために公物の存立を維持し，公物本来の目的をできる限り完全に達成させるための作用をいう（原・前掲書213頁）。公物の中でも公共用物の代表例である道路を例にとると，一般交通の用に供するという道路本来の機能を最大限に発揮させるために，その管理者が道路を新設し，改築し，維持し，修繕し，または道路の占用の許可を行う作用が公物管理作用である。

まず，管理作用の形式は「公物管理規則」といった一般的・抽象的規則の制定であることもあり，また具体的処分（行政行為）であることもある。次に，

管理作用の内容は、①公物の目的達成のために積極的作用と、②目的達成を妨げる原因・障害を除去する消極的作用の両者を含む。

2 公物管理権

公物について、その本来の機能である公用または公共用に供するという目的を達成させるために、行政主体（公物管理者）が有する包括的権能のことを「公物管理権」と呼ぶ。公物管理権は、所有権・地上権・賃借権などの公物についての権原それ自体とは別個の権能であり、各公物法の定めにより公物管理者に与えられると解される。たしかに、公物管理権は、「支配権」または「公権力」に類似するが、その本質は支配権や公権力とは別物である。

公物管理権の内容は、それぞれの個別実定法の定めるところであるが、それにほぼ共通する内容は次のとおりである。

① 公物の範囲の決定権
② 公物の維持・保管権、それに必要な公用負担特権
③ 公物の目的に対する障害の防止・除去権
④ 公物の使用関係の規制権

3 公物警察権

すでに述べたように、公物管理権は公物の本来の目的を達成させるために、行政主体（公物管理者）に与えられた権能であった。しかし、公物管理権と並んで、公物の安全を保障し、公物の使用関係の秩序を維持する作用もまた必要である。この作用は「公物警察」と呼ばれ、先にみた公物管理作用とは区別して理解されている。公物警察は、公物に関して行われる警察作用であり、公物の安全を保持し、公物の使用関係から社会公共の秩序に生じる障害を除去することを目的とする消極的作用、すなわち警察権の発動である。

公物管理権と公物警察権を区別する実益は、次の2点にある。

① 両者は、発動の範囲を異にする。すなわち、たとえば国民（私人）が公物を使用したいと思う場合に、行政主体が継続的・独占的使用権を付与するのは公物管理権に基づくのに対して、公物の一時使用を許可するのは公物警察権に基づく。

② 両者は，違反行為に対する制裁および強制方法を異にする。すなわち，公物管理権の場合には原則として違反者を単に公物の利用関係から排除しうるにとどまる（たとえば，道路の使用許可を取り消して，道路を適法に使用できない状態に置く）が，公物警察権の場合には違反者に対して制裁を科（課）し，場合によっては強制執行をなすことができる。

しかし，現実には同一の公物の上に管理権と警察権とが競合することがありうる。たとえば，道路に関していえば，①道路管理上の必要から道路の使用に制限・禁止を加えることがある（道32条・43条・46〜48条など）のと同時に，②交通の安全と秩序を維持する必要から，道路の使用に制限・禁止を加えることがある（道交4条・6条・8条・76条など）。①が公物管理権の発動であり，②が公物警察権の発動である（道路管理者が「空きカンのポイ捨て」を禁じるのが①の例，警察が「（車の窓からの）空きカンのポイ捨て」を禁じるのが②の例）。

第5節　公物（公共施設）の使用関係

1　はじめに

公物，とりわけ公共用物（道路・河川・公園・広場など）の本質は，公衆の共同使用に供される物という点にあった。たとえば，国民（私人）が道路を通行し，河川から田畑を耕すための水（灌漑用水）を引き，公園を散策し，広場で集会を開くなどといった形で公物を使用することによって，公物管理者（行政主体）と使用者（私人）との間につながり（関係）が生まれる。この関係を，「公物（公共施設）の使用関係」という。公物の使用関係は，各公物法によって規律される法律関係（権利・義務関係）であり，その内容を解明する必要がある。

公物の使用関係は，①一般使用（普通使用・自由使用），②許可使用，③特許使用，④契約使用の4種に区分することができる。これを以下に分説する。

2　公物の一般使用

道路，公園，河川，海浜などの公共用物は，本来は誰もが他人の迷惑にならない限度で自由に通行，散策，釣り，海水浴などに利用することをその目的としている。このように，一般公衆による公共用物の——本来の用法に従った

——使用のことを「公物の一般使用」という。また，公物の使用に際して特段の許可などを必要とはせず，自由に普通に使用できるので，「自由使用」または「普通使用」とも呼ばれる。使用の範囲は，社会通念と地方的慣習により決定される。

一般使用は権利か，それとも公物が設置されていることから派生する単なる反射的利益にすぎないかは，争いのあるところである。この点につき，道路の通行の自由権は公法関係から由来するものであるが，各自が日常生活上諸般の権利を行使するについて欠くことのできないものであるから，これに対しては民法上の保護を与えるべきであり，この権利を妨害されたときは民法上不法行為の問題が生じ，この妨害が継続するときは，その排除を求める権利を有するとした事例がある（最判昭39・1・16民集18巻1号1頁）。

なお，公用物（役所の庁舎など）は，本来は特定の部内者のみの使用を予定する公物ではあるが，現実には一定の限度で「行政組織外の」公衆による一般使用が認められる（たとえば，国公立大学構内の犬の散歩，官公庁舎内の通り抜けなど）。

3 公物の許可使用

公物が，本来，一般公衆の自由使用・一般使用に供されるべきものであっても，その使用が社会・公共の安全と秩序の維持にとって障害を発生させる場合には，警察許可を要する（たとえば，道路における集団行進に対する公安条例による許可）。また，一般公衆が自由に使用するとかえって公物本来の利用が妨げられる場合がある。このようなときには，公物本来の目的を達成するために，管理調整上の許可を要する（たとえば，公園でのスポーツなど）。

これらの許可は行政行為の一種としての「許可」である。そこで，許可に基づく使用という意味で，この使用形態は，「許可使用」と呼ばれる。許可は，公物の使用者に独占的・排他的な権利（第三者の介入・妨害を排除できる力ないし法的地位）を設定（＝上乗せ）するわけではない。むしろ，許可は単に使用の禁止状態を解除して，本来有しているはずの自由の状態を回復させる法的効果を有するにすぎない。その意味では，許可による使用そのものの態様は自由使用のそれと異ならない。

使用の許可を与えるかどうかの判断は，公物管理者の自由裁量に委ねられる

ものではない。中央メーデー開催のための皇居前広場の使用許可に関する（旧）厚生大臣の不許可処分に関して、最高裁は、公共用物を「いかなる態様及び程度において国民に利用せしめるかは……管理権者の単なる自由裁量に属するものではなく」、公共用物「としての使命を十分達成せしめるよう適正にその管理権を行使すべきであり、若しその行使を誤り、国民の利用を妨げるにおいては、違法たるを免れない」と判示している（最判昭28・12・23民集7巻13号1561頁。ただし、傍論）。

さらに、公水使用権については、「それが慣習によるものであると行政庁の許可によるものであるとを問わず、公共用物たる公水の上に存する権利であることにかんがみ、河川の全水量を独占排他的に利用しうる絶対不可侵の権利ではなく、使用目的を充たすに必要な限度の流水を使用しうるに過ぎないもの」であるとする事例がある（最判昭37・4・10民集16巻4号699頁）。

4　公物の特許使用

たとえば、道路上に電話ボックスや電信柱を設置したり、公園にガス管・水道管を埋設したり、河川にダムを建設するような場合は、一般使用ではない。しかし、かといって単なる許可使用でもない。なぜなら、このような公物の使用方法は通常の許可使用とは異なり、他の通行者や利用者を永続的に妨害することになるから、一般使用でも許可使用でもない「第三のカテゴリー」である。

この種の許可使用を認める公物管理者の行為は、実定法上しばしば「占用の許可」と呼ばれる（たとえば、道32条、河23条、都園6条など。なお、「占用」とは、「独占使用」の略語である）。しかし、この「許可」は単に一般的禁止状態を解除し、本来の自由状態を復活させるという通常の意味の許可ではなく、むしろ使用者に公物の独占的・排他的権利ないし法的地位を設定する行為と考えられる。つまり、この行為は通常の許可ではなく、行政行為の一種である「特許」にあたると考えられる。そこで、特許（特別許可）に基づく使用という意味で、この使用形態を「公物の特許使用」と呼ぶ。公物の特許は、公物管理者の裁量に属する。また、この種の公物の使用権は特許行為によるのではなく、慣習上の権利として成立する場合も皆無とはいえない（たとえば、引水権や流木権などの場合）。

最高裁は，一般公共海岸区域につき，「その用途又は目的を妨げない限度において，その占用の許可をすることができ」，「一般公共海岸区域の占用の許可の申請があった場合において，申請に係る占用が当該一般公共海岸区域の用途又は目的を妨げるときには，海岸管理者は，占用の許可をすることができ」ず，「申請に係る占用が当該一般公共海岸区域の用途又は目的を妨げないときであっても，海岸管理者は，必ず占用の許可をしなければならないものではなく，海岸法の目的等を勘案した裁量判断として占用の許可をしないことが相当であれば，占用の許可をしないことができるものというべきである」と判示している（最判平19・12・7民集61巻9号3290頁）。

5　公物の契約使用

　地方公共団体の体育館，音楽ホール，公会堂，市民会館，福祉施設，墓地などは，それぞれの地方公共団体の条例によりその使用について「許可を要する」，と定められる場合がある。また，公営住宅の入居関係についても，条例によって「使用許可」「入居許可」「入居承認」などを要する，と定められる例が多い。しかし，これらの「許可」は文字どおりの——前述の許可使用にいう——許可ではなく，その実質は契約関係に等しい。このような公権力性を欠く許可（行政行為）のことを，「形式的行政行為（処分）」と称する（『新・基本行政法』280頁参照）。

　他方，水道，公営の電車・バス・地下鉄・病院などの利用関係は許可を要せず，むしろ端的に施設の管理者と利用者との間の契約の締結に基づいて成立する。すなわち，（形式的）許可に基づく使用と契約に基づく使用をあわせて，「公物（公共施設）の契約使用」と呼ぶことができる。

　ただし，使用関係が契約によって設定されるといっても，利用者は契約内容の設定に関しては自由をもたず，法令・条例・施設の管理規則などにより画一的・定型的に定められた契約，いわゆる「附従（附合）契約」を締結するにすぎない。したがって，施設の管理者によって管理規則が変更されたときは，利用者は利用関係の変更を受忍しなければならない。

6　公物の目的外使用

　上に述べた一般使用，許可使用，特許使用および契約使用の区別は，公物の本来の用法に従った使用関係の類型であった。しかし，その本来の目的（たとえば，教育，職員の執務，旅客の輸送など）を妨げなければ，国公立大学の構内に学生食堂，書店などを営業させ，国・地方公共団体の庁舎の一部を食堂，職員団体の事務所などに使用させ，都道府県・市営バスの車内に吊り広告を認め，また地下鉄の駅に新聞や雑誌のスタンドを開設させることには意味がある。このような本来の用法から外れた公物の使用方法を，「公物の目的外使用」という。

　すでに述べたように，国有・公有財産は行政財産と普通財産の2種に区分される。このうち，行政財産は公物としての性格を有する。行政財産は，原則としてこれを「貸し付け，交換し，売り払い，譲与し，信託し，若しくは出資の目的とし，又は私権を設定することができない」（国財18条1項，自治238条の4第1項）。しかし，「その用途又は目的を妨げない限度において」（国財18条6項，自治238条の4第7項）であれば，行政財産の使用・収益を許可してもよい（行政財産の目的外使用）。この場合，借地借家法の適用は排除される（国財18条8項，自治238条の4第8項）。この許可は永続的ではなく，「公用若しくは公共用に供するため必要を生じたとき，又は許可の条件に違反する行為があると認めるときは」，行政財産の目的外使用の許可を取り消すことができる（国財19条・24条1項，自治238条の4第9項）。この規定は，従来，行政財産（公物）の使用許可を私法上の賃借権の設定と同一視し，借地借家法の適用を肯定する（つまり，許可を得た者が過度に保護される）傾向があったのに対し，それを否定するための立法措置を講じたものである（1963年の地方自治法改正，1964年の国有財産法改正）。しかし，このような法律規定があるからといって，そこからただちに行政財産については全く私権の成立の余地はないとの結論を導き出すことは妥当ではない（田中・[中] 325頁）。

　なお，これに関して，郵便局の庁舎の掲示板に組合の広告を掲出する許可は，その場所を使用する権利を設定・付与するものではなく，また行政財産の目的外使用の許可にもあたらない，とする事例がある（最判昭57・10・7民集36巻10号2091頁）。

公物の目的外使用が争われた事例として，最高裁は，学校施設の目的外使用許可につき，原則として，管理者の裁量に委ねられているとしたうえで，「行政財産である学校施設の目的及び用途と目的外使用の目的，態様等との関係に配慮した合理的な裁量判断により使用許可をしないこともでき，……その裁量権の行使が逸脱濫用に当たるか否かの司法審査においては，その判断が裁量権の行使としてされたことを前提とした上で，その判断要素の選択や判断過程に合理性を欠くところがないかを検討し，その判断が，重要な事実の基礎を欠くか，又は社会通念に照らし著しく妥当性を欠くものと認められる場合に限って，裁量権の逸脱又は濫用として違法となるとすべき」としている（最判平18・2・7民集60巻2号401頁）。

第6節　公物管理法の新しい動向

1　環境配慮と公私協働

公物管理法に関する近年の動向としてあげることができるのは，公物管理法制において環境配慮が強調され，公衆の参加手続が定められるようになったことと公私協働による公物の設置・管理を行う新たな法制度である。以下では，その2点について紹介する。

2　公物管理と環境配慮

環境基本法は，環境についての定義を置かないが，憲法の理念に基づき，その適用対象範囲を地球環境まで拡げている（2条2項）。そして，持続可能な発展や世代間公平を定めている（3条・4条）。さらに，公共事業等による環境への影響を低減するためのしくみとして，環境影響評価法および環境影響評価条例が定められている（これらにつき，第Ⅱ部第6章参照）。

このような環境法の発展は，公物管理法の発展とも関わりがある。まず，自然環境や都市空間の管理を資源管理または環境管理として理解することにより，公物管理法を環境法や都市法と接続する学説の登場である（土居正典「公物管理と公物利用の諸問題の検討——公物法の再構成〔公共資源管理法の構成〕をめざして」成田頼明編『行政法の諸問題上』〔雄川一郎先生献呈論集〕〔1990年，有斐閣〕503頁以下，

磯部力「公物管理から環境管理へ」成田記念・31頁，その理論上の課題について，塩野・〔Ⅲ〕402頁以下，石塚武志「公物管理と環境管理」行政法の争点〔ジュリスト増刊，2014年〕228頁以下参照）。次に，自然公物の管理に関する個別法における近年の改正である。これら改正では，目的規定に，環境配慮に関する規定を設けている。たとえば，河川法は，目的規定に「河川環境の整備と保全」（1条）を加え（1997年），海岸法は，目的規定に「海岸環境の整備と保全」（1条）を加えている（1999年）。もっとも，公有水面埋立法は，すでに1973年改正により，埋立免許の要件として，「埋立ガ環境保全及災害防止ニ付十分配慮セラレタルモノナルコト」（4条1項2号）と定めている（これに関連する海の利用については，第Ⅰ部第3章参照）。

　公衆参加による環境配慮のしくみについては，河川法に基づく河川整備計画への参加手続（16条の2，1997年）や海岸法に基づく海岸保全基本計画への参加手続（2条の3）などが整備されてきている。

3　公物の設置・管理と公私協働

　公物の設置・管理に公私協働のしくみを取り入れている例は，いわゆる PFI 法（1999年）と地方自治法改正による指定管理者制度（2003年）である。

(1) PFI 法

　PFI 法は，「民間資金等の活用による公共施設等の整備等の促進に関する法律」（平11法117）の通称であり，「民間の資金，経営能力及び技術的能力を活用した公共施設等の整備等の促進を図る」（1条）ためのしくみである。これにより，「効率的かつ効果的に社会資本を整備するとともに，国民に対する低廉かつ良好なサービスの提供を確保し，もって国民経済の健全な発展に寄与すること」を目的としている（1条）。対象施設は，同法にいう「公共施設等」として以下のように定められている（2条）。すなわち，①道路，鉄道，港湾，空港，河川，公園，水道，下水道，工業用水道等の公共施設，②庁舎，宿舎等の公用施設，③賃貸住宅および教育文化施設，廃棄物処理施設，医療施設，社会福祉施設，更生保護施設，駐車場，地下街等の公益的施設，④情報通信施設，熱供給施設，新エネルギー施設，リサイクル施設，観光施設および研究施設，⑤船舶，航空機等の輸送施設および人工衛星などである（2011年改正によって，

拡大)。これまで，全国で，527件の事業，4兆8,965億円の契約数実績がある（2016年現在，内閣府民間資金等活用事業推進室調査による）。さらに，2011年改正により，コンセッション方式を活用できるようになった。コンセッション方式とは，利用料金の徴収を行う公共施設について，施設の所有権を公共主体が有したまま，施設の運営権を民間事業者に設定する方式をいう。これにより，公的主体が所有する公共施設等について，民間事業者による安定的で自由度の高い運営を可能とすることにより，利用者ニーズを反映した質の高いサービスを提供することができるようになった。

(2) 指定管理者制度

指定管理者制度とは，地方自治法が定める公の施設につき，自治体の監督の下，民間事業者やNPO法人等がその管理を行うことにより，①住民サービスの向上，②施設管理における費用対効果の向上，③管理主体の選定手続の透明性を向上させることを目的としている。指定管理者制度による公の施設の管理は，義務的ではないが，制度設置以降，漸次利用が増加している。

指定管理者のしくみは，以下のとおりである。まず，公の施設の目的を効果的に達成するために必要がある場合，条例（条例は，指定管理者一般に関する条例でもよいし，公の施設ごとの条例でもよい）の定めるところにより，法人その他の団体を指定管理者とし，公の施設の管理を行わせることができる（地方自治法244条の2第3項・4項）。この際，条例で定める事項は，制定の手続，管理の基準，業務の具体的範囲である。次に，条例が定める手続に基づき，議会の議決を経たうえで，指定管理者を指定する（行政処分，同条5項・6項）。指定管理者候補者の選定については，自治体外部委員による審査会を設けている自治体と当該自治体の職員による選定を行っている自治体がある（後者が多い）。指定管理者は，公の施設の利用に係る料金を自らの収入として収受することができる（利用料金制，8項・9項）。自治体は，指定管理者から提出される事業報告書（7項）などにより，管理の実態を監督するほか，地方公共団体の長は，指定管理者に対し，必要な指示，指定の取消し，業務の停止命令などを行う権限を有している（10項・11項）。

指定管理者制度により，住民サービスの向上，公の施設の管理費用の低減がなされるという実績がある反面，指定管理者による管理が指定期間内において

行き詰まる例などもあり，そのリスクを低減するため，自治体が適切に監督する必要性がある。

第6章　環境行政

第1節　概説

1　環境行政の沿革

　わが国における環境行政とそれに関する法の歴史は，大きく四つの時期に区分することができる。第1期は，環境行政の前身となる公害行政を推進するため，法律が徐々に制定されてきた時代である。1958年，本州製紙江戸川工場の操業開始と時を同じくして，東京湾の水質汚濁が進行し魚介類が多数死滅する漁業被害が発生した。このできごとは，千葉県浦安漁協の漁民が江戸川工場に大挙して押しかけ，警官隊が出動する騒動にまで発展した。この事件を契機として，同年，「公共用水域の水質の保全に関する法律」および「工場排水等の規制に関する法律」（これら二つの法律を「水質二法」と呼ぶ）が制定されることとなった。また，三重県四日市市などでの深刻な大気汚染公害を受けて，1962年には，「ばい煙の排出の規制等に関する法律」（ばい煙規制法）が制定された。この時期の公害行政は，地域の住民を公害による健康被害から守ることを中心とする地方公共団体による公害防止行政（公害防止協定や公害防止条例）であり，水質二法が制定されるまでは，国が法律に基づいて公害規制を行うことはなかった。

　第2期は，水質二法による水質汚濁防止やばい煙規制法による大気汚染防止など個別の公共空間を対象に制定されていた公害法を一つに束ね，総合的な公害行政を推進するため，基本法が制定された時代である。すなわち，1967（昭和42）年に，公害対策基本法が制定され，典型六公害（大気汚染，水質汚濁，騒音，振動，地盤沈下，悪臭）について，国および地方公共団体が総合的に対策を実施することが求められるようになったのである。公害対策基本法は1970年に改正

され，土壌汚染を公害の定義に加え典型七公害（2条1項）としたうえで，いわゆる経済調和条項（「生活環境の保全については，経済の健全な発展との調和が図られるものとする」）が削除された。また，1968年にばい煙規制法に代わり制定された大気汚染防止法も，1970年に改正され，調和条項を削除するとともに，指定地域制を廃止したことにより全国一律に規制をかけることが可能となった。さらに，水質二法も1970年に廃止され，これに代わり制定された水質汚濁防止法においては，水質二法にみられた調和条項や指定水域制は採用されなかった。1970年の臨時国会ではこのほかにも数多くの公害法の制定・改正がなされたことにより，この臨時国会は「公害国会」と呼ばれた。翌1971年には，これらの公害法を所管し環境行政を総合的に推進する行政機関として，総理府の下に新たに環境庁が設置された。

　第3期は，公害対策基本法を軸とする公害法体系が確立されるとともに，1972年にストックホルムで開催された国連人間環境会議における「人間環境宣言」を契機として国境を越える環境問題への取組みがみられた時代である。わが国では，高度経済成長による瀬戸内海汚染の実態を調査した国会の立法調査に基づいて，1973年に「瀬戸内海の環境の保全上有効な施策を推進する」ことを目的として瀬戸内海環境保全臨時措置法（5年間の時限立法）が制定された。しかし，同法では瀬戸内海の環境回復は達成できず，1978年に同法は瀬戸内海環境保全特別措置法（昭59法61）に改正され，瀬戸内海の環境保全に関する恒久法となった（臨時措置法と特別措置法を「瀬戸内法」と称する）。また同年，環境庁が二酸化窒素の環境基準を緩和する方向で改定し，1983年には，長年の懸案事項であった環境影響評価法案が審議未了にて廃案となり，さらに，1987年には，公害健康被害補償法が改正され，公害病の指定地域としての第一種地域が全面的に解除されるなど公害行政と環境行政の目的の混乱もあり，公害行政の後退（環境行政の形骸化）とも受け取られかねないできごとが多数見受けられた。

　第4期は，公害対策基本法に代わる新たな基本法として環境基本法が制定され，その環境基本法を軸とする環境法体系が確立され，これに基づく環境行政の大いなる進展がみられた時代である。1993（平成5）年に，公害対策基本法を廃止し，これに代わって環境基本法が制定された。さらに，その後，環境影響評価法（1997年），循環型社会形成推進基本法（2000年），土壌汚染対策法

(2002年),景観法(2004年),生物多様性基本法(2008年)など今日の環境法において重要な意義を有する法律が続々と制定され,一大法領域が形成されるに至った。また,2001年には,中央省庁の再編にともない,広範な環境行政を執り行う官庁として,環境庁が環境省へと格上げされた。

2 環境行政の基本原則

(1) **持続可能な発展** 1987年,「環境と発展に関する世界委員会」(ブルントラント委員会)がその報告書「我ら共通の未来」において「持続可能な発展」(sustainable development) を環境と発展に共通の理念として用いたことで広く知られるようになった。さらに,1992年にブラジルのリオデジャネイロにて開催された「環境と発展に関する国連会議」において採択されたリオ宣言,アジェンダ21,気候変動枠組条約などにも「持続可能な発展」の理念が取り入れられた。「持続可能な発展」は,①環境容量内での環境の利用,②世代間の衡平,③南北間の衡平をその要素としており,①および②が環境保全に重点を置くのに対し,③は途上国の経済成長・発展を企図したものとなっている。

(2) **未然防止原則** 環境負荷を生じる行為に対し,事前の段階で規制をかけることにより,環境保全上の支障を未然に防止するという原則であり,1972年にスウェーデンのストックホルムで開催された国連人間環境会議において採択された人間環境宣言第21原則にて示された。

(3) **予防原則** 科学的不確実性を前提とし,発生しうる損害が重大かつ回復不可能なものである場合には,環境保全上の支障が生じないようにその原因となりうる物質または活動に対し何らかの措置を講じるという原則であり,リオ宣言第15原則にも明記されている。

3 環境行政の行為形式

(1) **規制的手法** 法令または法令に基づく行政処分により,行政機関が事業者に対し命令または禁止することにより環境負荷の発生を未然に防止する手法である。その違反に対しては,行政代執行または行政罰が用意されている。有害物質の規制については,排出・廃棄の規制(大気汚染3条,廃棄物19条の5など)と製造・輸入の規制(化学物質規制6条など)があり,土地利用の規制に

ついては，地域地区指定（ゾーニング）制度（景観61条，自園20条～22条など）が用いられている。

(2) **計画的手法**　環境問題が発生したときに対症療法的に対処するのではなく，環境の保全にかかる将来の目標を設定し，その実現のため各種の手段を総合的に活用することにより環境管理を図る手法である。環境基本法15条に規定されている環境基本計画をはじめ，大気汚染防止法5条の3に基づく指定ばい煙総量削減計画，水質汚濁防止法14条の9が定める生活排水対策推進計画，瀬戸内法3条が定める基本計画，景観計画（景観8条），公園計画（自園7条）などさまざまなものがある。

(3) **契約手法**　環境保全を図る目的で，行政主体が私人（企業や廃棄物処理業者）との間で契約を締結する場合と，これら企業または事業者と住民（自治会）が締結した契約に行政主体が介入する場合がある。いずれも公権力の行使により私人の経済活動を規制するのではなく，当事者の合意に基づく契約という手法を活用するものである。地方公共団体が，公害を防止するために，事業者と締結する公害防止協定がこの手法の先駆であるが，これがその後の環境保全協定（産業廃棄物処理施設設置に関する協定など），建築協定（建基69条），景観協定（景観81条）などにつながった。法律や条例による規制が不十分な場面において有効に機能するものとして活用され，個別的な対応が可能な点で柔軟に活用することもできた。

(4) **行政指導手法**　行政機関が事業者に対し法令に基づき（法定行政指導）または法令の根拠なしに（法定外行政指導）任意の協力を求め環境の保全を図る手法である。法定行政指導には騒音規制法15条に基づく改善勧告などがあり，法定外行政指導には要綱に基づく行政指導などがあるが，いずれも事業者に対する強制力をともなうものではない。

(5) **経済的手法**　私人に経済的インセンティブまたは経済的ディスインセンティブを付与することにより，市場のメカニズムを通じて環境保全の方向に誘導する手法である。経済的インセンティブを付与するものに，補助金制度，デポジット制度，優遇税制，排出枠取引制度などがあり，経済的ディスインセンティブを付与するものに，賦課金制度，環境税などがある。

(6) **情報的手法**　行政機関の保有する事業者に関する環境情報を公開する

ことにより，事業活動に対する監視を強化し，環境保全の方向に事業者を誘導する手法である。「特定化学物質の環境への排出量の把握等及び管理の改善の促進に関する法律」(PRTR法)（平11法86）に基づくPRTR制度（1条・5条・10条～11条),「地球温暖化対策の推進に関する法律」（地球温暖化対策推進法〔平10法117〕）に基づく温室効果ガス排出量算定・報告・公表制度（26条～32条）などがこれにあたる。

第2節　環境基本法

1　概要

公害対策基本法に代わり，1993年に制定された環境基本法（平5法91）は，環境法体系を確立し，その軸となった法律である。基本理念，主体の責務，施策の実施等について定め，環境基本法の下で施行される個別法（大気汚染防止法，水質汚濁防止法，廃棄物処理法など）を一つに束ねる役割を担っている。ただし，これらの規定の中には，政策目標等を示すプログラム規定と解されるものもあり，私人に対し法的拘束力をもたないために実効性に欠けるという問題がある。これに対し，環境基本計画の策定，環境基準の設定，中央環境審議会の設置等の実体規定はすべて政府を名宛人としたものである。

2　環境基本計画

環境基本法15条1項では，「政府は，環境の保全に関する施策の総合的かつ計画的な推進を図るため，環境の保全に関する基本的な計画（以下「環境基本計画」という。）を定めなければならない。」と規定しており，これに基づいて，1994年に第1次環境基本計画が閣議決定された。これは，「循環」「共生」「参加」「国際的取組」が実現される社会の構築を長期的目標として掲げ，その実現のため，施策の大綱，各主体の役割，政策手段のあり方を明確化したものであった。

その後，環境基本計画は，定期的に見直され，2012（平成24）年には第4次環境基本計画が閣議決定された。そこでは，「低炭素」「循環」「自然共生」の各分野を統合的に達成し，その基盤として「安全」が確保される社会を，目指

すべき持続可能な社会の姿としてとらえ，その社会を実現するうえで重視すべき方向を明示している。さらに，「経済・社会のグリーン化とグリーン・イノベーションの推進」「国際情勢に的確に対応した戦略的取組の推進」「地球温暖化に関する取組」「生物多様性の保全及び持続可能な利用に関する取組」など九つの優先的に取り組む重点分野をあげている。また，前年の東日本大震災を受けて，震災復興，放射性物質による環境汚染対策にも言及している。

3 環境基準

環境基本法16条1項では，「政府は，大気の汚染，水質の汚濁，土壌の汚染及び騒音に係る環境上の条件について，それぞれ，人の健康を保護し，及び生活環境を保全する上で維持されることが望ましい基準を定めることとする。」と規定しており，これに基づいて，大気，水質，土壌，騒音についての環境基準がそれぞれ閣議決定され告示されている。これらの環境基準は，環境基本法16条3項に基づき，科学的判断による改定を受けており，たとえば，2009年には微小粒子状物質（PM2.5）について大気環境基準が新規に設定された。また，水質環境基準については，人の健康を保護するために設定される健康項目と，人の生活環境を保全するために設定される生活環境項目の別がある。

環境基準の法的性質については，政府により設定される政策上の努力目標を示す指標であり，国民の権利義務を直接確定するものではないとされている。「環境基準を定める環境庁の告示……は，現行法制上，政府が公害対策を推進していくうえでの政策上の達成目標ないし指針を一般的抽象的に定立する行為であって，直接に，国民の権利義務，法的地位，法的利益につき創設，変更，消滅等の法的効果を及ぼすものではな」いとする裁判例がある（東京高判昭62・12・24判タ668号140頁）。

第3節　環境影響評価

1 意義

環境影響評価とは，道路建設，ダム建設等の開発行為を行う際に，大気，水質，自然環境等の環境に対する影響を事前に調査・予測し，代替案について検

討し，その選択過程の情報を公表し，公衆に意見表明の機会を与え，これらの結果をふまえて最終的な意思決定に反映させるシステムをいう。環境アセスメントともいう。これには，環境への影響を事前に調査・予測・評価するという科学的側面，住民や自治体の意見を聴取するという社会的側面，そして，これらの結果を許認可等の行政決定に反映させるという行政的側面の三つの側面がある。

2 沿革

アメリカ合衆国では，1969年に，環境アセスメントの手続を定める連邦法として国家環境政策法（NEPA）が制定され，わが国においても，1973年に，港湾法，公有水面埋立法，工場立地法，瀬戸内海環境保全臨時措置法の一部改正により環境影響評価制度が導入された。その後，包括的な環境アセスメントの法制化を目指し，環境影響評価法案が国会に上程されたが，1983年に審議未了により廃案となった。

これに対し，地方公共団体においては，1976年の川崎市環境影響評価条例をはじめとして，次々に環境影響評価条例が制定されていった（これを「条例アセス」という）。また，国においても，1984年に「環境影響評価の実施について」という要綱を閣議決定し，これに基づくアセスメントが実施されることとなった（これを「要綱アセス」という）。

その後，OECD加盟国で唯一環境アセスメントの手続を定める一般法をもたなかったわが国においても，環境基本法の制定により再び立法化の機運がみられるようになった。そして，1997年に，ようやく環境影響評価法（平9法81）の制定に至ったのである。

3 環境影響評価法の概要

環境影響評価法では，環境アセスメントの実施主体を事業者としている。これは，事業者が自ら事業の環境影響を評価することが事業の環境適合性を確保するために有効であることによる。次に，環境アセスメントの実施時期を事業実施段階（EIA）としているが，この点については，時期が遅すぎるとの批判もあり，2011年の改正（施行は2013年）で事業計画を策定する段階でアセスメ

ントを行う戦略的環境アセスメント（SEA）を導入した（環境影響評価3条の2）。また，環境アセスメントを実施する対象事業は，道路，河川，鉄道，飛行場，発電所，廃棄物最終処分場など13事業種であり，①許認可が必要な事業，②補助金・交付金事業，③独立行政法人が行う事業，④国が行う事業が対象となる。これには，必ず環境影響評価を行う一定規模以上の第一種事業と，第一種事業に準ずる規模の事業でスクリーニング手続により環境影響評価実施の必要性があると判定された第二種事業の2種のものがある。

4　環境影響評価法の手続

(1) **配慮書手続**　第一種事業については，事業の位置，規模または施設の配置，構造等の検討段階において，事業者は，計画段階環境配慮書（以下「配慮書」という）を作成しなければならない（3条の3）。事業者は，配慮書を主務大臣に送付するとともに，これを公表しなければならない。また，環境大臣は，主務大臣から意見を求められたときは，配慮書について環境保全の見地からの意見を書面により述べることができる（3条の5）。主務大臣は，環境大臣の意見を勘案しながら，事業者に意見を述べるとともに，関係行政機関および環境保全の見地から意見を有する者から意見を求めるよう努めることとされている。配慮書手続は，環境アセスメントの実施時期が遅すぎるとの批判を受け，環境影響評価法の2011年改正により導入された。

(2) **スクリーニング手続**　第二種事業については，環境アセスメントを実施する必要性を個別に判定するスクリーニング手続が導入されている。第二種事業を実施する事業者は，許認可等権者に対し，事業の実施区域や概要を届け出るものとし，これを受けて，許認可等権者は，知事の意見を聴いたうえで，環境アセスメントが必要か否かを決する（4条）。

(3) **スコーピング手続（方法書手続）**　事業者は，環境アセスメントを実施するに先立って，評価項目および評価手法を選定するスコーピング手続に入る。そこで，事業者は，まず，環境アセスメントの評価項目および評価方法の案を記載した環境影響評価方法書（以下「方法書」という）を作成し，関係都道府県知事・市町村長に送付するとともに，これを公告し縦覧に供するものとされている（5条）。また，事業者は，縦覧期間内に方法書の記載内容を周知させる

ため説明会を開催しなければならない。さらに、事業者は、知事等の意見および環境保全の見地から意見を有する者の意見を聴いたうえで、評価項目および評価方法について決定する。方法書手続における説明会の開催は、公衆参加の実現のため環境影響評価法2011年改正により導入された。

　(4)　**準備書手続**　　事業者は、環境アセスメントを実施した後、その結果について環境保全の見地からの意見を聴くための準備として、環境影響評価準備書（以下「準備書」という）を作成しなければならない（14条）。事業者は、これを関係都道府県知事・市町村長に送付するとともに、公告し縦覧に供するものとされている。また、事業者は、縦覧期間内に準備書の記載内容を周知させるため説明会を開催しなければならない。そして、事業者は、知事等の意見および環境保全の見地から意見を有する者の意見を聴かなければならない。

　(5)　**評価書手続**　　事業者は、準備書手続における意見を勘案し、準備書の記載事項について検討を加え必要に応じて修正したうえで、環境影響評価書（以下「評価書」という）を作成し、これを許認可等権者に送付しなければならない（21条）。環境大臣は、許認可等権者に対し、環境保全の見地から意見を述べることができる（23条）。これに基づき、許認可等権者は、事業者に対し、評価書について環境保全の見地から意見を述べることができ、評価書の補正等を経たうえで評価書の確定にいたることとなる。その後、これらの手続を踏まえて許認可等がなされた場合には、当該事業が実施される。

　(6)　**報告書手続**　　事業者は、評価書に記載されているところにより、環境保全に適正な配慮をして当該事業を実施しなければならず、環境保全措置等の結果を報告する報告書を作成しなければならない（38条の2）。報告書手続は、環境影響評価法2011年改正により導入された。

第4節　大気汚染と法

1　大気汚染防止法に基づく一般的規制

　大気汚染については、1962年に制定された「ばい煙の排出の規制等に関する法律」に基づき規制されていたが、大気環境は一向に改善されなかったため、1968年にこれに代わる法律として大気汚染防止法（昭43法97）が制定された。

大気汚染防止法では，ばい煙，粉じん，自動車排出ガスに加え，1996年改正により長期毒性を有する有害大気汚染物質，2004年改正により揮発性有機化合物（VOC）が規制対象となった。ここでは，ばい煙，粉じん，自動車排出ガス規制について触れることとする。

(1) **ばい煙規制**　ばい煙とは，物の燃焼等にともない発生する物質であり，いおう酸化物，ばいじん，有害物質として政令により指定された窒素酸化物，カドミウム，塩素等に分類され（2条1項），その排出基準は環境省令で定められる（3条1項）。このうち，いおう酸化物については，K値規制という特殊な規制方式が採用されている。K値規制とは，地域ごとに定める定数（K値）と煙突の高さによりいおう酸化物の排出基準を定めるものである。ばい煙発生施設の集中する都市部においては，K値が厳しく定められており，地方に行くほど緩やかになる傾向がある。いおう酸化物以外のばい煙の排出基準については，排出口における濃度規制となっている。

また，いおう酸化物およびばいじんについては，ばい煙発生施設が集合的に立地している地域においてばい煙発生施設を新設する際に，前述の排出基準（一般排出基準）より厳しい特別排出基準が適用できる（3条3項）。

さらに，ばいじんおよび有害物質について，「自然的，社会的条件から」一般排出基準または特別排出基準によっては大気汚染を防止できない場合，都道府県条例に基づき，一般排出基準より厳しい排出基準を設定することも認められる（4条）。これを，上乗せ排出基準という。条例に基づく上乗せ排出基準を超えるときは，法律に基づき罰則が科される（直罰主義）。これは，ばい煙発生施設の地方における状況を「地方自治の本旨」（憲92条）からとらえ，条例制定権を「法律の範囲内」（憲94条，自治14条1項）で認め，法律に基づく規制基準を全国一律の最低基準であるとするナショナル・ミニマム論から説明するもので，上乗せ規制や横出し規制を定めた公害防止条例の有効性を反映している。

個々のばい煙発生施設がこれらの排出基準を遵守していても，施設が多数集中している地域では，大気環境基準の達成が現実には困難となる。そこで，拡散効果に期待するのではなく，地域全体の排出量を削減するため，1974年改正により，総量規制制度が導入された。これは，いおう酸化物および窒素酸化物を指定ばい煙とし，総量規制を実施する指定地域を政令により定めるものであ

り，これを受けて，知事は，指定地域内における特定工場等に設置されたすべてのばい煙発生施設に関する指定ばい煙の総量削減目標量等を指定ばい煙総量削減計画において定める（大気汚染5条の3）。また，これに基づいて，指定ばい煙の発生総量を大気環境基準達成のために必要な量にまで削減するために，特定工場等からの排出総量をどこまで削減すべきかを算出し，個々の工場単位で総量規制基準が設定される（5条の2）。

 (2) **粉じん規制** 粉じんとは，物の破砕等にともない発生・飛散する物質であり，一般粉じんと特定粉じんに区分される。特定粉じんは，政令により石綿（アスベスト）が指定されており，一般粉じんは，特定粉じん以外の粉じんをいう。一般粉じんについては，集じん機の設置，散水設備による散水，防じんカバーの設置等技術上の基準に基づく規制がなされている（18条の3）。これに対し，特定粉じんについては，切断機，研磨機等の特定粉じん発生施設が設置されている工場・事業場の敷地境界線における濃度規制となっている（18条の10）。また，1996年改正により，建築物解体などの特定粉じん排出等作業について，作業の方法に関する作業基準の遵守を義務づけた（18条の18）。さらに，2013年改正により，特定粉じん排出等作業をともなう建設工事実施の届出義務者を工事発注者または自主施工者に変更した（18条の15）。

 (3) **自動車排出ガス規制** 自動車排出ガスとは，自動車の運行にともない発生する有害物質であり，一酸化炭素，炭化水素，鉛化合物，窒素酸化物，粒子状物質が政令により指定されている。自動車の構造規制については，環境大臣が，自動車排出ガスの量および自動車燃料の性状等について許容限度を設定し（19条1項・19条の2第1項），これらを確保するために，国土交通大臣が道路運送車両法（昭26法185）に基づき，また，経済産業大臣が「揮発油等の品質の確保等に関する法律」（昭51法88）に基づき，それぞれ命令を発することとされている（19条2項，19条の2第2項）。また，知事が交差点等著しい汚染が生じるおそれのある区域において自動車排出ガスの濃度を測定した結果，環境省令で定める限度を超えていると認められるときは，知事は，都道府県公安委員会に対し道路交通法（昭35法105）に基づく交通規制を要請することとされている（21条1項）。

2　自動車 NOx・PM 法に基づく規制

　前述した大気汚染防止法に基づく一般的規制により大気環境は大幅に改善されたが，一方，自動車排出ガスによる大気汚染については，自動車が集中する都市部において依然として大気環境基準の達成が困難な状況にあった。そこで，この問題を解消するために，1992年に「自動車から排出される窒素酸化物の特定地域における総量の削減等に関する特別措置法」（以下，自動車 NOx 法）（平4法70）が制定された。その後，自動車 NOx 法は，2001年に改正され，規制対象に粒子状物質を加え，「自動車から排出される窒素酸化物及び粒子状物質の特定地域における総量の削減等に関する特別措置法」（以下，自動車 NOx・PM 法）となった。この改正には，尼崎公害訴訟第一審判決（神戸地判平12・1・31判タ1031号91頁）および名古屋南部公害訴訟第一審判決（名古屋地判平12・11・27判タ1066号104頁）において，粒子状物質の差止請求が一部認容されたことが関係している。

　自動車 NOx・PM 法が適用されるのは，政令により指定された窒素酸化物対策地域および粒子状物質対策地域である。まず，国は，これらの対策地域について，窒素酸化物総量削減基本方針および粒子状物質総量削減基本方針を定める（6条・8条）。これを受けて，対策地域をかかえる都道府県の知事は，窒素酸化物総量削減計画および粒子状物質総量削減計画を策定することとされている（7条・9条）。さらに，環境省令により，対策地域内に使用の本拠を有する自動車に適用する窒素酸化物排出基準および粒子状物質排出基準を設定し（12条），これを適用する自動車としてディーゼル自動車を政令で指定している。また，これらの排出基準を遵守することを義務づけ，不適合車には車検証を交付しないこととし実効性を確保している。車種をディーゼル自動車に限定し規制をかけるものであり，これを車種規制という。

　しかしながら，車種規制には，対策地域外からの流入車に対して規制をかけられないという深刻な問題点があった。そこで，自動車 NOx・PM 法の2007年改正により，流入車対策が実施されるようになったのである。まず，対策地域内において大気汚染がとくに著しく局地汚染対策を実施する必要がある地区を知事が「重点対策地区」として指定し（15条・17条），次に，「重点対策地区」のうち，とくに流入車対策を推進することが必要な地区を環境大臣が「指定地

区」として指定する（36条3項）。さらに，対策地域の周辺の地域であって，その地域内に使用の本拠を有する自動車が「指定地区」内に相当程度流入している地域を環境大臣および事業所管大臣が「周辺地域」として指定することとされている（36条2項）。そのうえで，「周辺地域」内に使用の本拠を有する自動車を使用する事業者に対し，流入車から排出される窒素酸化物および粒子状物質の排出抑制措置の実施について，計画提出および定期報告の義務を課すものである（36条1項・37条）。また，対象となる流入車の多くがトラックであることから，貨物の荷主に対しても，計画的な貨物運送委託等を通じ，貨物の輸送に係る窒素酸化物および粒子状物質の排出抑制に努めることを求めている（40条2項）。

3 自動車排出ガス抑制のための法政策

(1) **発生源対策**　まず，窒素酸化物および粒子状物質を多く排出するディーゼル自動車に対する構造規制を強化することが有効である。そのため，現在では，世界最高水準の規制がかけられるようになり，ディーゼル自動車の低排出ガス車化が格段に進んでいる。つぎに，ハイブリット自動車，電気自動車，燃料電池自動車等の次世代型低公害車の普及を促進することが求められる。そのため，「国等による環境物品等の調達の推進等に関する法律」（グリーン購入法〔平12法100〕）に基づき，国が率先して公用車に低公害車を導入し，また，低公害車については，自動車に関連する自動車取得税等の軽減措置を講じるいわゆる「エコカー減税」を実施することにより，低公害車の普及促進を図っているところである。

(2) **道路交通政策**　都市部の幹線道路における自動車交通量を抑制し，自動車交通による公害を緩和するために，道路の通行に対し直接料金を課す「環境ロード・プライシング」という経済的手法を活用した政策が考えられる。首都高速道路や阪神高速道路では，自動車交通量の多いルートから比較的少ないルートへと誘導するために，通行料金に格差を設けており，これにより自動車交通量の分散が進んでいる。また，京都などの観光地においては，シーズンにより自動車交通量が極端に増加し，渋滞の発生等により，自動車交通による公害が深刻になっていることにかんがみ，「パーク・アンド・ライド」という政

策を実施している。これは、中心部へのアクセスに便利な鉄道等公共交通機関の駅付近に設けられた駐車場に自動車を駐車し、そこから鉄道等に乗り換えて目的地に向かうものであり、これにより中心部における自動車交通量を削減することができる。さらに、交通渋滞が頻繁に発生する都市の中心街の通りを、一般車両が通行できない空間とし、バスや路面電車などの公共交通機関のみが通行できるようにする「トランジット・モール」という政策が導入されている都市もある。ヨーロッパでは、かねてから広く実施されているところであり、わが国においても、浜松市、福井市、岡山市などでみられる。これにより、自動車交通量の大幅な削減が可能となり、自動車交通にともなう公害発生を抑制することができる。

第5節　水質汚濁と法

1　水質汚濁防止法に基づく規制

　水質汚濁については、水質二法に代わり、1970年に制定された水質汚濁防止法（昭45法138）に基づき規制されている。制定当初は、工場・事業場から公共用水域への排水に対する規制のみを定めていたが、1989年改正により、地下に浸透する水の浸透に対する規制が追加され、さらに、1990年改正により、生活排水対策の推進も加わった。ここでは、工場・事業場に対する排水規制と生活排水対策についてふれることとする。

　(1)　**工場・事業場に対する排水規制**　　河川・湖沼・海域といった公共用水域に排出水を排水する工場・事業場（特定事業場）の施設を政令により「特定施設」（2条2項）として定め、これに環境省令に基づく排水基準を適用する（3条1項）。排水基準は、特定施設の排水口における濃度規制として設定される。排水基準は、環境基準（環境基16条）と同様に、健康項目と生活環境項目に区分される。健康項目については、すべての特定事業場における特定施設に適用されるが、生活環境項目については、1日平均排水量が$50m^3$未満の特定事業場における特定施設には適用されないというスソ切りがある。また、全国一律の排水基準のみでは、水質環境基準の達成が困難な場合には、都道府県条例に基づく上乗せ排水基準が適用されることとなる（水質汚濁3条3項）。

また，個々の特定事業場が排水基準を遵守していても，特定施設が多数集中している地域では，水質環境基準の達成が現実には困難となるため，水質汚濁防止法の1978年改正により総量規制制度が導入された（4条の2）。これは，生活環境項目のうち，化学的酸素要求量（COD），窒素，りんを指定項目とし，総量規制を実施する指定水域を政令等により定めるものであり，現在，政令により東京湾と伊勢湾が指定水域とされている。また，瀬戸内法12条の3に基づき，瀬戸内海においても総量規制が実施されている。これらの指定水域に係る都道府県の知事は，総量削減計画において，産業系排水・生活系排水・その他に分けて総量削減目標を設定する（水質汚濁4条の3）。さらに，その目標を達成するため，1日平均排水量が50m^{3}以上の工場・事業場については，総量規制基準の遵守を義務づけ（4条の5），小規模な事業場については，行政指導により対応する。

(2) **生活排水対策**　まず，知事が，生活排水対策を講じる必要があると認める区域を生活排水対策重点地域として指定する（14条の8）。次に，市町村が，生活排水対策推進計画を策定し，啓発・指導を中心とする施策を展開していく（14条の9）。また，浄化槽法（昭58法43）の2000年改正により，単独処理浄化槽を廃止し，合併処理浄化槽の設置を推進していくこととなった（浄化槽2条1号）。これにより，下水道の普及していない地域において深刻だった生活排水による水質汚濁の問題が徐々に緩和されてきている。

2　閉鎖性水域の水質保全

湖沼・内海・内湾といった閉鎖性水域においては，水質汚濁防止法に基づく規制のみでは水質環境基準の達成が依然として困難な状況にあった。そのため，1973年に時限立法として制定され，1978年に恒久法化した瀬戸内法，さらに，1984年には湖沼水質保全特別措置法（昭59法61）（以下，湖沼法という）を制定するなど閉鎖性水域に適用される特別法の制定が相次いだ。

瀬戸内法では，まず，政府が瀬戸内海環境保全基本計画を策定し，これに基づいて関係都道府県の知事が府県計画を策定することとされている（3条・4条）。また，水質汚濁防止法上の特定施設の設置および構造変更については，知事による許可制が採用されている（5条）。この点，水質汚濁防止法5条では，

知事への届出制にとどまっており、規制が強化されている。さらに、許可申請にあたっては、環境影響事前評価書の提出および公衆への縦覧が義務づけられている（5条3項・4項）。また、知事、市町村長および利害関係人による意見書の提出についても定められている（5条5項・6項）。

　湖沼法では、まず、環境大臣が指定湖沼を指定し、その水質汚濁に関係があると認められる地域を指定地域に指定することとされている（3条）。2016年現在、指定湖沼として、琵琶湖、霞ヶ浦、諏訪湖、宍道湖、児島湖等11の湖沼が指定されている。湖沼法における規制対象は、水質汚濁防止法上の特定施設にいわゆるみなし特定施設を加えたものであり、これを湖沼特定施設という（7条1項）。また、規制項目については、化学的酸素要求量（COD）、窒素、りんを対象項目としている。国が湖沼水質保全基本方針を策定し、これに基づいて指定湖沼の位置する都道府県の知事が湖沼水質保全計画を策定することとされている（2条・4条）。その内容としては、下水道の整備、農業集落排水施設の整備、合併処理浄化槽の普及、しゅんせつ等の事業などがある（4条3項3号）。湖沼水質保全計画策定に際しての住民参加や関係市町村長の意見聴取などの事前手続（4条4項・5項）、総量規制（23条）なども瀬戸内法と同様に定められている。しかしながら、指定湖沼においては、依然として水質環境基準の達成が困難な状況にあったため、さらに、2005年には、既設の湖沼特定施設を規制対象に加え、新たに湖辺環境保護地区を指定するなどの改正がなされた（29条）。

第6節　廃棄物と法

1　廃棄物処理法の概要

　「廃棄物の処理及び清掃に関する法律」（廃棄物処理法〔昭45法137〕）は、1970年の公害国会の折に、（旧）清掃法に代わり新たに制定された法律であり、その後、廃棄物処理をめぐる問題の発生に対応し、1976年改正、1991年改正、1997年改正、2000年改正など度重なる改正を経て現在に至っている。廃棄物処理法の目的は、当初、廃棄物の適正処理および生活環境の清潔化にあったが、1991年改正により廃棄物の排出抑制がその目的に加わった。

(1) **「廃棄物」の定義**　　廃棄物処理法2条1項は,「廃棄物」を「ごみ,粗大ごみ,燃え殻,汚泥,ふん尿,廃油,廃酸,廃アルカリ,動物の死体その他の汚物又は不要物であつて,固形状又は液状のもの」であると定義している。この定義規定においては,とくに「不要物」の解釈をめぐり変遷があった。

当初,行政解釈では,廃棄物は客観的に不要物と観念できるもので「占有者の意思の有無によって廃棄物又は有用物となるものではない。」(1971年の厚生省課長通知)とされていた。しかし,1977年の厚生省課長通知では,「占有者の意思,その性状等を総合的に勘案すべきものであって,排出された時点で客観的に廃棄物として観念できるものではない」として,その解釈に主観的な基準が加えられることとなった。

これに対し,最高裁は,1999年のおから事件最高裁決定(最決平11・3・10刑集53巻3号339頁)において,「不要物」に該当するか否かは,「その物の性状,排出の状況,通常の取扱い形態,取引価値の有無及び事業者の意思等を総合的に勘案して決するのが相当である。」としたうえで,おからが豆腐製造業者により大量に排出され,非常に腐敗しやすく,その大部分が無償で牧畜業者等に引き渡されるか,有償で廃棄物処理業者にその処理が委託されているのが実情であり,また,本件被告人が処理料金を徴しておからを受け取っていたという点から,おからが「不要物」にあたると判断したのである。本決定の後,2000年の厚生省課長通知により,廃タイヤについて占有者の意思の客観化が図られるようになり,これが他の廃棄物についても同様に適用されるようになり,行政解釈が変更されることとなった。

(2) **廃棄物の種類と規制**　　廃棄物処理法は,廃棄物を一般廃棄物および産業廃棄物の2種に区分している(2条2項・4項)。一般廃棄物は,産業廃棄物以外の廃棄物をいい,これには生活系一般廃棄物と事業系一般廃棄物の両者が含まれる。他方,産業廃棄物は,事業活動にともない生じる廃棄物のうち,法律および政令で定められた20種類のものをいい,燃え殻,汚泥,廃油,廃酸,廃アルカリ等のようにあらゆる事業活動にともない排出されるものと,紙くず,木くず,繊維くず等のように排出する業種が限定されているものがある。また,爆発性,毒性,感染性を有するおそれのあるものについては,特別管理一般廃棄物および特別管理産業廃棄物として政令で指定され,厳格な処理基準の下で

その処理をすることとされている（2条3項・5項）。一般廃棄物については，市町村がその処理責任を負い（6条の2），産業廃棄物については，排出事業者に処理責任がある（11条1項）。一般廃棄物，産業廃棄物ともに，収集，運搬，中間処理，運搬，最終処分の過程を経ることとなる。中間処理とは，廃棄物を生活環境の保全上問題がない状態に変化させるものであり，焼却・破砕・脱水等がある。また，中間処理を行う施設を中間処理施設という。最終処分とは，廃棄物を最終的に自然界に捨てることをいい，埋立てがこれにあたる。また，最終処分を行う廃棄物の埋立地を最終処分場という。中間処理施設および最終処分場をあわせて廃棄物処理施設という。一般廃棄物処理施設および産業廃棄物処理施設の設置については，いずれも知事による許可制の下に置かれている（8条1項・15条1項）。一般廃棄物および産業廃棄物は，事業者にその処理を委託でき，一般廃棄物処理業については，市町村長による許可を要し（7条1項），産業廃棄物処理業については，知事による許可が必要である（14条1項）。

(3) **監督システム**　不法投棄および処理基準に適合しない不適正処理については一般的に禁止されている（16条・16条の2）。不法投棄または不適正処理がなされた場合，一般廃棄物については，市町村長が廃棄物処理業者に対し，産業廃棄物については，知事が廃棄物処理業者に対し，それぞれ改善命令を発動することができる（19条の3）。また，原状回復等の措置命令についても，一般廃棄物，産業廃棄物それぞれについて，市町村長または知事が発動できることとされている（19条の4，19条の5）。とくに，産業廃棄物については，措置命令の名宛人には，廃棄物処理業者のみならず，排出事業者，土地所有者等も含まれる。

　豊島事件等の大規模な産業廃棄物不法投棄事件を受けて，廃棄物処理法の改正により不法投棄の未然防止および事後措置の両面から対策が強化されることとなった。

豊島事件　豊島は，香川県に属する瀬戸内海の小島である。香川県知事から許可を受けた廃棄物処理業者が，豊島におけるその所有地に金属くず等を搬入し，野焼きをしたうえで投棄するという行為を繰り返すようになった。そのため，豊島住民は香川県に対し公開質問状を提出したが，香川県は1977年の厚生省課長通知による解釈の下，処理業者が搬入した金属くず等は廃棄物にあたらないとし，処理業者によるこれらの行為を容認した。ところが，その後，処理業者は，廃棄物処理法違反の罪で起訴され，有罪判決が確定することとなった。ここに至り，豊島住民は，公害紛争処理法に基づき，香川県，処理業者および排出事業者を被申請人とする調停を申請し，本件廃棄物の撤去等を求めた。ボーリング調査の結果，土壌汚染および地下水汚染が判明したため，豊島住民と香川県の間で，香川県が本件廃棄物および汚染土壌を搬出し，地下水・浸出水を浄化することで合意がみられ，2000年に調停が成立した。本件廃棄物等の搬出は2017年3月28日にようやく完了したが，地下水の浄化など残された課題は少なくない。

不法投棄の未然防止については，1991年改正により特別管理産業廃棄物に導入されていた産業廃棄物管理票制度（マニフェスト制度）を，1997年改正により産業廃棄物全般に及ぼすこととなった。これは，排出事業者が，産業廃棄物の運搬または処分の委託時に，産業廃棄物処理業者に管理票を交付し，自らが排出した産業廃棄物の処理を見届けるべき義務を負わせる制度であったが，この時点では，排出事業者は，中間処理の終了まで確認すれば法的責任を果たしたこととされていた。これでは不法投棄を未然に防止するには不十分であるとの批判を受けて，2000年改正により産業廃棄物管理票制度が強化され，排出事業者は，自らが排出した産業廃棄物の最終処分終了まで確認しなければならないこととされた（12条の３）。また，不法投棄に対する罰則も強化され，５年以下の懲役または1,000万円以下の罰金を科し（25条），さらに，法人によるものは３億円以下の罰金を科すことができるようになった（32条１項１号）。厳罰化によりその抑止的効果が期待されるところである。

不法投棄の事後措置については，廃棄物処理業者に措置命令を発動し原状回復を求めても，資力不足のため義務を履行できない場合も多く，そのときは知事による行政代執行に頼らざるをえない。原状回復を図るためには，多額の費用が必要になり，都道府県の財政を圧迫することが問題とされていた。そこで，1997年改正により，原状回復基金が産業廃棄物適正処理推進センターに設置された（13条の15第１項）。基金は産業界からの出えんおよび国からの補助により設立され（同２項），行政代執行により原状回復を図る際に，基金からの助成を受けることで，都道府県の財政的負担が大幅に軽減されることとなった。

第７節　循環型社会と法

1　循環型社会形成推進基本法の制定

廃棄物をめぐる問題の中でも深刻となっていたのが最終処分場の逼迫問題だった。最終処分場の残余年数が僅かとなっているにもかかわらず，あらたに最終処分場を建設するにあたって，住民の反対などにより難航することが頻繁にみられるようになった。この問題を解決するには，経済社会システムを根本から見直すことが求められる。すなわち，従来の大量生産・大量消費・大量廃

棄型の経済社会システムから循環型の経済社会システムへの転換が求められるのである。そのため，2000年に循環型社会形成推進基本法（平12法110）を制定し，循環型社会の形成に向けた法体系を確立した。ここでいう循環型社会とは，①製品等が廃棄物となることを抑制し，②排出された廃棄物はできるだけ資源として利用し，③資源として利用できない廃棄物は適正処分を徹底し，④上記①～③により天然資源の消費が抑制され，環境への負荷が低減される社会をいう（2条1項）。

循環型社会形成推進基本法において対象となる「循環資源」とは，廃棄物等のうち有用なものをいう（2条3項）。また，循環型社会を形成するための施策の優先順位が定められており，第一に「発生抑制」（リデュース），第二に「再使用」（リユース），第三に「再生利用」（リサイクル）を進めるべきであるとされている。これらの施策をあわせて3Rという。このうち，「再使用」とは，循環資源を製品としてそのまま使用し，または，循環資源を部品その他製品の一部として使用することをいうのに対し，「再生利用」とは，循環資源を原材料として利用することをいう。3Rの優先順位は，環境負荷の発生をどれだけ抑えられるかにより定められている。さらに，3Rに続く施策として，第四に「熱回収」（サーマル・リサイクル），第五に「適正処分の実施」を明示している（7条）。

事業者の責務としては，廃棄物等を排出した者が，その適正なリサイクルや処分に関する責任を負うとする「排出者責任」の考え方に加えて，生産者が，その生産した製品の使用・廃棄後も当該製品の適正なリサイクルや処分について一定の責任を負うとする「拡大生産者責任（EPR）」の考え方が取り入れられた点が注目される（11条）。3Rを推進するためには，拡大生産者責任を法システムに組み込むことがきわめて重要となる。生産者に費用負担させることにより，生産者が3Rを進めるインセンティブがはたらくことになる。

2　資源有効利用促進法

1991年に制定された「再生資源の利用の促進に関する法律」（平3法48）が2000年に改正され，法律名も「資源の有効な利用の促進に関する法律」（資源有効利用促進法）に改称された。改正前の法律は，リサイクル（1R）の推進を

目的としていたが，改正後の法律は，基本法の定めるリデュース，リユース，リサイクル（3R）の推進を目指すものとなった。

　資源有効利用促進法では，使用済物品・副産物のうち有用なものであって，原材料として利用できるものを「再生資源」とし，使用済物品のうち有用なものであって，部品その他製品の一部として利用できるものを「再生部品」としている。そのうえで，主務大臣は，発生抑制および再生資源・再生部品の有効な利用を総合的・計画的に推進するため，資源の有効な利用の促進に関する基本方針を策定し公表することとされている（3条1項）。

　次に，本法の対象業種として，副産物のリデュース・リサイクルを推進する鉄鋼業，紙・パルプ製造業など「特定省資源業種」（2条7項）と，リユース部品およびリサイクル材の使用を推進する紙製造業，ガラス容器製造業など「特定再利用業種」（同条8項）が政令により指定される。また，本法の対象製品として，リデュース配慮設計が求められる自動車，家電など「指定省資源化製品」（9項），リユース・リサイクル配慮設計が求められるパソコン，複写機など「指定再利用促進製品」（10項），分別回収の表示が求められるアルミ缶，ペットボトルなど「指定表示製品」（11項），事業者による自主回収・リサイクルを推進するパソコン，二次電池の「指定再資源化製品」（12項）等もまた政令により指定される。

　対象業種を営む事業者および対象製品等を生成する事業者は，主務大臣の策定する基本方針に従い，自主的に3Rに取り組むことが基本とされている。これに対し，主務大臣は，3Rが円滑に推進されるよう指導・助言といった行政指導を行い（11条など），さらに，判断基準に照らして，3Rの推進が著しく不十分であると認めるときは，事業者に対する勧告というかたちで行政指導をすることができる（13条1項など）。事業者が勧告に従わなかったときは，主務大臣は，当該事業者の氏名および行政指導に不協力であるという事実を公表することができる（13条2項など）。

　資源有効利用促進法の問題点として次の2点をあげることができる。第一に，行政指導手法が中心となるため，実効性の確保が必ずしも十分とはいえない。第二に，事業者の自主的取組を尊重するがゆえに，フリーライドを防止するためにも，目標達成の程度に関する情報公開等自主的取組みについての透明性を

高める方策が必要とされる。

3　容器包装リサイクル法

　資源有効利用促進法に基づき3Rの推進が図られているところであるが，さらに，個別物品の特性に応じリサイクルを促進することが求められることから，容器包装リサイクル法をはじめ個別リサイクル法があわせて制定されている。個別リサイクル法には，容器包装リサイクル法のほか，家電リサイクル法，建設資材リサイクル法，食品リサイクル法，自動車リサイクル法，小型家電リサイクル法などがある。

　容器包装リサイクル法の正式名称は「容器包装に係る分別収集及び再商品化の促進等に関する法律」（平7法112）である。容器包装廃棄物は，容積比にして一般廃棄物の約60％を占めるに至っており，リサイクルの必要性がきわめて高かったため，最初の個別リサイクル法として1995年に制定された。その対象は，「特定容器」（2条2項）および「特定包装」（同条3項）であり，これらを製造等または販売する（以下「提供する」）事業者を特定事業者（特定容器利用事業者，特定容器製造等事業者および特定包装利用事業者）と総称する（11項・12項・13項）。特定事業者が提供した商品を購入した消費者が特定容器および特定包装を分別排出し，これを市町村が市町村分別収集計画（8条）に基づいて分別収集することとされている（10条）。市町村により分別収集された特定容器および特定包装のうち，環境省令で定める基準に適合する分別基準適合物について再商品化事業者により再商品化が実施される。再商品化に係る費用については，特定事業者が負担することとされており，特定事業者が指定法人日本容器包装リサイクル協会に再商品化実施委託料を預け，再商品化が実施されたときに，日本容器包装リサイクル協会が再商品化事業者にこれを支払うこととされている（11条～14条）。ただし，特定事業者に再商品化義務が課されているのは，ガラスびん，ペットボトル，プラスチック製容器包装，紙製容器包装のみであり，スチール缶，アルミ缶，紙パック，段ボールについては，分別収集された時点ですでに有価物となっているため，特定事業者に再商品化義務が課されていない。

　容器包装リサイクル法は，特定事業者に再商品化義務を課している点で拡大

生産者責任が一部導入されていると認められるが，分別収集義務は市町村に課されている点でなお不十分である。この点については，容器包装リサイクル法を制定するにあたり参照したドイツおよびフランスの法制にならい，分別収集に係る費用についても，特定事業者に負担させることが望ましい。

第8節　生物多様性と法

1　生物多様性基本法の制定

　1992年に採択された生物多様性条約を批准したわが国は，その第6条の「締約国は，生物の多様性の保全及び持続可能な利用を目的とする国家戦略を作成する。」に基づき，1995年に生物多様性国家戦略を決定し，その後，2002年に新・生物多様性国家戦略，2007年に第三次生物多様性国家戦略を決定するなど生物多様性の保全について計画的に取り組んできた。しかしながら，これらの行政計画は国内法上の根拠を欠いていたため，実効性の確保に欠けていた。また，生物多様性の保全に関する国内法も非常に多くなってきたため，これを体系化することも必要とされるようになった。そこで，2008年に生物多様性基本法（平20法58）が制定されたのである。

　生物多様性基本法は，生物多様性の恵みを将来にわたり享受できる自然と共生する社会の実現をその目的とし，生物多様性の保全と持続可能な利用についての基本原則を示した（前文・1条・3条）。本法11条1項に基づき，2010年に「生物多様性国家戦略2010」が策定され，同年，名古屋で開催された第10回生物多様性条約締約国会議における愛知目標の採択を経て，2012年には「生物多様性国家戦略2012—2020」が策定された。これは，2020年度までに重点的に取り組むべき施策の方向性と政府の行動計画を明示したものである。

　既存の法律も生物多様性基本法の制定にともない，その下に体系化されることとなった。これは，地域的自然環境保全の法システムと生態系保全の法システムに二分される。以下，それぞれの法システムについて概観する。

2　地域的自然環境保全の法システム

　地域的自然環境保全の法システムとしては，自然公園法（1957年），自然環境

保全法（1972年），自然再生推進法（2002年）などをあげることができる。ここでは，自然公園法および自然環境保全法について，その内容および問題点に言及する。

(1) **自然公園法**　自然公園法（昭32法161）は，1条において，「この法律は，優れた自然の風景地を保護するとともに，その利用の増進を図ることにより，国民の保健，休養及び教化に資するとともに，生物の多様性の確保に寄与することを目的とする。」と規定しており，「優れた自然の風景地」の「保護」と「利用」の両者がその目的とされている。また，アメリカやカナダの自然公園が土地全体を公園の専有地とする営造物公園となっているのに対し，わが国の自然公園は私有地を含む一定の地域を指定しそこにおける利用活動を規制する地域制公園のスタイルをとっており，その性格が大きく異なる。

自然公園は，国立公園，国定公園および都道府県立自然公園からなる。国立公園は，わが国の風景を代表する傑出した自然の風景地について，環境大臣が関係都道府県および中央環境審議会の意見を聴いて指定するものであり（5条1項），国定公園は，国立公園に準ずる優れた自然の風景地について，関係都道府県の申出により，環境大臣が中央環境審議会の意見を聴いて指定するものとなる（5条2項）。国立公園および国定公園以外の優れた自然の風景地については，都道府県がその条例の定めるところにより都道府県立自然公園として指定することができる（72条）。国立公園には阿寒，日光，伊勢志摩などがあるが，2017年3月には，34カ所目の国立公園として，奄美群島国立公園が誕生した。

自然公園における地域地区指定（ゾーニング）としては，公園の風致維持のために指定される特別地域（第一種～第三種）（20条），特別地域の中で景観維持のためとくに必要のあるときに指定される特別保護地区（21条），特別地域の中で公園の風致・景観の維持とその適正な利用を図るためとくに必要のあるときに指定される利用調整地区（23条），公園の海域の景観を維持するため，その区域の海面内に指定される海域公園地区（22条）などがある。これらの地域地区は，国立公園については環境大臣により指定され，国定公園については都道府県知事により指定されることとされている。また，自然公園の区域のうち，特別地域および海域公園地区に含まれないその他の区域を普通地域という（33条）。

次に，それぞれの自然公園について，環境大臣が公園計画を策定する（7条）。公園計画には，保護のための規制計画，利用のための規制計画，保護のための施設計画，利用のための施設計画がある。保護のための規制計画は，公園の風致・景観を保護するため行為規制をかけることを内容としており，地域地区ごとに規制に強弱をつけ，特別地域・特別保護地区・海域公園地区については，環境大臣（国定公園については知事。以下，国定公園について同じ）による許可制を採用しているのに対し（20条3項・21条3項・22条3項），普通地域については，環境大臣への届出制を採用している（33条1項）。利用のための規制計画は，自然公園の収容力を算定し，利用の時期や方法を制限することを内容としており，とくに利用調整地区については，立入りにあたり環境大臣の認定が必要とされ（24条），認定を受けた者に，国等への手数料納付を義務づけることにより，利用者数の調整をはかる経済的手法が活用されている（31条）。また，保護のための施設計画は，植生復元施設など自然公園の保護のために必要な施設を整備するものであり，利用のための施設計画は，道路，宿舎，休憩所など自然公園の利用のために必要な施設を整備するものである。さらに，これらの施設を整備するために，環境大臣が公園事業を決定することとされている（9条）。

　自然公園法の問題点として，次の4点をあげることができる。第一に，「優れた自然の風景地」のみが法律の対象となっているため，見た目が優れているとはいいがたい自然の風景地は対象外となってしまう。第二に，自然の「保護」のみならず，自然の「利用」が目的とされているため，多数の自動車の流入による大気汚染，し尿や雑排水による河川・湖沼の水質汚濁・富栄養化，踏みつけによる植物の枯死など過剰利用が問題となる。この点は，自然公園法の2002年改正により，土地所有者等の同意を前提に，特別地域内における湿原等環境保全に特別の配慮が必要な地域を環境大臣が立入規制区域として指定することができるようになり（20条3項16号），また，前述した利用調整地区制度が創設されたことで多少なりとも改善された。第三に，わが国の自然公園は，地域制公園であるがゆえに，公園地域内における他の産業等による土地利用行為との調整が困難となる。たとえば，第二種・第三種特別地域における林業などがその例としてあげられる。第四に，国立公園を管理する自然保護官（レンジャー）の数がきわめて少ないことも問題とされる。この点については，自然

公園法の2002年改正により，公園管理団体制度が導入されたことでその改善が期待された（49条）。地域密着型で自然公園管理を行うNPO法人等を環境大臣が公園管理団体として指定するものであるが，これまでに指定された公園管理団体は，国立公園については5団体，国定公園については2団体のみであり，指定がなかなか進まない状況である（2017年3月時点）。また，自然公園法の2005年改正により，パトロールや利用者指導等の現場管理業務を担当する「アクティブ・レンジャー」を現場に配置する制度が導入されたが，アクティブ・レンジャーの人数がきわめて少ないため，広大な自然公園を適正に管理することは困難となっている。そのため，自然公園指導員，パークボランティアなどに依存するところが大きい。

(2) **自然環境保全法**　自然環境保全法（昭47法85）は，1条において，「この法律は，……自然環境を保全することが特に必要な区域等の生物の多様性の確保その他の自然環境の適正な保全を総合的に推進することにより，広く国民が自然環境の恵沢を享受するとともに，将来の国民にこれを継承できるようにし，もつて現在及び将来の国民の健康で文化的な生活の確保に寄与することを目的とする。」と規定しており，自然公園法とは異なり，自然の利用をその目的としていない。

自然環境保全法が適用される自然地域には，原生自然環境保全地域，自然環境保全地域，都道府県自然環境保全地域がある。原生自然環境保全地域は，人の活動による影響を受けることなく原生の状態を維持している地域で，環境大臣が関係都道府県及び中央環境審議会の意見を聴いて指定することとされている（14条）。原生自然環境保全地域として指定できるのは，①面積1,000ha以上（全域が原生状態の島に限り300ha以上），②国公有地のみ（私有地は対象外），③保安林を除く地域とされている。さらに，自然公園法の指定地域と重複して指定することはできない（自園71条）。その結果，現在までに原生自然環境保全地域として指定されているのは，遠音別岳，十勝川源流部，大井川源流部，南硫黄島，屋久島の計5地域にとどまっている（2017年3月時点）。自然環境保全地域は，原生自然環境保全地域に次いで，自然的・社会的条件からみて自然環境を保全することが特に必要な地域であり，高山性・亜高山性植生，天然林，特異な地形・地質，海岸，湖沼，湿原，河川，野生動植物の生息地・自生地等が対

象となる。また，自然環境保全地域は，環境大臣が関係地方公共団体の長および中央環境審議会の意見を聴いて指定することとされている（22条）。自然環境保全地域については，原生自然環境保全地域と異なり，私有地や保安林も指定対象となるが，現在のところ，私有地の指定は笹ヶ峰のみである。また，原生自然環境保全地域と同じく，自然公園法の指定地域と重複して指定することができないため，現在までに自然環境保全地域として指定されているのは，白神山地，利根川源流部，白髪岳など計10地域にとどまっている（2017年3月時点）。都道府県自然環境保全地域は，その区域における自然環境が自然環境保全地域に準ずる土地の区域で，周辺の自然的・社会的条件からみて自然環境を保全することがとくに必要な地域であり，都道府県が条例の定めるところにより指定するものである。2017年3月時点で546地域が指定されている。

　原生自然環境保全地域においては，人の各種の行為（建築物・工作物の新築・改築・増築，宅地造成，水面の埋立て・干拓，木竹の伐採，植物の採取，動物の捕獲等）を原則として禁止し，環境大臣の許可があるときのみこれを認める（17条）。これに違反したときは，環境大臣により中止命令または措置命令が発動される（18条）。また，自然環境保全地域においては，特別地区と普通地区に区分され，特別地区では人の各種の行為が環境大臣による許可制の下におかれる（25条4項）のに対し，普通地区では人の各種の行為が環境大臣への届出で足りるとされている（28条1項）。ここで対象となる行為の範囲は，原生自然環境保全地域のそれより狭い。

　自然環境保全法の問題点として，次の2点をあげることができる。第一に，自然公園との重複指定ができない点が問題となる。すなわち，自然環境保全法に基づき指定すべき地域の多くがすでに国立公園や国定公園に指定されているため，自然地域として指定できる地域が限定されているのである。この点については，生態系保全の観点が重要な地域について，自然公園から自然地域へ指定換えを進めるべきである。第二に，自然環境保全地域については，地権者等の同意が得られないため地域指定が進まないという問題がある。その結果，1地域を除き，すべて国公有地となっている。

3 生態系保全の法システム

　生態系保全の法システムとしては，「鳥獣の保護及び管理並びに狩猟の適正化に関する法律」（鳥獣保護管理法〔2002年〕），「絶滅のおそれのある野生動植物の種の保存に関する法律」（種の保存法〔1992年〕），「特定外来生物による生態系等に係る被害の防止に関する法律」（特定外来生物法〔2004年〕），「遺伝子組換え生物等の使用等の規制による生物の多様性の確保に関する法律」（カルタヘナ法〔2003年〕）などをあげることができる。ここでは，鳥獣保護管理法および種の保存法について，その内容および問題点に言及する。

(1) 鳥獣保護管理法　　鳥獣保護管理法（平14法88）は，1条において，「この法律は，鳥獣の保護及び管理を図るための事業を実施するとともに，猟具の使用に係る危険を予防することにより，鳥獣の保護及び管理並びに狩猟の適正化を図り，もって生物の多様性の確保（生態系の保護を含む。…），生活環境の保全及び農林水産業の健全な発展に寄与することを通じて，自然環境の恵沢を享受できる国民生活の確保及び地域社会の健全な発展に資することを目的とする。」と規定しており，その目的は，「鳥獣の保護」および「狩猟の適正化」であったが，2014年改正により，「鳥獣の管理」があらたに加わった。

　まず，環境大臣が，鳥獣保護管理事業を実施するための基本指針を策定し（3条），これを受けて，知事が，基本指針に即して，鳥獣保護管理事業計画を策定することとされている（4条）。すなわち，知事は，その生息数が著しく減少し，またはその生息地の範囲が縮小している鳥獣を「第一種特定鳥獣」とし，当該鳥獣の保護を図るためとくに必要があると認めるときは，「第一種特定鳥獣保護計画」を策定することができる（7条）。また，知事は，その生息数が著しく増加し，またはその生息地の範囲が拡大している鳥獣を「第二種特定鳥獣」とし，当該鳥獣の管理をはかるためとくに必要があると認めるときは，「第二種特定鳥獣管理計画」を策定することができる（7条の2）。

　鳥獣および鳥類の卵の捕獲・採取等は原則として禁止される（8条）。環境省令で定める狩猟鳥獣についてのみ，その保護繁殖との調整がつく場合に限り，捕獲等をすることができる（11条）。とくに保護の必要があると認める狩猟鳥獣については，区域・期間・猟法を定めてその捕獲等を制限することができる（たとえば，空気散弾銃の使用禁止，鳥類やヒグマ・ツキノワグマ捕獲のためのわなの使

用禁止)。また，集中的かつ広域的に管理を図る必要があるとして環境大臣が定めた「指定管理鳥獣」については，都道府県等が「指定管理鳥獣捕獲等事業」を実施することができる（14条の2）。さらに，知事は，鳥獣の捕獲等に係る安全管理体制や従事する者の技能及び知識が一定の基準に適合しているときは，鳥獣捕獲等事業者の認定をすることができる（18条の2）。

また，販売されることにより，その保護に重大な支障を及ぼすおそれのある鳥獣または鳥類の卵であって環境省令で定めるものについては原則として販売を禁止し，違法に捕獲・輸入された鳥獣または鳥類の卵については，その生死を問わず飼養・取引を禁止している（27条）。

鳥獣保護管理法におけるゾーニング手法としては，環境大臣または知事による「鳥獣保護区」および「特別保護地区」の指定がある。「鳥獣保護区」は，鳥獣の保護をはかるため，必要があると認められる地域をこれに指定し，その区域内において鳥獣の捕獲を禁止するものである（28条）。国指定の鳥獣保護区は85カ所（2017年3月時点），都道府県指定の鳥獣保護区は3,680カ所（2016年11月時点）にのぼる。「特別保護地区」は，鳥獣保護区の区域内において，鳥獣の保護およびその生息地の保護を図るため，必要があると認められる地域をこれに指定し，その区域内において工作物の新築，水面の埋立・干拓，木竹の伐採等の行為を環境大臣または知事の許可制の下に置くものである（29条）。国指定の特別保護地区は70カ所（2016年11月時点），都道府県指定の特別保護地区は540カ所（2017年3月時点）にのぼる。

鳥獣保護管理法の問題点としては，次の2点をあげることができる。第一に，鳥獣のみを保護の対象としており，生態系保全の観点から保護が必要とされる生物でも鳥獣以外のものは対象外となっている。この点については，種の保存法，特定外来生物法，カルタヘナ法など他の法律により，その不備を補う必要がある。第二に，捕獲禁止，販売等の規制が適切に行われているか否かを判定する機関が不十分である。たとえば，鳥獣保護管理員の人員不足が問題となっている。

(2) **種の保存法** 種の保存法（平4法75）は，1条において，「この法律は，……絶滅のおそれのある野生動植物の種の保存を図ることにより，生物の多様性を確保するとともに，良好な自然環境を保全し，もって現在及び将来の国民

の健康で文化的な生活の確保に寄与することを目的とする。」と規定しており，絶滅のおそれのある野生動植物の種の保存を目的とするものである。

　その対象となるのは，「国内希少野生動植物種」，「国際希少野生動植物種」および「緊急指定種」である。「国内希少野生動植物種」は，その個体がわが国の国内において生息・生育する絶滅のおそれのある野生動植物の種であって政令で定めるものであり（4条3項），コウノトリ，トキ，イヌワシ，ライチョウ，イリオモテヤマネコ，アマミノクロウサギ，ベッコウトンボ，レブンアツモリソウなど208種が指定されている（2017年1月時点）。「国際希少野生動植物種」は，国際的に協力して種の保存を図ることとされている絶滅のおそれのある野生動植物の種であって政令で定めるものであり（4条4項），ゴクラクインコ，シロオリックス，チーター，ヒョウ，ジャイアントパンダ，シロナガスクジラ，オランウータン，アフリカゾウ，フンボルトペンギン，ダチョウ，コモドオオトカゲなど多数の種が指定されている。「緊急指定種」は，国内希少野生動植物種および国際希少野生動植物種以外の野生動植物の種の保存をとくに緊急に図る必要があるとき，環境大臣により指定されるものであり，その指定は3年間に限定される（5条）。たとえば，1994年12月にワシミミズク，イリオモテボタル，クメジマボタルの3種が環境大臣により指定され，その後，1997年11月にワシミミズクのみが国内希少野生動植物種に指定されたケースがある。

　国内希少野生動植物種および緊急指定種の生きている個体（卵および種子で政令で定めるものを含む）については，その捕獲，採取等が禁止されており（9条），また，国内希少野生動植物種，国際希少野生動植物種および緊急指定種の個体・器官またはこれらの加工品の譲渡，陳列，輸出入等も原則禁止とされている（12条・15条・17条）。

　種の保存法におけるゾーニング手法としては，環境大臣による「生息地等保護区」の指定がある（36条）。これは，国内希少野生動植物種について，捕獲，採取等の規制を行うだけでは個体群の存続が困難であり，その生息・生育環境を保全する必要がある場合に指定されるものであり，現在までに9地区が指定されている（2017年3月時点）。生息地等保護区は，管理地区と監視地区に区分され，産卵地，繁殖地等とくに重要な区域は管理地区に指定される。管理地区

においては、建築物の新築、土地の形質変更、水面の埋立て・干拓等の行為が環境大臣による許可制の下に置かれている（37条）。これに対し、監視地区においては、これらの行為について、環境大臣への届出で足りるとされている（39条）。さらに、環境大臣は、管理地区の区域のうち、国内希少野生動植物種の個体の生息・生育のため、とくにその保護を図る必要があると認める場所を立入制限地区に指定することができる（38条）。

環境大臣等は、国内希少野生動植物種を対象として、中央環境審議会の意見を聴いたうえで、その個体の繁殖の促進、生息地等の整備等の事業を推進する必要のあるときは、保護増殖事業計画を策定することができる（45条）。これに基づいて、国が保護増殖事業を実施する（46条1項）。このほか、地方公共団体は、環境大臣の確認を受けて保護増殖事業を実施することができ（46条2項）、また、その他民間団体等も、環境大臣の認定を受けて保護増殖事業を実施することができる（46条3項）。イリオモテヤマネコ、アマミノクロウサギ、アホウドリ、トキ、シマフクロウ、イヌワシ、ライチョウ、アベサンショウウオ、ミヤコタナゴ、ベッコウトンボ等63種について50の保護増殖事業計画が策定されている（2017年1月時点）。また、保護増殖事業においては、生息域内保全のみならず、動物園・水族館等の協力を得て、生息域外保全の取組みも行っている。

種の保存法の問題点としては、次の3点をあげることができる。第一に、指定されている国内希少野生動植物種がきわめて限定的である。「環境省レッドリスト2017」によると、絶滅危惧種が3,634種にのぼり、「海洋生物レッドリスト」に掲載された56種を加えると、環境省が選定した絶滅危惧種の総数は3,690種となる。これに対し、国内希少野生動植物種の指定は非常に少ないといわざるをえない。この点については、政令を改正し、順次対象となる種が追加されているところであるが、今後、2020年までにさらに約300種の追加指定を目指すこととしている。第二に、生息地等保護区の指定が進んでいない点が問題である。これには、土地所有権等財産権の尊重および国土の保全その他の公益との調整を規定する3条が関わっていると考えられる。第三に、保護増殖事業のうち、生息域外保全については、遺伝的多様性のかく乱、病原体の感染等の問題があるため、生息域内保全によっては保護増殖が困難な場合に限定する必要がある。

第9節　環境訴訟

1　環境紛争の解決手段

　環境紛争の解決手段としては，裁判手続によるものと裁判外手続によるものがある。裁判手続の中心となるのは，民事訴訟と行政訴訟である。裁判外手続には，公害紛争処理法に基づく調停等の手続がある。前述の豊島事件は，この公害紛争処理法に基づく調停を活用した代表的なケースである。ここでは，民事訴訟のうち，国・公共団体を被告とする国家賠償請求訴訟，また，行政訴訟（行訴2条）のうち，抗告訴訟から処分取消訴訟（3条2項）と差止訴訟（同条7項），民衆訴訟（5条）から住民訴訟（自治242条の2）を取り上げることとする。

2　国家賠償請求訴訟

　(1)　**国家賠償法1条に基づく請求**　環境訴訟においては，規制権限の不行使（不作為）を違法な「公権力の行使」（国賠1条1項）であるとして，国家賠償法1条に基づく国家賠償請求を認容するケースがみられる。

　水俣病関西訴訟最高裁判決は，国が水質二法に基づく規制権限を行使せず，熊本県も熊本県漁業調整規則に基づく規制権限を行使しなかったことはいちじるしく合理性を欠くものであるとして，国および熊本県の国家賠償責任を認めた（最判平16・10・15民集58巻7号1802頁）。

　(2)　**国家賠償法2条に基づく請求**　環境訴訟においては，道路・空港等の「公の営造物」（国賠2条1項）の設置・管理に供用関連瑕疵があるとして，国家賠償法2条に基づく国家賠償請求を認容するケースがみられる。

　国道43号線訴訟最高裁判決は，侵害行為の態様と侵害の程度，被侵害利益の性質と内容，侵害行為のもつ公共性，公益上の必要性の内容と程度等について比較検討するなどして，自動車騒音等が沿道住民に受忍限度を超える被害を与えたとし，国および（旧）阪神高速道路公団の国家賠償責任を認めた（最判平7・7・7民集49巻7号1870頁）。また，大阪国際空港訴訟最高裁判決は，国営空港を離着陸する航空機の騒音等が空港周辺に居住する住民に対し精神的被害および身体的被害を与えたとして，国の国家賠償責任を認めた（最判昭56・12・16

民集35巻10号1369頁)。

3　抗告訴訟

(1)　**処分性**　取消訴訟における訴訟要件の第一に「処分性」をあげることができる。処分性が争点となったケースとしては，前述した二酸化窒素環境基準改定告示の取消訴訟において，環境基準の内部行為性からその処分性を否定した裁判例（東京高判昭62・12・24判タ668号140頁）のほか，ごみ焼却場の建設にかかる東京都の一連の行為は，直接私人の権利義務を形成しまたはその範囲を確定する行為ではなく，「本件ごみ焼却場は，被上告人がさきに私人から買収した都所有の土地の上に，私人との間に対等の立場に立つて締結した私法上の契約により設置されたものである」として，権力的行為性を欠くためその処分性を否定した判例（最判昭39・10・29民集18巻8号1809頁）などがある。

(2)　**原告適格**　取消訴訟における訴訟要件の第二に「原告適格」をあげることができる。抗告訴訟で原告適格が争点となったケースとしては，定期航空運送事業免許処分の取消訴訟において空港周辺に居住する住民に原告適格が認められた新潟空港訴訟（最判平元・2・17民集43巻2号56頁），原子炉設置許可処分の無効確認訴訟において原子力発電所周辺住民に原告適格が認められたもんじゅ原発訴訟（最判平4・9・22民集46巻6号571頁），小田急線連続立体交差事業認可処分の取消訴訟において事業地の地権者のみならず小田急線の沿線住民にまで原告適格を認めた小田急高架化訴訟（最判平17・12・7民集59巻10号2645頁）などがある。とくに，小田急高架化訴訟については，2004年の行政事件訴訟法改正により，「法律上の利益」（行訴9条1項）の解釈について具体的な解釈指針が示されたことによって（同条2項），判例変更がなされ事業地の周辺住民に原告適格が認められたことに意義がある。

また，アマミノクロウサギを原告とするいわゆる「自然の権利」訴訟においては，森林法10条の2に基づく開発行為許可処分の取消しが求められたが，アマミノクロウサギ等の自然物の原告適格が否定され訴えは却下され，自然保護活動等を行っていた市民や環境NGOの原告適格も認められなかった（鹿児島地判平13・1・22 LEX/DB28061380）。

さらに，歴史的文化的価値を有する景観利益の保全を求めるために公有水面

埋立免許の差止めを求めた鞆の浦景観訴訟では，景観利益は「私法上の法律関係において，法律上保護に値するものである」として，行訴法37条の3が定める差止訴訟の原告適格である「法律上の利益」には民法709条の「法律上保護される利益」も含まれるとした（広島地判平21・10・1判時2060号3頁）。

　(3)　**裁量統制**　処分性，原告適格等の訴訟要件が充足されると，本案審理に移ることとなる。取消訴訟における本案審理においては，処分の違法性を審査するにあたり，裁量権の踰越・濫用が認められれば，当該処分は違法となり裁判所はこれを取り消すことができる（行訴30条）。

　環境訴訟においては，判断代置方式ではなく，日光太郎杉事件控訴審判決（東京高判昭48・7・13行集24巻6・7号533頁，判タ297号124頁）で示された判断過程統制方式をとる裁判例が多くみられる。たとえば，小田急高架化訴訟の本案審理において，「裁判所が都市施設に関する都市計画の決定又は変更の内容の適否を審査するに当たっては，当該決定又は変更が裁量権の行使としてされたことを前提として，その基礎とされた重要な事実に誤認があること等により重要な事実の基礎を欠くこととなる場合，又は，事実に対する評価が明らかに合理性を欠くこと，判断の過程において考慮すべき事情を考慮しないこと等によりその内容が社会通念に照らし著しく妥当性を欠くものと認められる場合に限り，裁量権の範囲を逸脱し又はこれを濫用したものとして違法となるとすべきものと解するのが相当である。」と判示し請求を棄却している（最判平18・11・2民集60巻9号3249頁）。

　(4)　**差止訴訟**　差止訴訟の訴訟要件としては，処分性，原告適格など取消訴訟の訴訟要件に加えて，「差止めの訴えは，一定の処分又は裁決がされることにより重大な損害を生ずるおそれがある場合に限り，提起することができる。ただし，その損害を避けるため他に適当な方法があるときは，この限りでない。」（行訴37条の4第1項）とされており，重大性および補充性が求められることとなる。

　公有水面埋立法に基づく知事の埋立免許の差止めを求めた鞆の浦景観訴訟（前掲広島地判）においては，住民には景観利益があるとして原告適格を認めたうえで，きわめて良好な景観が永久的に失われるのは重大な損害であり，損害回避のための適当な方法が他に存在しないとして，重大性および補充性の要件

も認めた。

さらに、その本案審理において、埋立事業の必要性・公共性について、判断過程統制方式により検討し、埋立免許は裁量権の範囲を超えるものであるとして、差止請求が認容された。

(5) **住民訴訟** 環境訴訟においては、民衆訴訟（行訴5条）の一種である住民訴訟（自治242条の2）が活用されることも多い。住民訴訟は、行政機関の行為の適法性を審査する客観訴訟であり、普通地方公共団体の住民が、自己の法律上の利益と関わりなく、もっぱら当該地方公共団体の財産管理の適正を図る目的で、地方公共団体の機関の違法な行為の是正を求めて提起する訴訟である。住民であれば誰でも訴訟を提起できるが、その対象は地方公共団体の機関の財務会計上の違法な行為であり、かつ地方公共団体の財政に損害をもたらす行為に限定される。住民訴訟においては、①違法な財務会計行為の差止請求（1号請求）、②違法な行政処分の取消しまたは無効確認請求（2号請求）、③怠る事実の違法確認請求（3号請求）、④地方公共団体が有しているところの損害賠償請求権または不当利得返還請求権の適正行使を求める請求（4号請求）の4種の請求が可能である（地自242条の2第1項）。

このうち、環境訴訟で多くみられるのが1号請求および4号請求である。1号請求の例として、町長による漁港修築行為とそのために要する公金支出の差止めを求めた長浜町入浜権訴訟（松山地判昭53・5・29判タ363号164頁）などがある（棄却）。また、公有水面埋立法に基づく市長の埋立免許が違法であるとして、埋立費用等の公金支出の差止めを求めた織田が浜埋立訴訟において、最高裁は、財政支出の原因行為である非財務的行為（埋立免許）も住民訴訟の対象となるとしたうえで、公金支出の範囲を識別できれば差止めの対象も特定できるとし、訴えを適法なものであるとして、財務会計行為の特定がないとして訴えを却下した原審判決を破棄し高松高裁に差し戻した（最判平5・9・7民集47巻7号4755頁）。これを受けた差戻後控訴審判決では、本件埋立免許の違法性に関する実体的な判断がなされ、本件埋立免許は瀬戸内法13条1項および公有水面埋立法4条1項1号・3号に反するものではないとし控訴を棄却した（高松高判平6・6・24判タ851号80頁）。これに対し、泡瀬干潟とその周辺海域の公有水面埋立事業にかかる公金支出等の差止めを求めた泡瀬干潟埋立訴訟においては、

本件埋立事業に経済的合理性を認めることができず，本件埋立事業への公金支出は，予算執行の裁量権を逸脱するものとして，地方自治法2条14項および地方財政法4条1項に反し違法なものであるとした（福岡高判平21・10・15判時2066号3頁）。

　一方，4号請求の例として，2002年の地方自治法改正前のケースではあるが，知事がオオヒシクイ個体群の越冬地全域を鳥獣保護区に指定しなかったことが県に対する不法行為になるとして，知事個人を被告とし県に対し損害賠償することを求めたオオヒシクイ訴訟（東京高判平8・4・23判タ957号194頁）などがある（棄却）。田子の浦ヘドロ訴訟最高裁判決もまた，改正前4号請求にあたるが，汚染ないしヘドロ堆積等の除去に要する費用のうち，汚水排出者の不法行為等による損害の補填に該当し当該汚水排出者に負担させるのを相当とする部分については，住民が地方公共団体に代位して当該汚水排出者に対し損害賠償請求権を行使しうるとした（最判昭57・7・13民集36巻6号970頁）。

第7章　社会保障行政

第1節　社会保障の概念および法体系

1　社会保障の概念

　社会保障とは，国民の生活上の諸困難に対応して，国家が行う体系的な生活保障のことである。1935年のアメリカ社会保障法（Social Security）以来,「保険と扶助の統合」として社会保障の用語が公式に用いられるようになった。世界大恐慌に象徴的にあらわれた資本主義社会の構造的欠陥は，企業の倒産と大量の失業者を社会に生み出し，国民諸階層の生活不安に対応する社会政策が要求された。私有財産の絶対性と経済活動の自由の法原則の下では，国民は自らの責任において自己の生活を維持すべきものとされた。国家による国民の生活配慮は救貧制度として行われ，それは治安維持と富国強兵政策の性格をもつものであった。「生存権」の理念が国民意識へ広まり，権利として生活保障を要求し，国家の責任ですべての個人に人間らしい最低限度の生活を保障する制度として社会保障が実現したのは，第二次大戦後のことである。

2　社会保障立法の展開

　国家の基本法であり最高法規としての憲法に，社会保障の概念に相当する規定を登場させたのは，1919年のドイツ・ワイマール憲法であり，社会権を規定したいわゆる20世紀型憲法の始まりである。19世紀型憲法は，国民の国家に対する法的地位を，個人の生活領域への国家権力の干渉を排除する自由権（消極的地位）としてとらえ，財産権保障の絶対性を特徴としていた。これに対し20世紀型憲法は，この財産権を「公共の福祉」の下に制限し，国家に対し国民の生存配慮を要求する新たな地位を社会権（積極的地位）として承認するように

なったのである。

わが国における救貧制度から社会保障制度への展開を概観すると、1874（明治7）年の恤救規則（太政官達162）は、国民の生活保護請求権はもちろんのこと、国の公的救護の義務も全く認めない慈善的・恩恵的立法であった。次いで、1929（昭和4）年に救護法が制定され、生活・医療・助産・生業・葬祭など貧困・生活不能者に対する公的扶助義務を定めたが、恤救規則の延長にすぎず、救護請求権を認めるものではなかった。社会保険の発展も遅れ、1922（大正11）年に制定された健康保険法が唯一のもので、内容も乏しいものであった。生存権を保障した日本国憲法によって、生活保護法をはじめとする各種の社会保障立法が形成され整備された。

3　社会保障の法関係

日本国憲法25条1項は、「すべて国民は、健康で文化的な最低限度の生活を営む権利を有する。」と定め、国民の生存権を明示している。これは、個人の責任による生活の維持を基本としていた自由権思想が破綻し、経済的劣位にある者の生活困窮は必ずしも個人の責任に帰しえるものではなく、生活困窮者の救済は、資本主義経済そのものに根ざす社会連帯責任であるという認識の下で、国家の責任であると考えるようになった社会権思想を背景としている。したがって、社会保障の法理念は、生活困窮者という具体的な国民の存在を前提に、国家による彼らの生存権の保障と健康で文化的な生活保障のために、貧困・傷病・廃疾・老齢・失業・死亡などの生活を脅かす一切の危険に対処して、国家の負担において、必要、適切かつ十分な給付を行おうとするものである。憲法25条2項は、「国は、すべての生活部面について、社会福祉、社会保障及び公衆衛生の向上及び増進に努めなければならない。」と定める。

しかし、このように国民の生存権を保障する憲法25条1項の「健康で文化的な最低限度の生活」という基準は、時代により、また国民生活の水準によっても流動する抽象的基準で、国民に具体的な生活レベルの保障を国家の法的義務として課したものと解されず、国民の生存権を保障する国家の政治的道徳的責任を課したものとされている（プログラム規定説またはプログラム規定消極説）。その意味で、生存権は憲法に基づいて具体的内容の請求をなしうる法的権利性を

否定されているが，朝日訴訟最高裁大法廷判決は，「具体的権利としては，憲法の規定の趣旨を実現するために制定された生活保護法によつて，はじめて与えられているというべきである」（最判昭42・5・24民集21巻5号1043頁）とし，25条の理念を具体化した社会保障立法による権利性を認めている（プログラム規定積極説または抽象的権利説）。

4 社会保障の法体系

憲法25条2項は，「社会福祉」，「社会保障」，「公衆衛生」の三つの領域を規定しているが，これら三者の関係については憲法制定時の討議過程においてもあきらかでなく，現在，理論的に統一された社会保障法体系が構成されているわけではなく，論者によってその構成は異なる。そこで，ここでは比較的多くの学説がとっている理解に社会保障立法の歴史的変遷を加味して，次のような諸制度を考察の対象としておきたい。なお，生活困窮者の生活に配慮し，国民の生活を脅かす一切の危険に対処する国家の諸政策――国民の生存権保障に対応する国家の諸政策――を広く「社会保障」と呼ぶこととする。

(1) **公的扶助（狭義の社会保障）** 国家が生活困窮者の生存権を国の負担によって確保すること。生活保護法が具体的立法措置として存在する。

(2) **社会福祉** 国家が，障害や高齢のために労働能力を喪失または介護を要するなど正常な生活を維持することが困難になった者に対して施設等の供与や介護サービスを行い，また，児童，老人など社会的弱者に対し健康で文化的な生活を確保・向上させること。児童福祉法，老人福祉法，身体障害者福祉法など各種の福祉法や介護保険法がある。

(3) **社会保険** 失業，傷害，疾病，死亡など

社会福祉と社会手当との関係――堀木訴訟 児童を対象に支給される社会保障には，社会福祉としての児童扶養手当と社会手当としての児童手当がある。児童扶養手当については昭和48年改正前の旧児童扶養手当法で他の公的年金給付との併給が禁止されていた（旧児扶手4条3項3号）。これが憲法14条の「法の下の平等」に反するとして，併給禁止規定の違憲性を争った堀木訴訟で，最高裁は，両者の関係について次のように判示している。「児童扶養手当は，もともと国民年金法61条所定の母子福祉年金を補完する制度として設けられたものと見るのを相当とするのであり，児童の養育者に対する養育に伴う支出についての保障であることが明らかな児童手当法所定の児童手当とはその性格を異にし，受給者に対する所得保障である点において，前記母子福祉年金ひいては国民年金法所定の国民年金（公的年金）一般，したがってその一種である障害福祉年金と基本的に同一の性格を有するもの，と見るのがむしろ自然である。……社会保障給付の全般的公平を図るため公的年金相互間における併給調整を行うかどうかは，さきに述べたところにより，立法府の裁量の範囲に属する事柄と見るべきである」（最判昭57・7・7民集36巻7号1235頁）。

各種の生活上の事故によって，国民が生活困窮状態へ転落するのを被保険者から徴収する保険料や国等の関係者による給付によって防止すること。国民年金法，厚生年金保険法，健康保険法，国民健康保険法，介護保険法などがある。

(4) **社会手当**　老齢，傷害，離婚などによる所得の減少によって生計が困難になる家計負担者に対して無拠出で手当を給付すること。資産調査をともなわないので公的扶助と区別される。その典型として児童扶養手当法がある。

(5) **公衆衛生**　社会生活環境の変化に対応して，健康保全のために行われる予防医療的な対策や給付，公害対策，都市生活対策として行われる事業。感染症予防法，予防接種法，環境基本法，水道法，下水道法などがあり，公物管理行政，環境行政，医事・衛生行政など他の法領域にまたがっている。

本章では社会保障行政の法関係を概説し，これら社会保障の領域のうち，行政法との関わりが強く，社会保障の中心である公的扶助と社会福祉，および社会保険について述べ，公衆衛生については他の章に委ねる（第Ⅱ部第8章）。

第2節　社会保障行政における法関係

1　社会保障行政と法治主義原理

社会保障は，国民の生存権を保障するために憲法25条に基づいて行われる国家による給付である。憲法25条はプログラム規定と解され，国民の生存権は，25条の理念を具体化した各種の社会保障立法により法的権利性を得るから（抽象的権利説。なお，前述の朝日訴訟最高裁大法廷判決を参照），社会保障における法関係は，法律を執行する社会保障行政と国民との間で具体的に形成される。したがって，社会保障行政は，①憲法25条の生存権保障の実現を国の責務とする行政の総体であり，②行政機関による国民の生活配慮という面で，いわゆる給付行政の分野に属する（園部逸夫・田中舘照橘・石本忠義編『社会保障行政法』〔1980年，有斐閣〕1頁～2頁「序説」田中舘執筆）。そこで，社会保障行政上の法関係を形成する行為形式によって，法治主義の原理——とりわけ，「法律の留保」論——との関係が問題になる。この点について，学説上一般的には全部留保説が妥当であるとし，判例は少なくとも権力的行為形式については法律の根拠を求めている（最判昭60・7・16民集39巻5号989頁）。しかし，日本国憲法が生存権

保障を定めたことから，とくに国民の生活配慮行政に対しては法律の根拠を要するとする社会(権)留保説の考え方が必要であろう（『新・基本行政法』〔2016年，有信堂〕33頁）。実定法上は，社会保障を行う行政は授益的であっても，これを行政処分としてとらえ（生活保護24条3項），社会福祉法人や福祉施設に対して行政庁の監督権限が及ぶ（社福56条，児福46条）など，行政による保障・給付行為に法律上の規定を設けて処分性を与える権力的構成がとられる場合がある。また生活保護行政においては，被保護者に対し，法律に基づく生活の維持・向上を目的とする指導・指示が行われ，また社会保険では，法律上当然に一定の者が被保険者となり強制加入ないし利用強制が定められ，社会手当も法律で給付要件が定められるなど，非権力的な社会保障行政にも法治主義の要請が浸透している。

2 社会保障行政における公法と私法

社会保障における法関係は，公衆衛生における公害規制のように行政処分による法関係も存在するが，多くは公的扶助や社会福祉においてみられる保障・給付といった非権力的な行為形式による法関係である。実定法は，後者のような法関係についても処分性をもたせているために，社会保障行政における法関係について相手方に対する継続的な行政の支配力を及ぼそうとする解釈がとられやすく，社会保障行政の実務において要保護者・被保険者の法的地位を弱くしがちである。生存権が国民の基本的人権である以上，社会保障行政における実定法の解釈は，人権保障を前提とし，行政と国民との社会保障の法関係を国民の生存権保障の実現を目指して行われる継続的な協力関係としてとらえ，保障・給付を受ける権利あるいは法的地位

社会保障行政の訴訟形式 社会保障における行政と国民との給付関係の形成を，実定法が行政処分と構成している場合には（形式的行政処分），給付の決定（または拒否処分）の不服を取消訴訟で争い，そうでない場合には民事訴訟（民事事件）によってその法関係を明確にしようというのがこれまでの考え方である。しかし，社会保障行政のような給付関係は，権力的行為形式と私法上の行為との間に，たとえば生活保護費の金額や生活保護世帯の資産調査や生活指導など実質的には非権力的行為形式によって形成，継続される法関係であり，その法関係は当事者双方の協力関係を前提にしているものが多く存在する。従来は，このような行政の行為を取消訴訟で争っても，訴訟の目的が直接に達成されるわけではなかった（最低限度の生活に満たない保護費の変更を求めるのに，当初の保護費給付決定の取消しを求め，それが裁判所で認容されたとしても，生活を支えられるだけの保護費をすぐに支給してもらえるわけではなく，保護費をいくらにするかは，あらためて実施機関の判断を待たなければならない）。児童扶養手当法5条1項のように給付額が法定されていると，裁判所は適法な給付額の支給を行政庁に命じることができる。2004（平成16）年の改正行訴法で，義務づけ訴訟が法定された意義は大きい。社会保障行政のように，国民の憲法上の権利が問題となる場合，当事者の主観的権利の範囲を明確にする場合は，公法上の当事者訴訟もふさわしい（『新・基本行政法』272頁）。

を強く保護することが要請される。つまり、社会保障行政における法関係は、法に基づく生存配慮行政を担保する訴訟上の必要から、実定法が権力的な法関係として定めることにより公法的規律を及ぼすが、そうでなければ、継続的な協力関係という私人相互間の法関係と同じように、民法その他の私法法規の適用を認める柔軟な解釈が必要である。とくに、民法上の信義誠実の原則、権利濫用の禁止といった「法の一般原則」や住所、期間、時効、契約、事務管理、不当利得など他の法関係にも適用できる規定は別段の定めのない限り社会保障行政の法関係にも妥当するものと考えられる。たとえば、遺族年金の資格、給付、徴収金に関する決定は行政処分とし取消争訟の対象とし、これらの決定に対する不服の争訟は、審査請求前置主義による取消訴訟が定められ（国年101条・101条の2）、公法的規律が用意されている。行政庁の判断の誤りによって違法に支出された給付関係は民法の不当利得として処理される（高松高判昭45・4・24判時607号37頁）。なお、社会保障における不当利得返還請求権は、公法上の効果と制度に関わる公権であり、消滅時効については短期消滅時効がとられ（同102条、児手23条など）、その訴訟は行政事件訴訟法の当事者訴訟となろう。

3 社会保障行政と行政手続

生活保護を受けている者に対して地区担当員（ケースワーカー）が必要に応じた指導・指示をしたが、被保護者がこれに従わない場合、保護の実施機関は「保護の変更、停止又は廃止をすることができる」（生活保護62条3項）。このような不利益処分を行う場合においては、「当該被保護者に対して弁明の機会を与えなければならない。この場合においては、あらかじめ、当該処分をしようとする理由、弁明をすべき日時及び場所を通知しな

永井訴訟と結果除去請求権 1979（昭和54）年11月に長男を出産し児童扶養手当法に基づく児童扶養手当の受給資格を取得していることを知らずに過ごしていた聴覚障害者を夫とする原告が、1981（昭和56）年2月ころになってようやく受給資格があることを知り、同年3月4日に京都府知事に手当認定申請を行った。知事は、原告に受給資格があることを認定したが、月額2万9,300円（当時）の手当を申請翌月の4月から支給することを決定し、原告が受給資格を有するようになった2年5ヵ月に遡って支給するということにはならなかった。このため原告夫婦は、受給資格から認定までの期間については違法な支給拒否処分として国家賠償請求訴訟を提起した（永井訴訟）。京都地裁（平3・2・5判時1387号43頁）は、社会保障制度が「単なる飾り物となり画餅に帰する」ことにならないよう広報活動を行うことは担当行政庁の法的義務であるとして原告の訴えを認めたが、大阪高裁（平成5年10月5日）および最高裁（平成10年9月判決期日不詳）は、行政の広報活動は行政の責務ではあるが、法的義務とまではいえないとして国家賠償請求を認めなかった。この永井訴訟の争点は、広報活動が法的義務といえるかどうかにあったが、もう一つの論点は、広報活動というインフォーマルな行政の行為形式によって本来受けられたものが受けられなかった場合の権利救済方法である。学説の中には、ドイツの連邦社会裁判

ければならない」(同条4項。ただし行手第3章は適用されない)と定められている。これは,行政上の決定を下す場合に,事前に,どのような決定が下されようとしているのかを被保護者に知らせ,弁明の機会を与えて適正な決定を下すという適正手続の要請である(憲13条・31条,行手1条)。また,保護施設の認可を取り消す場合,聴聞の機会が与えられるとされる(生活保護45条4項・5項)。

(1) **通知** 保護の実施機関が職権をもって被保護者の保護の内容を変更するとき,書面をもって通知しなければならない(24条3項)。また,保護施設の設置者に対し改善命令等を行うときにも,書面により処分しようとする内容と理由,聴聞の期日および場所,その他必要な事項を通知しなければならない(同45条3項,行手15条1項等)。通知は,相手方に対し釈明や証拠の提出の機会を与えることであるから,通知から聴聞まで,その準備に必要な相当な期間がなければならない。生活保護法45条3項は「14日前」,身体障害者福祉法17条は「10日前」と定めるが,法に期間の定めがない場合(生活保護62条4項等)でも,10日から20日は要するとすべきであろう。

(2) **聴聞および弁明** 保護施設の設置者(都道府県,社会福祉法人)に対し意見の陳述,証拠等の提出の機会を与えるのが弁明や聴聞である(生活保護45条4項,行手15条2項・30条)。被保護者に対する不利益処分については行政手続法第3章の規定が適用されないが(生活保護62条5項),保護施設の認可が取り消されるとき,その設置者は聴聞の機会を保障され,聴聞の場合には資料の閲覧

所で展開された社会法上の回復請求権を参考に,たとえば,広報活動の不作為による児童手当請求権の侵害から,公法上の当事者訴訟による救済の可能性を提案するものがある。さらに,国の広報義務違反を問う場合,社会保障の行政過程における手続法上の適正を審査(司法審査)することになる。児童扶養手当法上の行政庁の権限と申請の認定がなされた翌月から支給されるという実体法的に行政法をみるのではなく,行政過程の適正さ(due process of law)の司法審査は,社会保障行政における行政法のあり方を問うものになる。

行政手続法と生活保護法 行政手続法は,「金銭の給付決定の取消しその他の金銭の給付を制限する不利益処分」については不利益処分手続を適用除外にし,生活保護法も保護の実施に関する処分については行政手続法の適用を除外している(行手13条2項4号,生活保護29条の2)。たとえば,生活保護法では,申請に基づく生活保護の決定を取り消し,または保護費の減額修正などの「不利益処分」については,聴聞または弁明の機会の保障がない(生活保護62条5項)。生活保護におけるこのような適用除外は,本人からの申請によるものであること,生活保護という具体的な事情を背景とするそれぞれのケースに即して行われる処分の特殊性から説明される。しかし,この適用除外は,不正受給者を排除するために利用され,本当に保護を必要とする弱者の聴聞または弁明の機会を奪うことになる問題も残るであろう。生活保護法に何らかの救済措置を設ける必要があると思われるが,申請による変更処分も実質的にはケースワーカーによる日常的な生活指導による資料を根拠に行われるから,行政手続法は,どのような生活指導がなされたかを請求によって書面にしなければならない義務を負う(行手35条)など,行政手続法による新たな法関係が形成される根拠を与えているところは注目されるべきであろう。生活保護法におけるその他の不利益処分(本文参照)は,弁明手続規定があり(生活保護62条4項),行政手続法と重複する手続について適用除外にしているところもある。

が認められる（生活保護45条4項，行手24条4項）。聴聞は，当事者のプライバシーに関係する事項もあるから，必ずしも公開して行う必要はないが（行手20条6項），法が公開による聴聞を定めているときは公開で行わなければならない（生活保護45条5項）。なお，被保護者には保護の変更，停止または廃止の処分について弁明の機会が与えられる（62条4項）。

(3) **裁量基準の設定**　憲法25条の規定がプログラム規定と解釈されているところから，国民の生存権を具体化する法律および当該法律を執行する行政段階における保護処分や保護基準の設定は，要保護者にとっては現実的な問題である。この点については，行政の高度の専門的技術的判断（行政の第一次的判断）が尊重される裁量行為であるから，裁量権を行使する際には恣意独断を疑われることがないような公平な判断が求められる（最判昭46・10・28民集25巻7号1037頁）。そこで，生活保護行政上の判断や決定のための基準を設定するよう求められ，被保護者が，恣意的な判断によって不利益処分を受けない手続上の権利が保障されなければならない。

第3節　公的扶助

1　公的扶助の意義と生活保護行政組織

公的扶助とは，現実に生活困窮状態にある者に対して，資産調査に基づき，「健康で文化的な最低限度の生活」の維持に必要な扶助を，個別的に，国の負担において行うことをいう。国（国会）は，憲法25条に基づいて生活保護法を定め，この法律の執行として生活保護行政が行われる。

生活保護行政は，厚生労働大臣が定めた保護基準（生活保護8条）に基づいて，保護の実施機関により行われる。保護の実施機関は，都道府県知事，市長および社会福祉法に規定されている福祉事務所を設置する町村の長であり，保護を決定し，実施する（19条1項）。これら以外の実施機関として，福祉事務所を設置しない町村の区域内に，とくに窮迫した事由により放置することができない状況にある要保護者がいるとき，当該町村長が応急的処置として必要な保護を行う場合がある（同条6項）。保護の実際の仕事は，保護の実施機関の管理に属する福祉事務所を活動単位として，その福祉事務所長に具体的処理を委任する

（4項）。そして，福祉事務所長の指揮監督の下に社会福祉主事が事務の執行を補助する（同21条，社福14条5項・6項）。福祉事務所は都道府県，市および特別区においては条例で設置することが義務づけられ（社福14条1項），町村における設置は任意である（同条3項・4項）。社会福祉主事は，20歳以上で高潔な人格，円熟した思慮，社会福祉の増進への熱意などの人格的要件と社会福祉科目の履修，専門試験に合格するなど法定の資格を必要とする（19条）。また，保護の事務の執行については，福祉事務所長や社会福祉主事の協力機関として民生委員が置かれている（生活保護22条，民委14条）。

2 　生活保護の実施

(1) 　保護の補足性

① 　資産・能力の活用，所得の充当　　生活保護法4条1項は，「保護は，生活に困窮する者が，その利用し得る資産，能力その他あらゆるものを，その最低限度の生活の維持のために活用することを要件として行われる。」と定める。すなわち，所持している現金，預貯金，高価な貴金属，土地，家屋，生命保険などの資産は，最低限度の生活の維持に必要な範囲で保有が認められ，その必要をこえるものは解約・売却して生活費にあて，また労働能力のある者には就労が求められる。そして，これらの所得によって厚生労働大臣が定めた最低限度の生活のための保護基準に不足する部分を補う程度において保護が行われる（8条1項）。なお，資産・能力の活用の程度については，通達（実施要領）で定められている。

② 　扶養義務者による扶養および他の法律による扶助の優先　　生活保護法4条2項は，「民法……に定める扶養義務者の扶養及び他の法律に定める扶助は，すべてこの法律による保護に優先して行われるものとする。」としている。ただしこの規

厚生労働大臣が定める最低限度の生活基準の算定方式の変遷

(ア) マーケット・バスケット方式　1960（昭和35）年まで生活保護基準算定の基礎になっていたもので，肌着は2年に1着，パンツは1年に1枚というように日常生活必要物資を個々に積み上げていく方式で，きわめて窮乏的水準のものであった。

(イ) エンゲル方式　　最低生活費を示す適切な指標（栄養学的に算定した飲食物費）を選び，この指標に合致する生活を現に営んでいる世帯を実態調査の中から探し出し，この世帯の生活費を最低生活費とする方式。マーケット・バスケット方式よりも飲食物費は10.5％増加，その他の経費が37.9％増加し，保護基準が引き上げられたがなお窮乏的水準にとどまった。

(ウ) 格差縮小方式　　1966（昭和41）年改訂で導入された方式で，低所得者層の消費水準の上昇率にあわせて生活扶助基準の上昇率を決定する。エンゲル方式は副次的位置に退けられた。

(エ) 水準均等方式　　1984（昭和59）年から用いられている現行の算定方式で，格差縮小方式に一般国民の消費実績を加味している。

定は，扶養義務者が自分自身の生活に余裕がないのに要保護者の扶助をも求めるものではなく，扶養義務者の存在や他の法律による年金や手当を受けていることが保護の欠格要件ではない。つまり，扶養や年金・手当があればその限度で保護は行われないということを意味するものである。

一般に，これら①，②の二つの内容を「保護の補足性」の原則といっている。

(2) 保護実施の原則

① **最低生活の原則**　生活保護は，保護基準により測定した要保護者の需要と本人の所得との差額として支給される。保護基準は厚生労働大臣によって定められる（生活保護8条）。保護基準の内容は，要保護者の年齢，性，世帯構成，所在地域の別その他保護の種類に応じて，必要な事情を考慮した最低限度の生活の需要を満たすのに十分で，かつ，これをこえないものでなければならない（同条2項）。保護基準の具体的な水準は，「健康で文化的な生活水準を維持することができる」（3条）だけの客観的に決定できるものでなければならず，政策上の見地や予算の有無によって作成されるものであってはならない（最高裁は，保護基準の具体的内容は，「文化の発達，国民経済の進展に伴つて」変化し，「現実の生活条件を無視して著しく低い基準を設定する等憲法および生活保護法の趣旨・目的に反」する場合には違法となるとする。朝日訴訟最判昭42・5・24民集21巻5号1043頁）。

② **必要即応の原則**　保護は，要保護者の年齢，性，健康状態等その個人または世帯の実際の必要の相違を考慮して，有効かつ適切に行うものとされる（9条）。これは，保護基準の実際の具体的なケースでの適用にあたり，要保護者の生活態様に応じた個別的，適切な保護を行うべきことを求めるものである。

③ **世帯単位の原則**　保護は，世帯を単位に算出して，保護の要否および程度が定められ，個人を単位とする保護は例外的である（10条）。世帯とは，同一の家屋に居住し生計を一にしている人の集まりであるところの家族である。この原則は，世帯員が日常消費生活上の共通部分を使用することにより1人あたりの生活費が安くつくことから，困窮世帯員の要保護性が減じるということに着目したものである。しかし，生活保護の要否および程度は，世帯員個々の収入を世帯全体の収入として計上するために，要保護者と世帯を同じくするものが全面的な扶養を要求されたり，自己の生活を最低限度の水準以下の生活にすることを強いられたり，さらには世帯からの離脱を招いて家庭崩壊の危険を

もたらすことも否定できない。公的扶助のあり方として，世帯単位原則に基づくこのような保護は時代に逆行するものであり，世帯単位原則は個人単位原則へ移行すべきではないかという批判がある。

(3) **保護の種類と基準** 生活保護には生活扶助，教育扶助，住宅扶助，医療扶助，介護扶助，出産扶助，生業扶助，葬祭扶助の8種類があり，要保護者の必要に応じて，これらの保護が単独または併行して給付される（生活保護11条）。一部の扶助は現物給付（生活扶助における布団，家具，炊事用具，および医療扶助の大部分）であるが，扶助は金銭給付によって行われるのを原則とし，その使途は，扶助の範囲内において被保護者の責任と自由に任されている。生活保護費を切り詰めて，将来入院した場合の付添看護費用を預貯金として蓄えることは，生活保護費支給の目的に反せず，国民一般の感情からして違和感を覚える程度の高額な預貯金でない限り，法4条の活用すべき資産に当たらないとした判例がある（秋田地判平5・4・23判時1459号48頁）。

生活保護基準額の例 生活保護には生活扶助，教育扶助，住宅扶助，医療扶助，介護扶助，出産扶助，生業扶助，葬祭扶助がある。これらを対象に全国を三つの級地に分けて，年齢，世帯人員別に生活保護基準額が決められる。生活保護基準額から収入認定額（収入を得るための実費を収入額から差し引いた額）を引いた差額が生活保護費である。2016年度の標準4人世帯（35歳男・29歳女・9歳と4歳子）の生活扶助基準額の例は，東京都区部（1級地・1）で176,000円である（厚生労働省ホームページに掲載の計算式に基づく）。

生活保護基準は，全国を三つの級地に分け，さらにそれぞれを二つに分けて（たとえば，大都市周辺は「1級地―1」であり，町村部が「3級地―2」となる），年齢，世帯人員別に基準額を決める。これは，各地域の一般世帯との均衡を図ることにより，できるだけ客観的な保護基準を設定することが目的であり，1984（昭和59）年以来，水準均衡方式が採用されている。なお，現行の基準額では要保護者の需要の不足を補うことができないときは，福祉事務所が厚生労働大臣に申請し，特別基準を設定することが認められている。

(4) **保護の実施手続**

① 保護の開始

(ア) **申請による開始** 保護は，要保護者，その扶養義務者またはその他の同居親族の申請に基づいて開始するのを原則とする（生活保護7条本文）。申請は，保護の実施機関に対して行い，申請は保護請求権の具体的な行使としての性格をもっている。

(イ) **職権による開始**　要保護者が急迫した状況にあるときは，申請がなくても，保護の実施機関ならびに町村長は職権によりすみやかに保護を開始しなければならない（同条但書・19条7項1号・25条1項・3項）。

②　**調査および検診**　保護の実施機関が申請を受理すると，保護の決定と実施のために，ケースワーカーによる要保護者の資産状況，健康状態など要保護者の居住場所への立ち入り調査が行われ，または要保護者に対し実施機関が指定する医師の検診を受けるよう命じられる（28条1項）。この調査を拒み，妨げ，忌避し，または検診命令に従わなければ，実施機関は保護の申請を却下できる（同条5項）。また官公署に調査を委嘱したり，関係者に報告を求めることが認められている（29条）。

③　**保護の決定**　保護の実施機関は，保護の開始の申請があった日から14日以内に（特別な理由があれば，30日以内に），保護の要否，種類，程度および方法を決定し，その理由を附して申請者に対し書面で通知しなければならない（24条1項〜5項）。この決定は，要保護者の保護請求権による受給資格を確認する行為と解され，決定により「現に保護を受けている」被保護者となる（6条1項）。

④　**保護の変更，停止および廃止**　保護は，申請により，または職権により変更される（24条9項・25条2項）。保護を必要としなくなったときは，実施機関は保護の停止，廃止を決定できる（26条1項）。なお，被保護者は，正当な理由がなければ，すでに決定されている保護を不利益に変更されることはなく，この不利益変更の禁止は，保護の停止または廃止に及ぶ（56条）。したがって，被保護者の義務違反など法定の保護変更要件に該当する場合には，あらかじめ当該処分をしようとする理由，弁明すべき日時および場所を通知して，被保護者に対して弁明の機会を与えなければならない（62条4項）。

第4節　社会福祉

1　社会福祉の概念

公的扶助は，生活扶助と医療扶助を中心に生活そのものに困窮する者に対して行われる生存配慮行政であるのに対し，社会福祉は，生活困難の個別具体的

な原因を対象として行われる生活保障の制度で，公的扶助を補充するものである。つまり，出産と育児，高齢化と老人，病気や障害による所得減少（喪失）といった原因によって生存（生活）困難の危険にある者に対する保護や介護をとおして，これら国民の生存権を保障するのが社会福祉である。

2　社会福祉の対象

社会福祉関係法が社会福祉の対象としている者は次のとおりである。

①児童　　保護を要する（たとえば，保護者がいない，保護者の疾病等により保護に欠ける，保護者の監護が不適当な場合）満18歳に満たない者（児童福祉法4条）。

②妊産婦　　妊娠中または出産後1年以内の女子（同5条，母子保健法6条1項）。

③寡婦　　配偶者がなく，かつて配偶者のない女子として児童を扶養していた女子（母子及び父子並びに寡婦福祉法6条4項）。

④母子家庭等　　母子家庭および父子家庭（同条5項）。

⑤老人　　身体上もしくは精神上または環境上および経済的理由により居宅における養護が困難な65歳以上の者（老人福祉法11条等）。

⑥要介護者　　身体上または精神上の障害があるために，入浴，排せつ，食事等の日常生活における基本的な動作の全部または一部について，一定期間にわたり継続して，常時介護を要すると見込まれる要介護状態となった40歳以上の者，要介護状態にまでには至らないが，介護を要する状態の軽減もしくは悪化の防止に特に資する支援を要する40歳以上の者（介護保険法7条）。

⑦身体障害者　　身体障害者福祉法別表にかかげる身体上の障害がある18歳以上の者で，知事から身体障害者手帳の交付を受けた者（身体障害者福祉法4条）。

⑧精神障害者　　統合失調症，精神作用物質による急性中毒またはその依存症，知的障害，精神病質その他の精神疾患を有する者（精神保健及び精神障害者福祉に関する法律5条）。

⑨障害者　　身体障害，知的障害，精神障害（発達障害を含む）その他の心身の機能の障害があり，障害および社会的障壁により継続的に日常生活または社会生活に相当な制限を受ける状態にある者（障害者基本法2条）。

3 社会福祉の実施機関

(1) 実施機関

① 国の実施機関　社会福祉に関する国の行政組織の中心は厚生労働省である（中央省庁等改革基本法25条）。したがって，厚生労働大臣が社会福祉行政上の権限を行使する本来の行政庁であるが，実際の事務は社会・援護局および雇用均等・児童家庭局を中心にして行われるから，事務の全部または一部の権限は，これら局を管理する行政庁に委任される。

② 地方の実施機関　地方自治法2条14項は，地方公共団体は住民の福祉増進に努めるよう定め，児童福祉法，老人福祉法など社会福祉関係法が，社会福祉施設の設置，管理，使用権の規制，および未成年者・病人・老衰者・寡婦・身体障害者等の救助，援護，看護更正を掲げ，これら社会福祉サービスの給付決定等の実施事務を国の法定受託事務としている。したがって，社会福祉の地方の実施機関は知事および市町村長である。そして，国と同様に，実際の事務は民生部（局）や福祉部などの名称をもった社会福祉関係の部局に委任されて実施されている。

(2) 審議機関　社会福祉に関する事項を調査審議するために，都道府県ならびに指定都市，中核市に地方社会福祉審議会が置かれる（社福7条）。また，社会福祉事業別の調査審議，諮問，連絡調整のために都道府県児童福祉審議会または市町村児童福祉審議会，身体障害者福祉審議会および地方障害者施策推進協議会が置かれる（児福8条，母福7条，母子保健7条，障害基27条）。

(3) 補助機関　社会福祉事業の第一線機関として，福祉に関する事務所，児童相談所，身体障害者更生相談所，知的障害者更生相談所，母子健康センター，その他各種社会福祉施設がある。これら社会福祉施設は，都道府県に設置されるものとされ，福祉事務所は市および特別区にも設置が義務づけられ（社福14条），さらに，児童相談所は都道府県，指定都市および中核市についても設置義務がある（児福12条1項・59条の4）。また，これらの社会福祉施設には，それぞれ児童福祉司，母子・父子自立支援員，身体障害者福祉司，知的障害者福祉司，社会福祉主事などの専門職員がおかれ現業に従事する（児福12条の3第2項4号・13条，母福8条，老福6条～8条，障害福祉11条の2，知的障害13条，社福18条）。

(4) **協力者** 社会福祉事業施設と密接に連絡し，その機能を助け，その他必要に応じて生活の指導を行うなどして社会福祉の実施機関の業務に協力する者として，民生委員，児童委員（民生委員が兼ねる），身体障害者相談員などがおかれる（児福13条，老福9条，障害福祉13条の3・12条の3，知的障害15条）。

4 社会福祉の給付

「社会福祉の増進のための社会福祉事業法等の一部を改正する等の法律」（平12法111）により，従来の社会福祉事業法が社会福祉法と名称を変更されたほか，身体障害者福祉法，知的障害者福祉法，児童福祉法，民生委員法，社会福祉施設職員等退職手当共済法，生活保護法などが改正された。

これらの改正により，従来，それぞれの実定法が実施機関は要保護者に対し「措置を採る」と定めていた措置型の社会福祉行政が，児童の保護者の「申込み」によって保護する契約型を導入している。もっともすでに1997（平成9）年に児童福祉法の改正により保育所の入所は契約関係によることを定め（児福旧24条「児童の保育に欠けるところがあると認めるときは，それらの児童を保育所に入所させて保育する措置を採」るは同24条4項「保育を行う必要があると認められる児童について，その保護者に対し……保育を受けることの……申込みを勧奨」すると定める），さらに同年の介護保険法により，本人と事業者との契約に基づいて介護サービスを受けることができるようになってきたが，このような契約型または利用者の選択制方式が，障害者福祉の分野にも拡大され，社会福祉サービスの実施方法として導入されるようになってきた。措置制度は，やむをえない事情がある場合に実施され，社会福祉の給付を契約による保護にし，社会福祉をはじめ社会保障行政の法関係に新たな視点が持ち込まれようとしている。

社会福祉における給付は，以下にみるとおり，精神障害者に対する入院措置（精神29条）のような下命・強制という公権力の行使による行為形式のほか，施設への収容や保護の委託のような行政契約，資金の貸付けといった私法的手段，療養や更生指導のような行政指導などさまざまな行為形式によって行われる。したがって，社会福祉の法関係は，公法および私法の各種の法形式や法技術を総合化し，段階的にとらえ，その法内容は生活困難にある者の生活状態に即した措置による生活保障によって規定されることを考慮し，構成される。

(1) **児童福祉の措置**　身体に障害のある児童に対する療育指導（児福19条），療育（育成）の給付（20条），補装具の交付・修理（21条の6），子育て支援事業の実施（21条の9）等がある。また，保護を要する児童に対しては児童相談所への通告や児童自立支援施設または児童養護施設への入所（25条の2・27条の2）がある。入院助産を要する妊産婦に対しては申込みに基づき助産施設への入所措置（22条），母子に対しては母子生活支援施設への入所措置（23条），保育を必要とする児童については保育所への入所措置がそれぞれとられる（24条）。

さらに，これらの障害を事前に防止するための後見的保護（30条・30条の2・33条の6・33条の7）と児童保護のための禁止行為（34条）などが定められている。

(2) **老人福祉の措置**　介護に関する措置として，①居宅介護（老福10条），②老人ホームへの入所および介護措置（11条），③高齢者に対する健康診断の実施（高齢医療20条），④前期高齢者（65歳から75歳）および後期高齢者の保険および医療制度（32条以下・47条以下）などがある。とくに，①と②については，介護保険法の制定など社会保険分野の対策とあいまって高齢化社会に向けた対応が社会福祉行政上の急務となっている。

(3) **身体障害者福祉の措置**　国民一般を対象とする指導啓発や調査，身体障害者手帳の交付などもあるが，身体障害者に対する具体的な措置としては，①日常生活を営むのに必要な便宜の供与や介護方法の指導，②更生相談・医療，職業訓練・就職相談，補装具の交付・修理，③身体障害者更生援護施設等への入所・通所・当該施設における訓練費の支給，④その他，身体障害者の製作品の購買等の社会的自立のための措置などがある（障害福祉18条・18条の2・20条）。

(4) **精神障害者福祉の措置**　①知的障害者福祉司および精神保健福祉相談員による更正援護（知的障害13条，精神47条），②知的障害者支援施設および精神障害者社会復帰施設への入所と指導，または入所の委託（知的障害16条，精神49条），③居宅における日常生活を営むのに必要な支援費の支給や支援事業の実施（知的障害15条の4，精神50条の3），④障害者の日常生活及び社会生活を総合的に支援するための法律に基づく職業訓練（知的障害1条，精神1条・51条の2第1項）などが行われている。

(5) **母子福祉の措置**　①母子家庭の経済的自立の助成と生活意欲の助長および福祉の増進のための資金の貸付け，②母子家庭からの申請による公共施設

内の売店等の設置，たばこ販売の許可，③母子家庭への公営住宅の供給に関する特別の配慮，④雇用促進のための協力（母福13条・25条・26条・27条・29条）。

　これらの福祉の措置は，請求の申請手続を法律上欠き実施機関による職権措置として行われるものもあるが，実務上は申請（申込み）による措置として行われることが多く，申請手続の欠如を措置請求権の否定と解すべきではないとされる。したがって，措置を行うか否かの選択の裁量（「できる」規定）も，「適切な」措置についての内容も，措置請求権の存在および措置を要する者の客観的な生活状態から確定されるもので，「措置の裁量」を認めることはできないであろう。

　なお，1993（平成5）年12月，心身障害者対策基本法は障害者基本法と改題されて全面改正され，「障害者の日（12月9日）」の設定による障害者福祉への関心と理解の啓発，障害者に対する医療給付や職業訓練など障害者福祉の総合的で基本的な事項を定めた。

第5節　社会保険

　社会保険には，(1)雇用保険，(2)労災保険，(3)医療保険，(4)年金保険，(5)介護保険がある。これらは，あらかじめ掛け金が支払われ，一定の要件を満たした場合に給付が提供されるという仕組みである。

　(1)　雇用保険は，雇用保険法（昭49法116）に基づいて，労働者の生活や雇用の安定のために失業等給付，雇用安定事業，能力開発事業および雇用福祉事業を行う社会保険をいう。

　(2)　労災保険とは，労働災害があった場合に労働者やその遺族に対して給付されるもので療養補償給付，休業補償給付，障害補償給付，遺族補償給付，葬祭料，傷病補償年金，介護補償給付等がある。関連の法律として労働者災害補償保険法があるが，この法律は1947年に労働基準法と同時に制定されている。保険給付を得るためには，業務上に関する労働基準監督署長の認定を必要とする。労基署長の労災補償不支給処分に対しては，審査請求を経て，裁判所に取消訴訟を提起できる。判例によれば，立証は，自然科学的証明ではなく，高度の蓋然性を証明することで足るとされている（最判昭50・10・24民集29巻9号

1417頁)。

(3) 医療保険については，国民皆保険により，国民すべてが公的医療保険の対象となる。すなわち，民間被用者を対象とする健康保険，船員を対象とする船員保険，および公務員（国公立学校教職員を含む）や私立学校教職員を対象とする各種共済組合，その他の国民を対象とする国民健康保険とがある。高齢化社会の進展にともない医療費はますます増大しているが，老人医療費は各医療保険の拠出金と公費で負担するが，高齢者本人も費用の一割を負担する（高齢医療32条・67条）。

(4) 年金保険に関しても，国民すべてが公的年金保険の対象とされる。すなわち，国民すべてが加入する国民年金（基礎年金）と，被用者年金としての厚生年金，共済年金等（以上は強制加入）と，国民年金基金（任意加入）とがあり，いずれも老齢（退職）年金，障害年金，遺族年金がある。厚生年金や共済年金等の被用者年金は，保険料は本人と事業主が半分ずつ負担するが，自営業者や無職者に関する国民年金の保険料は本人だけの負担となっているので，国民年金給付費の二分の一は国庫から支出されている。高齢化の進展に対応する必要から年金財政を確保するために，2015年10月から厚生年金と共済年金は厚生年金に一元化され，保険料率など両制度の差異が解消され，事務手続が簡素化された。なお，国民年金の保険料の未納者は相当な数に上っている。

(5) 介護保険とは，介護保険法（平9法123）により，保険者は住民の生活に最も身近な市町村とされ，40歳以上の者が被保険者となり保険料を負担するものである（介保9条）。利用者も費用の一割を負担する（129条）。介護サービスを提供するのは，利用者と契約を結ぶ多様な事業者がある。介護サービスを受けるには，介護認定審査会の審査判定（1級～5級）に基づいて，市町村長が介護認定を行う。認定を受けた高齢者は，それぞれ認定された級にふさわしいサービスを各級ごとに定められた保険限度額内で選択するが，介護支援専門員（ケア・マネージャー）が居宅サービス計画を作成したり，サービス業者との利用調整を行うが，限度額を超えるサービスについては要介護者個人の負担となる。このため，身体上の状態から判定する審査会が認定する級と核家族化など家庭的社会的事情をかかえる要介護者が実際に必要とされる介護度に差があれば，個人負担の度合いが大きくなり，要介護者の生活を圧迫するという問題も

生じている。このような介護保険制度が要請するものは，従来のような措置型の給付行政ではなく，地域を基礎とした相互扶助を前提とした自治事務としての介護サービスのマネジメントとされる（櫻井昭平編『現代行政法【各論】』〔2001年，八千代出版〕213頁以下，大森弥「地方分権と社会福祉システムの改革」社会福祉研究，80号，39頁参照）。

第8章　医事・衛生行政

第1節　総説

　医事・衛生行政の指導理念となるのは，日本国憲法25条である。同条1項は，「すべて国民は，健康で文化的な最低限度の生活を営む権利を有する。」と宣言し，続いて2項で，「国は，すべての生活部面について，社会福祉，社会保障及び公衆衛生の向上及び増進に努めなければならない。」と定め，国民に健康で文化的な生活を保障するために，国が公衆衛生の向上および増進に努めるべきことを要求している。以下では，医事・衛生行政を，医療，医薬品，予防衛生，保健衛生，環境衛生の各領域に分類し，それぞれの領域において行われる行政活動を概観したうえで，その法関係の特徴を描写する。

第2節　医療行政

1　総説

　医療に関する法令は，医療従事者にかかる医師法，保健師助産師看護師法，医療施設にかかる医療法等が中心となる。医療行為は，それが身体への侵襲をもともなうものであるから，誰でも自由に行えるというわけではなく，それを行うには相応の資格を必要とし，またそれに適した施設を必要とする。したがって，ここでは，免許や許可のしくみに特徴がみられる。その他，医療行政の領域には，臓器の移植に関する法律や死体解剖保存法等，個別法も多い。

2　医療関係者——医師および保健師・助産師・看護師

(1)　**免許**　医療の担い手となる医師や保健師・助産師・看護師に関しては，

法律によりその身分的根拠が与えられることとされ、医師は、医師法に基づき、医師国家試験に合格した者の申請により、医籍に登録することによって（医師6条1項）、また、保健師・助産師・看護師は、保健師助産師看護師法に基づき、それぞれの国家試験に合格した者の申請により、それぞれの籍に登録することによって免許が与えられる（保助看12条1項）。この免許は、講学上の許可にあたると解され、免許を受けたのちにおいても、それぞれの品位を損なう行為があったと認められるときなど、厚生労働大臣から、免許の取消し等がなされうる（医師7条2項、保助看14条1項）。この取消しは、講学上、行政行為の撤回にあたる。

医師の応招義務──「神戸診療拒否事件」　救命救急センターである市立病院が交通事故による救急患者に対し夜間診療を拒否しその患者が死亡した事例において、神戸地判平成4・6・30判時1458号127頁は、医師の「応招義務は直接には公法上の義務であり、したがって、医師が診療を拒否した場合でも、それが直ちに民事上の責任に結びつくものではない」としたが、「患者は、医師が正当な理由を有しない限りその求めた診療を拒否されることがなく診察を受け得るとの法的利益を有する」とし、「医師が診療を拒否して患者に損害を与えた場合には、当該医師に過失があるという一応の推定がなされ、同医師において同診療拒否を正当ならしめる事由の存在、すなわち、この正当事由に該当する具体的事実を主張・立証しないかぎり、同医師は患者の被った損害を賠償すべき責任を負うと解するのが相当である。」と判断している。

(2) 法律上の義務

① 応招義務　診療に従事する医師は、診察・治療の求めがあった場合には、正当な事由がなければ、これを拒んではならず（医師19条1項）、診察・治療の求めに応じる法的義務が存する。助産師についても、保健指導等の求めがあった場合は、正当な事由がなければ、これを拒んではならないとの規定が置かれている（保助看39条1項）。この応招義務の性格については、一般に、医師等の、国に対する義務であると解されている。応招義務違反に対する罰則は定められておらず、したがって、応招義務違反があった場合、国と医師等との関係で行政上の責任が、また、患者と医師等の関係で民事上の責任が問題となる。なお、「正当な事由」が認められるかどうかについては、具体的状況の下で個別的に判断されることが必要となる。

② 守秘義務　刑法134条1項によれば、医師・助産師等が「正当な理由がないのに、その業務上取り扱ったことについて知り得た人の秘密を漏らしたとき」は、刑罰が予定されている。個別法においても、たとえば、母体保護法27条、精神保健及び精神障害者福祉に関する法律53条など、医事・衛生行政法の分野では、医療従事者に対する守秘義務が定められているのが1つの特徴である。ただし、「業務上委託を受けたため知り得た事実で他人の秘密に関するも

3 医療施設——病院等

(1) **総説**　医療施設である病院・診療所および助産所に関しては，医療法が，その開設，管理および運営に関して，施設の設置許可を基本に，各種の監督手段を組み合わせることによって，良好な施設管理および運営を維持させるしくみを構築している。

(2) **開設・管理**　病院等を開設しようとするときは，都道府県知事等の許可を受けなければならない（医療7条1項）。病床数等の変更に際しても，許可が必要とされている（同条2項）。病院は，所定の人員および施設を有しなければならないこととされ（21条1項）。構造設備について，換気，採光，照明，防湿，保安，避難および清潔その他衛生上の観点から必要な基準を省令で定めることとし（23条1項），違反には政令で罰則を設けることができるとしている（同条2項）。

(3) **監督・命令**　医療法は，医療施設の整備・医療提供体制の確保のため，いくつかの監督手段を置いている。

① **報告命令・立入検査**　都道府県知事等は，医療施設に関し，必要があると認めるとき，開設者・管理者に対し，必要な報告を命じることができるほか，当該職員に施設に立ち入らせ，その清潔保持の状況，構造設備または各種帳簿書類を検査させることができる（医療25条1項）。また，法令もしくは法令に基づく処分に違反している疑い，またはその運営が著しく適正を欠く疑いがあるときは，診療録その他の物件の提出を命ずることができる（同条2項）。

② **使用制限・改築命令等**　医療施設が清潔を

医療計画と医療法上の勧告　都道府県は，地域における医療提供体制を整備するために医療計画を作成することとされている。医療計画においては，基準病床数に関する事項が含まれ，病床数の調整が図られている。Xが病床数を308とする病院開設の許可を申請したところ，医療計画が定める必要病床数を超えることになるとして，医療法30条の7に基づき，病床数を60に削減するよう勧告がなされ，この勧告の法的性質が問題になった事案がある。原審は，この勧告は，医療計画の達成を推進するため，病院の開設等についてされる行政指導にすぎないとし，勧告に従わなかった場合，法律上当然に病床数を制限して指定を行うというしくみにはなっていないと解した。これに対し，最判平成17・10・25（判時1920号32頁）は，この勧告に従わず病院開設がされ，保険医療機関の指定申請がなされた場合には，当時，健康保険法43条の3第2項が規定する「保険医療機関等トシテ著シク不適当ト認ムルモノナルトキ」に該当するものとして，保険医療機関の指定を拒否することができるという取扱いがされていたことを踏まえ，この勧告は，行政事件訴訟法3条2項に規定する「処分」にあたるとした。

欠き，その構造設備が法令の規定に違反し，または衛生上有害もしくは保安上危険であるときは，都道府県知事は，その全部あるいは一部の使用を制限もしくは禁止し，または修繕もしくは改築を命ずることができる（24条1項）。

③ **開設許可の取消し** 病院等の開設者が，正当な理由がないのに6カ月以上その業務を開始しないとき，使用制限・改築命令等に違反したとき，または，開設者に犯罪もしくは医事に関する不正の行為があったときは，都道府県知事は，開設の許可を取り消し，または期間を定めてその閉鎖を命ずることができる（29条1項）。

医療法は，比較的，命令手法を多用し，またこれらの実効性を適宜，罰則によって担保することにより，医療施設の整備・医療提供体制の確保をより確実に実現しようとしている点を特徴としている。

第3節　医薬品行政

1　総説

医薬品とは，日本薬局方におさめられているもののほか，人や動物の疾病の診断・治療または予防を目的とするもので医薬部外品・器具機械でないもの，および人や動物の身体の構造または機能に影響を及ぼすことを目的とするもので医薬部外品・化粧品・器具機械でないものをいう。医薬品，医療機器等の品質，有効性および安全性の確保等に関する法律（平25法84）（「薬事法」から法令名を変更）は，医薬品等の品質，有効性および安全性の確保を目指すとともに，これらの使用による保健衛生上の危害の発生および拡大の防止のために必要な規制を行うことを目的として制定され，医薬品等を取り扱う資格に関する薬剤師法とともに，医薬品行政の中心に置かれる。そのほか，特殊な有害物質の取締りを目的とする毒物及び劇物取締法，麻薬及び向精神薬取締法等，さらには，安全な血液製剤安定供給の確保等に関する法律もこの領域における重要な法律である。人の身体に影響をもつ医薬品等の特性に照らし，安全性の確保のための規制的な手法が特徴をなす。

2 薬局

薬局とは，薬剤師が販売または授与の目的で調剤の業務を行う場所をいう。薬局を開設するには，その所在地の都道府県知事から許可を得ることが必要である（医薬4条1項）。許可の基準は消極的要件として規定されており，都道府県知事は，①構造設備が厚生労働省令で定める基準に適合しない場合，②薬剤師数が一定の基準に達しない場合，③申請者が一定の不適格者である場合には，許可を与えないことができる（5条）。薬局開設者が薬剤師であるときは，みずから薬局を管理しなければならず（7条1項），開設者が薬剤師でない場合は，薬剤師である管理者をおかなければならない（同条2項）として，必ず薬剤師により管理がなされることが求められている。管理者は，保健衛生上支障を生じるおそれのないよう，薬剤師その他の従業者を監督し，構造設備および医薬品その他の物品を管理し，その他薬局の業務について必要な注意をしなければならない（8条1項）。

医薬品のインターネット販売 平成18年に改正された薬事法（平18法69）の施行に伴い，同法施行規則も平成21年厚生労働省令第10号により改正され，同施行規則が，店舗以外の場所にいる者に対する郵便その他の方法による医薬品の販売は一定の医薬品に限って行うことができる旨およびそれ以外の医薬品の販売もしくは授与または情報提供はいずれも店舗において薬剤師等の専門家との対面により行わなければならない旨の規定を設けたところ，インターネットを通じた郵便等販売を行う事業者が，同施行規則の上記各規定にかかわらず郵便等販売をすることができる権利ないし地位を有することの確認等を求めて出訴した。

最高裁は，「新薬事法には，旧薬事法で認められていた第一類・第二類医薬品のインターネット販売を禁止することを省令に委任する趣旨の授権規定は見当たらない。本件規制は，これまで認められてきたインターネット販売を禁止するものであるから，法律の条文による明確な授権が必要である。」（最判平25・1・11民集67巻1号1頁）として，施行規則によるインターネット規制が法律の委任の範囲を超え無効であることを認めた原審の判断を維持した。その後，薬事法が改正され，医薬品販売のインターネット規制が大幅に緩和されている。

3 医薬品等の製造・販売等

① **製造販売業** 医薬品等の製造販売を業として行おうとする者は，厚生労働大臣の許可を受けなければならない（医薬12条1項）。また，医薬品等の製造販売については，品目ごとに厚生労働大臣の承認を受けなければならない（14条1項）。

② **製造業，販売業** 医薬品の製造，販売，それぞれを業として行うについても，許可制が敷かれている。すなわち，医薬品等の製造業の許可を受けた者でなければ，業として医薬品等の製造をしてはならず（13条1項），薬局開設者または医薬品の販売業の許可を受けたものでなければ，業として医薬品を販売等してはならない（24条1項）。なお，許可される販売業の種類には，(i)店舗販

売業，(ii)配置販売業，(iii)卸売販売業がある（25条）。

4　医薬品等の監督

　法は，医薬品等の品質，有効性，安全性の確保のための監督手段として，報告命令，立入検査，収去，販売・授与の停止命令，廃棄・回収命令，改善命令・使用禁止，承認・許可の取消し等，非常に多様な手段を置き，最終的には，承認・許可の取消しに至るしくみを整えている。

　① **立入検査・収去等**　厚生労働大臣または都道府県知事は，医薬品等の製造業者，輸入販売業者，販売業者等に対して必要な報告をさせ，または構造設備や帳簿書類などについての立入検査，関係者への質問，試験のための必要最少分量の収去などを行うことができる（医薬69条）。

　② **販売停止等の緊急命令**　厚生労働大臣は，医薬品等による保健衛生上の危害の発生・拡大防止に必要があるとき，医薬品等の製造販売業者等に対して，医薬品等の販売・授与の一時停止，その他応急の措置をとるべきことを命ずることができる（69条の3）。

　③ **廃棄等**　厚生労働大臣または都道府県知事は，法令の定めに違反して貯蔵・陳列もしくは販売・授与された医薬品等について，廃棄，回収，その他公衆衛生上の危険の発生を防止するに足りる措置をとるべきことを命ずることができる（70条1項）。命令を受けた者が，その命令に従わないとき，または緊急の必要があるときは，当該職員に廃棄，回収，またはその他の必要な処分をさせることができる（同条2項）。

　④ **改善命令等**　厚生労働大臣または都道府県知事は，医薬品等の製造販売業者等に対して，構造設備の改善もしくは製造管理・品質管理の方法の改善を命じ，またはその改善を行うまでの間当該施設の全部もしくは一部の使用を禁止することができる（72条以下）。

毒物・劇物の「登録」——ストロングライフ事件　劇物指定のブロムアセトン稀溶液を用いた護身用具「ストロングライフ」を輸入しようとした業者が，厚生大臣（当時）に輸入業の登録申請をしたところ，厚生大臣は，毒物及び劇物取締法所定の登録拒否事由が存しないにもかかわらず，同法1条の趣旨・目的を定めた「保健衛生上の見地から必要な取締」として，登録を拒否した。同法5条は，設備の面からのみ登録拒否事由を定めており，しかも「登録拒否事由に該当しない場合には，拒否してはならない」としており，このような法の構造のもとで，当該拒否処分が許されるかについて，下級審では見解が分かれたが，最高裁は，同法はもっぱら設備面からの規制を目的とし，その用途に関しては規制の対象としていないとして，本件の登録拒否処分は許されないと解した（最判昭56・2・26民集35巻1号117頁）。「登録」の性質をはじめ，法律の解釈をめぐり，多くの理論的対立を生ぜしめた事件となった。

⑤ **承認の取消し等** 厚生労働大臣は，承認を与えた医薬品等が効能・効果・性能，もしくは使用価値がなくなったときなどは，その承認を取り消さなければならず，また，保健衛生上の必要があるとき，または一定の事由に該当するときは，承認の取消し，または承認を与えた事項の一部について変更を命ずることができる（74条の2）。

⑥ **許可の取消し等** 厚生労働大臣または都道府県知事は，医薬品等の製造販売業者等に法令もしくは処分に違反する行為があったときなど，その許可を取り消し，または期間を定めてその業務の全部もしくは一部の停止を命ずることができる（75条）。

第4節　予防衛生行政

1　総説

とくに感染症から国民の生命健康を守るため，感染症の予防及び感染症の患者に対する医療に関する法律（以下「感染症予防法」という），予防接種法，検疫法等からなる予防衛生法規がある。ここでは，感染症予防法を取り上げる。

2　感染症予防

(1) **総説**　感染症予防法は，前文を置き，新たな感染症の出現や既知の感染症の再興に対する良質かつ適切な医療の提供と迅速かつ適確な対応が必要なこと，そして同時に感染症患者等に対するいわれのない差別や偏見の克服を宣言している。同法において，感染症は，危険性の程度によって，一類感染症ないし五類感染症，新型インフルエンザ等感染症，指定感染症および新感染症に分類され（感染症6条），それぞれの特性に応じた対応が規定されている。ちなみに，「一類感染症」はエボラ出血熱，ペストなど7種，「二類感染症」はジフテリア，結核など6種，「三類感染症」は，腸管出血性大腸菌感染症，コレラなど5種，「四類感染症」は，E型・A型肝炎，鳥インフルエンザなど10種および政令で定めるもの，「五類感染症」は，後天性免疫不全症候群，破傷風など8種および省令で定めるものがある。

(2) 感染症の発見

① 医師の届出　医師は，一類ないし四類感染症の患者または無症状病原体保有者および新感染症にかかっていると疑われる患者については，ただちに，その者の氏名，年齢，性別等を，また，省令で定める五類感染症については，7日以内に，その者の年齢，性別等を，それぞれ最寄りの保健所長を経由して都道府県知事に届け出なければならない（感染症12条1項）など，情報の収集に関する規定が置かれ，収集された情報は，個人情報保護に留意しつつ，積極的に公表することが求められている（16条）。

② 健康診断　都道府県知事は一類から三類または新型インフルエンザ等感染症のまん延を防止するため必要があるときは，当該感染症にかかっていると疑うに足りる正当な理由のある者に医師の健康診断を受けるべきことを勧告することができ（17条1項），この勧告に従わない者については当該職員に健康診断を行わせることができる（同条2項）。新感染症にも同様の規定があり（45条），これらの健康診断の強制は，講学上の即時強制（即時執行）にあたると解される。

(3) 感染症に対する措置

① 就業制限　感染症予防法12条1項の規定による医師からの届け出を受けた都道府県知事は，当該感染症のまん延を防止するため必要があると認めるときは，当該者またはその保護者に対し，当該届出の内容等を書面により通知することができる（18条1項）。通知を受けた場合には，感染症を公衆にまん延させるおそれがある業務として，感染症ごとに厚生労働省令で定める業務に，そのおそれがなくなるまでの期間として感染症ごとに所定の期間従事することが禁止される（同条2項）。

② 入院　一類感染症のまん延を防止するため必要があると認めるときは，都道府県知事は，当該感染症の患者に対し，所定の医療機関に入院することを

予防接種による健康被害の救済をめぐる判例　伝染のおそれのある疾病で，その疾病の予防に有効であることが確認されている免疫原がある場合には，その免疫原を人体に注射しまたは接種することによって，免疫の効果を得させ，疾病の発生およびまん延の防止を図る方法がある（予防接種法1条・2条1項参照）。予防接種による健康被害の救済については，予防接種法による立法的な手当も一応なされているが，かつて，被害を補填するには不十分な給付額等をめぐって，国家賠償または損失補償による救済を求めて訴訟が提起されてきた経緯がある。給付の不足部分を国家賠償として請求すれば，公務員の過失の立証が困難となり，他方，損失補償として請求すれば，健康被害の補填に，財産権のそれに関する憲法29条3項が適用可能かどうかという法理論上の困難な問題に突き当たり，判例は，予防接種を強制する以上，国や厚生労働大臣には国民との関係で重大な事故が生じないよう努める法的義務があるとし，予診体制などの面から国の過失（いわゆる「組織的過失」）を認め，救済を図った（東京高判平4・12・18判時1445号3頁）。

勧告することができ（19条1項），その者が勧告に従わないときには所定の期間入院させることができる（同条3項）。新感染症の患者についても同様の規定が置かれている（46条1項・2項）。また，二類感染症についても，一類感染症の規定が準用され（26条），必要に応じて入院勧告がなされる。

③　消毒・交通の制限・遮断等　　都道府県知事は，一類から四類感染症または新型インフルエンザ等感染症の発生の予防やまん延を防止するために必要な場合には，消毒を命じたり（27条1項），この命令ではそれが達しがたい場合には，市町村に消毒するよう指示し，または当該都道府県の職員に消毒させることができる（同条2項）。また，場合に応じたさまざまな措置が規定されているほか（28条〜32条），一類感染症についてまん延の防止のため緊急の必要があって，消毒によりがたいときには，交通を制限したり遮断したりすることができる（33条）。新感染症についても同様である（50条1項）。

第5節　保健衛生行政

1　総説

保健衛生行政は，国民の健康の保持と増進を目的とする行政として，地域保健に関する地域保健法，母性・母子保健に関する母子保健法，母体保護法，精神保健に関する精神保健及び精神障害者福祉に関する法律（以下「精神保健福祉法」という），高齢者の保健に関する，高齢者の医療の確保に関する法律，その他，学校保健法，がん対策基本法，健康増進法，食育基本法等，一連の法律に基づく。ここでは，精神障害者の医療および保護を目的とした精神保健福祉法を取り上げる。

2　精神保健福祉

(1)　施設

①　精神保健福祉センター　　都道府県は，精神保健福祉に関する知識の普及を図り，調査研究を行い，相談および指導のうち複雑または困難なもの等を行う施設である精神保健福祉センターを設置することができる（精神6条）。

②　精神科病院　　都道府県は，精神障害者の医療と保護を行うため，精神

科病院を設置しなければならない（19条の7）。ただし，他の者が設置した精神科病院の全部または一部を，その設置者の同意を得て，都道府県が設置する精神科病院に代わる施設（指定病院）として指定することができる（19条の8）。

③ **精神障害者社会復帰促進センター**　厚生労働大臣は，精神障害者の社会復帰を促進するための訓練・指導等に関する研究開発等を行う法人を，精神障害者社会復帰促進センターとして，全国を通じて一つに限り指定することができる（51条の2第1項）。

(2) **精神保健指定医**　厚生労働大臣は，申請に基づいて，所定の基準に該当する医師のうちから，必要な知識および技能を有すると認められる者を，精神保健指定医に指定する（精神18条1項）。指定医は，精神障害者またはその疑いのある者について，入院をする必要があるかどうかの判定など，精神保健福祉法に定められた職務を行う（19条の4）。

(3) **保護の申請・通報・届出**　精神障害者またはその疑いのある者を知った者は，誰でも指定医の診察および必要な保護を都道府県知事に申請することができる（精神22条1項）。警察官は，異常な挙動その他周囲の事情から判断して，自身を傷つけまたは他人に害を及ぼすおそれがあると認められる者を発見したときは，直ちに，最寄りの保健所長を経て都道府県知事に通報しなければならない（23条）。検察官も，精神障害者またはその疑いのある被疑者または被告人について，不起訴処分をしたときなど所定の場合，すみやかに都道府県知事に通報しなければならない（24条）。なお，保護観察所の長および矯正施設の長にも，同様の通報義務が課せられている（25条，26条）。

(4) **医療および保護**

① **任意入院**　精神科病院の管理者は，精神障害者を入院させる場合においては，本人の同意に基づいて入院が行われるように努めなければならず（精神20条），退院の申し出があれば原則として退院させなければならない（21条2項）。ただし，指定医の診察で，医療および保護のため入院の継続が必要な場合，72時間に限り退院させないことができる（同条3項）。

② **入院措置等**　都道府県知事は，指定医の診察の結果，精神障害者であり，かつ，医療及び保護のために入院させなければその精神障害のために自身を傷つけまたは他人に害を及ぼすおそれがあるときは，その者を精神科病院または

指定病院に入院させることができる（29条1項）。この場合，2人以上の指定医の意見が一致しなければならないが（同条2項），急を要する場合には緊急に入院させる措置もとりうる（29条の2第1項）。

③ **医療保護入院等** 精神病院の管理者は，指定医の診察の結果，精神障害者であり，かつ医療および保護のため入院の必要があると認めた者につき，家族等（配偶者，親権を行う者等）のいずれかの者の同意があるときは，本人の同意がなくても，その者を入院させることができる（33条1項・2項）。緊急その他やむを得ない理由があるときには，指定医に代えて特定医師に診察を行わせることもでき，所定の要件を満たせば12時間に限り，その者を入院させることができる（同条4項）。

第6節　環境衛生行政

1　総説

国民の生活環境の維持・改善を目的として多くの法律が定められている。具体的には，食品衛生に関する食品衛生法，食品安全基本法，と畜場法など，環境衛生に関する水道法，下水道法，公衆浴場法，旅館業法，墓地・埋葬等に関する法律（以下「墓地埋葬法」という）などがある（環境保全に関しては第Ⅱ部第6章「環境行政」参照）。ここでは，食品衛生に関して食品衛生法，環境衛生に関して公衆浴場法，旅館業法および墓地埋葬法を取り上げる。

2　食品衛生

(1) **食品・添加物等の規制**　食品衛生法は，飲食に起因する衛生上の危害の発生を防止することを目的として（食品衛生1条），とくに販売用の食品または添加物の採取・製造・加工等，また，営業上使用する器具・容器包装に関しても，衛生および清潔の原則を掲げる（5条・15条）。そのうえで，腐敗・変敗した食品や有害な物質が含まれた食品など人の健康を損なうおそれがあるものの販売等（6条），また，有害物質の含まれている等の器具・容器包装の販売等が禁止される（16条）。さらに，厚生労働大臣は，食品衛生上の危害の発生を防止するため必要があると認めるときは，薬事・食品衛生審議会の意見を聴

いて，一定の物を食品として販売することを禁止することができる（7条・8条），また器具・容器・包装等についても同様の規定が置かれている（17条）。

(2) 営業・製造業等の規制

① **許可**　　飲食店および喫茶店，菓子製造および食肉製品製造・販売，魚介製品製造・販売など，飲食店営業その他公衆衛生に与える影響が著しい事業を営もうとする者は，都道府県知事等の許可を受けなければならない。この許可は，あらかじめ条例で，業種別に，公衆衛生の見地から定めなければならないとされた基準に照らして判断され（食品衛生51条・52条1項），その基準に適合するときは，都道府県知事等は許可をしなければならない（52条2項）。

② **命令，営業の禁止・停止，許可の取消し**　　監督手段に関しては，法律の禁止事項に違反した場合における必要な措置を命ずる権限（54条），営業の禁止・停止（55条），許可の取消し等（56条）が規定されている。

③ **検査・報告の求め等**　　検査に関しての条文も手厚く用意され，たとえば，厚生労働大臣等に，必要があると認めるとき，営業を行う者その他の関係者などに対する必要な報告の求め，営業の場所，事務所等の臨検，営業上使用する食品等を検査させ，または無償収去をさせることができる（28条1項）。

3　環境衛生

(1) **公衆浴場・旅館**　　業として公衆浴場を経営しようとする者は，都道府県知事等の許可を受けなければならない（浴場2条1項）。都道府県知事は，公衆浴場の設置の場所や構造設備が公衆衛生上不適当であると認めるとき，または設置の場所が配置の適正を欠くと認めるときは許可を与えないことができる（同条2項）。配置の基準については，都道府県が条例で定める（3項）。都道府県知事は，必要があると認めるとき，営業者その他の関係者から必要な報告を求め，または当該職員に立入検査をさせることができる（6条）。また，旅館業を経営しようとする者は，都道府県知事の許可を受けなければならない（旅館3条1項）。都道府県知事は，施設の構造設備が基準に適合しないと認めるとき，設置場所が公衆衛生上不適当であると認めるとき，許可を与えないことができる（3条2項・3項）。また，これら拒否事由に該当しなくても，学校・児童福祉施設，社会教育施設の周囲おおむね100mの区域内にあり，当該施設の

清純な施設環境が著しく害されるおそれがあると認めるとき，当該施設を設置または管理する行政庁の意見を求めなければならない（3条4項）。都道府県知事は，必要があるとみとめるとき，公衆浴場法の場合と同様，営業者その他の関係者から必要な報告を求め，または当該職員に立入検査をさせることができる（7条）。

 (2) **墓地埋葬** 墓地，納骨堂，火葬場の管理および埋葬等を，公衆衛生等の見地から支障なく行われることを目的として，墓地埋葬法が制定されている。墓地等を経営しようとする者は，都道府県知事の許可を受けなければならない（墓地10条1項）。また，埋葬または火葬を行おうとする者は，死亡または死産の届出を受理した市町村長の許可が必要であり（5条），市町村長の許可が与えられたときは，それぞれの許可証が交付される（8条）。墓地・納骨堂または火葬場の管理者は，許可証を受理したあとでなければ埋葬・火葬・改葬を行ってはならない（14条1項～3項）。都道府県知事は，墓地・納骨堂または火葬場に対して，当該職員に，火葬場に立入り，もしくは検査をさせ，または管理者から報告をさせることができる（18条1項）。また，公衆衛生その他公共の福祉の見地から必要があると認めるときは，施設の整備改善，使用の制限・禁止を命じ，または許可を取り消すことができる（19条）。

距離制限 公衆浴場法の距離制限をめぐる事件で最高裁は，法は国民保健および環境衛生の見地から既存業者を濫立による経営の不合理化から守ろうとする意図をも有しており，それゆえ業者の営業上の利益は単なる事実上の反射的利益にとどまらず同法によって保護される法的利益であるとして，無用の競争を生じさせ経営を不合理化させる濫立状態を防止するための距離制限を合憲と解した（最判昭37・1・19民集16巻1号57頁）。

これに対し，かつての薬事法所定の距離制限について，最高裁は，距離制限規定は薬局等の経営の保護といった社会政策的目的を有しているとは解されず，また「薬局等の偏在―競争の激化―一部薬局等の経営の不安定―不良医薬品の供給の危険または医薬品乱用の助長の弊害」という事由は，いまだ薬局等の設置場所の地域的制限の必要性と合理性を肯定するには足りないとして，同法の距離制限規定を違憲としている（最判昭50・4・30民集29巻4号572頁）。

同じ距離制限でも，それぞれがもつ法的意味を比較してみると興味深い。

第 9 章　経済活動の規制行政

1　概説

(1)　**国家と経済**　近代における夜警国家観または自由主義国家観の下では，国家と社会の二元論を前提として，国家の任務は原則として公共の安全と秩序の維持に限定されるべきであり，必要以上に市民社会に介入すべきではないと考えられていた。そこでは，自由放任経済政策を基礎として，国家からの「経済の自由」が要請され，財産権および契約自由の原則が保障されるべきものとされた。ところが，「見えざる手に導かれて」自律的に発展すると考えられた資本主義社会も20世紀に入り，失業や貧困など社会的経済的矛盾を生むことになり，国家はむしろ積極的にこれらの矛盾を解消するために社会生活および経済生活に介入し，国民の社会権を実質的に保障すべきとする社会国家，福祉国家という国家観が1970年代頃まで先進諸国では主流であったといえる。しかし，このような考え方は，結果的に政府部門の拡大，すなわち大きな政府を求めることにつながり，国家財政を圧迫することになり，1980年代に入り新自由主義あるいはグローバル資本主義と呼ばれる経済政策が台頭し，英国のサッチャー政権に代表されるように，国営・公営企業の民営化，規制緩和，社会保障制度の見直しなど，小さな政府を目指す経済政策が推し進められることになった。このような政策は，国家財政の再建，経済の復興等に一定の効果をもたらしたといえるが，反面，富の偏在あるいは所得格差等を再び拡大させる傾向にある。

　他方，このような過程を経ることなく後進資本主義国家として出発した明治以来のわが国においては，経済活動の自由が確立することなく，当初から殖産興業政策に基づいて積極的に国家の経済への介入が行われてきた。具体的には，鉄道・海運などの産業の保護助成，製鉄業における国直営の官製工場の設置および金融部門における日本銀行や日本興業銀行など半官的企業が設置された。

また，戦時においては，国家総動員法（昭13法55）など数多くの経済統制法が制定され，国家の行政は軍事目的に統一され，経済活動に対して厳しい統制が行われた。第二次大戦後には，このような厳しい経済統制法は消滅することになったが，その後においても，国は各種の規制，特定産業や企業への補助金交付や租税の減免措置などを通じて積極的に経済へ介入し，それはまた日本的な政財官癒着の温床にもなった。わが国も，とくに80年代以降，新自由主義等の世界的潮流や国家財政の悪化などを受けて，電信電話事業，鉄道事業，郵便事業などの民営化，規制緩和，市場の国際化，経済構造の改革などが行われてきたが，格差社会という言葉に集約されるように，21世紀に入り改革にともなう負の影響が徐々に顕在化してきており，国家と経済との関係があらためて問い直されている。

(2) **経済活動の自由の保障とその制約**　明治憲法は，居住・移転の自由（22条）および所有権の不可侵（27条）を規定していたが，職業選択の自由を直接に保障する規定を設けていなかったために，経済活動の自由（営業の自由）が憲法上保障されているか否かについては必ずしも明らかではなかった。現行憲法も営業の自由を直接保障する規定を設けていないが，それが憲法上保障された自由であるという点で学説判例ともに一致している。ただ，その根拠を職業選択の自由（憲22条）に求めるか，あるいはそれに加えて財産権の保障（29条）に求めるかについては争いがあるが，今日では，営業の自由を，開業の自由，営業の維持・存続の自由，廃業の自由を内容とする「営業をすることの自由」（狭義の営業の自由）とすでに営業している者が任意にその営業活動を行いうる「営業活動の自由」（広義の営業の自由）とに分け，前者が憲法22条によって保障されているのに対し，後者は財産権行使の自由として憲法29条にその根拠を有するとする見解が有力である（今村成和「『営業の自由』の公権的規制」ジュリ460号40頁）。

このように営業の自由は経済活動の自由（経済的自由）の一つとして憲法上保障されてはいるが，それも絶対的なものではなく，純然たる精神的自由に比べても，国家による規制が強く要請されると解されている。つまり，経済活動の自由も自由権である以上，他人の人権との関連で内在的制約を受けることになるが，さらに経済活動の自由については，現行憲法が社会権を基本的人権と

して位置づけ，その積極的実現を国家に義務づけていることから，経済的・社会的弱者の保護といった観点から外在的政策的制約を受けるべきものとされる。判例も基本的にこのような区別を認め，国家による経済活動の自由の法的規制について，社会公共の安全と秩序の維持という観点からする消極目的による規制（消極的規制）と経済的・社会的弱者の保護等といった社会経済政策実施のための積極目的による規制（積極的規制）の二つがあることを明らかにし，消極的規制については，規制目的の合理性はもちろんのこと，その目的を達成するための手段・態様も必要かつ合理的なものでなければならないとし，厳格な違憲審査基準を採用しているが（薬事法違憲判決，最判昭50・4・30民集29巻4号572頁），積極的規制については，規制目的の一応の合理性が認められ，その目的達成のための手段・態様も著しく不合理であることが明白でない限り合憲とされるとし，規制目的や規制手段の合理性について立法府の裁量を広く認めている（小売市場許可制合憲判決，最判昭47・11・22刑集26巻9号586頁）。ただ，このような区別が基本的に承認されるとしても，経済活動の法的規制が，常に積極的規制と消極的規制に明確に区別されうるかどうかについてはなお検討の余地があると思われる。

　経済活動の自由は，対国家との関係における私人の経済活動の自由を意味するが，今日のような資本主義体制の下では，とりわけ大企業などの社会的・経済的勢力による経済活動の自由の侵害が無視できない問題となっており，人権規定の私人間効力について憲法上議論されている。

　(3)　**経済規制行政の意義と特色**　　経済規制行政あるいは経済行政とは，資本主義経済体制を前提としつつ，経済政策の実現を目的として，国民の経済活動に介入する行政活動を総称する（室井力編『新現代行政法入門(2)』〔2004年，法律文化社〕276頁）。経済規制行政は，現行憲法が財産権および職業選択の自由を保障していることから，資本主義経済体制を前提とし，またそれが直接的には経済政策の実現を目的としていることに疑いはない。ただ，この経済政策も，最終的には国民経済の民主的発展，つまり国民主権，社会権，実質的平等といった観点から限界づけられることになる。

　法治主義の下では，経済規制行政も，当然憲法および法律により拘束されることになるが，前述のように経済的・社会的弱者の保護といった観点からの積

極的規制については立法裁量が認められ，また経済そのものが流動的かつ複雑であり，行政には経済情勢への迅速な対応が要請されるため，この領域においては，伝統的な警察規制の法領域などと比較して，法律による拘束は緩やかであり，「法の政策化」といわれる現象が顕著である。このことは同時に，行政が経済活動を規制する際に，権力的・非権力的手段を問わず，広範な行政裁量が認められることを意味し，これが経済規制行政の大きな特色となっている。

2 経済活動の規制

行政による経済活動の規制の形態には，経済秩序の規制に関わるものと，動的な経済活動の規制に関わるものがある。経済秩序の規制とは，経済活動の保障の前提となる経済活動の基盤を形成し，これを秩序づける規制をいうのに対し，動的な経済活動の規制とは，経済秩序に基づいて行われる動的な経済活動そのものを具体的に規制することをいう。

(1) **経済秩序の規制**　経済活動の基盤を形成し，公正かつ自由な経済秩序を維持することを目的とする法律として，中核的地位を占めているのが，経済憲法とも呼ばれる私的独占の禁止及び公正取引の確保に関する法律（昭22法54。以下「独占禁止法」という）である。

独占禁止法は，1947年の制定以来幾度となく改正され，その間たとえば1953年の改正ではカルテルの容認政策が認められ，また独占禁止法の適用除外立法が増大するなど独禁法の性格の変更をもきたすような弱体化が続いたが，その後独占的な産業構造にともなって生じた物価問題や消費者問題を契機に次第にその運用の強化および強化改正が行われている。とくに1977年には，経済の寡占化や企業集団の規制を目的として，企業分割規定の新設，課徴金制度の導入など，また，2005年には課徴金制度の見直し，課徴金減免制度の導入，犯則調査権限の導入，審判手続の見直しといった大幅な改正が行われている。2009年には課徴金の対象が拡大され，2011年には正規の事前届出手続が設けられた。これは，株式の取得，合併，事業等の譲受けなどが，その規模など一定の基準を超える場合に，事前にそのことを公正取引委員会（以下「公取委」ともいう）に届け出て，その審査を受ける手続である（独禁10条・15条・16条等）。さらに，2013年の改正により，第一に，公取委が行った排除措置命令等の処分を自ら審

査することは公正性を欠くとの批判に応えて、行政審判制度が廃止された（独禁旧52条～68条）。これにともない、行政審判の特色としてあげられてきた、実質的証拠法則（同旧80条）と新証拠の提出制限（同旧81条）も廃止された。第二に、公取委が処分する前の事前手続として、行政手続法の聴聞（行手13条以下）に類似する意見聴取手続が導入された。

このほか、独占禁止法の特別法として、下請代金の支払遅延等を防止することによって、親事業者の下請事業者に対する不当な取扱いを規制する下請代金支払遅延等防止法（昭31法120）や消費者が適正に商品等を選択できるように不当表示や過大な景品類の提供を規制する不当景品類及び不当表示防止法（昭37法134）などがある。

以下では、経済秩序の規制の中核をなす独占禁止法を概観することにする。

① **独占禁止法の目的と規制対象**　独占禁止法の目的は、「私的独占、不当な取引制限及び不公正な取引方法を禁止し、事業支配力の過度の集中を防止して、結合、協定等の方法による生産、販売、価格、技術等の不当な制限その他一切の事業活動の不当な拘束を排除することにより、公正且つ自由な競争を促進し、事業者の創意を発揮させ、事業活動を盛んにし、雇傭及び国民実所得の水準を高め、以て、一般消費者の利益を確保するとともに、国民経済の民主的で健全な発達を促進すること」にある（1条）。

独占禁止法は、この目的を達成するために、事業者による私的独占および不当な取引制限（2条5項・6項・3条）、独占状態（2条7項・8条の4）、不公正な取引方法（2条9項・19条）、不当な取引制限・不公正な取引方法に該当する国際的協定または契約（6条）、事業者団体の一定の行為（8条1号）、株式の保有（9条～11条・14条）、会社の役員の兼任（13条）、会社の合併（15条）、事業の譲受け等（16条）などについて規制している。

② **公正取引委員会の組織と役割**　独占禁止法に違反する行為があるときは、公取委が必要な措置を講ずることになる。公取委は、両議院の同意を得て内閣総理大臣により任命される委員長および4名の委員により構成される（29条）。公取委は、内閣府の外局として内閣総理大臣の所轄の下に置かれるが（27条）、その権限行使について独立性が保障されている行政委員会であり（28条）、行政的権限のほかに、準立法的権限（規則制定権、76条）や準司法的権限（後述）

をもつなど，独占禁止法の運用に関し広範な権限を有している。

③ **事前相談制度**　公取委は，その所掌事務について一般的な行政相談に応じているが，これとは別に，法運用の向上を図り，法適用に関する予見可能性を高めるために，運用基準（行政規則）により事前相談制度（「事業者等の活動に係る事前相談制度」）を設けている。これは，アメリカに範をとったものであり，法令適用事前確認制度または日本型のノーアクションレター（制度）とも呼ばれる。すなわち，事業者または事業者団体は，その実施しようとする具体的な行為が，独占禁止法および下請代金支払遅延等防止法の規定に抵触するか否かが明らかでないとき，公取委にそれについて事前に相談し，それに対して公取委が回答し，回答の内容を公表するものである。ただし，独占禁止法第4章の規制対象となる企業結合案件に係るものは，本制度の対象外である。

公取委は，原則として，事業者等からの事前相談申出書を受領してから30日以内に書面で回答し，申出者名ならびに相談および回答の内容の公表も，回答を行ってから30日以内に公取委のホームページ等において行われる。ただ，相談に密接に関連する事案が訴訟の対象になっている場合など，私的紛争に介入することとなる一定の場合には，回答を行わないことがある。また，法律の規定に抵触しない旨の回答をした後でも，当該回答を維持することが適当でないと認める場合には，理由を付記した書面でその全部または一部を撤回することができる。

④ **違反事件の調査**　公取委による独占禁止法違反事件の処理は，基本的に以下のような手続を経て行われる。

まず，公取委は，一般人からの報告（独禁45条1項），中小企業庁からの報告（中小企業庁設置法4条6項・7項），職権などにより事件を探知する（独禁45条4項）。次に，公取委はこれに基づいて事件を調査することになるが（45条2項・47条），この調査には2種類ある。一つは，独占禁止法に違反する事実があると思料した場合に行われる調査であり，事件関係人・参考人からの意見・報告の聴取，鑑定人による鑑定，帳簿書類等の提出，立入検査の権限が与えられている（47条1項）。この調査は，罰則によってその実効性が担保されている行政調査であり，相手方がこの調査に応じない場合には行政罰として懲役または罰金などの刑罰が科される行政刑罰である（94条）。もう一つは，公取委が刑事

告発に相当する独占禁止法89条から91条の罪に係る事案であると判断した犯則事件を対象とする犯則調査である。これには，犯則嫌疑者・参考人への質問，所持品の検査など（101条）と，地方裁判所または簡易裁判所の裁判官があらかじめ発する許可状を得て行われる臨検，捜索，物件の差押えがある（102条）。前者は間接強制調査（行政調査）であり，後者は，相手方への実力行使を伴う強制調査（即時強制）である。

⑤ **違反者に対する処分と事前の意見聴取手続**　調査の結果，私的独占，不当な取引制限，不公正な取引方法など独占禁止法に違反する行為があると認められる場合には，事業者または事業者団体に対し排除措置を命ずること（排除措置命令）ができ（独禁7条・8条の2・17条の2・20条），また，独占禁止法違反行為により不当な利益を得ている場合には，制裁金として課徴金の納付を命ずること（課徴金納付命令）ができる（7条の2・8条の3・20条の2〜20条の7）。さらに，公取委は，独占的状態があるときは，事業者に対し競争を回復させるための措置を命ずること（競争回復措置命令）ができる（8条の4）。これらの命令（以下「排除措置命令等」という）は行政処分である。なお，課徴金については，これを減免する課徴金減免制度（リニエンシー）がある。不当な取引制限等があった場合の課徴金（7条の2）を例にとると，違反事件の調査開始前に違反行為を行った事業者が単独で公取委に違反事実を報告した場合には，報告の順番に応じ課徴金が免除または減額される（7条の2第7項〜9項）。また，課徴金の算定額が100万円未満の場合納付命令はされず（7条の2第1項但書），納付命令を行った後に，同一事件につき罰金刑に処する確定裁判があったときは，罰金額の2分の1に相当する金額が課徴金から控除されることになる（7条の2第19項・63条）。

　公取委がこれら排除措置命令等をするときは，事前に意見聴取手続を経なければならない（49条・62条4項・64条4項）。これは，公取委が事件ごとに指定する職員（指定職員）が主宰し（53条1項），審査官その他の当該事件の調査に関する事務に従事した職員（審査官等）に，予定される排除措置命令等の内容等を処分の名宛人となるべき者（当事者）に説明させ（54条1項），これに対して当事者が意見を述べたり証拠を提出したりするなど（同条2項）の手続である。指定職員は，意見聴取の後に，当事者の意見陳述等の経過を記載した調書と当

該意見聴取に係る事件の論点を整理した報告書を公取委に提出し，公取委は調書・報告書を参酌したうえで，処分を行うことになる。指定職員の報告書には，行政手続法上の主宰者の報告書（行手24条3項）および行政不服審査法上の審理員意見書（行審42条1項）とは異なり，指定職員の意見は記載されない（独禁58条4項）。これは，処分が学識経験者で構成される合議制の行政委員会によってなされるからである。指定職員が審査官等と当事者による主張と証拠により作成した報告書を学識経験者で構成される公取委が合議し（行政機関による事実認定と法適用），排除措置命令等（裁定）を行うことを準司法的権限という。

⑥ **独禁法違反事件と行政事件訴訟**　排除措置命令等の処分（不作為を含む）および意見聴取手続においてなされた処分については，審査請求ができない（独禁70条の12）。これらの処分に不服がある者は，当該処分の抗告訴訟を提起して裁判で争うことになる。この訴訟の被告は公取委であり（77条），訴訟は東京地方裁判所に提起する必要がある（85条）。東京地方裁判所を第一審の専属管轄としている理由は，独禁法違反事件の専門性に鑑み，判断の合一性と裁判所における専門的知見の蓄積を図ることにあるとされる（岸井大太郎・大槻文俊・和田健夫・川島富士雄・向田直範・稗貫俊文『経済法』〔2016年，第8版，有斐閣〕53頁）。また，裁判所における慎重な審理を確保するため，東京地裁では3人（または5人）の裁判官，控訴審となる東京高裁では5人の裁判官による合議体で裁判をすることになる（86条・87条）。

このほか，裁判所は，緊急の必要があると認めるときは，公取委の申立てにより，私的独占・不当な取引制限等（3条等）の規定に違反する疑いのある行為をしている者に対し，当該行為等の執行の一時停止を命じ，またはその命令を取消し，もしくは変更することができる（70条の4）。これは緊急停止命令といわれる。

⑦ **民事上の救済と刑事上の制裁**　行政事件に関する裁判以外に，独占禁止法上，民事上の救済手続と刑事上の制裁手続がある。

まず，事業者団体が事業者に不公正な取引方法に該当する行為をさせるようにするか（独禁8条5号），事業者自身が不公正な取引方法を用いる行為により（19条），その利益を侵害されまたは侵害されるおそれがある者は，これによりいちじるしい損害を生じまたは生ずるおそれがあるときは，事業者または事業

者団体に対し、その侵害の停止または予防を請求する民事上の差止訴訟を提起することができる（24条）。

次に、私的独占・不当な取引制限をし（3条）、国際的協定または国際的契約において不当な取引制限をし（6条）、または不公正な取引方法を自ら用いた事業者および事業者団体（8条）に対し、その被害者は損害賠償を請求することができる（25条1項）。この損害賠償請求訴訟では、民法上の不法行為責任（民709条）とは異なり、無過失責任主義がとられている（独禁25条2項）。ただし、被害者は、排除措置命令が確定した後でなければ、裁判上損害賠償請求権を主張することができない（26条1項）。また、損害賠償請求権は、排除措置命令等が確定した日から3年を経過すると時効により消滅することになる（同条2項）。

独占禁止法違反行為をした者に対しては、排除措置命令等の処分がなされるほか、刑罰が科されることになる（89条以下）。行政調査により犯則の心証を得たとき、または独占禁止法の規定に違反する犯罪があると思料するときは、公取委が検事総長に告発しなければならない（74条1項・2項・96条1項）。

(2) **動的な経済活動の規制**　動的な経済活動の規制はかなり広範な領域においてなされているが、ここではいくつか具体例をあげてみておくこととする。

① **物資規制・物価規制**　物の生産や流通は、資本主義経済の下では需要と供給のバランスを通じて行われるが、不況等によりそのバランスが崩れ、物不足や過剰生産といった事態が生じることがある。そこで、このような事態に対処するために、とくに国民生活との関連性が高かったり、国民経済にとって重要な食糧や物資については、個別の法律によりさまざまな規制がなされている。また、価格の暴落や高騰に対しては、その安定を図るために価格規制がなされるが、これは物資規制とも密接な関係にある。

米穀や麦など主要な食糧は、これまで食糧管理法（昭17法40）により、国の強い管理の下に置かれてきたが、1994年に同法が廃止され、主要食糧の需給及び価格の安定に関する法律（平6法113）が成立したことにより、今日では、米の流通については必要最小限の政府規制の下で生産者および生産者団体主体の米需給調整システムに改められつつある。このほか、さとうきびやばれいしょなどの農作物ついては、砂糖及びでん粉の価格調整に関する法律（昭40法109）が、国内産糖および国内産いもでん粉の安定的な供給の確保を図るため、政府

による価格調整に関する措置を定めている（3条以下・26条以下）。

　また，より一般的に国民生活に密接に関連し，国民経済上重要な物資（生活関連物資）が規制されることがある。1973年の石油危機に際し，投機的目的での買い占めによる生活関連物資等の物不足や物価の高騰に対処し，国民生活の安定と国民経済の円滑な運営を確保するために，国民生活安定緊急措置法（昭48法121）と生活関連物資等の買占め及び売惜しみに対する緊急措置に関する法律（昭48法48）が相次いで制定された。これらは緊急措置法であるが，有効期間についての定めはない。

　物価一般を規制する法として，物価統制令（昭21勅令118。なお，昭27法88により昭和27年4月28日以後法律としての効力を有している）がある。物価統制令の規制対象は，物品の価格のみならず運送賃，保管料，保険料，賃貸料，加工賃，修繕料その他給付の対価となる財産的給付一般である（2条）。主務大臣は，物価が著しく高騰しまたはそのおそれがあるときに，価格等につき統制額を指定することができ（4条），統制額があるときはそれをこえて契約し，支払いまたは受領することは原則として禁止される（3条1項）。また，価格等に関して，不当に高価な額で契約し，支払いまたは受領することは禁止され（不当高価取引の禁止。9条の2），さらに暴利となる価格等を得べき契約をなし，または暴利となる価格等を受領することも禁止されている（暴利行為の禁止。10条）。これらの禁止規定に違反した場合には，厳しい罰則がある（33条・34条）。ただ，これらの禁止規定はすべて営利を目的とする契約の当事者に適用されるのであって，たとえば一般消費者などのように非営利目的で契約する者には適用されない（11条）。なお，統制額がある場合に，不当高価取引禁止の規定が適用されるかどうかについては争いがある。この点，裁判例は一致していないが，学説では統制額の有無にかかわらず適用されるとする見解が有力である。このほか，物価統制令は，不当な抱合せ販売・負担つき取引，不当な物々交換，業務上の不当利益を目的とする買占め・売惜しみ等についても禁止している（12条～14条）。

　このような価格一般の規制に対し，個別的な価格の規制がある。たとえば，電気，ガス，鉄道などの公益性の高い事業の運賃や料金は，それぞれ個別の法律により主務大臣の認可制の下に置かれている（電気18条，ガス17条，鉄事16条，

道運9条)。

② **金融規制**　国家は，その財政資金を公共事業や補助金などの方法で投入したり，民間の資金の移動や金融に対して規制を加えることなどにより，資金・金融面で直接的あるいは間接的に経済活動に干渉している。そのうち，ここでは直接的な金融規制をとり上げることとする。金融規制の主なものとして，まず金利の規制がある。臨時金利調整法（昭22法181）は，銀行など金融機関の金利の最高限度を内閣総理大臣および財務大臣が日本銀行政策委員会に定めさせることができるとし（2条1項)，これが定められたとき，金融機関はその最高限度をこえる契約の締結，それに基づく支払いまたは受領が禁止される（5条)。しかし，その違反に対する罰則の規定はなく，主務大臣の監督権に基づく処分が考えられる（たとえば，銀行24条以下)。

そのほか，出資の受入れ，預り金及び金利等の取締りに関する法律（昭29法195)，利息制限法（昭29法100)，貸金業法（昭58法32）などによっても，金融機関や貸金業者の利息等の規制がなされている。

③ **対外経済活動の規制**　資本主義経済の発展とともに，経済活動は国内市場にとどまらず必然的に国際市場においても展開されることになる。対外経済活動の規制は，主に外国為替，外国貿易および外資に関するものに分けられるが，これについては基本的に外国為替及び外国貿易法（昭24法228。以下「外為法」という）が規制している。同法は，対外経済活動の自由を基本原則とし，それに対する国家の規制も必要最小限にとどめられるべきものとしている（1条)。

(ア) **外国為替の規制**　外為法の適用を受ける取引または行為に係る通貨による支払等は，財務大臣の指定する通貨により行われなければならない（8条)。また，財務大臣は，内閣の承認を得て，本邦通貨の基準外国為替相場と外国通貨の本邦通貨に対する裁定外国為替相場を定め，これを告示することになる（7条1項・2項)。さらに，財務大臣は，対外支払手段の売買等所要の措置を講ずることにより，本邦通貨の外国為替相場の安定に努める必要がある（同条3項)。なお，従来，外国為替業務や両替業務を営もうとする者は，財務大臣の認可を受ける必要があったが，1997年の外為法の改正により自由化されることになった。

(イ) **外国貿易の規制**　貨物の輸出も基本的に自由であるが（47条)，国際

的平和と安全を維持するために，特定の地域に対する特定の種類の貨物の輸出には，経済産業大臣の許可が必要とされている（48条1項）。また，この特定貨物を特定地域以外に輸出する場合にも，政令により，許可制をとることができ（同条2項），さらに，特定貨物の輸出，特定地域への貨物の輸出および特定の取引による貨物の輸出については，承認を義務づけることができる（3項）。この地域と貨物の種類については，輸出貿易管理令（昭24政378）が定めている（1条1項・別表第一など）。

これに対し貨物の輸入については，許可制はとられておらず，政令により承認を義務づけることができるだけである（外為52条）。その具体的要件については，輸入貿易管理令（昭24政414）が定めている（4条）。

一般に，貨物の輸出入に関し，外為法，それに基づく命令またはこれらに基づく処分に違反した者に対して，経済産業大臣は，1年以内の期間を限り貨物の輸出入を禁止することができるほか（外為53条2項），経済産業大臣の許可を受けないで，特定の地域へ特定の貨物を輸出した者に対して，3年以内の期間を限り輸出等を禁止することができ（同条1項），また貨物の輸出について，とくに緊急の必要があると認めるときは，経済産業大臣は，1月以内の期限を限り品目または仕向地を指定し，貨物の船積を差し止めることができる（51条）。

なお，ここであげた法令以外にも，輸出入取引法（昭27法299），貿易保険法（昭25法67）などにより輸出入に関する規制措置が定められている。

(ウ) 外資の規制　外国投資家が，わが国において直接投資等を行う場合には，その内容により財務大臣および事業所管大臣への届出が義務づけられ（外為27条1項），財務大臣などが必要と認めるときは，その内容の変更・中止を勧告することができ，これに従わないときにはその変更・中止を命ずることができる（同条5項・10項）。また，対外投資等の資本取引についても，その内容に応じて届出制や許可制がとられ，取引内容の変更・中止の勧告・命令がなされる（21条以下）。

3　経済活動への介入手段

行政は権力的および非権力的手段を用いて経済活動に介入している。経済活動の自由を前提とする資本主義経済体制の下では，非権力的な手段も重要な意

義をもつ。そして、経済活動への関与は通常権力的・非権力的手段の有機的な結合により行われる。ここでは、その主なものを取り上げてみることとする。

(1) **行政立法**　すでに指摘したように、経済行政の領域においては、経済情勢への迅速な対応が必要とされるため、法律は行政の弾力的な規制権限の行使を認め、行政庁に広い裁量を与えることが少なくない。たとえば、外為法が、「外国貿易及び国民経済の健全な発展を図るため……貨物を輸入しようとする者は、政令で定めるところにより、輸入の承認を受ける義務を課せられることがある」(52条)、と規定するのは、その顕著な例である。しかし、このような政令への委任立法は、白紙委任に等しく(『新・基本行政法』131頁以下)、憲法41条に違反する可能性がある。裁判例も、1987年改正前の外為法およびそれに基づく輸出貿易管理令の規定の解釈が問題となった著名なココム事件において、同法の目的としない経済外的理由による輸出制限は、裁量権の範囲を逸脱し、違法であると判示している(東京地判昭44・7・8行集20巻7号842頁)。また、旧薬事法の委任により制定された薬事法施行規則を改正する省令が、旧薬事法では認められていた一定の医薬品の郵便販売等を禁止したことについて、最高裁は、当該規定が法律の委任の範囲を逸脱する違法なものとして無効であるとしている(最判平25・1・11民集67巻1号1頁。第8章第3節コラム「医薬品のインターネット販売」参照)。

(2) **行政計画**　経済行政の領域においては、経済情勢を分析予測し、積極的に将来あるべき経済目標を計画的に達成することが求められることから、とくに行政計画が重要な位置を占めている。経済活動に少なからぬ影響を及ぼす金融政策、貨幣政策、租税政策といった国の政策も、ここでいう計画の一つとして位置づけることができる。ただ、経済目標を達成するためにとられる手段はさまざまであり、権力的および非権力的手段が有機的に結合した形で用いられることになる。

行政計画を経済行政法の観点からみた場合には、基本的な二つの問題点を指摘することができる。まず、行政計画と法律の授権の問題がある。経済行政の領域における計画は、法律の授権がある場合でも、組織法上の授権に基づくものが多く、作用法に基づくものはむしろ限られている。そして、とくに組織法上の授権により策定される計画は、その策定権限が大幅に行政に委ねられてい

る。計画には，専門技術性や政策的判断が強く求められるため，計画裁量をある程度認めることも一面ではやむをえないことではあるが，計画といえどもそれが国民の権利利益に重大な影響を及ぼす場合には，それをいかに法的に統制するかが問題になる。次に，行政計画の手続的統制の問題がある。最近では，計画そのものの効力を争うことが難しい場合も少なくないため，計画策定過程の段階で手続的に統制すべきであるとする見解が唱えられている。この点，現行法では計画策定に際し審議会に諮問する方式がよく用いられている。しかし，現行の審議会制度においてはその構成や運営に問題があり，この制度のあり方自体を改善する必要があるほか，計画案の公告，縦覧，意見書の提出，公聴会の開催などを通じて計画策定手続を民主的に統制する一体的な法整備が必要である。

(3) **行政行為**　行政行為は，経済活動の権力的な規制手段の中でも中心的地位を占めている。行政行為には，行政庁が経済法令に基づいて国民に対し個別具体的に作為義務を課す下命や不作為義務を課す禁止がある。下命の例として，不公正な取引制限の排除措置命令（独禁7条）や課徴金納付命令（生活安定11条）などがあり，禁止の例として，不公正な取引方法の差止め（独禁20条）などがある。また，法令による一般的相対的禁止を特定の場合に特定の者に解除する許可の例として，パチンコ店等の風俗営業の許可（風俗3条），タクシー業の許可（道運4条），輸出入の許可・承認（外為48条・52条）などがある。事業への参入や開業（営業）が許可制の下に置かれている場合には，しばしば憲法22条1項の職業選択の自由との関係で許可や許可基準を定める法令の合憲性が問題になる。職業活動に対する許可制を合憲としながら，許可基準を違憲とした薬事法事件（最判昭50・4・30民集29巻4号572頁）があるが，小売市場許可制（最判昭47・11・22刑集26巻9号586頁），酒類販売業免許制（最判平4・12・15民集46巻9号2829頁，最判平10・7・16判時1652号52頁など）などに関する事件では，最高裁はいずれも合憲の判断をしている（本章1の(2)をみよ）。

なお，公企業の開業規制は，伝統的に特許とされてきたが，これも許可としてとらえることができる。また，私人相互間の法行為の効力の発生が行政庁の同意にかからしめられている場合に，この同意を認可というが，この例としては公共料金の認可（電気19条，ガス17条）などがある。ただ，経済活動の規制手

段としての認可と許可は必ずしも明確に区別されるわけではなく、許可の対象が法律行為である場合には認可の性質をも併有することになるし、逆に農地売買の認可のように、法令が認可を受けない行為に罰則を予定している場合には、許可の性質をも併有すると解される（農地3条・64条1号）。

なお、行政手続法により、行政行為（行政処分）のうち、許認可等の申請に対する処分については、審査基準・標準処理期間の設定・公表、申請拒否理由の提示、必要に応じた公聴会の開催等が求められ（5条～10条）、不利益処分については、処分基準の設定・公表、理由の提示などのほか、弁明手続あるいは聴聞手続が必要とされることになる（12条～31条）。

(4) **行政指導** 行政指導は、もともと講学上の概念であったが、行政手続法の制定により、実定法上定義づけられることになった。それによれば、行政指導とは、「行政機関がその任務又は所掌事務の範囲内において一定の行政目的を実現するため特定の者に一定の作為又は不作為を求める指導、勧告、助言その他の行為であって処分に該当しないもの」をいう（2条6号）。これは講学上の概念ともほぼ一致している。行政指導は、非権力的な事実行為であり、相手方に対して法的拘束力をもつものではないが、これに従わない場合には、同じ内容の命令が予定されていることがあり、行政指導といえども、現実には権力的規制措置と同様の効果を及ぼすことが少なくない。また、従来から、行政指導については、それを行う際の広い行政裁量、行政庁と企業との不当な談合やなれ合いを生む危険性などさまざまな問題点が指摘されてきたところである。そこで、行政指導が権力的な機能をもつ場合には、法律上その要件や内容についてできる限り詳細に規定することが要請されるほか、法令の趣旨・目的に反する行政指導は許されず（最判昭59・2・24刑集38巻4号1287頁）、また法の一般原則である平等原則、比例原則、信義誠実の原則、禁反言の法理などにより拘束される必要がある。さらに、行政手続法により、行政指導の趣旨、内容および責任者の明示、相手方からの要求があるときの文書での交付、同一目的で複数の者にする行政指導の文書化とその公表などが義務づけられている（32条～36条）。また、2014年の行政手続法の改正により、行政指導の透明性向上の観点から、新たな規定が設けられた。すなわち、①行政指導に携わる者は、行政指導をする際に、行政機関が許認可権限やそれに基づく処分権限を行使しうる

旨を示すときは，その相手方に権限行使の根拠となる法令の条項，当該条項に規定する要件およびその要件に権限行使が適合する理由を示す必要があること（35条2項），②行政指導が口頭でなされた場合，その相手方は①等で示された事項を記載した書面の交付を求めることができ，これに対し行政指導に携わる者は原則としてこれを交付しなければならないこと（同条3項），③法令に違反する行為の是正を求める行政指導（当該行政指導が法律に根拠がある場合に限る）の相手方は，その行政指導が当該法律に規定する要件に適合しないと思料するときに，当該行政指導をした行政機関に対し，当該行政指導の中止その他必要な措置をとることを求めることができること（36条の2第1項），④何人も，法令に違反する事実がある場合において，処分または法律に根拠のある行政指導をする権限のある行政庁に対し，処分または行政指導を求めることができること（36条の3第1項），である（『新・基本行政法』112頁以下）。

　ところで，行政指導が，損害賠償請求訴訟や抗告訴訟の対象となるか否かについては争いがある。前者に関連して，最高裁は，地方公共団体の工場誘致施策に基づく個別具体的な勧誘に応じ，工場建設の準備をしていた企業が，その後の施策の変更により損害を被った事件で，地方公共団体の不法行為責任を認めている（最判昭56・1・27民集35巻1号35頁）。また，通説判例は，これまで行政指導の処分性を否定し，抗告訴訟でこれを争うことはできないとしてきたが，最高裁は，勧告（行政指導）の処分性が争点となった事案で，病院開設中止勧告の保健医療機関の指定（処分）に及ぼす効果と病院経営における保健医療機関の指定の持つ意義を勘案し，勧告の処分性を認めている（最判平17・7・15民集59巻6号1661頁。同じく病床数削減勧告の処分性を肯定したものとして，最判平17・10・25判時1920号32頁がある）。

　(5)　**行政契約**　経済規制行政の領域においては，国や公共団体が，私人と法形式上対等の立場に立ち，契約の形式を用いて経済過程に入り込むことによって，経済過程を規制することが少なくない。行政契約を用いた経済過程への介入の仕方にもさまざまなものがある。たとえば，国・公共団体が，自ら生産・役務提供の主体として，公企業を経営したり，公共施設を設置することにより経済過程に介入したり，また物資需給の調整や価格の安定を図るため，特定の物資の買入れや売渡しなどを行うことにより流通過程に介入したり，さら

には私人の経済活動を援助または保護する目的で，補助金交付，融資，債務保証，利子補給などを行うことにより一定の経済政策を実現することもある。とりわけ，経済・産業政策の手段としての資金補助行政は，現代行政において重要な意義をもつ。なお，補助金と融資は，一定の行政目的を達成するために公の資金を提供するという点で共通するが，補助金については返還義務がないのに対し，融資は返還義務をともなうという基本的な違いがある。

　行政契約は，当事者の合意に基づく法律行為であり，基本的には民商法上の契約原理が適用されるが，これが行政目的達成のための手段であることから，国・公共団体に契約締結義務が課せられる（水道15条1項等）など，法律に特別の規定がおかれることがある。補助金交付の法的性質は贈与（契約）と解されるが，国による補助金交付については，法律は「交付決定」という用語を用い，形式的に行政行為とみなしている（補助金6条・17条・25条など）。また，裁判例も，有名な釧路市工場誘致条例事件で，地方公共団体の工場誘致条例に基づく補助金の交付決定を形式的に行政行為ととらえている（釧路地判昭43・3・19行集19巻3号408頁，札幌高判昭44・4・17行集20巻4号459頁）。さらに，補助金の交付については，法律または条例に授権規定がある場合でも，交付するかどうかの決定について行政主体に広範な裁量が与えられることが多い。このような場合に，私人が必ず補助金の交付を受けうると期待する法的地位（「期待権」）を取得すると構成することは困難であるとしても（前掲，釧路地判昭43・3・19），一定の事情の下では，補助金の不交付決定について行政側に信義則違反が生ずることもありうるであろう。

　(6)　**行政上の実効性確保手段**　経済規制行政の領域においても，他の領域と同様に，さまざまな行政上の実効性確保手段が用いられている。そのうち最も一般的なのは行政罰であるが，このほか最近この領域で注目されているものに課徴金と公表がある。

　①　**行政罰**　経済規制法令は，その時々の経済情勢に対応する必要があるため，一定期間を限って発せられる，いわゆる限時法の性格をもつことがあるが，その際，行政罰の適用の有無が問題になることがある。限時法の制定にあたっては，それが効力を失った後においても，その有効期間中の違反行為を処罰する旨の特別の規定を設けるのが通例である。しかし，そのような明文の規

定がない場合に，法令の廃止後にその有効期間中の違反行為を処罰できるかどうかは問題である。この点，刑法は，犯罪後に法律により刑の変更があったときは軽いほうを適用するとし（6条），さらに刑事訴訟法は，犯罪後法令により刑が廃止されたときは，判決で免訴の言渡しをすべきものとしている（337条2号）。これに従えば，法令の有効期間中の違反行為は，その廃止後には処罰されないことになる。しかし，限時法の場合には，行為時には違反していても，判決時にはすでに刑が廃止されているということで処罰されないことが生じうるため，有効期間の終わりが近づくにつれ違反行為が平然と行われ，刑罰法規が無意味になる可能性がある。そこで，このような不都合を解消するため，有効期間内の違反行為は，その期間経過後も処罰を認めるべきだとする，いわゆる限時法理論が主張されることになった。判例は，これを肯定するものと（例，最判昭25・10・11刑集4巻10号1972頁），否定するものがあり（例，最判昭32・10・9刑集11巻10号2497頁），必ずしも一致していない。他方，学説では，罪刑法定主義の見地から，特別の規定がない限り（刑8条），法令の廃止後にその有効期間中の違反行為を処罰することはできないとする見解が有力である。

② **課徴金**　課徴金といっても，その意味するところは法律により異なる。財政法3条でいうそれは，広く国が国権に基づき徴収する金銭的負担をいう。また，国民生活安定緊急措置法上の課徴金は，法令により定められた特定標準価格をこえて違法に販売がなされた場合に，実際の販売価格と特定標準価格との差額に販売数量を乗じた額を課徴金として徴収するものである（11条）。しかし，この課徴金は，不当に得られた利益を吸収するにとどまり，特定標準価格をこえる販売行為自体が法律上禁止されているわけではないため，厳密にはここでいう行政上の実効性確保手段にはあたらない。

独占禁止法上一定の違反行為に課される課徴金も，1977年の導入当初には国民生活安定緊急措置法上のそれと同様の性格を有していたが，1991年と2005年の法改正を通じて課徴金が引き上げられ，不当に得られた利益をこえる金額が徴収されることになった（7条の2・8条の3）。これにより，独占禁止法の課徴金は，実効性確保手段としての性格を強めたといえる（宇賀・〔Ⅰ〕135頁，257頁参照）。このほか，2005年改正では，新たに課徴金の軽減・加算制度（7条の2第5項・6項・8条の3），減免制度（7条の2第7項～9項・8条の3）が導

入された。また，従来から，課徴金と行政刑罰との併科が，憲法39条の二重処罰の禁止に違反するかどうかが議論されてきた。通説判例は，両者の趣旨・目的・性質等の違いを理由にこれを合憲としてきたところであるが（シール談合課徴金事件，最判平10・10・13判時1662号83頁），2005年改正では併科の問題に配慮し，両者の調整規定を設けた（独禁63条1項。本章2の(1)の⑤をみよ）。

なお，課徴金が納付されない場合には，公取委が，国税滞納処分の例により，課徴金（および延滞金）を強制徴収することになる（独禁69条4項。生活安定12条3項参照）。

③ **公表** 公表は，行政上の義務の不履行や行政指導に従わない者に対して，その氏名や事実を公表することにより，社会的制裁の下に置き，その実効性を確保する手段である。たとえば，国民生活安定緊急措置法は，指定物資の標準価格をこえて販売する者に対し，主務大臣は標準価格以下で販売するよう指示できるが，これに従わない場合には，その旨を公表することができるとしている（7条）。公表の実効性は，公表される者の姿勢と国民の反応にかかっており，それ自体は直接法的効果を生じさせるものではない。しかし，公表も事実上侵害的行為と同様の機能をもつことがあり，そのような公表には，法律の根拠が必要であるとする見解が多い。なお，誤った公表については，損害賠償請求訴訟，訂正記事の掲載など名誉回復のための民事訴訟が一般的な救済手段である。公表を行政訴訟（抗告訴訟または当事者訴訟）で争うことができるかどうかについては，学説上争いがある（詳しくは，『新・基本行政法』203頁）。

4 経済活動の規制と消費者保護

(1) **経済活動の規制と消費者保護の必要性** わが国では，戦後まもない産業振興の時期には，消費者問題はそれほど大きな社会問題ではなかった。その後，1950年代中頃からの高度経済成長期から91年のバブル経済の破綻に至る時代には，食品公害，薬害，各種の悪質商法による被害などが相次いで発生したことにより消費者問題が顕在化し，国は，福祉国家のイデオロギーにも支えられ，消費者保護のために企業・消費者間に積極的に介入していくようになる。消費者保護基本法や国民生活センター法など多くの消費者保護法制が形成され，発展したのも，この時期である。経済活動の規制行政との関連では，貸金業法，

旅行業法，宅地建物取引業法，証券取引法といった，いわゆる「業法」による規制が中心であり，具体的には，事業への参入や開業を許可制，登録制，届出制などにかからしめる開業規制，一定の安全基準等を満たさない商品の製造・販売の禁止，事業者の説明義務，書面交付義務，広告規制など各種の行為規制が定められ，その違反に対する指示，改善命令・業務停止命令といった行政処分，さらに規制の実効性を確保するために違反者に刑罰を科すというしくみがとられている（詳しくは，大村敦志『消費者法』〔2011年，第4版，有斐閣〕5頁以下，日本弁護士連合会編『消費者法講義』〔2013年，第4版，日本評論社〕14頁以下）。

　しかし，新自由主義の台頭や経済のグローバル化による内外からの圧力を背景とし，わが国でも，構造改革，規制緩和の必要性が叫ばれ，消費者政策も事業者に対する規制行政を中心としたものから民事ルールを拡充するものに移行してきている。たとえば，1994年の製造物責任法（平6法85）では，欠陥商品により消費者の生命・健康・財産に生じた損害について，製造業者等の賠償責任を規定している（3条）。また，消費者契約に関して，割賦販売法（昭36法159）や特定商取引に関する法律（昭51法57）など個別の法律でクーリングオフ制度（一定の取引形態につき，所定期間内での無条件の契約解除を認める制度）などを定め，消費者の保護を図っている。さらに，2000年には消費者と事業者との間で締結される消費者契約一般を適用対象とする消費者契約法（平12法61）が制定された。同法は，消費者と事業者の間の情報・交渉力の格差を正面から認め，消費者の利益の擁護を目的とするものであり（1条），不適切な勧誘行為により締結した契約の消費者の取消権（4条），不利益条項の無効（8条～10条）などについて定めている。また，2006年の同法の改正により，消費者被害を防止するため，事業者等の不適切な勧誘行為および不当条項を含む契約締結行為につき，内閣総理大臣の認定を受けた適格消費者団体に差止請求権を認めている（12条・12条の2・13条。近藤充代「消費者法制の変容と法」民主主義科学者協会法律部会編『改憲・改革と法』法律時報増刊〔2008年，日本評論社〕187頁以下参照）。また，消費者の被害救済の観点から，2013年に消費者裁判手続特例法（正式名称は，「消費者の財産的被害の集団的な回復のための民事の裁判手続の特例に関する法律〔平25法96〕」）が制定された（2016年10月1日施行）。同法は，これまでの適格消費者団体による差止請求の制度を一歩進めて，被害者である消費者の金銭的な

被害の回復を図ることを目的としている（1条）。具体的には，適格消費者団体の中から内閣総理大臣により新たに認定された特定適格消費者団体（2条10号・65条）が，消費者契約に関して相当多数の消費者に生じた財産的被害について，消費者に代わって事業者側の責任確定のための訴訟を提起することなど（一連の手続を総称して「被害回復裁判手続」という。2条9号・3条以下）によって，消費者の財産的被害の回復を図ることになる（1条）。

(2) **消費者基本法と消費者の権利**

① **消費者基本法**　消費者の利益に関わる法律は多数あるが，とりわけ消費者政策の目的，基本理念や基本指針を示す消費者基本法（昭43法78）が重要である。1968年に制定された消費者保護基本法は，2004年に改正され現在の名称に改められた。この名称変更は，同法の基本理念が消費者の「保護」からその「権利の尊重」と「自立支援」へと転換したことを意味する。

まず，同法の目的は，「消費者と事業者との間の情報の質及び量並びに交渉力等の格差にかんがみ，消費者の利益の擁護及び増進に関し，消費者の権利の尊重及びその自立の支援その他の基本理念を定め，国，地方公共団体及び事業者の責務等を明らかにするとともに，その施策の基本となる事項を定めることにより，消費者の利益の擁護及び増進に関する総合的な施策の推進を図り，もつて国民の消費生活の安定及び向上を確保すること」（1条）にある。次に，これを支える基本理念として，消費者政策は，「消費者の安全が確保され，商品及び役務について消費者の自主的かつ合理的な選択の機会が確保され，消費者に対し必要な情報及び教育の機会が提供され，消費者の意見が消費者政策に反映され，並びに消費者に被害が生じた場合には適切かつ迅速に救済されることが消費者の権利であることを尊重するとともに，消費者が自らの利益の擁護及び増進のため自主的かつ合理的に行動することができるよう消費者の自立を支援することを基本として行われなければならない」（2条1項）こと，などが掲げられた。そして，そのために果たすべき国・地方公共団体・事業者・事業者団体の責務および消費者・消費者団体の役割を定めている（3条〜8条）。

政府は，消費者政策を計画的に推進するために，「消費者基本計画」を定めなければならないが（9条1項），その案は内閣府に設置された消費者政策会議が作成する（27条1項・2項）。案の作成にあたっては，同じく内閣府に設置さ

れている消費者委員会の意見を聴く必要がある（同条3項）。さらに，同法は基本的施策として，消費生活における安全の確保，消費者契約の適正化，計量・規格・表示の適正化，公正かつ自由な競争の促進，施策への消費者の意見の反映，苦情処理・紛争解決の促進，国際的な連携の確保，環境保全への配慮など（11条〜23条）を規定している。

② **消費者行政の組織** 2009年に内閣府の外局として設置された消費者庁（内閣府49条3項，消費者庁及び消費者委員会設置法2条1項）は，政府全体の消費者政策を一体的に推進するため，消費者の利益の擁護・増進，商品・役務の消費者による自主的かつ合理的な選択の確保，消費生活に密接に関連する物資の品質に係る表示に関する事務を担っている（消費者庁及び消費者委員会設置法3条1項・4条）。消費者庁は，いわば消費者行政の中核である。

また，国民生活センターや地方公共団体が設置する消費者センター（消費基4条参照）も，消費者問題に関して大きな役割を果たしている。国民生活センターは，1970年に特殊法人として設置され，2003年に独立行政法人となった。同センターは，消費生活に関する情報の収集・提供，事業者と消費者との間の苦情処理，商品の検査等のための中心的機関として位置づけられている（消費基25条，生活センター法3条参照）。また，2008年の独立行政法人国民生活センター法（平14法123）の改正により，消費者または適格消費者団体と事業者との間で起こる全国的に重要である民事上の消費者紛争（重要消費者紛争という。1条の2）について，独立した紛争解決委員会を設置し，同委員会が和解の仲介や仲裁を行っている（11条1項・2項・19条以下）。

③ **消費者の権利** 消費者問題を法的に考えるにあたって，消費者がいかなる権利をもつかが重要となる。消費者の権利については，それを憲法25条の生存権の保障，あるいはそれに加え憲法13条の個人の尊厳・幸福追求権に根拠づけることが可能である。しかし，消費者の権利は，一般に環境権などと同様にいまだ生成過程にある抽象的な権利とされ，その具体的権利性が否定される傾向にある。これとの関連でよく引用されるものに，ケネディ大統領の「消費者の利益保護に関する大統領特別教書」（1962年）で宣言された，a. 安全を求める権利，b. 正しい情報を知らされる権利，c. 商品を選択する権利，d. 意見を聞いてもらう権利，という四つの消費者の権利がある。消費者基本法にもこの

ような思想は反映されているが（とくに，2条），具体的な権利として掲げられているわけではない。

(3) **消費者の権利保護**　事業者の経済活動により消費者に被害が発生した場合に，消費者は基本的に民事上の救済（損害賠償請求や差止請求など）を求めるべきである。しかしながら，国民生活が行政に強く依存している現代においては，行政が適正に権限を行使しないために消費者に被害が生じることがしばしば起こりうる。このような場合に，消費者は行政争訟（行政不服申立てと行政訴訟）や国家賠償請求訴訟により救済を図ることになるが，その際とりわけ消費者に不服申立適格や原告適格があるかどうか，あるいは行政に対し規制権限の行使や介入を求めることができるか否かが問題とされてきた。

まず，不服申立適格について，判例は，不当景品類及び不当表示防止法の規定により受ける一般消費者の利益は，同法の規定の目的である公益の保護の結果として生ずる反射的利益であり，法律上保護された利益ではないとの理由で，消費者団体である主婦連合会の不服申立適格を否定した（主婦連ジュース不当表示事件，最判昭53・3・14民集32巻2号211頁）。これは，不服申立適格を行政事件訴訟法上の原告適格と同様に厳格にとらえたものと解される。しかし，2004年の行政事件訴訟法の改正により取消訴訟の原告適格の解釈指針が設けられ（9条2項），実質的に原告適格の範囲が拡大されたことにともない，今後，不服申立適格も拡大される可能性がある。一方，鉄道運賃認可処分の取消し等を求めた行政訴訟では，通勤等の手段として日常的に鉄道を利用している者の原告適格を肯定する裁判例（東京地判平25・3・26判時2209号79頁，東京高判平26・2・19訟月60巻6号1367頁）も登場している。このほか，学説では諸外国の例（たとえば，アメリカのクラスアクションやドイツの団体訴訟）を参考に，消費者の利益を代表し一定の活動をしている消費者保護団体に原告適格を認めるべきであるとする意見が有力である。行政事件訴訟法の改正の際にも団体訴訟の導入が検討されたが，実現しなかった。なお，消費者契約法上の消費者団体訴訟制度は，適格消費者団体に事業者等に対する差止請求権（民事訴訟）を付与したものであって，国や地方公共団体を相手方とする行政訴訟についての訴権を認めたものではない。

次に，行政の規制権限の行使については，行政訴訟レベルではこれまで法律

上の規制権限の行使に行政庁の広範な裁量を認め，行政庁の判断を尊重する傾向が強かったといえる。しかし，2004年の行政事件訴訟法の改正により，権限行使の義務づけ判決を求める義務づけ訴訟と，権限行使の差止を求める差止訴訟が法定されたため，今後，経済活動の規制行政の分野でもその活用が期待される。他方，国家賠償請求については，下級審判例で裁量収縮論を採用し，規制権限不行使を違法とみなし国の賠償責任を認めるものがあった（たとえば，スモン事件，東京地判昭53・8・3判時899号48頁，大和都市管財事件，大阪地判平19・6・6判時1974号3頁）。最高裁は，宅建業者の監督と国家賠償責任事件で，行政庁の監督権限不行使が著しく不合理と認められる場合には国家賠償法1条1項の適用上違法の評価を受けるとの判断基準を提示したものの，その適用を否定していた（最判平元・11・24民集43巻10号1169頁。さらに，クロロキン薬害訴訟において最判平7・6・23民集49巻6号1600頁も否定）。しかし，筑豊じん肺訴訟で，最高裁はこの基準（権限不行使が著しく不合理）の適用を肯定し，国家賠償請求を認容した（筑豊じん肺訴訟，最判平16・4・27民集58巻4号1032頁）。

第10章　交通行政

第1節　交通および交通法の意義

1　交通の概念

　交通には，種々の意味があるが，本書では，次の最狭義の定義を採用する。「交通とは，人及び物の場所的移動の行為をいう」（園部敏・植村栄治『交通法・通信法』〔1984年，新版，有斐閣〕1頁）。

　この意味での交通は，移動を主眼としているが，単なる移動という行為のみならず，移動に用いる交通機関（自動車，鉄道，船舶，航空機など），移動のための施設（道路，停留所，線路・駅，港湾，空港など）も，交通の概念に含めて考えることができる。

2　交通法の意義と分類

　交通法とは「交通に関する法」である。交通法の多くは行政法の範囲に属するが，運送契約や交通事故など民法，往来妨害罪など刑法，国際交通を規律する国際法をも含み，特殊法として独自の法領域を形成している。

　交通法は，移動する空間によって，陸上交通法，海上交通法，航空交通法に分けられる。交通機関が陸域を移動する場合の交通法が陸上交通法であり，海域を移動する場合が海上交通法である。とくに，水上交通というときは，海域のみならず，河川，湖，港湾など内水の航行全般を含むが，河川，湖，港湾などの内水交通は陸上交通に含まれる（河川，湖，港湾における運送は，陸上運送法〔民法，商法の運送関連規定〕の対象であり，海商法〔商法第3編海商，船舶法など〕の対象となる海上運送と法領域を異にする）から，海域以外の水域を移動する交通は陸上交通法として扱うのがよいであろう。したがって，水上交通法という概念

は使わず，海上交通法という概念を用いる。空中を移動する場合が航空交通法である。

　これら移動する空間によって交通法の法関係は相互に異なり，交通法各論として説明される。空間の移動行為および移動のための機関以外に，移動に関係する交通施設，交通組織，交通事業，交通財政，交通災害，交通環境などの項目については，他の法領域で説明される公物法，行政組織法，経済活動の規制法，財政法，災害法，環境法などとも重なり，これらの法領域が，それぞれ，交通法に共通する交通法総論を形成するはずであるが，これらの項目については，本章では，とくに交通法として説明すべきことがらにとどめ，大部分をそれぞれ他の法領域の説明に委ねることにしたい。

3　居住・移転の自由または交通権

　交通法に対応する国民の基本的人権は，「居住・移転の自由」（憲22条1項）である。かつて，封建社会では，領主は，領民が他の領地に移転することを禁止して領内の労働力の維持，租税の減収の防止に努め，他の領地に逃亡した領民については，領主間で引き渡すことになっていた。ただ，「都市の空気は自由にする」といわれたように，自治権が認められた都市に，1年と1日逃げきれば，自由の身となったのである。そうでない限り，領民は領主の貴重な人的財産であり，領民が自由に移動することは（したがって，居住を変えることも）禁止されていた。

　資本主義経済が浸透し，工場制手工業が始まると，資本主義的生産活動への労働力の必要から次第に移動の禁止も緩和され，市民革命によって「居住・移転の自由」の保障が確立された。したがって，移転の自由は，居住，職業の選択による国民生活（生存）を支える人権である。交通法は，そのような移転の自由に立脚し，生活に必要な人および物資の場所的移動を円滑に行うことを目的とする。近年，「居住・移転の自由」を交通権という概念に再構成しようという主張がある。赤字交通路線の確保や交通弱者の保護など具体的な交通システムの保障を要求する点で意義がある。しかし，地方鉄道路線の利用者の交通権を侵害するとして地域格差運賃の違法を争った和歌山運賃格差訴訟では，交通権という権利は法的に成立しないと判断された（和歌山地判平3・2・27判時

1388号107頁)。

第 2 節　陸上交通行政

　陸上交通は，移動の用に供する公物に応じ，①鉄道交通，②道路交通，③内水交通に分類され，「人の移動」を目的とする旅客運送，「物の移動」を目的とする物品運送からなる。

1　鉄道行政
(1)　**鉄道の意義**　　鉄道とは，「固定施設及びこれにより運行する運搬具を用いて人又は物品を運搬する施設の総体」である。

　鉄道の固定施設（軌道）は，主として鉄軌条であるが，架線（モノレール），コンクリート道床（新交通システム），磁気浮上（リニアモータカー）など鉄道技術の進展により必ずしも鉄軌道に限らないものも含まれている。要は，当該固定施設に沿って運行される運搬具により，人や物の移動が独立して行われている態様を鉄道と考えれば十分である。しかし，エレベータやエスカレータは，通常，建物の上下の移動に用いられる当該建築物の付属施設であって，独立した移動のための運搬具ではないので鉄道に該当しない。ただし，山間部や台地の宅地開発で新興団地に居住する住民のために設けられる斜行エスカレータなどは，独立の運搬具として鉄道に該当しうるものもある。これらの鉄道という概念に含まれる事業，運搬具，施設等々の運営・設置・管理に関する事象が，利用者の「居住・移転の自由」の保障の視点から，交通法の問題になる。

(2)　**鉄道行政の主体および法的性質**　　人や物の移動を業とする鉄道事業は，国，地方公共団体，私人によって営まれる。伝統的に，鉄道は交通行政を担当する大臣が所轄する国家の独占事業とされ，私人による固定施設の敷設や運輸事業は，講学上の特許とされてきた（軌道2条・3条，鉄事3条）。戦後におけるわが国の鉄道事業は，1948（昭和23）年の日本国有鉄道法によって発足した公社たる日本国有鉄道（国鉄）に始まり，国鉄は政府関係機関として（日本鉄道建設公団に関して，いわゆる成田新幹線訴訟控訴審の東京高判昭48・10・24行集24巻10号1117頁を参照），利用者との関係においても，職員との関係においても，公法上

の法関係としてとらえられていたが（最判昭49・2・28民集28巻1号66頁），国鉄の累積赤字による国家財政の負担を解消するため，1987（昭和62）年，鉄道事業は，日本専売公社や日本電信電話公社とともに民営化され，国の直営で営まれる鉄道事業はなくなった。そこで，私鉄をも含めた鉄道事業の主体に対しては，国土交通大臣の特許を通じて指揮監督権ならびに保護が及ぶものの，私鉄以外のJR6社，地方鉄道にみられる第三セクターの鉄道事業主体の法的性格については諸説が考えられる。第一に，公社時代と同様に営造物法人として位置づけ，政府関係法人として行政主体の内部組織を構成し，広い意味での国家行政組織の一環をなすという立場がある。第二に，特殊会社（特殊法人のうちで株式会社形態をとるもの）として行政主体に加える特殊法人論の考えがある。第三に，現在のような鉄道事業の主体は国家の一分肢と位置づけるべきものではなく，国の共同法人と解し，これに対応した組織構成を採用すべきだと考える説がある。民営化されたとはいえ，鉄道事業が国家的行政事業であることに変わりはなく，国民の「居住・移転の自由」の保障の確保の視点からも，第二説が妥当であろう。

(3) **鉄道事業の法関係**　鉄道事業者と利用者の法関係は，民法上の運送契約によって規律される。すなわち，その法関係は，人や物の運送に関する当事者の意思表示のみによって成立し，目的地への運送によって終了する請負契約である。しかし，利用者の「居住・移転の自由」の保障の見地から，鉄道事業者は，原則として運送の引受けを拒絶することはできない（鉄営5条～7条）。また，差別的取扱いの禁止など一定の条件のもとに（鉄事16条5項1号），旅客または貨物の運賃および料金を定め，国土交通大臣の認可を受けなければならず，これを変更するときも同様である（16条1項）。このように運送契約の成立にあたっては，鉄道事業法や鉄道営業法が特別法として商法や民法に優先的に適用され，公法的規律に服する行政契約の法理によって規制される。その法関係は基本的には私人間の請負契約であり，商法および民法の適用がある（参照，最判昭59・12・13民集38巻12号1411頁）。

2　道路行政

(1) **道路交通の意義**　道路は，もっぱら人の通行や物品の移動のために供

される人工公物であり，道路交通とは，道路を利用する人や物の移動のことであるから，交通法の主要な内容をなす。したがって，道路交通に関する規制行政は警察行政法（本書第Ⅱ部第1章），交通形態を提供する道路の設置・管理に関する行政は道路法を主とする公物管理法（第Ⅱ部第5章），道路を運送のための業として利用する陸上運送は道路運送事業法など経済活動の規制行政に関する法（第Ⅱ部第9章）などとそれぞれ密接に関連し，しかもそれぞれの行政法各論に委ね，ここでは道路交通の法関係を中心に検討する。

(2) **道路交通の法関係**　道路における交通は，道路本来の用法に従った利用であり，道路の設置管理者に対する関係において自由使用（一般使用）と呼ばれる。道路交通は，道路の明示の供用開始によって始められるが，その交通方法（人の歩行，自動車の通行），交通目的（人の移動，物の移動），交通手段（歩行，二輪車，軽自動車，普通自動車，大型自動車など），交通空間（歩行者専用道，一般道，高速道路）などさまざまであり，自由使用の範囲は，原則として道路の設置管理者の定めるところに服さざるをえない。その意味で，道路交通の法的性質は，道路の設置管理行政による反射的利益である。しかし，利用者相互（私人間）の法関係においては，相互に他の者が「道路に対して有する利益ないし自由を侵害しない程度において，自己の生活上必須の行動を行い得べきところの使用の自由権（民法710条参照）を有する」とされ，他人の交通を妨げる行為に対しては，民法上の妨害排除請求権が認められる（最判昭39・1・16民集18巻1号1頁）。また，判例は，道路交通が「日常生活に不可欠な生活権の内容を構成する」ような場合の当該道路の供用廃止処分は，国民の「居住・移転の自由」を侵害するものとして，道路の自由使用に権利性を認める傾向にある。

なお，通行料を支払って利用する高速道路の交通は，道路管理者と利用者との契約による使用関係（契約使用）とされている。

陸上運送事業のうち旅客運送事業は国土交通大臣の許可を得なければならず，許可要件として①輸送の安全，②当該事業の適切な計画，③適確な能力を有することの三つの要件を定めている（道運4条・6条）。旅客運送事業の許可は個人の職業選択の自由に関わるので，講学上の許可であり，その要件を定める「6条は抽象的な免許基準を定めているにすぎないのであるから……その趣旨を具体化した審査基準を設定」しなければならない（最判昭46年10月28日民集25

巻7号1037頁。なお，行手5条を参照）。貨物自動車運送事業も許可制であり（貨物自運3条），許可基準として①事業計画が過労運転の防止その他運送の安全を確保するものであること，②事業を遂行する適確な能力を有することが求められる（6条）。陸上運送事業者が事業計画，運行計画，運賃や運送約款を変更するときは，国土交通大臣の認可を受けなければならない（道運9条～11条・15条～15条の3，貨物自運8条～11条）。陸上運送事業の遂行にともなう重大事故が起きていることもあり，国土交通省の事業者に対する監督権限の行使が求められている（道運27条・31条，貨物自運16条・17条）。

なお，陸上運送業者と利用者との法関係は，運送契約であり，民法上の請負契約の当事者である。

3 内水交通行政

(1) **内水交通の意義** 河川，湖，港湾は内水と呼ばれ，内水を交通の用に供する場合を内水交通とする。内水は，一般海域とその法的性質を異にし，むしろ，適用法規との関係からは，内水交通は陸上交通法の規律するところである。河川，湖を交通の用に供する（遊覧ボート，渡し舟，いかだ流し等々）場合は河川法，港湾における交通は港湾法および港則法の規律するところである。また，内水における運送事業は，陸上運送と同様に，商法第2編第8章の運送営業（569条以下）が規律するところである。

(2) **内水交通の法関係** 内水の交通も，内水の本来の用法に従った自由使用であり，内水交通の法関係は，基本的には，道路交通の法関係に類似する。ただし，内水が陸域と異なる一定の幅をもった水域から構成され，自然公物であるところから，河川の通航の用に供する小規模船やいかだ，港内における一定の通航船や時間については，他の通航の妨げとなる場合もあることから，これら利用者の交通の調整の必要から許可使用を定めて

調整使用 広岡隆「公共施設の利用関係」（ジュリ増刊『行政法の争点』154頁）では，カヌー，レガッタ，ウインドサーフィンという最近の河川の利用形態に着目し，たとえばプレジャーボートの係留は，現在，自由使用とされ，占用許可の対象になっていないが，それは継続的に広い水面を占用して係留され，自由使用の範囲をこえるもので，河川の不法占拠であると指摘される。しかし，現代社会の需要からみてこれを排除するわけにいかず，調整的規制が必要と考えられ，河川法の規定を例に，一定の物の利用形態——たとえば，舟・いかだサイズを最高限度とする通航と，その利用水域および通航方法——について許可を要するものとしているのは許可使用ではなく，調整使用（ないしは自由使用の制限）ともいうべき利用のカテゴリーであろうという。この調整使用概念に基づいて，1998（平成10）年に「広島県プレジャーボートの係留保管の適正化に関する条例」が定められた。

おり（河28条，港則7条），内水における移動の自由は，単なる反射的利益というよりもその権利性は道路に比べると強い。

第3節　海上交通行政

　海上交通は，陸上交通と同様，「人の移動」を目的とする旅客運送と，「物の移動」を目的とする物品運送から構成されるが，交通の用に用いられる船舶は動産でありながら高価で個性があるところから，海上交通そのもの以外に，交通の手段である船舶，および海上運送業に関する法が海上交通法の内容をなす。また，本節も海上交通の規制行政については警察行政法（第Ⅱ部第1章），海運業の規制・監督については経済活動の規制法（第Ⅱ部第9章）とそれぞれ関連するほか，海上交通の空間である海について解説した第Ⅰ部第3章「海の管理行政法」と関連する。

1　船舶

（1）**船舶の意義**　海上交通の用に供される交通機関は船舶である。船舶の概念について，海商法は，海商法の適用範囲の必要上，これを論ずるけれど，船舶とは何かを一般的に明らかにしたものはなく，常識的にとらえられるもので満足せざるをえないのが現状である。そこで，海商法上の船舶概念を参考にすると，端舟その他櫓櫂舟を除く，商行為をなす目的で航海の用に供されるものを船舶としながら（商684条），船舶法35条によって，公用船を除くすべての航海船に海商法を適用するとしているところから，海商法上の船舶は，公用船を除くすべての航海船とされ，商船に限定されない。したがって，商法が，船舶から端舟その他櫓櫂舟を除くのは，船舶登記の有無との関係でのみ意味を有するにとどまる（686条）。しかし，交通法上の船舶は，人および物の移動に供されるものであれば，端舟であろうと，公用船であろうと，すべての航海船を指すものとするのが妥当であろう。そこで，「人または物の移動の用に供する海上を航行する構造物」を交通法上の船舶ということができる。このような船舶の建造については，造船法，小型船造船業法により許可や登録を要する（造船2条1項，小船4条）。

(2) **船舶通航権** 海域利用の輻輳性から，船舶の通航には，他の通航中の船舶，および他の利用者（たとえば，漁労中の船舶）との調整を必要とする。このため，海上衝突予防法，海上交通安全法が一定の航法を定め，相互の権利（たとえば，通航権と漁業権）の調整を行っている（たとえば，漁労中の漁船を航行中の船舶は避航し，法定航路内の巨大船を漁労中の漁船は避航しなければならない。海衝18条，海交3条2項）。船舶の通航は，海本来の用法に従った利用形態の一つであり，自由使用ということができるが，道路の通行における自由使用とは異なり，単なる反射的利益とすることはできない。なぜなら，海が自然公物であることは，通航も含めた海の自由な利用利益は，原則として生活上の利益に密接に関連することが多いからである。したがって，船舶の通航は，対私人との関係で調整される通航権の効用を最大限に発揮されるよう行政に対する関係において主張しうる公権の性質をもつものとして理解される（『新・基本行政法』92頁）。

2　海上運送

(1) **海上運送事業** 海上において船舶により人または物の運送をする事業が海上運送事業（船舶運航事業）である（海運2条2項）。海上運送事業を営むには，航路ごとに国土交通大臣の許可を要するが（海運19条の3第1項・21条1項），船舶通航の自由使用の性質，営業の自由（憲22条1項）を前提として，この許可は講学上の許可と解される。しかし，事業の性質上，単なる警察許可とは異なり，行政庁の裁量，事業への指揮・監督権がともなう公企業の許可の性質をもつものである。

(2) **海上運送事業の法関係** 海上運送の利用者の「居住・移転の自由」の保障の見地から，海上運送事業者に対しては，旅客船の運航設備の操作等による危険な行為の禁止（海運23条の2），船舶運航事業に最小限度の条件（附款）を付することの許容（23条の3），報告の徴収（24条），立入検査・質問権（25条），災害救助等の場合の事業者に対する国土交通大臣の航海命令（26条）とその損失補償（27条），運送条件，配船等の事項に関する協定行為についての独占禁止法の適用除外（28条・29条），不当に差別的または優先的な取扱いの禁止（30条1号・2号・5号），運賃・料金の仮装の禁止（同条3号），運賃のべもどし（一

定の船舶運航事業者を一定期間利用することによる運賃・料金の割戻）による荷主の不当な拘束等の禁止（6号），運送秩序維持のための国土交通大臣の勧告権（32条）等の規定がある。

　海上運送事業者と利用者との法関係は，陸上運送と同様に運送契約たる民法上の請負契約であるが，もっぱら商法第3編海商が特別法として適用され，規律するところである。

第4節　航空交通行政

1　航空交通の意義と航空交通法

　航空交通とは，空域を人と物の移動の用に供する交通形態をいい，陸上交通や海上交通が人類の自然の交通形態であるのに対して，航空交通は，科学技術の進展によって人類に与えられた反自然的交通形態である。ギリシャ，エーゲ文明が興隆した時代にはすでに誕生していたといわれる海上交通法や，その後に整備された陸上交通法とは比較にならないほど，航空交通を規律する航空交通法の歴史は浅い。現行の航空交通法システムは，移動の用に供する航空機，航空業務に従事する航空従事者，飛行場などの航空交通施設，航空路の設定および運航方法，航空運送事業など航空交通一般を航空法で定め，空港整備法など若干の航空法関連法規でこれを補っているが，その航空法は「国際民間航空条約の規定並びに同条約の附属書として採択された標準，方式及び手続に準拠して」（1条）定められたものである。

2　航空交通の法関係

　航空交通が，自然に反する力学の利用によって可能な交通形態であるから，航空交通の利用者が有する利益は反射的利益であると解される。したがって，国土交通大臣の航空交通に対する規制権限は広範であり，航空運送事業の経営には国土交通大臣の「許可」を要するが（航空100条1項），この「許可」は講学上の特許であり，運賃・料金など運送約款の設定・変更には法定の基準に沿った認可を受けることを要し（105条1項・106条1項），国土交通大臣が航空路として指定した空域について飛行計画を国土交通大臣に通報し，承認を受け

なければならないとされる（97条1項・2項）。空港の設置管理についても，国土交通大臣の航空行政権が空港利用者，空港周辺住民に及び，航空交通における住民等の利益は権利性に欠けるのである（大阪国際空港騒音訴訟最大判昭56・12・16民集35巻10号1369頁を参照。なお，航空機騒音を防止するための国土交通大臣の権限行使に対する空港周辺住民の生活上の利益〔「法律上の利益」〕の意味については，新潟空港騒音訴訟に関する最判平元・2・17民集43巻2号56頁，行訴9条2項を参照）。

第11章　教育行政

第1節　教育行政の意義と基本原理

1　教育行政の意義

　教育行政とは，国民の「教育を受ける権利」（憲26条1項）の積極的な実現を目指して公教育を組織し，実現していく国・地方公共団体の活動である。基本的人権としての「教育を受ける権利」の前提には，子どもが教育を受けて学習し，人間的に発達・成長していく権利（学習権）がある。国民は国・地方公共団体に対して合理的な教育制度・施設を設け，適切な教育の場を提供するよう要求する権利をもつ。国・地方公共団体はこの「教育を受ける権利」を積極的に実現するために，制度化された公教育を組織し，執行する責務を負う。教育基本法（平18法120）16条1項は，「教育は，不当な支配に服することなく，この法律及び他の法律の定めるところにより行われるべきものであり，教育行政は，国と地方公共団体との適切な役割分担及び相互の協力の下，公正かつ適切に行われなければならない」と規定する。

　教育とは人間形成の作用であるが，学校教育だけが人間形成の役割を担うわけではない。生涯学習の必要性が強調される今日においては，家庭教育，社会教育，スポーツ・文化など，人間形成に関わる行政活動の全般が，教育（行政）法学の対象とされるべきであろう。ただし，紙幅の制約もあり，本章の記述は学校教育（とりわけ義務教育）に主眼を置く（スポーツ行政については，第Ⅱ部第12章）。

　教育行政の作用は，規制作用，給付作用，実施作用に分類される。規制作用とは，国民の権利を制限し義務を課す行政作用のことで，学齢児童の保護者に対して就学義務を課すことなどを指す（憲26条2項，教基5条1項）。給付作用

（助成作用）とは，情報・金銭を給付してその奨励・援助を図る行政作用のことであり，専門・技術的な指導・助言（情報）や経費負担・補助金支出（金銭）を通じて教育活動を奨励・援助することを指す（教基5条4項・16条4項など）。実施作用とは，国・地方公共団体が自ら教育活動に必要な事務・事業を実施する作用のことである（教基5条3項・6条・16条2項・3項）。

2 教育行政の原則

教育基本法の前文は，「民主的で文化的な国家をさらに発展させるとともに，世界の平和と人類の福祉の向上に貢献する」という「理想を実現するため，個人の尊厳を重んじ，真理と正義を希求し，公共の精神を尊び，豊かな人間性と創造性を備えた人間の育成を期するとともに，伝統を継承し，新しい文化の創造を目指す教育を推進する」という目的を高らかに掲げている。これをふまえたとき，教育行政の基本原則は，次のように整理される。

① **権利としての教育を保障する原則**　明治憲法下では，教育勅語によって教育を受けるのは臣民の義務とされていたのに対し，日本国憲法では，「教育を受ける権利」が明文で認められた（憲26条1項）。国は，学問の自由（23条）を尊重しつつ，教育の機会均等の確保，能力に応じた教育の実施，無償による義務教育の実施（26条2項），教育扶助・就学援助の拡充といった任務を担う。なお，「無償」というのは，授業料不徴収の意味である（最判昭39・2・26民集18巻2号343頁。教基5条4項，学教6条も参照）。

② **法律主義の原則**　明治憲法下における教育行政は勅令によって規律されていた。しかし，日本国憲法・教育基本法の下では，教育行政は原則として，法律に基づき行われなければならない（憲26条1項，教基16条1項）。近代法治国家を貫く「法律による行政の原理」は，教育行政にも適用されるのである。

③ **教育行政の自主性の原則**　教育の本質は人間形成に関わる自主的・創造的な営みにあり，行政が教育活動・教育内容に対して過度に介入することは慎まなければならない。教育行政の主な役割は，教育の機会均等を実現するための財政的措置や，教育水準を向上させるための物的・人的資源の充実といった，教育目的を達成するための条件整備にある（教基16条）。

④ **地方自治の原則**　教育行政は地方公共団体の事務であり，「地方自治の

本旨」（憲92条）に基づいて行われなければならない。戦前の中央集権的な監督行政から脱却し，権限が大幅に縮小された文部省（現在の文部科学省）の指導・助言の下に教育行政を主体的に担うのは，各地方公共団体に設置された教育委員会の役割である。国は教育に関する施策の総合的な策定・実施を，地方公共団体は地域の実情に応じた教育施策の策定・実施という役割分担を図る必要がある（教基16条2項・3項）。

⑤　保護者・住民参加の原則　もともと子どもの教育は父母その他の保護者の役割である。「親権を行う者は，子の監護及び教育をする権利を有し，義務を負う」（民720条）。子の教育について第一義的責任を有するのは保護者であり，生活のために必要な習慣を身に付けさせるとともに，自立心を育成し，心身の調和のとれた発達を図るように努めなければならない（教基10条1項）。家庭教育の自主性を尊重しつつ，その支援のために必要な施策を講じていくのが，国・地方公共団体の役割である（同条2項）。社会教育の重要性もふまえて，学校，家庭，地域住民その他の関係者には，相互の連携・協力が求められる（12条・13条）。

3　教育行政法の法源とその変遷

　1872（明治5）年の学制に始まる近代日本の教育法令は，三次にわたり発せられた教育令を経て，1886年，一連の学校令に結実した。政府の教育方針は，1890年に発布された教育勅語において明らかとされた。このように，戦前の教育法令では，その基本事項が勅令によって定められていた。

　これに対して，日本国憲法・教育基本法を中心とする戦後の教育行政では，教育の基本事項は法律で定めるべきこととされた（憲26条1項）。戦後改革の当初は，教育の地方分権，教育の民主化，教育行政の一般行政からの独立という三原則が掲げられ，教育委員の公選制を定めた教育委員会法（昭23法170）は，その目玉であった。

　しかし，その方針は早々に見直しを迫られる。1951年，政令改正諮問委員会が発した「教育制度の改革に関する答申」を起点にして，教育公務員特例法の一部改正（昭29法156），「義務教育諸学校における教育の政治的中立確保に関する臨時措置法」の制定（昭29法157），教育委員会法の廃止とそれに代わる「地

方教育行政の組織及び運営に関する法律」(昭和31法162)(地方教育行政法)の制定が相次いで行われた。これにより教育委員の公選制は廃止されたほか,教育行政と一般行政の調和,国・都道府県・市町村の連携強化が図られた。1958年には,それまで文部大臣の私的著作物という位置づけであった学習指導要領が官報に告示された。

近年では,2000年の地方分権推進計画および中央教育審議会答申「今後の地方教育行政の在り方について」をふまえ,教育における分権改革の動きが注目される。時期を同じくして,中央省庁再編により文部省は科学技術庁と統合され,文部科学省へと再編された。国(文部科学省),都道府県,市町村は対等・協力の関係にあるという原則を制度・運用面でいかに貫徹させていくかが今後の課題であろう。教育基本法(平18法120)と学校教育法(平19法96)の抜本改正が大きな論議となったことは,記憶に新しい。

教育行政法の法源は複雑多岐にわたる。教育を受ける権利を保障した憲法26条以外にも,憲法は,学問の自由(憲23条)や幸福追求権(13条)など,教育に関する根本指針を定めている。この「日本国憲法の精神にのっとり,我が国の未来を切り拓く教育の基本を確立し,その振興を図るため」に制定されたのが,教育基本法である。数多い教育行政法の法源(成文法)をその法典の内容を基準に分類すると,次のようになろう。

① **教育行財政に関する法規**　学校教育法,地方自治法,文部科学省設置法,地方教育行政法,義務教育諸学校施設費国庫負担法,公立義務教育諸学校の学級編制及び教職員定数の標準に関する法律,義務教育諸学校の教科用図書の無償措置に関する法律(教科書無償措置法),教科書の発行に関する臨時措置法(教科書臨時措置法),独立行政法人日本スポーツ振興センター法など。

② **教育制度に関する法規**　学校教育について,学校教育法,私立学校法,国立大学法人法,各地方公共団体の公立学校設置条例,学校管理規則など。法的性質に争いはあるが,学習指導要領もこれに含まれよう。社会教育について,社会教育法,図書館法など。

③ **教育職員に関する法規**　国家公務員法,地方公務員法,教育公務員特例法,教育職員免許法,各地方公共団体の教育職員給与条例など。

第2節　教育行政の組織と権限

1　教育行政組織の沿革

　明治日本において，義務教育は，富国強兵政策の根幹であった。1871年に設置された文部省を頂点に，教育は，国家目的を達成するための国の内務行政の一環として行われた。文部大臣の指揮監督の下，府県知事が一般的な教育監督庁として位置づけられ，視学官・視学が設置された。個々の教員は，校長および視学官・視学の指揮監督の下で学校教育を行った。こうした強力な中央集権的教育行政が，わが国に義務教育を定着させ，国民の教育水準を高める原動力となったという功績を見落としてはならない。しかし，戦中期に明らかになったように，中央集権的教育行政は，国家主義的統制に陥る危険をはらんでいた。

　こうした反省をふまえて，戦後改革では，教育行政は原則として地方公共団体の自治事務とされ，公選の委員からなる教育委員会が長の一般行政から独立して教育事務を管理・執行することとなった。1949年にあらためて設置された文部省は，教育，学術，文化について指導・助言を与え，これを助長・育成する機関として位置づけられた。しかし，1956年に教育委員会法に代わり制定された地方教育行政法により，文部大臣による教育長の任命承認制（地教行旧16条），是正措置要求権（52条），機関委任事務の管理・執行についての指揮監督権（55条，自治旧150条）などが規定され，国の統制は再び強められた。

　世紀が変わり，地方分権改革により地方教育行政法が改正されて，文部大臣による教育長の任命承認制，是正措置要求権，機関委任事務の管理・執行についての指揮監督権は廃止され，地方公共団体に対する関与は，明確な法律の根拠の下に行われるしくみとなった。2014年の法改正で従来の教育委員長が廃止され，教育委員長と教育長を一本化した新たな責任者としての「教育長」が地方公共団体の長によって任命される（教育行政4条1項）こととなったことは，長のトップダウンの下で機動的な教育改革を推進するという趣旨であるが，教育の一般行政からの独立が浸食されるという批判がある。

　教育行政において，国は全国的な教育の機会均等および教育水準の維持向上を図るための学校制度の制定，基準の設定，財政援助などを行い，地方公共団

体は学校の設置管理および教育活動の実施を担うという役割を分担している。

2 国の教育行政組織

(1) **文部科学省の所掌事務**　国の教育行政を主管する文部科学省は，中央省庁改革により，2001年に文部省と科学技術庁が統合されて新たに設置された。その任務は，①教育の振興および生涯学習の推進を中核とした豊かな人間性を備えた創造的な人材の育成，②学術，スポーツおよび文化の振興，③科学技術の総合的な振興，④宗教に関する行政事務など，多岐に及ぶ（文部科学省設置法3条）。本章では，その中でも①を重点的に扱う。所掌事務との関係でみると，「地方教育行政に関する制度の企画及び立案並びに地方教育行政の組織及び一般的運営に関する指導，助言及び勧告に関すること」（4条3号），「初等中等教育……の振興に関する企画及び立案並びに援助及び助言に関すること」（同条7号），「教科用図書の検定に関すること」（10号）となり，中央省庁の役割を政策の企画・立案機能に重点化するという行政改革の方向性を示している。

(2) **文部科学省の組織，関係する独立行政法人**　文部科学省には，その長である文部科学大臣の下に，内部部局として，大臣官房をはじめ，生涯学習政策局，初等中等教育局，高等教育局，科学技術・学術政策局，研究振興局，研究開発局および国際統括官が置かれている。

　文部科学省の附属機関には，各種の審議会（国立大学法人評価委員会，中央教育審議会，教科用図書検定調査審議会，大学設置・学校法人審議会）のほか，特別の機関（日本学士院，日本ユネスコ国内委員会など），施設等機関（国立教育政策研究所など）がある。また外局として，文化庁のほか，2015年にスポーツ庁が新設された。かつて施設等機関の多くを占めた国立大学は，国立大学法人法に基づくいわゆる法人化によって各国立大学法人として設置されることになった。

　国立大学法人とは別に文部科学省が所管する独立行政法人は23あり，国立高等専門学校の設置機関である独立行政法人国立高等専門学校機構，日本育英会から奨学金事業を引き継いだ独立行政法人日本学生支援機構のほか，独立行政法人日本学術振興会，独立行政法人大学評価・学位授与機構，独立行政法人大学入試センター，独立行政法人日本スポーツ振興センター，国立研究開発法人科学技術振興機構，国立研究開発法人宇宙航空研究開発機構（JAXA），独立行

政法人国立博物館，独立行政法人国立美術館などが，それぞれの業務を担っている。

(3) 文部科学大臣の権限

① **一般的な権限**　文部科学大臣は，文部科学省の所掌事務を統括し，職員の服務を統督すること（行組10条）のほか，教育関係法律・政令の立案（11条），省令・告示の発付（12条・14条）といった権限を有する。

② **地方公共団体に対する関与**　文部科学大臣は，都道府県・市町村に対して，教育に関する事務の適正な処理を図るため，必要な指導，助言または援助を行うことができる（教育行政48条1項）。具体的には，学校その他の教育機関の設置，管理，整備に関すること（同条2項1号），学校の組織編制，教育課程，学習指導，生徒指導，職業指導，教科書その他の教材の取扱いその他学校運営に関すること（同項2号），学校における保健，安全，学校給食に関すること（同項3号）などである。「教育に関する事務」は，自治事務であるか法定受託事務であるかを問わない。これは，各大臣等の普通地方公共団体に対する技術的助言，勧告（自治245条の4第1項）の特則である。都道府県教育委員会は市町村教育委員会に対して指導，助言，援助をすることができるが，文部科学大臣は，それについて必要な指示をすることができる（教育行政48条3項）。

③ **教育事務の調査・報告**　文部科学大臣は，都道府県・市町村の教育委員会に対する指導，助言，援助などを行うため必要があるときは，地方公共団体の長・教育委員会が管理・執行する教育事務について必要な調査を行うことができる（53条1項）。また，都道府県教育委員会に対して，市町村・市町村教育委員会が管理・執行する教育事務について，その特に指定する事項の調査を行うよう指示することができる（同条2項）。

さらに，文部科学大臣は，地方公共団体の長・教育委員会に対し，その区域内の教育事務に関し，必要な調査，統計その他の資料または報告の提出を求めることができる（54条2項）。1961年から5年間，中学校2年生と3年生の全生徒を対象とする悉皆調査（全国一斉学力テスト）が行われたところ，その実施に反対する被告人らが阻止行動に出たことで，公務執行妨害罪等に問われた（旭川学テ事件）。最判昭51・5・21刑集30巻5号615頁は，(i)地方教育行政法54条2項が，同法53条との対比上，文部大臣において全国一斉学力テストのような

調査の実施を教育委員会に要求する権限および教育委員会が実施の要求に従うべき法律上の義務まで認めたものとは解し難いが，(ii)教育委員会が，文部大臣から一種の協力要請がなされたものとして，その独自の判断に基づき学力調査の実施に踏み切ったものと解すれば，違法性はないとした。この判決は，後の大阪学テ事件（最判昭54・10・9刑集33巻6号503頁，判時945号129頁）などでも維持されているが，2007年から実施されている「全国学力・学習状況調査」との関係で，再び争点となりうる。

3 学校制度基準

(1) **学校設置基準**　学校の設置者は，文部科学大臣の定める「設備，編制その他に関する設置基準」に従って，学校を設置しなければならない（学教3条）。学校設置基準として，省令で，学校教育法施行規則のほか，高等学校設置基準，大学設置基準などが定められている。小中学校など義務教育諸学校の学校設置基準は，2002年になってようやく制定をみた。学校設置基準は最低基準であるから，地方公共団体ごとに地域の実情に合わせた環境整備が要請されるはずであるが，現実には，施設の整備については「義務教育諸学校施設費国庫負担法」が，学級規模・教職員定数については「公立義務教育諸学校の学級編制及び教職員定数の標準に関する法律」が国庫補助基準として機能しており，それ以上の環境整備は，地方公共団体の負担で行わなければならない。

(2) **教育課程の基準**　各学校は，その教育計画として教育課程を編成する。しかし，教育課程は各学校が全く自由に編成できるわけではなく，教育基本法や学校教育法といった法律および国・教育委員会が定める基準に従うことが求められる。

各学校の教育課程に関する事項は，文部科学大臣が定める（学教25条・33条・48条・52条・68条・77条）。これらの規定を受け，学校教育法施行規則が学校の教科の種類，教科名，授業時数，卒業要件などを定めているほか，各学校の「教育課程の基準」については，文部科学大臣が別に公示する学習指導要領の定めに委ねられている（学教施行規則52条など）。

学習指導要領の法的性質は争われてきた。当初の学習指導要領は，教師のための「研究の手引き」という性格をもつ文部大臣の私的著作物であったが，

1958年の改訂以降，学習指導要領は文部省告示として官報に公示され，これをもって法的拘束力を有すると解されるようになった。旭川学テ判決（最判昭51・5・21）では，国は教育における機会均等の確保と全国的な一定の水準の維持という目的のために必要かつ合理的と認められる範囲において教育内容を決定する権能を有しており，学習指導要領は全国的な大綱的基準として法的意味をもつとされた。伝習館高校判決（最判平2・1・18民集44巻1号1頁）では，学習指導要領の目標・内容を逸脱した指導を行った高校教諭を懲戒免職にしたことは違法でないとされている。

(3) **教科書**

① **教科書**　教科用として編修された図書を一般的に教科用図書と呼び，このうち「文部科学大臣の検定を経たもの又は文部科学省が著作の名義を有するもの」を教科書という（教科書臨時措置法2条）。学校においては，文部科学大臣の検定を経た教科用図書または文部科学省が著作の名義を有する教科用図書を使用しなければならない（学教34条1項・49条・62条・70条1項・82条）。教科書無償措置法により，教科書は無償で配布される。

② **教科書検定**　戦前の小学校教科書は国定制であったが，戦後になり文部大臣による教科書検定制度が定着した（当初は都道府県教育委員会による検定が構想されていたが，実現しなかった）。教科書検定とは，教科用図書の発行に関し，民間で著作・編集された図書の原稿について公の機関が審査し，これに合格したものに限り教科書としての使用を認めることをいう。文部科学大臣は，教科用図書検定調査審議会の答申に基づき，教科用図書検定規則および義務教育諸学校教科用図書検定基準の定める手続・基準に従って，検定の合否判定を行う。家永教科書検定第一次訴訟において最判平5・3・16民集47巻5号3483頁は，検定で不合格となった原稿を一般の図書として出版することは禁止されていないので，教科書検定は検閲（憲21条2項）にはあたらないとする。さらに，検定の審査・判断は，申請図書の内容が学問的に正確であるか，中立・公正であるか，教科の目標等を達成するうえで適切であるか，児童・生徒の心身の発達段階に適応しているかなどのさまざまな観点から多角的に行われるもので，学術的・教育的な専門技術的判断であるから，事柄の性質上，文部大臣の合理的な裁量に委ねられており，その専門技術的判断が合理的なものか否かは，教科

用図書検定調査審議会の判断過程に看過し難い過誤があるか否かによるとした。

③ **教科書の採択**　国立学校・私立学校における教科書採択権限は，校長に属する（教科書臨時措置法7条，教科書無償措置法13条）。公立学校については，設定された採択地区内の市町村が共同して種目ごとに同一の教科書を採択する広域採択が行われてきた（教科書無償措置法12条・13条4項）。その一方で，地方教育行政法21条6号は，学校を設置する地方公共団体の教育委員会に「教科書その他の教材の取扱いに関する」権限を付与している。ただし，適切な採択を確保するため，都道府県教育委員会は，採択の対象となる教科書について調査・研究し，採択権者に指導，助言，援助することになっている（教科書無償措置法10条）。2011年，沖縄県八重山地区において教科書採択について採択地区と町教育委員会の意見が異なり，文部科学省が県と町に対して是正要求を行うという事態が生じたのは，地区内の各教育委員会の意見が異なったときの調整規定が置かれていなかったためである。

4　地方教育行政組織

(1)　**概要**　地方教育行政組織には，教育委員会と地方公共団体の長がある。一般行政の執行機関である長と教育行政の執行機関である教育委員会には，それぞれの所管事務・権限をふまえた緊密な連携・協働が期待される。2014年の法改正で，長と教育委員会の協議・調整の場として，総合教育会議が新設された（教育行政1条の4）。当該地方公共団体の教育，学術，文化の振興に関する総合的な施策の大綱を定めるのは長の役割であるが（1条の3第1項），①大綱の策定・変更に際しては，総合教育会議で協議しなければならない（同条2項・1条の4第2項）。その他，②教育を行うための諸条件の整備等についての協議，③児童・生徒等の生命・身体に現に被害が生じ，または生ずるおそれがある等の緊急の場合に講ずべき措置についての協議，④長と教育委員会の事務の調整も，総合教育会議の役割である。

(2)　**教育委員会**

① **教育委員会**　教育委員会は，一般行政から独立して教育行政に関する権限を行使する合議制の行政委員会である（自治138条の4・180条の5第1項）。都道府県，市町村，特別区，および教育事務（教育行政21条）を処理する地方

公共団体の組合（一部事務組合および広域連合）は，教育委員会を設置しなければならない（2条）。機関等の共同設置による方法も認められている（自治252条の7以下，教育行政55条の2第1項）。

② **組織**　教育委員会は，教育長および4人の委員によって組織される。ただし，都道府県や市などでは，教育長および5人以上の委員とすること，町村などでは教育長および2人以上の委員とすることがそれぞれ認められている（教育行政3条）。教育長は，2014年の法改正により，従来の教育委員長と教育長を一本化した新たな責任者として設置されることとなった。教育長は，被選挙権を有し，人格が高潔で，教育行政に関し識見を有するもののうちから，長が議会の同意を得て任命する（4条1項）。委員は，被選挙権を有し，人格が高潔で，教育，学術，文化に関し識見を有するもののうちから，長が議会の同意を得て任命する。委員の人選に際しては党派性（同条4項），年齢，性別，職業（5項）に偏りがあってはならず，必ず保護者である者が含まれるようにしなければならない（同項）。

③ **権限**　教育委員会の権限は，地方公共団体の教育に関する事務のうち，長に属する事務を除くすべての事務に及ぶ。具体的には，学校その他の教育機関を管理し，学校の組織編制，教育課程，教科書その他の教材の取扱いおよび教育職員の身分取扱いに関する事務を行い，ならびに社会教育その他教育，学術および文化に関する事務を管理・執行する（自治180条の8，教育行政21条各号）。

教育委員会が有する学校等の管理運営に関する権限（学校管理権）の内容については争いがあり，行政解釈では，教育委員会が学校に対して物的・人的管理のほかその運営管理を含めた包括的な支配権限を有するものと捉えるのに対し，教育委員会が有する権限は条件整備的側面にとどまり，教育の内的事項については指導・助言権を有するにすぎないとする有力説がある。

教育委員会は，その権限に属する事務に関し，規則を制定することができるところ（自治138条の4第2項，地教行15条1項），学校管理権の基本事項について定める学校管理規則は，地方教育行政法33条1項によって制定が義務づけられている。かつては都道府県教育委員会に規則の基準（準則）を設定する権限が付与されていたことから（教育行政旧49条），全国的に画一の内容の学校管理規則が制定されてきたが，分権改革によりこの権限は廃止され，市町村教育委員

会が地域の実情に即した学校管理規則を制定することが可能となった。文部大臣・都道府県教育委員会の是正措置要求権（52条）の廃止，学級編制について要するとされていた都道府県教育委員会の認可が「協議・同意」に変更されたこと（義務教育諸学校標準法5条）とあわせて，留意されたい。実務上は，教育委員会が学校長に学校管理権の一部を補助執行（専決）させることが行われている。

就学に関する事務や学齢簿の編製も，市町村教育委員会の事務である。保護者が就学義務（学教16条・17条）の履行を怠っていると認められるときは，校長からの通知を受けて（学教施行令20条），市町村教育委員会が出席を督促しなければならず（同令21条），それでも義務を履行しない保護者は，10万円以下の罰金に処せられる（学教144条）。

市町村教育委員会は，他の児童・生徒に傷害，心身の苦痛または財産上の損失を与える行為を繰り返し行うなど性行不良であって他の児童の教育に妨げがあると認める児童・生徒があるときは，その保護者に対して，当該児童・生徒の出席停止を命ずることができる（35条・49条）。これは，義務教育段階の児童・生徒への停学処分および公立学校での退学処分が認められていないことへの対応である。出席停止の目的は，懲戒ではなく，社会問題化する校内暴力や「いじめ」を受けて，学校の秩序維持と他の児童生徒の教育を受ける権利を保障することにある。

④ **教育長への権限の委任** 教育委員会は，規則で定めるところにより，その権限の一部を教育長に委任し，または臨時に代理させることができる（教育行政25条1項）。教育委員会の委員は，教育長以外は非常勤であるため，具体的な職務執行は教育長に任せられる。しかし，(i)教育事務の管理・執行の基本的な方針，(ii)教育委員会規則等の制定・改廃，(iii)その所管に属する学校その他の教育機関の設置・廃止，(iv)その所管に属する教育職員の任免・人事，(v)教育委員会の職務の点検・評価，(vi)地方公共団体の長から教育委員会への意見聴取（27条・29条）に係る意見の申出については，教育長に委任することができない（25条2項）。教育長は，委任・臨時代理により行った事務の管理・執行の状況を教育委員会に報告しなければならない（同条3項）。教育長は，教育委員会から委任された事務その他その権限に属する事務の一部を，事務局の職員もしく

は学校その他の教育機関の職員に委任し，または臨時代理させることができる（4項）。

　(3) **地方公共団体の長**　　地方公共団体の長は，当該地方公共団体の教育，学術，文化の振興に関する総合的な施策の大綱を策定するほか，①公立大学に関する事務，②幼保連携型認定こども園に関する事務，③私立学校に関する事務，④教育財産の取得・処分，⑤教育委員会の所掌に係る事項に関する契約の締結，⑥教育委員会の所掌に係る事項に関する予算の執行を行う（教育行政22条）。

　③は，私立学校振興助成法に基づき学校法人に対して補助金の支出，打切り，財産の譲渡を行うことなどを指し（私立学校法59条参照），実際には都道府県知事の権限である。公立学校が教育委員会の所管なのに対して，私立学校が都道府県知事の所管なのは，公権力による私立学校への過度の介入を避け，その独自性・自主性を尊重するためである。ただし，都道府県知事は，必要と認めるときは，都道府県教育委員会に対し助言ないし援助を求めることができる（教育行政27条の5）。

　④，⑤，⑥は，かつての教育委員会法では教育委員会の権限とされていたものが，地方教育の財政的基盤を確立するという趣旨で，長の権限に変更されたものである。教育財産の取得は教育委員会の申出をまって行うものとされ（28条2項），教育財産を取得したときはすみやかに教育委員会に引き継がなければならず（同条3項），最終的に教育財産は長の総括の下に教育委員会が管理するものとされる（同条1項，自治238の2も参照）。長が教育関係事務の予算案を作成するときは，教育委員会の意見をきかなければならない（教育行政29条）。

　教育委員会の委員は，長が議会の同意を得て任命する（4条2項）。今般の法改正により教育委員長が廃止されて教育委員会の責任者としての「教育長」が置かれ，その任免が長の権限とされたことで，教育委員会に対する長の影響力が強化された。

第3節　学校教育の制度と運営

1　学校制度

　学校とは，教育を目的とする人的・物的施設の総合的組織体（行政法学上の営造物）であり，一定の教育課程に基づき，組織的かつ継続的に教育活動を行う公設または公認の機関のことである。学校は，公教育として組織化された現代の教育制度において，主要な役割を担っている。

　学校教育法1条にいう正系の「学校」は，幼稚園，小学校，中学校，義務教育学校，高等学校，中等教育学校，特別支援学校，大学および高等専門学校のことであり，一般に「一条校」と呼ばれ，学校は一条校とそれ以外の教育施設からなる。

　①一条校には，(i)国（国立大学法人および独立行政法人国立高等専門学校機構を含む）が設置する国立学校，(ii)地方公共団体（公立大学法人を含む）が設置する公立学校，(iii)学校法人（私立学校法3条）が設置する私立学校の3種類がある（学教2条1項）。従来の盲学校，聾学校，養護学校は，特別支援学校に一本化された。

　②一条校以外の教育施設には，(i)職業もしくは実際生活に必要な能力を育成し，または教養の向上を図ることを目的とした専修学校（124条以下），(ii)学校教育に類する教育を行う各種学校（134条），(iii)学校教育法以外の法律が特に規定した教育を行うもの（警察大学校，防衛大学校など）がある。朝鮮人学校などの外国人学校や不登校の子どもが通うフリースクールなどは，各種学校として扱われる。

2　学校の管理

(1) 学校の管理　　学校の管理は，教育目的を達成するために学校を維持・管理する作用である。その内容は，学校教職員の任免，服務，懲戒などについての人的管理，学校の施設設備についての物的管理，組織編制，就学，出席などについての運営管理に分かれる。学校を管理し，その経費を負担するのは，学校設置者の役割である（学教5条）。教育委員会は，公立学校の設置者である

地方公共団体の執行機関として，公立学校の管理について権限と責任を有し（教育行政21条），学校管理規則を制定する（33条1項）。実際には，教育長や校長などに学校管理権の一部が委任されている（25条1項）。

(2) **教職員**

① **教職員の配置**　小学校には，校長と教頭のほか，教諭，養護教諭，事務職員を置かなければならない（学教7条・37条1項）。それ以外に，副校長，主幹教諭，指導教諭，栄養教諭その他必要な職員を置くことができる（同条2項）。職員に関する規定は，中学校（49条），高等学校（62条），中等教育学校（70条1項），特別支援学校（82条）に準用される。

② **校長・副校長・教頭**　校長は，校務をつかさどり，所属職員を監督する（37条4項）。「校務」には教員の教育活動が含まれるかという解釈問題が提起されてきたが，含むと解すべきであろう。職員の監督について，校長は，教育委員会とともに（教育行政43条1項），教職員を監督する権限と責任をもつ。それ以外に法令上認められている校長の権限としては，入学許可，指導要録の作成，卒業証書の授与，懲戒などがある。

副校長は，校長を助け，その命を受けて校務をつかさどる職であり（学教37条5項），校長に事故があるときはその職務を代理し，校長が欠けたときはその職務を行う（同条6項）。副校長は，2007年の法改正で創設された。

教頭は，校長を助け，校務を整理し，必要に応じ児童の教育をつかさどる（37条7項）。校長・副校長に事故があるときはその職務を代理し，校長・副校長が欠けたときはその職務を行う（同条8項）。

校長・副校長・教頭は，任用資格として5年ないし10年の「教育に関する職」に従事していたことが求められる（学教施行規則20条・23条）。しかし，近年では，学校において創意工夫を凝らした教育活動を展開するうえで，学校の外から幅広く人材を求めるという趣旨から，学校の運営上とくに必要がある場合には，それらと同等の資質を有すると認める者を校長等として任命・採用することが可能となった（同規則22条・23条）。いわゆる民間人校長の試みである。

③ **教諭その他の職員**　児童の教育をつかさどる教諭（学教37条11項）のほか，児童の養護をつかさどる養護教諭（同条12項），児童の栄養の指導・管理をつかさどる栄養教諭（13項）が置かれる。

教務主任および学年主任は，管理職ではなく，教諭（ないし指導教諭）をもって「充てる」職である（学教施行規則44条3項）。教務主任は，教育計画の立案その他の教務に関する事項について連絡調整，指導，助言に当たり（同条4項），学年主任は，当該学年の教育活動に関する事項について連絡調整，指導，助言に当たる（5項）。

2007年の法改正で主幹教諭と指導教諭が新設された。主幹教諭は，教諭から昇任させる職で，校長らを助け，その命を受けて公務の一部を整理し，児童の教育をつかさどる（学教37条9項）。指導教諭は，他の教職員に対して，教育指導の改善・充実のために必要な指導・助言を行う（同条10項）。

④　**職員会議**　職員会議は，学校運営の基本方針を審議する校内機関として，法令上の根拠なく慣習的に設置されてきた。その法的性格を巡っては，校長の補助機関ないし諮問機関であると解する見解と学校運営の議決機関であると解する見解が対立していたが，2000年の学校教育法施行規則において，職員会議は「校長の職務の円滑な執行に資するため」に「校長が主宰する」（現在の学教施行規則48条に相当する）ものとされ，立法的に補助機関説で決着をみた。

(3)　**学校評議員**　2000年より，「開かれた学校づくり」の推進を目標に，地域住民が学校運営に参画するしくみとして学校評議員が設けられた（学教施行規則49条ほか）。学校評議員は，教育に関する理解および識見を有するもののうちから，校長の推薦により当該学校の設置者が委嘱し，校長の求めに応じ，学校運営に関して意見を述べることができる。

3　学校運営

(1)　**教育課程**　教育課程とは，学校における教育目的実現のための教科および教科以外の活動を含む学校教育活動全体の計画のことである。学校の教育活動の基本を定めるものであり，学校が主体となって編成する。文部科学大臣は，教育条件整備の一つとして，各学校の教科や学科に関する事項および教育課程の基準などを定めることができる。その基準である学習指導要領の法的拘束力が問題になる。

(2)　**入学・卒業**　入学とは，児童・生徒・学生と学校設置者との間に教育施設の利用関係（在学関係）を設定する行為をいう。入学が許可された者は，

児童（小学校）・生徒（中学校および高校）・学生（大学）の身分を取得し、学校との在学関係が発生する。保護者にはその子女に教育を受けさせる義務（憲26条2項）が課されているので、義務教育諸学校（国立・私立を除く）に入学する場合、市町村教育委員会が保護者に対して入学すべき学校を指定してその履行を求める形をとり、入学許可の手続は行われない。これに対して、それ以外の学校では、学力検査などをもとに校長ないし学長が入学を許可する手続がとられる。市立尼崎高校事件において、神戸地判平4・3・13判時1414号26頁は、現在の学校施設・設備が不十分であることは身体障害者の入学を拒否する理由にはならないとした。

児童・生徒・学生が学校の全課程を修了したことを認定する行為が、卒業認定である。卒業認定は、各教科などの担当教員の評価に基づき校長が行う（大学の場合は、教授会の議に基づき学長が行う）。卒業認定がなされると、児童・生徒・学生は学校を卒業し、在学関係が終了する。

(3) **校則**　校則は、「生徒心得」、「生徒規則」などと通称され、児童・生徒の学校生活のための規則である。学則とは異なり、学内における内規である。校則をめぐっては、かつて、丸刈り強制校則事件（熊本地判昭60・11・13判時1174号48頁）、高校バイク禁止校則事件（最判平6・9・3判時1401号56頁）、高校パーマ禁止校則事件（最判平8・7・18判時1599号53頁）などが、社会を巻き込んだ議論となった。近年、校則という言葉自体をめったに耳にしなくなったのは、時代の変化であろうか。

(4) **懲戒**　懲戒とは一般に秩序違反者に対する制裁のことであるが、学校における懲戒は、教育作用の一環であり、その行使も教育的見地からなされる。校長・教員は、教育上必要があると認めるときは、文部科学大臣の定めるところにより、児童・生徒・学生に懲戒を加えることができる。ただし、体罰を加えることは許されない（学教11条）。懲戒処分には退学、停学、訓告があり、校長が行う（学教施行規則26条2項）。ただし、公立小中学校の児童・生徒に退学処分を課すことはできず（同条3項）、国公私立を問わず義務教育段階の児童・生徒に停学処分を課すことはできない（4項）。

第4節　教員

1　教員の法的地位

　教員とは，学校教育法が定める学校（学教1条）に配置される職員のうち，直接児童・生徒の教育に携わる者のことである（第3節2(2)も参照）。法律に定める学校の教員は，自己の崇高な使命を深く自覚し，絶えず研究と修養に励み，その職責の遂行に努めなければならない（教基9条1項）のと同時に，その使命と職責の重要性にかんがみ，その身分は尊重され，待遇の適正が期せられるとともに，養成と研修の充実が図られなければならない（同条2項）。2007年，教育職員免許法の改正により，教員免許の更新制が導入されている（9条の2以下）。

　私立学校の教員の地位は，民間企業の従業員と同様，労働基準法にいう「労働者」であり，その具体的な権利・義務は，各学校法人の就業規則で定められる。これに対して，国公立学校の教員（国公立大学の教員を除く。以下，「教育公務員」とする）は，公務員の身分を有するので，国家公務員法，地方公務員法，地方教育行政法，そして教育公務員特例法の適用を受ける。教育公務員は，「全体の奉仕者」として（憲15条2項），一部の者の利益ではなく，国民全体の利益のために奉仕すべき責任を直接国民に対して負う。

　教育公務員には，従来からの初任者研修のみならず（教公特23条），在職期間が10年に達した者について10年経験者研修が義務づけられることとなった（24条）。さらに任命権者は，「指導が不適切である」と認定された教員に対して，指導改善研修を実施しなければならない（25条の2）。それでもなお指導の改善が不十分な教員に対しては，免職その他の必要な措置が講じられる（25条の3）。

2　教育の自由

　学問の自由（憲23条）の保障は普通教育にも及んでおり，教員は公権力の支配・介入を受けず自由に子どもの教育内容を決定することができる「教育の自由」を有するとする見解がある。しかし，旭川学テ判決（最判昭51・5・21）は，一定の範囲において「教育の自由」を認めながらも，普通教育においては，児

童・生徒に教授内容を批判する能力がなく，教員が児童・生徒に対して強い影響力，支配力を有すること，子どもの側に学校や教員を選択する余地が乏しく，全国的に一定の教育水準を確保すべき強い要請があることにかんがみれば，その自由を完全に認めることは許されないとしている。

3 県費負担教職員

県費負担教職員とは，市町村立学校給与負担法（昭23法135）1条と2条に規定された教職員のことであり，市町村立学校に勤務する教職員のほとんどは県費負担教職員である。県費負担教職員は，市町村の職員である一方で，その任免権は都道府県教育委員会がもち，その給与は都道府県が負担する（教育行政37条1項）。これは，市町村間の財政力の格差が教職員の人材確保に影響し，地域間で教育水準に格差が防ぐのを防止するとともに，教職員の広域的な人事異動を可能とするためである。都道府県教育委員会は，市町村教育委員会の内申をまって，県費負担教職員の任免その他の進退を行う（38条1項）。これは，県費負担教職員が勤務する学校の設置・管理者および服務の監督者が市町村教育委員会であることにかんがみ（43条1項），その意見を人事に反映させる趣旨である。なお，市町村教育委員会がその責務に反して内申をしないというような例外的な場合に際しては，都道府県教育委員会は，人事行政上の目的を達成するためのやむをえない措置として，内申抜きでも任命権を行使することができるとした判例がある（最判昭61・3・13民集40巻2号258頁）。

4 教育公務員の義務

(1) **公務員としての義務** 教育公務員も公務員であることから，法令遵守義務，職務命令服従義務（いずれも国公98条1項，地公32条），信用失墜行為の禁止（国公99条，地公33条），秘密保持義務（国公100条1項，地公34条1項），職務専念義務（国公101条1項，地公35条），争議行為等の禁止（国公98条2項，地公37条1項）といった義務が課せられる。

(2) **政治的行為の制限，兼職禁止についての特則** 公立学校の教育公務員の政治的行為は，その職責にかんがみて，国家公務員と同様の水準にまで制限される（国公102条，教公特18条）。兼職禁止については，人事委員会の定める許

可の基準によることを要さず，本務の遂行に支障がないと教育委員会が認める場合に許容される（地公38条，教公特17条。なお，国家公務員については国公103条）。

(3) **職務命令服従義務**　職務命令については，犯罪行為を命じられるなど「重大かつ明白な瑕疵」を帯びたものを除き，服従する義務がある。職務命令服従義務については，近年，東京都教育委員会が都立学校の校長宛てに発した「入学式，卒業式等における国旗掲揚及び国歌斉唱の実施について（通達）」およびその通達に沿った内容の校長の職務命令をめぐって，最高裁判決が相次いでいる。①最判平19・2・27民集61巻1号291頁（ピアノ伴奏命令不服従を理由とした戒告処分の取消訴訟）は，そのような職務命令は思想良心の自由を保障した憲法19条に違反しないとした。この判断は，②最判平23・5・30民集65巻4号1780頁および最判平23・6・6民集65巻4号1855頁（不起立を理由に非常勤嘱託員の採用選考で不合格とされたことの国家賠償訴訟），③最判平23・6・14民集65巻4号2148頁（不起立を理由にした戒告処分の取消訴訟）でも維持されている。ただし，④最判平24・1・16判時2147号127頁（不起立等を理由にした減給処分の取消訴訟）は，職務命令自体は違憲・違法でなく，その違反が懲戒事由に該当するとしても，懲戒処分の内容が重きに失するとして，減給処分を取り消した。⑤最判平24・2・9民集66巻2号183頁・判時2152号24頁は，差止訴訟の要件である「重大な損害を生ずるおそれ」とは，処分がされる前に差止めを命ずる方法によるのでなければ救済を受けることが困難なものを指すとして，懲戒処分が反復継続的かつ累積加重的にされていくという事情の下においてこれを認めるとともに，公法上の当事者訴訟としての義務不存在確認訴訟についても，行政処分以外の処遇上の不利益を防ぐという観点から，確認の利益を認めた。

第5節　学校事故とそれに対応する行政救済

1　学校事故

学校事故とは，広義には学校において発生する火災・盗難などを含む各種事故の総称であるが，狭義には，学校における教育活動およびこれと密接な関係にある活動に伴う児童・生徒・学生の人身事故を指す。

骨折，捻挫，脱臼，挫傷・打撲，挫創，熱中症など，独立行政法人日本ス

ポーツ振興センター法（平14法162）に基づく災害共済給付制度が適用されたものに限っても，毎年，100万件を超える（狭義の）学校事故が生じている。災害共済給付とは，学校の管理下における児童・生徒等の災害（負傷，疾病，障害または死亡）につき，当該児童・生徒等の保護者等に対し，医療費，障害見舞金または死亡見舞金の支給を行うものである（15条1項7号）。各学校設置者は，独立行政法人日本スポーツ振興センターとの間で災害共済給付契約を締結しなければならず（16条1項），共済掛金の額は，政令で定められる（17条1項）。

1960年に日本学校安全会が設立されて以来，災害共済給付制度は学校事故の救済に重要な役割を果たしてきたが，給付内容が低額であることや適用範囲が限定されていることなど，限界も指摘されている。これを補うものとして，民間団体保険，学校管理者賠償責任保険，地方公共団体の「学校事故見舞金」制度があるが，いずれも補償金額は少額であり，十分な救済とはいえない。そこで，国，地方公共団体，学校法人に対する損害賠償請求訴訟が数多く提起されている。

2　学校教育活動に起因する事故

学校教育活動においては，授業やクラブ活動内の事故や，児童・生徒間の「いじめ」による受傷や自殺など，安全監視の不十分さに起因して，さまざまな事故が起こりうる。私立学校の場合には，民法の規定により，教員が不法行為責任（民709条）を，学校法人が使用者責任（715条）を負う。児童・生徒と学校法人との間には在学契約が結ばれているため，学校法人が安全配慮義務違反を理由とした損害賠償責任を負うこともありうる。

これに対して，国公立学校の場合には，学校を設置する国・地方公共団体が，国家賠償法に基づく損害賠償責任を負う（国賠1条1項）。国立大学法人，公立大学法人，独立行政法人国立高等専門学校機構は，「公共団体」に含まれる。

国家賠償法1条1項の対象となる「公権力の行使」については，(a)これを命令・強制などの権力的行政活動に限定する狭義説，(b)それに加えて学校事故や行政指導も含める広義説，(c)私経済活動などあらゆる行政活動を含める最広義説があるが，(b)が通説・判例である。したがって，市立中学校の体育の授業中に，教員の不注意で怪我をした生徒は，市に国家賠償を請求することができる

（最判昭62・2・6判時1232号100頁など）。

　国家賠償法1条1項が適用される場合，公務員個人は被害者との関係で直接には損害賠償責任を負わない（最判昭30・4・19民集9巻5号534頁）。学校教育活動に事故は付き物であり，教育公務員を保護してその活動の萎縮を防ぐ趣旨である。ただし，公務員に故意・重過失がある場合には，損害賠償を支払った国・公共団体から求償権が行使されうる（同条2項）。

3　学校施設・設備の欠陥に起因する事故

　国公立学校において学校施設・設備の欠陥に起因する事故が発生した場合，国・公共団体が損害賠償責任を負う（国賠2条1項）。土地の工作物責任を定めた民法717条の特別法である（なお，土地に付着した施設の事故については，国家賠償法の制定以前から，民法717条により，国・公共団体が設置・管理者として損害賠償責任を負うとされていた〔徳島市立小学校遊動円棒事件・大判大5・6・1民録22輯1088頁〕）。

　設置・管理に瑕疵があるというのは，営造物が「通常有すべき安全性」を備えていない状態を指す。利用者が通常予測しえない異常な用法で使用したために事故が発生したような場合には，「通常有すべき安全性」を備えていなかったとはいえない（テニスコート審判台落下事件・最判平5・3・30民集47巻4号3226頁）。

　国家賠償2条1項の「公の営造物」という概念は，民法717条の「土地の工作物」より広いと考えられている。「土地の工作物」が校舎や校庭のような土地に付着した施設に限られるのに対して，「公の営造物」の場合は，机や椅子など，土地に付着していない備品も含まれ，講学上の営造物概念ではなく「公物」と解されているからである。したがって，私立学校においては，土地に付着した施設の瑕疵で事故が発生した場合には工作物責任（民717条）の問題となるのに対して，土地に付着していない備品の瑕疵で事故が発生した場合には，教員の注意義務違反（709条）を根拠に損害賠償責任が追及されることになる。

4　県費負担教職員の場合の費用負担の問題

　県費負担教職員の場合，事業を遂行する主体（管理者）と費用を負担する主

体（費用負担者）が異なる。県費負担教職員が不注意（過失）で学校事故を起こした場合，費用負担者である都道府県と管理者である市町村のどちらを相手に請求を行ってもよい（国賠3条1項）。一方が賠償を支払った場合，内部での責任割合に応じて他方に求償権を行使することになる（同条2項）。最判平21・10・23民集63巻8号1849頁は，県費負担教職員について，内部的には学校の設置者である市が「公共団体の事務を行う経費」として全額を負担すべきであるとした。

第12章　スポーツ行政

第1節　スポーツ法

1　スポーツ法の意義

2020年に東京オリンピック・パラリンピック大会が開催されることが決定し，社会はさまざまなインフラの整備に動き出している。開催によって，スポーツの世界では，いろいろな競技や選手，あるいは大会への注目がこれまでになく高まることが予想される。2020年の東京オリンピック・パラリンピックの開催は，スポーツ・エンターテインメントあるいはスポーツ・ビジネスという切り口からみて，きわめて大きな影響をもたらすイベントだといえる。スポーツ法の分野でも同様である。

スポーツは「遊戯・競争・肉体的鍛錬の要素を含む身体運動の総称」と定義することができ，競争スポーツをはじめ，レクリエーションスポーツ，生涯スポーツ，見るスポーツなどさまざまに発展してきた。それゆえ現在のスポーツは，競技のみならず人権，教育，健康，医療，福祉などに関わりをもつ。また競技スポーツを行う場合でも，会場を借りる際の手続や交通手段など，スポーツを実施するだけでなく日常の生活におけるさまざまな事象が関与している。さらに，ケガなどが起きた場合，とくに死亡者や重傷者を出したときには，法的責任が問われたりする。

スポーツとは　スポーツを企業の所有物として宣伝や販売活動に利用することが常識になっている。しかし，スポーツとは，本来人々の暮らしや社会を豊かにするための国民共有の文化財であり，一個人や一企業によって独占利用されるべきものではない。スポーツとは，本来，誰もが自由に身体を使って楽しむ「遊びの文化」である。"Sports"（スポーツ）の語源は，ラテン語の"deportare"（デポルターレ）といわれている。デポルターレとは，日常から離れて非日常に入るという意味がある。

スポーツ競技の多くは古代ギリシャの祭典競技に発しているが，スポーツということばは15世紀前半のイギリスで生まれた。今日では，競争を中心とする，楽しさを中心とする，民族的なアイデンティティや儀礼を中心とする，癒しや瞑想を中心とする，健康を志向する，自然と接点を求める，などの総称として用いられている。

2　スポーツ法の概要

憲法上は，スポーツを行うことは，個人の幸福追求権（憲13条），結社の自由（21条），職業選択の自由（22条）などの適用に関わってくる。

スポーツ法に関連する法律として，まずあげられるのが日本におけるスポーツに関する施策の基本事項を定めたスポーツ基本法（平23法78）である。スポーツ基本法は，1961年に制定されたスポーツ振興法（昭36法141）を改正し，2011年に公布・施行された。

教育に関するスポーツ法の法律には教育基本法がある。教育基本法は，教育法の基本原理を定めながらもスポーツにも大きく関与する法律である。また学校教育法では，体育科（保健体育科）における教育としてのスポーツのみならず，学校行事や課外活動におけるスポーツに関与する項目がある。

スポーツを行う時の自己責任に関連する法律として，民事責任に対しては民法，商法，製造物責任法（PL法：Product Liability Act），消費者契約法，国家賠償法があり，刑事責任に対しては刑法がある。本章のスポーツ行政に関しては，民事上の行政責任に関する国家賠償法のほか国家公務員法，地方公務員法，教職員免許法などがある。そのほか，独立行政法人日本スポーツ振興センター法，学校保健法，都市公園法，自然公園法など，さまざまな法律がスポーツ行政に関与している（参照，三村寛一『スポーツと法』〔2011年，嵯峨野書院〕5頁以下）。

第2節　スポーツ行政に関する法（スポーツ行政法）

1　スポーツ行政に適用される法

スポーツ法と称される一つの法分野があることは事実であるが，スポーツ法という名前の法律があるわけではない。実定法は，それぞれのスポーツの具体的な場面に応じて，スポーツ法を部分的に適用するが，ここではスポーツ行政に関する法（スポーツ行政法）について概観する。とくに，スポーツの振興に関する施策の基本を定めた日本で最初の法律であるスポーツ基本法は，わが国のスポーツ行政法の基本法であるので，第4節で解説することとし，ここではスポーツ基本法以外の法令について概観しておく。

(1) **憲法**　日本国憲法で成文化されているスポーツ法は，13条「個人の尊

重，生命・自由・幸福追求の権利の尊重」，14条「法の下の平等，貴族制度の否認，栄典の限界」，25条「生存権」，26条「教育を受ける権利」などがそれにあたり，「スポーツの自由」や「スポーツを行う権利」などといったスポーツ権に関連する条項がある。そのほかにも，21条「集会・結社・表現の自由」，22条「職業選択の自由」，23条「学問の自由」，29条「財産権の保障」といったスポーツ行政法に関する条項が基本法として存在する。

(2) **教育基本法，学校教育法等の教育関連法**　日本では，学校で部活動として行われるスポーツが発達している。学校で行われるスポーツは教育の一環としてとらえられ，そこには教育関連法の適用がある。たとえば，運動部活動において，指導の中で暴力が用いられた場合には，体罰（学教11条）の問題として論じられることになる（エンターテインメント・ロイヤーズ・ネットワーク『スポーツ法務の最前線——ビジネスと法の統合』〔2015年，民事法研究会〕11頁以下）。

(3) **日本スポーツ振興センター法**　独立行政法人日本スポーツ振興センター法（平14法162）は，特殊法人等の整理合理化のために日本体育・学校健康センターを解散し，その権利および義務を独立行政法人日本スポーツ振興センター（日本スポーツ振興センター）に引き継がせた法律である。日本スポーツ振興センターは，スポーツの振興および児童，生徒，学生または幼児の健康の保持増進を図るためにさまざまな業務を行っている（3条・15条）。

日本スポーツ振興センターの主務大臣は文部科学大臣とし（36条），ナショナルトレーニングセンター（NTC：National Training Center）の運営，国立競技場の運営，totoやBIGといったサッカーくじの運営，助成金の交付などによるスポーツ振興，スポーツ医科学・情報研究，災害共済給付および健康安全普及業務などを所管し（3条に基づく15条），独立行政法人通則法とともにさまざまなスポーツ行政を規律している。

(4) **スポーツ振興投票の実施等に関する法律**　スポーツ振興投票の実施等に関する法律（平10法63）は，サッカーくじに関する法律である。同法は，スポーツ振興投票，すなわちスポーツ振興くじの実施等に関する事項を定め（2条），その業務は日本スポーツ振興センターが行う（3条）。スポーツ振興投票とは，スポーツ振興投票対象試合開催機構（Jリーグ）が開催するサッカーの複数の対象試合の結果について，あらかじめ発売されたスポーツ振興投票券

（サッカーくじ）によって投票させ，これら投票と試合の結果との合致の割合に応じて一定の金額を払戻金として交付するものである。スポーツ振興投票に係る収益は，さまざまな事業に要する資金の支給に充てることができる（2条・21条）。

また，スポーツ振興投票によって得られた収益は，3分の1を国庫に納付し（センター法22条），3分の1を地方公共団体または地方公共団体の出資もしくは拠出に係るスポーツ団体に対する資金の支給に充てなければならない（スポーツ振興投票法21条1項1号・5項）。

(5) その他のスポーツ行政関係法令

① **総合保養地域整備法など** 1987年の総合保養地域整備法（リゾート法）は，スポーツおよびレクリエーション活動などのための施設を備えた保養施設を総合的に整備するために，自然条件を有する土地開発を促進させる目的で制定された。

② **自転車競技法など** 1948年の自転車競技法に基づく競輪，1950年の小型自動車競走法に基づくオートレース，1951年のモーターボート競走法に基づくモーターボート競走，1948年の競馬法および1954年の日本中央競馬会法に基づく競馬など，特別法によって行政の管理下で賭行為がとくに認められた公営競技に関する法令がある。

③ **興行場法など** 会員制スポーツクラブにおける適正なクラブ会員契約の締結，規制および情報開示を目的として制定された1992年のゴルフ場等に係る会員契約の適正化に関する法律がある。また，スポーツを公衆に見せまたは聞かせる施設である興行場の経営（興行場営業）を規制してい

ヨーロッパ・スポーツ・フォア・オール憲章とユネスコの体育・スポーツ国際憲章 ドイツ，イギリスなどをはじめとしてスポーツ・フォア・オール (Sport for All) の理念がヨーロッパに芽生え，Sport for All は北欧諸国やフランス，スイス，ベルギーなどの国々にスポーツの大衆化の象徴として広く普及していった。それらの国々の事情はあるとしても，その背景には，都市化と技術革新による人間疎外，運動不足による疾患の増加，余暇の増大などの状況認識があり，これらの課題に対して，各国政府は政策的な関わりの必要性を共通して見出していたのである。

1960年代後半からヨーロッパ評議会 (Council of Europe) は，スポーツ・フォア・オールの理念を検討し，ヨーロッパ・スポーツ・フォア・オール憲章の制定に向けて動き出した。

1976年に採択されたヨーロッパ「スポーツ・フォア・オール憲章」は，その第1条で，「スポーツへの参加は，すべての者の権利である」と謳ったことによって，先進的なスポーツ理念を国際的に知らしめたたいへん重要な役割を担ったといえる（菊幸一・齋藤健司・真山達志・横山勝彦『スポーツ政策論』〔2011年，成文堂〕274頁以下）。

ヨーロッパでの動きは，国際連合にも影響を与え，1976年にはユネスコ第1回青少年体育・スポーツ担当大臣会議が開催された。1977年には起草委員会が創設され，1978年5月に草案が審議され，そして同年11月第20回ユネスコ総会で体育・スポーツ国際憲章が世界100カ国以上の政府関係者によって承認，採択されたのである。

この憲章では，第1条で「体育・スポーツの実践はすべての人にとって基本的権利である」と謳い，体育・スポーツへのアクセスを基本的人権ととらえたこと，体育・スポーツは全面的な均衡のとれた人間の発達に貢献すること，諸国民間の平和と友好のために国際的政府組織および非政府組織との協力が重要であることなどが強調されている。そしてその基盤には，すべての人の人権と尊厳を最も大切にする世界人権宣言を尊重する姿勢がとらえられている。

る興行場法（昭23法137）は，興行場の経営には都道府県知事の許可を受けなければならないとしている（2条1項）。

④ **障害者基本法および老人福祉法**　特定の人を対象としたスポーツ活動の条件整備に関する法令がある。たとえば，障害者基本法は，障害者の文化的諸条件の整備において障害者スポーツについて定めている（25条）。また老人福祉法は，老人福祉の増進のための事業として，老人の心身の健康の保持に資するためのレクリエーションその他広く老人が自主的かつ積極的に参加することができる事業（老人健康保持事業）について定めており（13条），当該事業の一環として高齢者の健康・スポーツ関連事業が展開されている。さらに労働安全衛生法70条は，労働者の健康の保持増進を図るため，体育活動，レクリエーションその他の活動について，事業者が便宜を供与するなど必要な措置を講ずるよう努めることを定めている（菊幸一・齋藤健司・真山達志・横山勝彦『スポーツ政策論』〔2011年，成文堂〕41頁以下）。

第3節　スポーツ権

　日本国憲法ではスポーツ権を保障する明文の根拠はないが，憲法13条（個人の尊重・幸福追求権）・25条（国民の生存権・国の社会保障的義務）・26条（教育を受ける権利・教育の義務）など憲法の条文から，自由権的性格・人格形成権的な性格・社会権的な性格を有する基本的人権として導き出される。

　旧スポーツ振興法は，スポーツを「この法律において『スポーツ』とは，運動競技及び身体運動（キャンプ活動その他の野外活動を含む。）であつて，心身の健全な発達を図るためにされるものをいう。」（2条）と定義したが，「スポーツ権」についての記載はなかった。これを廃止して新たに制定されたスポーツ基本法は，憲法上の基本的人権たるスポーツ権を前提に，前文と基本法2条に「スポーツは，これを通じて幸福で豊かな生活を営むことが人々の権利」と初めて明記し，同3条はスポーツ権の実現に関する施策の実施を国の責務としたのである（日本スポーツ法学会『スポーツ基本法』〔2011年，成文堂〕1頁以下）。

　日本の法律に「スポーツ権」が明記されたことは，スポーツを愛する人々にとって，画期的なできごとである。スポーツ界のフェアプレーの精神・スポー

ツマンシップという古典的な理念に，法の下の平等を貫徹させ，透明性・公平・公正等の法律の理念が盛り込まれた。スポーツ振興法が全面改正され新たに制定されたスポーツ基本法が，新しいスポーツルールとしてスポーツ界に施行されたのである。

ヨーロッパのスポーツ先進諸国では「体育・スポーツの実践は，すべての人間にとって基本的人権である」と定められているように，スポーツ権は国際的にはすでに人間の有する基本的人権の一つである，と理解されてきた。

第4節　スポーツ基本法

1　歴史的経緯

スポーツの振興に関する施策の基本を定めたわが国最初の法律は，1961年に制定されたスポーツ振興法である。スポーツ振興法は1964年の第18回オリンピック東京大会の体制整備の一環として作成された。当時の国民のスポーツ参加率は低いものであり，テレビでのスポーツ放映も同様であった。ましてや国際試合のテレビ放映自体も少なく，あるいは国内での国際試合の開催も希であった。こうした情勢下でスポーツ振興法は制定されたのである。そして西欧を中心とする福祉国家の「スポーツ・フォー・オール政策」も徐々に始まりかけてはいたが，ヨーロッパでの水準と同レベルでの共通話題とはなりきれていなかった。欧州評議会が加盟国に「スポーツ・フォー・オール政策」の作成を呼びかけたのは1966年のことである。

スポーツ振興法によって国は東京オリンピック後に，高度経済成長に必要な国民の体力育成の必要性からスポーツを多少重視するようになったが，最も影響を受けたのは地方公共団体（都道府県や市区町村）であった。高度経済成長によって徐々に高まる地域住民のスポーツ要求に直接的に対応するのは地方公共団体であり，その高まる要求を無視，拒否することはもはやできなくなっていた。それまでの法的な根拠は社会教育法2条に挿入された「体育・スポーツ」の規定だけであり，法的根拠として強いものではなかった。しかし，スポーツ振興法によって，スポーツ固有の初めての法律が成立したわけであるから，もっと強くその政策的な基盤が形成されたのである（内海和雄『スポーツと人

権・福祉』〔2015年，創文企画，広島経済大学研究双書第42冊〕191頁以下）。2011年に議員立法により，スポーツ振興法が改正され，スポーツ基本法が制定された（菊幸一ほか・前掲36頁以下）。

2 スポーツ基本法

(1) **スポーツ基本法の概要**　スポーツ基本法は，スポーツに関し，基本理念を定め，国および地方公共団体の責務，スポーツ団体の努力などを明らかにするとともに，スポーツに関する施策の基本となる事項を定めており，前文，総則，スポーツ基本計画，基本的施策，スポーツ推進体制に関わる体制の整備，国の補助などから構成されている。スポーツ振興法との違いとして，競技スポーツの推進について国の取り組みが明記されたこと，障害者スポーツについても取り上げていることがあげられる。

①新たに前文を置き，「スポーツを通じて幸福で豊かな生活を営むことは，全ての人々の権利」と謳い，スポーツの価値，意義，役割を明らかにした。

②スポーツに関する基本理念を定めた（2条）。基本理念として，スポーツを通じて幸福で豊かな生活を営むことが人々の権利であることを定めたほか，青少年スポーツの意義，地域社会におけるスポーツの意義，スポーツの安全の推進，障害者スポーツの推進，競技水準の向上，国際交流の推進，スポーツ活動の公正適切な実施を掲げている。

③スポーツに関する国および地方公共団体の責務を定めただけでなく，スポーツ団体の努力義務（5条），スポーツ産業事業者との連携・協力（18条），企業および大学等のスポーツへの支援（28条）についても触れている。

④スポーツに関する施策の中に，プロスポーツの推進が含まれることを明らかにした（2条6項）。

⑤障害者スポーツの推進が明記され（2条5項），国民体育大会（国体）と並んで全国障害者スポーツ大会の実施と支援が盛り込まれた（26条2項）。

⑥スポーツ団体の努力義務として，スポーツを行う者の権利利益の保護，心身の健康の保持増進と安全の確保，事業運営の透明性の確保，事業活動の基準の作成，スポーツに関する紛争の迅速適正な解決を掲げた（5条）。

⑦スポーツを行う者の権利利益の保護のため，スポーツに関する紛争の迅速

かつ適正な解決に必要な施策を講じることとされた（15条）。

⑧地域スポーツクラブなどの地域におけるスポーツ振興のための事業への支援が定められた（21条）。

⑨スポーツに係る国際的な交流および貢献を推進することが定められた（19条）。

⑩国際競技大会の招致・開催について，特別の措置を講ずることとされた（27条）。

⑪ドーピング防止活動を推進することが明記された（29条）。

⑫附則において，スポーツ庁の設置について検討を加え，必要な措置を講じるものとされた（附則2条）。

以上のように，スポーツ基本法は，スポーツに関する国および地方公共団体の責務を定めるものだが，そのほかにもスポーツ団体の努力義務，スポーツ産業事業者との連携・協力，企業，大学等のスポーツへの支援などが新たに加えられ，関係者を幅広く取り込むようなしくみになっている。

また，スポーツを行う者の権利利益の保護という観点からは，⑥，⑦，⑪がよく指摘されるところである。スポーツ団体の努力義務として，スポーツを行う者の権利利益の確保，安全確保，事業運営の透明性の確保といったガバナンスの強化に関する事項が定められ，さらに，スポーツに関する紛争の迅速，適正な解決，ドーピング防止活動の推進が定められたことは，スポーツ法の大きな前進ということができよう（エンターテインメント・ロイヤーズ・ネットワーク・前掲16頁以下）。

(2) **スポーツ基本計画** 文部科学大臣は「スポーツ基本計画」を定めるとされており（9条），スポーツ基本法が公布された2011年の翌年2012年に発表された。地方公共団体は，そのスポーツ基本計画を参酌して，地方スポーツ推進計画を定めるよう努めることとされている（10条）。

スポーツ基本計画はスポーツ基本法に示された理念の実現に向け，2011年度から，10年間のスポーツ推進の基本方針と，5年間に総合的かつ計画的に取り組むべき施策が示されている。

その内容は，第1章にスポーツをめぐる現状と今後の課題をあげ，第2章では，今後の10年間を見通したスポーツ推進の七つの基本方針を示している。第

3章では，七つの課題ごとに施策目標を設定し，策定後5年間に総合的かつ計画的に取り組むべき施策を揚げ，スポーツの推進に取り組み，スポーツ立国の実現を目指すとしている。

その七つの課題と施策目標は，①学校と地域における子どものスポーツ機会の充実，②若者のスポーツ参加機会の拡充や高齢者の体力つくり支援等のライフステージに応じた活動の推進，③住民が主体的に参画する地域のスポーツ環境の整備，④国際競技力の向上に向けた人材の養成やスポーツ環境の整備，⑤オリンピック・パラリンピック等の国際競技大会等の招致・開催等を通じた国際交流・貢献の推進，⑥ドーピング防止やスポーツ仲裁等の推進によるスポーツ界の透明性，公平・公正性の向上，⑦スポーツ界における好循環の創出に向けたトップスポーツと地域におけるスポーツとの連携・協働の推進，である。

(3) **スポーツ立国戦略**　スポーツ基本法前文末は「スポーツ立国の実現を目指し，国家戦略として，スポーツに関する施策を総合的かつ計画的に推進するため，この法律を制定する。」と宣言する。スポーツ立国戦略は，人々がスポーツの楽しさや感動を広く分かち合うことを通じ，スポーツのもつ意義や価値を共有する「新たなスポーツ文化」を日本に確立することを目指したものである。これに基づいて，2011年度から概ね10年間のスポーツ政策の基本的方向性を示すものとして「スポーツ立国戦略」が，2010年に発表され，その内容は，目指すべき姿として「新たなスポーツ文化の確立」とし，基本的考え方を「人[する人，観る人，支える（育てる）人]の重視，連携・協働の推進」としている。そして，次の五つの重点戦略をあげている。①ライフステージに応じたスポーツ機会の創造，②世界で競い合うトップアスリートの育成・強化，③スポーツ界の連携・協働による「好循環」の創出，④スポーツ界における透明性や公平・公正性の向上，⑤社会全体でスポーツを支える基盤整備である。

そして，法制度・税制・組織・財源などの体制整備等についても述べている（日本体育協会スポーツリーダー養成講習会「地域におけるスポーツ振興：地域におけるスポーツ振興方策と行政のかかわり」〔2013年，www.japan-sports.or.jp の PDF 版（2017年8月15日確認）〕149頁以下）。

(4) **スポーツ庁の発足とスポーツ行政**　スポーツ基本法の前文は「スポーツは，心身の健全な発達，健康及び体力の保持増進，精神的な充足感の獲得，

自律心その他の精神の涵養等のために個人又は集団で行われる運動競技その他の身体活動であり，今日，国民が生涯にわたり心身ともに健康で文化的な生活を営む上で不可欠なものとなっている。スポーツを通じて幸福で豊かな生活を営むことは，全ての人々の権利であり，全ての国民がその自発性の下に，各々の関心，適性等に応じて，安全かつ公正な環境の下で日常的にスポーツに親しみ，スポーツを楽しみ，又はスポーツを支える活動に参画することのできる機会が確保されなければならない。」と述べている。国民のスポーツをする権利が明確に定められ，また，国，地方公共団体は，スポーツに関する施策を策定し，実施する責務を有することが定められた。

スポーツ行政とは，このスポーツの振興を図っていくうえで，国や地方公共団体が行う事務のうち「スポーツ事象」について取り組むものであり，スポーツ行政のねらいは，国や地方公共団体が人々のスポーツ諸活動について，関係する法令による規制の範囲において，スポーツに関わる直接的・間接的諸条件（人的・物的・制度的など）を整えること，およびスポーツを広く普及および奨励，推進するために，スポーツに関する施策を策定し，実施することにある。

スポーツ基本法の附則において，スポーツ庁の設置について検討を加え，必要な措置を講じるものとされた（附則2条）。スポーツ行政を一元的に進めるスポーツ庁が2015年10月1日発足した。政府のスポーツ行政は，学校体育は文部科学省，健康増進は厚生労働省，国際スポーツ交流は外務省，スポーツ産業は経済産業省が担当するなどしてきた。スポーツ庁はこれらをまとめる司令塔になる。母体は文部科学省のスポーツ・青少年局で，各省庁の職員に民間の人材を加え，5課約120人体制で発足した（政策課〔スポーツ基本計画の策定・日本スポーツ振興センターを所管〕，健康スポーツ課〔健康増進，地域スポーツクラブ，子どもの体力向上〕，競技スポーツ課〔強化費の配分や拠点の整備〕，国際課〔国際大会の招致，国際交流〕，オリンピック・パラリンピック課〔2020年東京オリンピック・パラリンピック大会に向けた各種調整〕）。

スポーツ基本法では「政府は，スポーツに関する施策の総合的，一体的かつ効果的な推進を図るため，スポーツ推進会議を設け，文部科学省及び

スポーツ行政の目標　スポーツという文化は本質的には，スポーツを愛好，享受する人々の自発性や主体性といったものが尊重されるべきものである。強い法的な制御になじみにくく，「規制」より「助成（支援，奨励）」が主体となるものであることから，国民があらゆる機会とあらゆる場所においてスポーツと親しむことができるようなスポーツ環境（諸条件）を整えることがスポーツ行政の中心となる。

厚生労働省，経済産業省，国土交通省その他の関係行政機関相互の連絡調整を行うものとする。」と定め（30条），日本のスポーツ振興を健康づくりや体力づくりまで広げてとらえると，多くの行政組織が関わっている。日本のスポーツ行政組織については，「国家行政組織法」や「文部科学省設置法」，「スポーツ基本法」などで規定されている。国においては文部科学省が，地方においては都道府県および市区町村の教育委員会がスポーツ行政の主務機関であると定めているが，地方教育行政の組織及び運営に関する法律の改正（2008年）により，地方公共団体の長もスポーツに関する事務（学校における体育に関する事務を除く）を管理し，執行することができることとなっている（日本体育協会・前掲146頁以下）。

(5) **スポーツ行政組織と公的関連組織・団体や民間団体との関係**　国と地方公共団体は対等の関係であるとする新たな地方分権のあり方の下，国，都道府県，市区町村という各段階の行政組織が，行政推進のパートナーとして連携して行われている。これに加えて，スポーツ行政をより効率的・効果的に推進するため，行政組織は，関連する民間スポーツ組織・団体等に対し，指導・監督，さまざまな助成などを行うとともに，民間活力を促進し，密接な協力体制を確保しつつ行われている（33条・34条。なお菊幸一ほか・前掲18頁以下）。

第5節　障害者スポーツと法

1　障害者スポーツ

障害者スポーツは，医療的な視点から「運動療法」，「リハビリテーション」として始まったが，障害者スポーツの役割は医療的な効用に尽きるものではない。スポーツをすることで体力，「できる能力」を向上させ，健康を維持することに有益である。さらに，その障害ゆえに社会から隔離され，障害者自身も閉じこもりがちになる傾向があるところ，障害者スポーツへの参加は，社会参加の機会の拡大とノーマライゼーションの普及の効用がある。さらに，スポーツの根源的な魅力であるスポーツ技能の向上自体の自己実現としての効用もある。

パラリンピックの創始者グットマン博士が「失った機能を数えるな，残った

機能を最大限に生かせ」ということばを残しているように，障害者のスポーツは，「何ができないかではなく，何ができるか」に視点を向けることが重要である。日本の障害者スポーツは，リハビリテーションの手段から発展してきた経過があるが，現在は，生活の中でスポーツを楽しむ障害者が増えてきている。

ノーマライゼーションとは　正常化，標準化，通常化の意。社会福祉の基本的理念の一つとして承認されるようになっている。障害者や高齢者がほかの人々と等しく生きる社会・福祉環境の整備，実現を目指す考え方。従来の福祉活動で行われてきた，社会的弱者を社会から保護・隔離する傾向を反省し，すべての障害者等の日常生活の様式や条件を，通常の社会環境や生活様式に可能な限り近づけることを目指す。施設に隔離・分離するのではなく，普通の生活をするための障害者等の住みやすい街づくりやサービスが重視される。

2　障害者福祉とスポーツ

日本において障害者のスポーツが広まった契機は，1964年に開催されたパラリンピック東京大会である。各国の選手たちが生き生きとスポーツをする姿に，日本の障害者や医療関係者，福祉関係者は深い感銘を受け，日本でも障害者のスポーツを盛んにしようという動きが高まっていった。

障害者福祉に関する法律はとくに第二次世界大戦以降制定された。世界中を巻き込んだ第二次世界大戦は，1945年に終結したが，多くの障害者を生むこととなり，各国は国をあげてこれらの人々の福祉に取り組むことになった。日本においても身体障害者福祉法，精神保健及び精神障害者福祉に関する法律，精神薄弱者福祉法（現在の知的障害者福祉法）などによって，さまざまな形で行われてきた障害者の福祉施策を，1970年に公布された心身障害者対策基本法によって，これらの法の基本理念がまとめられた。その後，この法律は障害者基本法と改名し，具体的な施行方法なども定められ，さらなる充実が図られるようになった。

障害者基本法を根拠法とする「障害者基本計画」（11条）が，2002年に閣議決定され，障害者の生活支援の中で，すべての障害者のスポーツ振興に触れるとともに，「（財）日本障害者スポーツ協会を中心として障害者スポーツの振興を進める。特に，身体障害者や知的障害者に比べて普及が遅れている精神障害者のスポーツについて，振興に取り組む」と精神障害者のスポーツの振興を取り上げており，その後，急速に精神障害者のスポーツにも視線が向けられるようになった。

障害者のスポーツ振興に関しては，これらの法律などの中で，主として障害

者が利用しやすい施設の物理的，社会的諸条件の整備が求められ，障害者の生涯スポーツの振興に拍車がかかるようになった（三村・前掲58頁以下）。

3　スポーツ振興法制定までの障害者スポーツ

日本では，1951年に東京都で身体障害者スポーツ大会が開催されたのを契機に都道府県単位で身体障害者スポーツ大会が開催され，1963年にはほとんどの都道府県で身体障害者スポーツ大会が開催されるようになった。

1944年に，第二次世界大戦により脊髄を損傷した人の治療と社会復帰を目的にストーク・マンデビル病院（イギリス）が治療としてスポーツを取り入れ，同病院内のスポーツ大会に起源をもつ国際ストーク・マンデビル競技大会が1952年に開催された。日本では，東京オリンピック（1964年）に合わせて，パラリンピック（障害者スポーツ大会）が，第1部を国際大会（第13回国際ストーク・マンデビル競技大会），第2部を国内大会として開催された。

ろうあ者では，1924年に国際ろう者スポーツ委員会が第1回でデフリンピックを開催し，日本においても1926年にろうあ者体育競技大会が開催され第二次世界大戦まで続き，戦後は，1967年から全国ろうあ者体育大会が開催されている。

4　スポーツ振興法と障害者スポーツ

スポーツ基本法は，スポーツ振興法の全面改正の形式をとっている。スポーツ振興法においては，青少年スポーツ（8条）および職場スポーツ（9条）については固有の規定があるが，障害者スポーツについては固有の規定が存在しない。スポーツ振興法（昭36法141）が制定された1961年は，日本の障害者スポーツがスタートしたばかりというべき時期であった。スポーツ振興法においては，障害者スポーツを否定しているものではないが，障害者スポーツについての十分な理解があったとはいえない。

スポーツ振興法は，国や自治体に対して，スポーツをすることができるような諸条件の整備に努めることを規定していた（3条1項）が，①スポーツを通じて幸福で豊かな生活を営むことが人々の権利であるとの視点が脆弱であり，②スポーツを行う権利を実現するためのスポーツ団体などの責務を規定してい

ないという点で不十分な点があり，かつ，障害者スポーツに関していえば固有規定が存在しないという点で時代にそぐわなくなっており，抜本的な改正が求められた。

5　スポーツ基本法の成立と障害者スポーツ

　スポーツ基本法は，スポーツに関しその基本理念を定め，国および地方公共団体の責務並びにスポーツ団体の努力等を明らかにし，スポーツに関する施策の基本となる事項を定める。

　障害者スポーツに固有な条項としては，①障害者がスポーツを行うことの保障に関する規定（2条5項），②障害者のトップアスリートの競技水準の向上のための施策（2条6項），③スポーツ施設の整備にあたり，障害者に対する利便性の向上を求める規定（12条2項），④全国障害者スポーツ大会についての規定として，(i)日本障害者スポーツ協会，国，開催都道府県が共催で，総合的な競技として実施すること（26条2項），(ii)国は，日本障害者スポーツ協会および開催地の都道府県に対する援助を行うこと（26条3項・33条1項1号），⑤国は，日本パラリンピック委員会などが国際的な規模のスポーツの振興のための事業に関し必要な措置を講ずるにあたっては，当該スポーツ団体との緊密な連絡を図るとの規定（27条2項）を定めている。

　1978年には，ユネスコ「体育およびスポーツに関する国際憲章」が採択され，「学齢前児童を含む若い人々，高齢者，身体障害者に対して，その要求に合致した体育スポーツのプログラムにより，その人格を全面的に発達させるための特別の機会が利用可能とされなければならない」（1条3項）と定められた。日本スポーツ法学会は，1997年，「スポーツ基本法要綱案」を発表し，「すべての国民は，ひとしくスポーツに関する権利を有し，生涯にわたって実際生活に即し，スポーツに参加する自発的な機会が保障されなければならない。スポーツに参加する者は，人種，信条，性別，出生，社会的身分，経済的地位，障害の事情などにより差別されてはならない」と障害者であってもスポーツに参加する権利保障を求めている。2010年の日本弁護士連合会意見書においても「スポーツへの参加において，人種，信条，性別，社会的身分，経済的地位，障がいの有無などにより不合理に差別されないこと」が求められていたことが，上

記基本法の各規定に反映したものである。

　これらの提言などをふまえて，日本においても，ようやく障害者のスポーツを行う権利がスポーツ基本法に盛り込まれたのである。

6　スポーツ基本法と障害者スポーツ施設

　障害者が利用できるスポーツ施設として，障害者が優先的に利用できる専用施設が建設されてきた。障害者専用の，または障害者が優先的に利用できる「障害者スポーツ施設」は全国に約114カ所が設置されている。設置者は都道府県が45カ所，市町村が68カ所であった。施設のおよそ8割は1990年までに設置されている。

　日本では，「高齢者，身体障害者等が円滑に利用できる特定建築物の建築の促進に関する法律」，「高齢者，身体障害者等の公共交通機関を利用した移動の円滑化の促進に関する法律」などを経て，2006年には，「高齢者，障害者等の移動等の円滑化の促進に関する法律」（新バリアフリー法）が制定され，一定規模以上の体育館・水泳場などの運動施設もバリアフリー化が求められている。2016年4月から「障害を理由とする差別の解消の推進に関する法律」（障害者差別解消法）が施行された。この法律は，障害を理由とする差別の解消の推進に関する基本的な事項や，国の行政機関，地方公共団体等および民間事業者における障害を理由とする差別を解消するための措置などについて定めることによって，すべての国民が障害の有無によって分け隔てられることなく，相互に人格と個性を尊重し合いながら共生する社会の実現につな

国際的な障害者スポーツの施策　1976年に開催された国連総会は，1981年を「完全参加と平等」を目標テーマとする「国際障害者年」とした。1982年の国連総会において「障害者に関する世界行動計画」が決議され，「障害者スポーツが重要であることは益々認識されてきている。したがって加盟各国は，障害のある人のあらゆる形のスポーツ活動を，とりわけ適切な施設の提供及びこれらの活動の適当な組織化を通じ，奨励すべきである」とし，障害者スポーツの普及をめざした。

　1978年には，「体育およびスポーツに関する国際憲章」が採択され，「学齢前児童を含む若い人々，高齢者，身体障害者に対して，その要求に合致した体育スポーツのプログラムにより，その人格を全面的に発達させるための特別の機会が利用可能とされなければならない」（1条3項）と定められた。

　1992年には，「新ヨーロッパ憲章」が採択され，「すべての市民がスポーツに参加する機会をもつことを保証し，必要な場合には障害者や社会経済的に恵まれない人びと，さらにまた豊かな才能に恵まれた青少年に対しても，スポーツへの参加を効果的に促す特別な措置を講じる」（4条2項），「身体障害者や精神障害者など，障害者や恵まれない人びとがスポーツ施設を容易に利用できるように，スポーツ施設の管理責任者は適切な対策を講ずるべきである」（4条4項）と，障害者がスポーツに参加するための措置を講じることを求めた。

　1993年の国連総会においては，「障害者の機会均等化に関する標準規則」が決議され，各国が障害のある人々に対し，レクリエーションとスポーツへの平等の機会を確保するよう決議している。

　アジアにおいても，1992年国連アジア太平洋経済社会委員会（ESCAP＝United Nations Economic and Social Commission for Asia and the Pacific）は，1993年〜2002年を「アジア太平洋障害者の10年」とし，アジア，太平洋地域の障害者の完全参加と平等をめざした（日本スポーツ法学会『スポーツ基本法』〔2011年，成文堂〕86頁以下）。

スポーツ基本法は,「国及び地方公共団体は,国民が身近にスポーツに親しむことができるようにするとともに,競技水準の向上を図ることができるよう,スポーツ施設(スポーツ設備を含む)の整備,利用者の需要に応じたスポーツ施設の運用の改善,スポーツ施設への指導者等の配置その他の必要な施策を講ずるよう努めなければならない」とした上で,「スポーツ施設を整備するにあたっては,当該スポーツ施設の利用の実態等に応じて,安全の確保を図るとともに,障害者等の利便性の向上を図るよう努めるものとする」と定めた(12条)。

新バリアフリー法およびスポーツ基本法の下では,障害者が優先利用できる専用施設の建設のみならず,障害者も利用可能な汎用スポーツ施設として,きめ細かく施設が設置され,障害者が身近な施設においてスポーツ参加を可能とする施策が求められる。スポーツ基本法は,居住する地域で身近にスポーツを楽しめること(2条3項),学校スポーツ施設の一般利用を求めており(13条),障害者が身近でスポーツを楽しむ施設として学校スポーツ施設の利用を可能とする施策が要請されるものである。

スポーツ基本法12条の規定は,国や地方公共団体に努力義務を課しているものであり,民間のスポーツ施設に対しては直接効力が及ぶものではない。「体育およびスポーツに関する国際憲章」では,「あらゆる段階の政府,公当局,学校および適当な私的機関は,協力し,ともに計画して,体育・スポーツの施設,設備,用具を提供し,最適な条件で利用できるようにする義務がある」(5条2項)と一部の私的機関についてもスポーツ施設・設備の提供などの義務を課しているが,スポーツ基本法は,私的機関には義務を課していない。

スポーツ基本法は,一方で,スポーツ団体や民間事業者に対してもスポーツの基本理念の実現に努力することを定めており(7条),民間施設であっても,

> **インテグリティ** 「インテグリティ」(integrity)とは,高潔さ・品位・完全な状態,を意味することばである。スポーツにおける「インテグリティ」とは,「スポーツがさまざまな脅威により欠けるところなく,価値ある高潔な状態」を指す。
> 　近年,スポーツにおけるドーピング,違法賭博や八百長,試合の不正操作,暴力,諸団体のガバナンス欠如などが,スポーツの価値を脅かすものとして,国内外で大きな問題となっている。2013年に行われた日本スポーツ振興センター法改正にともない,「スポーツを行う者の権利利益の保護,心身の健康の保持増進及び安全の確保に関する業務,スポーツにおけるドーピングの防止活動の推進に関する業務その他のスポーツに関する活動が公正かつ適切に実施されるようにするため必要な業務」(15条1項6号)が新たに加えられたことを踏まえ,2014年4月より「スポーツ・インテグリティ・ユニット」を設置し,スポーツにおける八百長・違法賭博,暴力,ドーピング等のさまざまな脅威から,Integrity of Sports を護る取り組みを実施している。

合理的理由がないまま，障害者に対する利用を拒むような事例では，スポーツ基本法の規定を根拠に不法行為と判断される場合がありうる。

第13章　財政

第1節　総説

1　財政のコントロールの必要性

　財政とは，国または地方公共団体が，その任務を達成するために必要な財力を取得・管理・使用する作用をいう。ほとんどの行政活動には，その裏づけとして財源を必要とする。その財源は，国民の負担からなるため，財源の不効率な管理・使用は，けっきょく国民の新たな負担へと帰する。他方，財政は，国の経済に多大な影響を及ぼし，国民生活の質を大きく左右させる。それゆえ，歴史的にも，租税の賦課，そして予算配分の決定への議会の関与をめぐって激しい政治的闘争が繰り広げられてきたところであるが，日本国憲法においても，議会を中心とした財政の民主的なコントロールを実現すること（財政民主主義）が求められている。財源がどのように調達され，それがどのように配分，そして管理・使用されるかについて，以下，国を中心に説明し，次いで，地方財政の特色について述べる。

「財政法」のとらえ方　「財政に関する法」を講学上どのように取り扱うかには争いがある。A説は，財政作用のうち権力作用である租税の賦課・徴収作用を租税法として独立させ，それを除いた部分のみを狭義の財政法として取り扱う。これに対してB説は，収入と支出の関連づけ，ないしは租税法と狭義の財政法との総合を目指す見地から，「財政法」を「財政に関する法」として広義にとらえる。いずれの立場に立つにせよ，まずは財政過程に可能な限り法的な視点を取り込むことが肝要であり，そのことにより，財政過程，とりわけ公金の管理・使用の過程へのコントロールを実効化していく必要がある。

2　憲法と財政

　日本国憲法では，8条（皇室の財産授受），60条（衆議院の予算先議と優越），73条5号（内閣の予算作成・提出権）とともに，第7章「財政」において9カ条を設け（83条〜91条），財政処理の仕組みとその基本原則に関する定めをおいている。

　（1）　**国会中心財政主義**　憲法は「国の財政を

処理する権限は，国会の議決に基いて，これを行使しなければならない。」(83条) と定め，財政に関する議会主義の原則を明確に採用している。そして，とくに「あらたに租税を課し，又は現行の租税を変更する」には法律によること (84条，いわゆる租税法律主義)，また，「国費を支出し，又は国が債務を負担する」には，国会の議決に基づくことを (85条) 要求している。

(2) **会計検査院による審査** 憲法90条は「国の収入支出の決算は，すべて毎年会計検査院がこれを検査し，内閣は，次の年度に，その検査報告とともに，これを国会に提出しなければならない。」と定め，決算過程でも財政に関する議会主義を確認する。また同時に，財政の適正かつ効率的な管理・運営を確保するため，独立かつ専門の機関である会計検査院を設置し，検査・報告の任務を課している。これは，議会の決定に内在する多分に政治的な要素に，いわば客観的要素（経済性・効率性・有効性等）を加味する意味合いを有する。

(3) **国民への報告（公開性の確保）** 「内閣は，国会及び国民に対し，定期に，少くとも毎年一回，国の財政状況について報告しなければならない」(憲91条)。国民は，この報告を素材にして，財政のあり方，財政処理の仕方などについて議論をすることができる。財政民主主義の実現に向けた国会中心財政主義の補完として，主権者たる国民の存在があり，このような国民への定期的な財政状況の報告は，財政の民主的コントロールの徹底を図るうえで重要な意義を有する。

(4) **その他の基本原則** 財政作用があくまでも国家作用である限り，法治主義や社会権保障など，憲法上の他の諸原則にも服する。そして，これら基本原則を受け，さらに具体的な実体的および手続的基準が，財政法・会計法・国税通則法・国税徴収法・国有財産法・補助金等適正化法・会計検査院法・地方財政法等を中心とする多くの法令の中で規定されている。

第2節 予算と決算

1 予算

(1) **予算の意義と種類** 「内閣は，毎会計年度の予算を作成し，国会に提出して，その審議を受け議決を経なければならない」(憲86条)。財政過程は，

予算の編成に始まり、その執行を経て決算へと至り、その結果が再び予算の編成過程に活かされる（予算循環）。財政法は、その１条で「国の予算その他財政の基本に関しては、この法律の定めるところによる。」として、予算の中心的地位を示している。なお、ここで「予算」とは、狭義では、１会計年度における一切の収入である歳入と１会計年度における一切の支出である歳出の見積りをいうが、財政法によれば、「予算」の内容として、㈦予算総則、㈵歳入歳出予算、㈷継続費、㈸繰越明許費、㈹国庫債務負担行為が定められ（財16条）、実定法上は、いわば広義の予算概念が採用されている。

(2) 予算の編成

① 手続　憲法により、内閣は、毎会計年度の予算を作成し、国会に提出してその審議をうけ、議決を経なければならない（86条）。いわゆる行政機関にかかる予算案の作成過程の概要は、次のとおりである。

㈦ 見積り　内閣総理大臣および各省大臣は、その所掌に係る歳入、歳出等の見積りに関する書類を作り、これを財務大臣に送付する（財17条2項）。

㈵ 概算　財務大臣は、送付された見積りを検討して必要な調整を行い、歳入、歳出等の概算を作って、閣議決定を経る（18条1項）。

㈷ 予算案の作成　概算にかかる閣議決定に基づいて、財務大臣は、歳入予算明細書を作成する（財20条1項）。他方、各省各庁の長は、閣議決定のあった概算の範囲内で予定経費要求書等を作

予算の内容

㈦　予算総則　当該予算の総則的内容を表すもので、予算の冒頭にいわば目次的に置かれる。ただし、国債の発行限度額など、政府を拘束する重要事項も含まれる。

㈵　歳入歳出予算　予算の中心をなすもので、狭義の予算はこの歳入歳出予算を意味する。予算の執行やそのコントロールを容易にする必要から、歳入歳出予算は、関係部局等の組織別に区分し、その部局等内においては、歳入は、その性質ごとに「部」に大別し、さらに部の中で「款」「項」に区分する。また、歳出は、その目的に従って「項」に区分する（財23条）。なお、歳入歳出予算には、予見し難い予算の不足に充てるため、予備費を計上することができる（憲87条1項、財24条）。

㈷　継続費　予算は単年度を原則とするが、事業の完成に数年度を要する工事など、特に必要がある場合、あらかじめ国会の議決を経て、原則として５年度以内に限り支出が認められる（財14条の２）。この経費を継続費という。

㈸　繰越明許費　予算はその年度内に支出を終わらなければならない（42条）が、たとえば土地買収の難航が予想される場合など、性質上または予算成立後の事情に基づき当該年度内に支出を終わらない見込みのあるものについて、あらかじめ国会の議決を経て、翌年度に繰り越して使用することが認められる（14条の３）。その経費を繰越明許費という。

㈹　国庫債務負担行為　法律や歳出予算に基づくものを除き、たとえば公共事業に関する契約の締結など、実際の支出に先立って国が当該年度に金銭上の債務負担のみを行うこと（15条）がある。これを国庫債務負担行為という。この場合には、予算の一部として事項・年限および限度額などを特定して国会の議決を経なければならない。また、実際の支出に際しては、改めて歳出予算に計上しなければならない。なお、災害復旧その他緊急の必要のための債務負担行為は、予算総則に規定して、予備的に国会の議決を経た金額の範囲内で行う。

り，財務大臣に送付する（20条2項）。財務大臣は，この歳入予算明細書および予定経費要求書等に基づいて予算案を作成し，閣議決定を経る（21条）。

(エ) **予算案の国会提出**　以上の過程を経て作成された予算案は，内閣により国会に提出される。提出時期について財政法は，前年度の1月中を常例とするとしている（27条）。

② **予算編成上の原則**　財政法が採用する予算編成上の主要な原則として，総計予算主義と会計年度独立の原則があげられる。

(ア) **総計予算主義**　収支の一切を明らかにし，全貌を明瞭ならしめるため，国の歳入・歳出のすべてを予算に計上すべきとする原則である。財政法は「歳入歳出は，すべて，これを予算に編入しなければならない。」（14条）とする。予算執行責任の所在も，これによって，より明らかとなる。

(イ) **会計年度独立の原則**　収支の状況を整理し，明確にするため，各会計年度の経費はその年度の歳入をもって充てなければならないとする原則（12条）である。会計年度については，財政法は，4月1日から翌年3月31日までの1年を1会計年度としている（11条）。

予算の種類　予算にもさまざまな種類がある。

(ア) 一般会計予算と特別会計予算　毎会計年度の国の施策を網羅して通観できるよう，本来は，単一の会計で一体として経理すること（一般会計予算）が，財政の健全性を確保する見地からも望ましいものとされている（予算単一の原則）。しかし，国の活動が広範かつ複雑化してくると，単一の会計ではかえって各個の事業実績等が不明確となることもあり，その場合には，法律をもって特別の会計を設けることができる（財13条1項・2項）。

(イ) 暫定予算と確定予算　国の予算は，国会の審議，議決を経て会計年度がはじまる前に成立するのが望ましいが，国会での審議が野党の拒否などにあって遅れることも珍しくなく，年度開始日の4月1日までに成立しないことも多々ある。こうしたときは，内閣は，確定予算が成立するまでの間必要な経費を支出できるよう，暫定的な予算を作成し，国会に提出することができる（30条1項）。これを暫定予算という。

(ウ) 本予算と補正予算　予算が成立した後でも経済情勢の大きな変化や予期せざる事件・事故などが起こり，当初の予算どおりにいかなくなった場合，国会の議決を経て当初の予算の内容を変更することができる。これを補正予算という。補正予算には，本予算の追加を行う場合（29条1号「追加予算」）と，追加以外の予算の変更を行う場合（同条2号「修正予算」）がある。

(3) 予算の審議・議決

① **手続**　予算案の審議に関しては，衆議院に先議権が認められている（憲60条1項）。加えて，予算の議決に関しても，衆議院に優越権が認められている。すなわち，参議院で衆議院と異なった議決をし，両院協議会を開いても意見が一致しないとき，または参議院が衆議院で可決した予算を受け取った後，国会休会中を除いて30日以内に議決しないときは，衆議院の議決が国会の議決となる（同条2項）。

② **国会の予算案修正権**　予算審議における国会の修正権の範囲，とくに増

額修正が可能かについては，内閣の予算提出権をいかにとらえるか，あるいは予算の法的性格をいかにとらえるかとあいまって問題となるところ，国会法は，一定の要件の下で予算増額修正も可能としている（57条・57条の2・57条の3）。

(4) 予算の執行

① **予算の配賦**　予算が成立したときは，内閣は，国会の議決したところに従い，各省各庁の長に対し，その執行の責に任ずべき歳入歳出予算，継続費および国庫債務負担行為を配賦する（財31条1項）。配賦に際しては，内閣は「項」を「目」に区分しなければならない（同条2項）。

② **予算執行に関する法的規制**　配賦された歳入歳出予算，継続費および国庫債務負担行為を各省各庁の長が実行するに際しては，主に財政法，会計法で規制がなされている。

(ア) **目的外使用の禁止**　歳出予算と継続費の議決は，予算の目的に従って各「項」ごとになされている。つまり，個々の目的のために特定の経費支出権限が与えられているのであるから，歳出予算および継続費については，各項に定める目的の外には使用することができないことになる（32条）。

(イ) **移用・流用の禁止**　予算の執行は，当初定められた「項」「目」に従って行われることを原則とする。ただし，年度途中の事情の変化により，不足を生じたものと余裕を生じたものとの間で調整を行った方が効率的に使用できる場合も考えられる。このような場合には，一定の条件のもと財務大臣の承認を経て，異なる組織間あるいは各組織内の各項間で「移用」，また，目間で「流用」することができる（33条1項・2項）。

(ウ) **支払計画の財務大臣承認等**　各省各庁の長は，あらかじめ財務大臣の承認を得た支払計画に基づかなければ，予算を執行することができない（34条1項）。また，公共事業費その他財務大臣の指定した経費については，財務大

予算の法的効力

① **歳入予算**　予算のうち，歳入部分については，租税法令の定めるところにより徴収されるため，単なる収入の見積り以上の効果をもつことはない。したがって，歳入予算に計上されていない収入についても，法令等の根拠さえあれば，予算の金額を超過して歳入に組み込まれ，逆に法令の要件に合致しない事態が生ずれば徴収することはできない。

② **歳出予算**　これに対し，歳出部分についてはある種の拘束力がはたらいている。なぜ，そのような拘束力が生じるのかの根拠に関しては，予算の法的性格をいかにとらえるかとも密接に関連している。

(ア) **訓令説**　予算をもって国会（議会）が発する行政庁に対する一種の訓令とみる立場。予算は行政内部的な拘束力にとどまる。

(イ) **承認説**　国会が行政府に対して1会計年度間の財政計画を承認する意思表示とみる立場。

(ウ) **予算法形式説（特殊国法形式説）**　内容は1会計年度における国の財政行為の準則であるが，形式は法律や命令と並ぶ国法の一つであるとする立場。

(エ) **予算法律説**　「予算」という名称をもった法律の一種。法的性格において通常の法律と同様にとらえる立場。

臣の承認を得た，支出負担行為の実施計画に基づかなければ，これを執行することができない（34条の2第1項）。

㈣　国会・国民への報告　　内閣は，少なくとも毎四半期ごとに，予算使用の状況，国庫の状況，その他財政の状況について，国会および国民に報告しなければならない（46条2項）。

2　決算

憲法90条1項は，「国の収入支出の決算は，すべて毎年会計検査院がこれを検査し，内閣は，次の年度に，その検査報告とともに，これを国会に提出しなければならない。」として，会計検査院による決算検査と国会による事後的統制を規定している。

まず，各省各庁の長は，毎会計年度，その所掌に係る歳入および歳出の決算報告書ならびに国の債務に関する計算書を作成し（財37条1項），財務大臣は，これらに基づいて，歳入歳出の決算を作成しなければならない（38条1項）。そして，内閣は，歳入歳出決算に必要書類を添付して，これを翌年度の11月30日までに会計検査院に送付しなければならない（憲90条1項，財39条）。また，内閣は，会計検査院の検査を経た歳入歳出の決算を，検査報告等必要書類を添えて，翌年度開会の常会において国会に提出するのを常例としている（財40条1項・2項）。なお，決算については衆議院の先議権は及ばず，両院のどちらに先に提出してもかまわない。

決算の国会における取扱いについては，とくにそれが報告案件か議決案件かをめぐって争われているところである。国会では，慣行的に，内閣から報告案件として提出され，各議院で個別に，その意見を決定するという方法がとられている。決算が否認される事態も起きるが，たとえ承認されなくても，支出が違法になるなどの法的効果はもちろん，内閣の責任が問われるなどの政治的効果

財政投融資　国の信用に基づいて集められた資金等を，特殊法人等「財投機関」に貸し付けたり，出資・保証を行うなどして，社会資本の整備や住宅建設の促進，あるいは中小企業対策といった特定の行政目的を達成するために使用することがある。これを財政投融資という。従前，郵便貯金や年金積立金等が旧大蔵省の資金運用部に預託され，それが原資となって事業の肥大化，非効率化をもたらす一因となり，現在では，財投機関は，「財投機関債」の発行により，自ら市場で資金調達するのを原則とすることになっている。そして例外的に，直ちに政府保証債なしで財投機関債を発行することが困難な場合にかぎり，個別に政府保証債が発行され，さらにそれでも資金調達が困難な場合に，国の信用に基づく「財投債」の発行が認められている。2017（平成29）年度財政投融資資金計画要求における総額は16.5兆円規模であるが，財政投融資計画が持つ財政上の実質的役割は決して看過できず，国会による統制も依然，重要である。

も生じておらず，決算の意味について再検討の必要もある。

第3節　財産の管理

1　国有財産の管理

(1) **国有財産の分類**　国有財産は，行政財産と普通財産に分類される（国財3条1項）。行政財産とは，直接に公の目的に供用される財産であり，①公用財産（庁舎や公務員宿舎など），②公共用財産（道路，河川，公園など），③皇室用財産，④森林経営用財産に分かれている（3条2項）。普通財産は，行政財産以外の一切の国有財産をいう（同条3項）。

(2) **国有財産の管理・処分**　行政財産は，直接公の目的に供される財産であるから，これを貸付け，交換し，売り払い，譲与し，もしくは出資の目的とし，またはこれに私権を設定するなどの行為は制限される（18条1項）。このような制限に違反して行われた行為は無効である（18条5項）。ただし，国有財産法18条2項各号が定める場合には，行政財産であっても，その用途・目的を妨げない限度において貸付けまたは私権設定することができる。また，庁舎内や国立大学構内で業者に食堂や書店の営業を認めるように，私人に一部施設の使用を認めることが，その本来の用途・目的には反しない，もしくは行政目的達成のためにむしろ好ましい場合がある。そのような場合には，本来の用途・目的を妨げない限度において，行政財産の使用，収益を許可することができる（行政財産の目的外使用の許可。18条6項）。

普通財産の場合は，直接に公の目的に供されていないものであるから，これの貸付け，交換，売払い，譲与，信託，もしくは私権の設定，または出資の目的とすることが可能である（20条1項・2項）。ただし，あくまでも公の財産であるから，その処分に関しては制約がある。たとえば貸付けの場合，貸付期間，無償貸付，貸付料，貸付契約の解除に関して一定の制限がおかれている（21条～24条）。

2　物品の管理

物品管理法は，物品の適正かつ効率的な供用その他良好な管理を図ることを

目的として，いくつかの規定を置いている。たとえば，物品管理官（物品管理8条4項・6項）は，毎会計年度，予算および事務または事業の予定を勘案して，物品の管理に関する計画を定めなければならない（13条）。また物品の管理・処分に関しても，その売払いや貸付けについて一定の制限が定められ（28条・29条），法律に基づく場合のほかはこれを出資の目的としもしくはこれに私権を設定することもできない（30条）。なお，一定の場合に物品について不用の決定をなしうるが，不用の決定をした物品で売払うことが不利もしくは不適当であるものおよび売払うことができないものに限り，廃棄をすることが許されている（27条）。

3 債権の管理

国の債権の全部もしくは一部を免除し，またはその効力を変更するには，法律に基づくことを必要とする（財8条）など，債権の管理については，その発生原因および内容に応じて，財政上最も国の利益に適合するように，国の債権の管理等に関する法律（昭31法114）が種々の規律を加える。

国の金銭上の債権のうち，時効に関し民法その他の法律に規定がない公法上の債権は，5年間これを行わないときは時効によって消滅する（会計30条）。消滅時効は時効の援用を要せず成立するが，消滅時効の中断，停止については民法の定めによる（31条1項・2項）。なお，国がなす納入の告知にはとくに時効中断の効力が認められている（32条）。

租税の種別 ひとくちに租税といっても，さまざまな観点から分類することができる。そのうち，法律上の区分として用いられている主要なものは次の通りである。

(ｱ) 国税・地方税　賦課徴収の主体が国の場合を国税，地方公共団体の場合を地方税という。国税は，所得税法，法人税法，相続税法など，個別の法律に定めが置かれている。

(ｲ) 直接税・間接税　たとえば所得税のように，法律上の納税義務者と租税の実際の負担者が一致することが予定されている租税を直接税といい，消費税のように税負担の転嫁が行われるため，法律上の納税義務者と租税の実際の負担者とが一致しないことを予定されている租税を間接税という。

(ｳ) 内国税・関税　国税のうち，外国からの輸入財貨に課される租税を関税といい，それ以外のものを内国税という。

(ｴ) 申告納税方式による租税・賦課課税方式による租税　わが国の国税の多くは，納税者みずからが申告によってその納付すべき税額を確定する申告納税方式を採用している。それに対して，もっぱら税務行政庁の処分によって確定する方式を賦課課税方式といい，地方税は原則としてこの方式によっている。なお，このどちらの方式とも性質を異にするのが，給与所得，利子所得などについての源泉徴収制度で，その支払者からの支払の際に所得税の一部を徴収する方式である。

第4節　財源

1　租税

(1)　**総説**　歳出予算の裏づけとなる財源の調達方法には，租税，納付金，事業収入，公債・一時借入金など，さまざまな種類のものがある。このうち，最も重要かつ基本となるのは，租税である。租税は国民に対して一方的権力的に課されるものであるから，憲法はとくに84条で「あらたに租税を課し，又は現行の租税を変更するには，法律又は法律の定める条件によることを必要とする。」と明記し，租税の賦課徴収に関する法律主義を確認している。また，租税は納税者の担税力を考慮して公平に課されなければならない。これを租税平等主義という。

(2)　**徴収手続**

①　**税務行政組織**　歳入の徴収および収納に関する事務の一般を管理するのは財務大臣であるが（会計4条），内国税の賦課徴収は，財務省の外局としての国税庁と，その地方支分部局としての国税局および税務署が行う。また，関税の賦課徴収は，財務省の内部部局である関税局と地方支分部局としての税関の事務である。ただし，実際に課税処分などを行うのは，税務署長と税関長である。

②　**租税の確定・納付**　租税債務は，実体法の定める課税要件に該当する事実の発生によって生じる。ただ，実際には，そのような事実の発生と同時に税額が確定する性質の国税を除き，実定法の定める手続に従って納付すべき税額の確定がなされる（税通15条参照）。国にとっては，そのとき初めて履行を請求しうる債権となるのである。ここでは，申告納税方式を例に，租税の確定について概観する。

(ア)　**申告**　申告納税方式による納税者は，納税申告書を法定申告期限までに税務署長に提出しなければならない（17条1項）。この納税申告書の提出によって，納税義務の内容が具体的に確定されることになる。なお，税務当局から納付すべき税額等について行政指導がなされたような場合，後に税務署長が当該申告の更正などをなしうるかどうか，信義則（禁反言の法理）との関連で

(イ) 更正　申告書に記載された課税標準や税額等の計算が法律の規定に従っていなかったり，税務署長の調査したところと異なっているとき，当該申告書の内容を是正することができる。これを更正という（24条）。

(ウ) 決定　また，申告すべき納税者が法定申告期限までに申告書を提出しなかった場合には，税務署長は，当該納税者の課税標準や税額などを確定する。これを決定という（25条）。

③ **質問検査権**　更正や決定を行うためには，課税要件の事実に関する資料の入手が必要である。国税通則法も，税の種類に応じ，調査における質問検査権を規定している（74条の2以下）。その際，あらかじめ，相手方となる納税義務者等に対し，調査を開始する日時，場所，目的，税目，期間，対象となる帳簿書類等につき通知することが求められている（74条の9第1項）。この質問に対する不答弁もしくは虚偽の答弁または検査の拒否もしくは妨害等に対しては，刑罰が科せられることになっている（127条）。ただし相手方の実力を排してまでの強制調査が認められるわけではない。

④ **強制徴収**

(ア) 督促　納税者が法定期限までに納付すべき税額を完納しない場合，税務署長は，督促状により，当該納期限から50日以内に納税者に対し，その納付を督促しなければならない（37条1項・2項）。

(イ) 滞納処分　督促状を発した日から起算して10日を経過した日までに完納されない場合，国税徴収法に基づく滞納処分が開始される。すなわち，滞納処分は，財産の差押（税徴47条以下），公売による財産の換価（94条以下），換価代金の配当（128条以下）という一連の手続からなる。

⑤ **附帯税**

(ア) 加算税　申告をなすべき納税者が法定申告期限内に正しい税額の申告をしない場合には，制裁としての加算税が課される（税通65条以下）。申告義務および納付義務の履行確保手段である。

租税法律関係　国または地方公共団体と国民・住民との間の租税法上の法関係は，法律上当然に，または税務官庁の課税処分などによって成立するが，その法律関係の性質については，以下のような見解が存在する。
① 権力関係　租税法律関係を，国民が国家の課税権に服従する関係としてとらえ，課税権者に優越的地位を認める権力関係と見る立場。
② 債権債務関係　租税法律関係を，国家が納税者に対して租税債務の履行を請求する関係としてとらえ，当事者間対等の債権債務関係とみる立場。
③ 実定法では，更正・決定処分など権力関係の性質を有する手段も用意されており，性質の異なる法律関係が混在しているが，その基本的な性質は債権債務関係にあると考えられる。

加算税には，過少申告加算税・無申告加算税・不納付加算税および重加算税がある。

(イ) 延滞税　法定期限までに納税者が納付すべき税額を完納しないなどの場合には，遅延利息としての延滞税が課される（60条以下）。納付すべき税額が法定期限後に確定した場合も含まれる（60条1項2号）。

(3) **納税者の権利保護**

① **不服申立て**　不服申立ては，簡易迅速な略式手続によって国民の権利救済を図ることができる点に特色がある。また，訴訟におけるのとは異なり，違法な処分のみならず不当な処分をも対象にすることができる。2014（平成26）年に行政不服審査法が全部改正された際，「行政不服審査法の施行に伴う関係法律の整備等に関する法律」により，租税に関する不服申立てについても改正がなされ，たとえば税務署長が行った国税に関する処分の場合，不服申立ては，国税不服審判所長に対する「審査請求」となり，納税者の選択により，税務署長に対する「再調査の請求」も併せて可能（両方提起する場合は再調査の請求から）ということになった（税通75条）。なお，訴訟との関係では，不服申立前置は存置されている（115条1項）。

② **訴訟**　課税処分や滞納処分などの行政庁の行為を争う訴訟は，行政事件訴訟法によって審理され，同法に定めがない場合に限り民事訴訟法が適用される（行訴7条）。租税訴訟は，通常，抗告訴訟または当事者訴訟の形がとられる。前者は，更正・決定，延滞税・加算税等の賦課処分，滞納処分などの租税行政処分の取消しを求める取消訴訟，課税処分や滞納処分の不存在や無効の確認を求める無効等確認訴訟，税法に基づく申請に対する行政庁の不作為の違法の確認を求める訴訟などがこれにあたり，後者は，課税処分や滞納処分が無効であることを前提に，納付した税金の返還を求める過誤納金還付請求訴訟などがこれにあたる。このほか，税務職員の違法な公権力の行使によって損害をこうむった場合には，国家賠償法1条1項に基づいて，国家賠償請求訴訟を提起できる。

2　その他の収入

① **国庫納付金**　日本銀行，日本中央競馬会など，法律により，その利益

金または剰余金の全部または一部が納付金として国庫に納付されることとされている場合がある（日銀53条5項，日本中央競馬会法27条2項など参照）。

② **事業収入** 特別会計のうちの事業特別会計に含まれる事業（造幣，印刷など）において，決算上生じた利益を一般会計の歳入に納付するものを事業収入という。

③ **公債・借入金** 国の歳出は，公債または借入金以外の歳入をもって，その財源としなければならない（財4条1項本文）。ただし，公共事業費等に充てる（つまり公務員の給与など消費的な経費に充てるものでない）財源については，国会の議決を経た範囲内で，公債の発行または借入金をなすことができる（同項但書）。

④ **財務省証券** 国は，一時的な収入不足を補うため，財務省証券を発行し，または日本銀行から一時借入金をなすことができる（財7条1項）。これらは，公債とは異なり，当該年度の歳入によって償還されなければならない（同条2項）。

第5節 地方財政の特色

1 地方財政の構造

地方公共団体の収入源は，一般に，どのような経費にも使用できる財源を「一般財源」（地方税，地方交付税など）と，使途が特定されている「特定財源」（地方債，国庫支出金など）に分類される。また，地方公共団体みずからがその収入額の決定および賦課徴収を行いうる「自主財源」（地方税，分担金，使用料，手数料など）と，国または都道府県から交付もしくは割り当てられる「依存財源」（地方交付税，地方譲与税，国庫支出金，地方債など）が対比される。一般財源ないし自主財源の，地方公共団体の収入に占める割合が高ければ高いほど，地方公共団体が独自に処理する財政の範囲も広い

財政健全化法 2007（平成19）年に制定された財政健全化法は，(1)毎年度，健全化判断比率として，①実質赤字比率，②連結実質赤字比率（全会計の実質赤字等の標準財政規模に対する比率），③実質公債費比率，④将来負担比率（公営企業，出資法人等を含めたふつう会計の実質的負債の標準財政規模に対する比率）を公表すること，(2)健全化判断比率のいずれかが早期健全化基準以上の場合の早期健全化，(3)再生判断比率（上記(1)の①～③）のいずれかが財政再生基準以上の場合の財政の再生，(4)公営企業の健全化，を定める。地方公共団体に財政規律のいっそうの遵守を求めるこのしくみも，結局は「国の法律」によってつくられ「大臣が決定する基準」の下に国の関与を支柱としてできあがっているのではないかという印象をぬぐえず，いかにして自治財政権の理念との整合を図られるのかが課題である。

ことになる。しかし，この割合の低いことをもって，「三割自治」とか「四割自治」といった呼ばれ方をしてきた。

2 地方財政の財源

(1) **地方税** 地方公共団体は，法律の定めるところにより，地方税を賦課徴収することができる（自治223条）。地方税の賦課徴収について詳細な定めを置く法律として地方税法がある。同法は，たとえば，道府県が課することのできる普通税として，道府県民税・事業税・地方消費税・不動産取得税・自動車税など（地税4条2項），市町村が課することのできる普通税として，市町村民税・固定資産税・軽自動車税などを（5条2項），また，道府県が課することのできる目的税として，狩猟税，水利地益税（4条4項・5項），市町村の課することのできる目的税として，入湯税・都市計画税など（5条4項・6項）を規定する。このほか，税目を起こして課税することができ（4条3項・6項・5条3項・7項），これらは法定外普通税，法定外目的税と呼ばれる。ただし，これらの新設または変更については，総務大臣に協議し同意を得なければならない（259条1項・669条1項・731条2項）。

(2) **地方交付税** 地方交付税は，地方交付税法に基づき，地方公共団体間の財源の不均衡を是正し，地方行政の計画的運営を保障することを目的として，国から地方公共団体に交付される財源である。国税である所得税，法人税，酒税，消費税および地方法人税の収入額の一定割合をもって交付税とされる（交付税6条）。地方交付税には，普通交付税と特別交付税がある（6条の2第1項）。普通交付税は，基準財政需要額（各地方公共団体の財政需要を合理的に測定するために所定の方式で算定した額。2条3号）が基準財政収入額（同条4号）をこえる地方公共団体に対して，そのこえる額を交付するもの（10条1項・2項）であり，特別交付税は，普通交付税算定の際の基準財政収入額に算入されなかった特別の財政需要があることなどを基準として交付される（15条1項）。

(3) **地方譲与税** 地方譲与税は，国が徴収した特定の税収入の全部または一部を，一定の外形的な基準に従って，地方公共団体に譲与する財源であり，法令上，地方公共団体の歳入として予定されている（たとえば，地方自治法施行令142条1項3号）。主に財源調整のために交付される地方交付税とは性格を異

にする。地方譲与税には，地方道路譲与税，石油ガス譲与税，自動車重量譲与税など6種類のものがある。

(4) **国庫支出金（負担金・委託金・補助金）**　国庫支出金とは，地方公共団体が行う特定の行政事務の経費にあてるために，国から支出される一切の資金をいう。国庫支出金は，国庫補助金と呼ばれることも多いが，その性格上，負担金，委託金および補助金に分類される。まず，負担金は，国の義務的負担として，その全部または一部を負担する経費で，義務教育費や生活保護費の経費などがある。次いで委託金は，もっぱら国の利害に関係のある事務（たとえば国会議員の選挙など）が地方公共団体によって実施される場合の経費のために交付される支出金である（地財10条の4）。そして補助金は，国がその施策を行うため特別の必要があると認めるとき，または地方公共団体の財政上特別の必要があると認めるときに交付するものである（16条）。

(5) **地方債**　地方公共団体の歳出は，地方債以外の歳入をもって，その財源としなければならない。ただし，交通事業，ガス事業，水道事業など地方公共団体が行う公営企業に要する経費の財源とする場合，出資金・貸付金の財源とする場合，災害復旧事業費の財源とする場合など，一定の場合には，地方債をもって財源とすることができる（5条）。地方公共団体は，予算の定めるところにより起債することができる（自治230条1項）。なお起債に関し，地方財政法に総務大臣または都道府県知事に協議しなければならないと規定されている（地財5条の3第1項）。

(6) **その他の財源**　その他，一部の住民のみが特別の利益を受けるような場合，その利益を受ける者から，受ける利益の限度において徴収される分担金（自治224条），行政財産の目的外使用または公の施設の利用に際して徴収される使用料（225条），特定の者のためにする事務につき徴収される手数料（227条）などがある。

3　住民監査請求と住民訴訟

地方公共団体の財政については，地方議会や監査委員によるコントロールのほかに，国の場合にはみられない，住民自身によるコントロールが制度化されている。すなわち，地方公共団体の住民は，地方公共団体の長，委員会，委員

もしくは職員について，違法もしくは不当な公金の支出，財産の管理・処分，公金の賦課徴収や財産の管理を怠る事実があると認めるときは，監査委員に対して監査を求め，当該行為の防止もしくは是正，または地方公共団体がこうむった損害を補填するために必要な措置などを講ずべきことを請求することができる（住民監査請求。自治242条1項）。

また，当該請求に基づく監査委員の監査の結果等について不服があるときは，さらに裁判所に対して違法な行為の差止めや取消し，または無効確認などを求めて訴えを起こすことが認められる（住民訴訟。自治242条の2第1項）。これらの法的手段は，財務会計上の行為に限定されてはいるが，とくに住民訴訟は，地方公共団体の行為の適否を住民が法的に直接に裁判所で争うことのできる制度として注目される。

4　自治財政権確立の課題

地方財政法は，国と地方公共団体の財政運営上の基本原則として次のような定めを置く。すなわち，一方で「地方公共団体は，その財政の健全な運営に努め，いやしくも国の政策に反し，又は国の財政若しくは他の地方公共団体の財政に累を及ぼすような施策を行つてはならない。」（2条1項）とし，他方で「国は，地方財政の自主的な且つ健全な運営を助長することに努め，いやしくもその自律性をそこない，又は地方公共団体に負担を転嫁するような施策を行つてはならない。」（同条2項）というものである。地方分権改革は，国と地方公共団体の対等協力関係の構築を目指すが，事務権限のみならず財政面においてこれが真に確立されなければ，画餅に帰することはいうまでもない。今後，社会保障，教育，環境など地域における行政サービスへの支出は，今まで以上に大きな比重を占めると予想される中で，地方公共団体の財政面での自主性・自立性の確立は喫緊の課題といえよう。

事項索引

a～z

COD	194, 195
deportare	305
Dringlichkeit	21, 24
DiMAPS	58
EPR	199, 201
Folgenersatzanspruch	29
Ernst Forsthoff	6, 8, 20-22
Goerg Haverkate	12
Peter Badura	6
Robert Alexy	14
Sport for All	308
Sports	305
sustainable development	182
Taxpayers' suit	27
Teilhabe	6
Teilhaberecht	20, 23
Teilnahmerecht	23

ア　行

青写真判決	117
明渡裁決	142
旭川学テ事件	288
旭川学テ判決	290, 299
朝日訴訟	218, 225
アジェンダ21	182
厚木基地訴訟	109
尼崎公害訴訟	191
アレクシー（Robert Alexy）	14
泡瀬干潟埋立訴訟	214
安全保障の法的基盤の再構築に関する懇談会	94
家永教科書検定第一次訴訟	290
医師法	236
いじめ	302
石綿（アスベスト）	190
伊勢湾台風	55
依存財源	333
委託金	335
一応の推定	236
一条校	295
一般海域	43
一般財源	333
一般処分	83
一般廃棄物	196
遺伝子組換え生物等の使用等の規制による生物の多様性の確保に関する法律（カルタヘナ法）	207
医薬品	238
医薬品，医療機器等の品質，有効性および安全性の確保等に関する法律	238
医薬品の製造	239
医薬品の販売	239
イラク復興特別措置法	94
入浜権	50, 52
医療行政	235
医療計画	237
医療行為	235
医療法	237, 238
医療保険	233
飲食店営業	246
海	43
海の許可使用	49
海の自由使用	48
海の所有権	44
海の土地的利用	47
海の特許使用	49
埋立て	197
上乗せ規制	189, 193
営業の自由	249
営造物公園	203
MSA協定	92
沿岸域	124
沿岸域管理法	51
延滞税	332
応招義務	236
大川小学校の悲劇	60, 61
大きな政府	248
大阪学テ事件	289
大阪国際空港騒音訴訟	281

337

項目	頁
大阪国際空港訴訟	211
オートレース	308
オオヒシクイ訴訟	215
公の営造物	164
公の施設	164, 166, 178
公の保存物	158
おから事件	196
織田が浜埋立訴訟	214
小田急高架化訴訟	59, 62, 111, 212, 213
卸売販売業	240
温室効果ガス排出量算定	184

カ 行

項目	頁
会計検査	34
会計検査院	323, 327
会計検査院の独立性	37
会計年度独立の原則	325
介護サービス	218, 230
介護認定	233
介護保険	233
介護保険法	230
海上運送事業	279
海上運送事業の法関係	279
海上交通	278
海上交通法	272
海上保安庁	75
海上保安本部	75
外為法	258
開発行政	112, 115
外部監査契約	41
外部法化	14
海洋基本計画	123
海洋基本法	123
化学的酸素要求量（COD）	194, 195
学習権	282
学習指導要領	285, 289, 290, 297
各種学校	295
拡大生産者責任（EPR）	199, 201
拡張収用	136
確定予算	325
確認の訴え	23
学問上の警察概念	71
学力テスト	288
加算税	331
河川付近地制限令違反被告事件	160
課徴金	251, 254, 265
課徴金減免制度（リニエンシー）	254
課徴金納付命令	261
学校	295
学校管理規則	292, 293, 296
学校教育法	306
学校事故	301
学校設置基準	289
学校の管理	295
学校評議員	297
合併処理浄化槽	194, 195
家庭教育	284
家電リサイクル法	201
貨物自動車運送事業	277
借入金	333
仮換地	153
仮の義務づけ	8, 25
仮の権利保護	77
仮の差止め	25
過労運転	277
環境影響評価（環境アセスメント）	185-187
環境影響評価準備書	188
環境影響評価書	188
環境影響評価方法書	187
環境管理	176, 183
環境基準	185, 212
環境基本計画	184
環境基本法	181, 219
環境省	182
環境税	183
環境大臣	187, 188, 190-192, 203-207, 209
環境庁	181
環境負荷	182, 199
環境法	182
環境保全協定	183
環境ロード・プライシング	192
監査	34, 39
監査委員	39, 40, 336
監察基準	32
関税	329
関税局	330
間接税	329
感染症	241
感染症の予防及び感染症の患者に対する医療に関する法律	241

事項索引　339

完全な補償	144, 145, 148	行政監査	40
完全補償説	144	行政監察	31
換地	151	行政計画	115
換地計画	152, 153	行政警察（狭義）	71, 72
換地処分	153	行政警察（広義）	71
換地処分の公告	154	行政刑罰	253
官民協働	77	行政契約	263
議会の要求に基づく監査	40	行政財産	164, 328
企業分割	251	行政財産の目的外使用	175, 328
規制権限の不行使	211	行政指導	262
機能管理	46, 48-50, 52	行政指導の中止	86, 263
基本権の統合性	11	行政私法論	14, 15
義務教育	286	行政調査	253, 256
義務づけ訴訟	8, 23, 24, 85, 86, 271	行政手続法	252, 262
義務不存在確認訴訟	301	行政手続法による新たな法関係	222
給付行政	6, 130, 219	行政の介入を求める権利	87
給付行政に対する（国民の）権利性	10, 14, 20	行政の第一次的判断	223
給付行政の公共性	7	行政罰	264
給付行政の法関係	8	行政評価・監視	34, 36
給付を受ける権利	10, 11	競争者訴訟	26
教育	282	協働型社会的法治国家	7
教育委員会	284, 286, 291-293, 315	協働型法治主義	79
教育委員長	286	共同法人	275
教育課程	289, 297	教諭	296
教育基本法	282, 283, 306	供用開始	276
教育行政	282, 283, 286	許可使用	172
教育行政法の法源	285	居住・移転の自由	273-275, 279
教育公務員	299	距離制限	84, 247
教育財産	294	緊急裁決	142
教育職員免許法	299	「緊急性（Dringlichkeit）」の基準	21, 24
教育長	286, 292-294	緊急停止命令	255
教育勅語	283, 284	釧路市工場誘致条例事件	264
教育に関する事務	288	具体的な行政目的	4
教育の機会均等	283	具体的な人権	4
教育の自由	299	グットマン	315
教育を受けさせる義務	298	国の関与	333
教育を受ける権利	282, 283, 293	繰越明許費	324
教員	299	クロイツベルグ事件	71
教科書	290	ケア・マネージャー	233
教科書検定	290	警戒区域	59
教科書採択権限	291	計画区域	125
教科用図書検定調査審議会	290	計画高水流量	66
協議の確認	142	計画裁量	116, 261
共済年金	233	計画策定過程	261
行政委員会	252, 291	計画策定手続	116, 261

340　事項索引

計画段階環境配慮書	187	激甚災害	57, 62
計画担保責任	118	結果除去請求権	11, 108, 221
計画に基づく行政	116	結果補償請求権（Folgenersatzanspruch）	29
景観協定	183	決算	327
景観利益	213	決算の審査	40
経済活動の規制	251, 256	決定	331
経済行政	250	ケルゼン，ハンス	167
経済産業大臣	190, 259	原因者負担金	132
経済性	38	減価補償金	154
経済秩序の規制	251	健康保険法	217
経済調和条項	181	減災	58
経済目標	260	検査報告	38
警察官の階級	75	限時法理論	265
警察義務	83	原状回復基金	198
警察行政の情報公開	79	原状回復請求権	10, 28-30, 108
警察許可	83, 172	原状回復の義務	28
警察局	74	原状回復を求める地位	10
警察緊急権（警察急状権）	81, 88	原処分主義	149
警察権力の発動を求める法的権利（警察介入請求権）	85	原生自然環境保全地域	205, 206
警察公共の原則	80	源泉徴収制度	329
警察事務	76	建築協定	183
警察署	74	県費負担教職員	300
警察消極目的の原則	71, 80	減歩	151
警察上の強制執行	82, 83	憲法体系	91, 92
警察責任の原則	80, 81	権利取得裁決	142
警察庁	74	権利変換	154
警察罰	82, 83	権利変換計画	156
警察比例の原則	80, 81	権利変換処分	156
警察本部	74	権利変換手続	155
警察本部長	74	権利補償	144
警察予備隊	91	公安審査委員会	75
形式的行政処分	16, 174, 220, 264	公安調査庁	75
形式的当事者訴訟	150	広域地方計画	119
警視総監	74	行為責任	81
警視庁	74	公営競技	308
継続的な協力関係	220, 221	公園管理団体	205
継続的な法関係	56	公害行政	180
継続費	324	公害国会	181, 195
K値規制	189	航海船	278
競馬	308	公害対策基本法	180
契約型	230	公害法	180
契約使用	276	公害防止協定	183
競輪	308	公企業の許可	279
ケースワーカー	221, 222, 227	公教育	282
		公共事業	130

事項索引　341

興行場営業	308	公物の消滅	169
公共信託論	51	公物の特許使用	173
公共の安全	70	公物の範囲	167
公共の安全と秩序の維持		公物の目的外使用	175, 176
70-72, 79, 81, 83, 84, 87, 172, 248, 250		公物法	166
公共の秩序	70	神戸診療拒否事件	236
公共用物	164	後方支援	95, 99, 106
公共料金の認可	261	公法上の債権	329
航空行政権	281	公法上の当事者訴訟	220, 222
航空交通	280	公用開始行為	168
航空交通法	273, 280	公用換地	150
航空法	280	公用換地の手続	151
高校パーマ禁止校則事件	298	公用権利変換	133, 150
高校バイク禁止校則事件	298	公用収用	133
公債	333	公用使用	158, 160
公私協働	77, 176, 177	公用制限	133, 157, 158, 160, 167, 168
公衆浴場	246	公用地役	158
公水使用権	173	公用廃止行為	169
更正	331	公用負担	130, 131
厚生年金	233	公用負担の根拠	131
厚生労働省	229	公用負担の要素	131
厚生労働大臣	229, 236, 239-241, 244, 245	公用物	164
校則	298	小売市場許可制合憲判決	250
校長	296	国際障害者年	319
交通	272	国際ストーク・マンデビル競技大会	317
交通権	273	国際平和支援法	94, 95
交通法	272	国税	329
交通法各論	273	国税局	330
交通法総論	273	国税庁	330
交通法の法関係	273	国税不服審判所長	332
公正取引委員会（公取委）	251, 252	国定公園	203
公的扶助	223	国道43号線訴訟	211
交番	74	国土形成計画	113, 114, 118
公表	13, 16, 19, 23, 266	国土交通大臣	190, 275-277, 279, 280
公物	45, 162, 163, 166	国土庁	121
公物管理権	170, 171	国土利用計画	121
公物管理作用	169	国民生活安定緊急措置法	257
公物管理法	176	国民生活センター	269
公物警察	170	国民生活センター法	266
公物警察権	170, 171	国民訴訟	28
公物制限	158, 160	国民年金（基礎年金）	233
公物の一般使用	172	国民年金法	219
公物の管理	169	国有財産	328
公物（公共施設）の契約使用	174	国立公園	203
公物（公共施設）の使用関係	171	国連人間環境会議	181, 182

ココム事件	260	財務監査	39
湖沼特定施設	195	財務省証券	333
湖沼水質保全特別措置法（湖沼法）	194, 195	財務大臣	258, 259, 325-327, 330
個人単位原則	226	再利用（リユース）	199
個人補償	66, 67	裁量権の「ゼロ」への収縮の理論	86
国家安全保障会議	107	裁量権の濫用統制	102
国会中心財政主義	323	裁量収縮論	271
国家公安委員会	74	差止訴訟	109, 271
国庫	333	サッカーくじ	307
国庫債務負担行為	324	砂糖及びでん粉の価格調整に関する法律	256
国庫支出金	335	産業廃棄物	196
個別外部監査	42	産業廃棄物管理票制度（マニフェスト制度）	198
ごみ焼却場	212	産業廃棄物適正処理推進センター	198
雇用均等・児童家庭局	229	残地補償	145
雇用保険	232	暫定予算	325
コンセッション方式	178	三割自治	334
サ 行		シール談合課徴金事件	266
		自衛権発動の3要件	95
災害共済給付制度	302, 307	自衛戦争	90
災害行政	53, 64	自衛隊	104
災害行政における法関係	54, 66, 68	自衛隊の作用	105
災害行政法	53	市街化区域	126
災害弱者	60	市街化調整区域	126
災害情報	58, 59	市街地再開発事業	154
災害派遣	106	事業収入	333
災害復旧事業	62	事業損失補償	146
災害防止行政	55	事業認定	136, 149
災害予知	55	事業認定時価格固定制	145
災害予防行政	57	事業認定庁	137
裁決手続	140	事業認定手続	134
財源	330	事業認定の告示	138-140
財産管理	46, 48, 49	事業認定の手続	137
最終処分	197	事業認定の要件	137
最終処分場	198	資金補助行政	264
財政	322	資金補助を受ける権利	15
財政過程	322, 323	市警察部	74
財政健全化法	333	資源有効利用促進法	199
財政的援助の監査	40	時効の援用	329
財政投融資	327	事実行為	83
財政投融資計画	327	自主財源	333
財政法	322, 324	地所名称区別改定（太政官布告120号）	44
財政民主主義	322, 323	私人間効力	250
再生利用（リサイクル）	199	施設建築敷地	156, 157
最低限度の生活	224, 225	施設建築物	150, 156, 157
歳入歳出予算	324	施設建築物の一部	156, 157

事項索引　343

自然環境保全地域	205, 206
自然環境保全法	205
自然公園法	203
自然公物	45, 165, 277, 279
事前説明会	136
事前相談制度	253
「自然の権利」訴訟	212
自然保護官（レンジャー）	204
持続可能な発展（sustainable development）	182
自治体警察	73
市町村教育委員会	293
市町村児童福祉審議会	229
執行停止	25
実質的証拠法則	252
実損説	161
実定法上の警察概念	72
指定管理者	178
指定管理者制度	178
児童委員	230
自動車NOx・PM法	191
自動車排出ガス	190
児童手当	218
児童扶養手当	218
児童扶養手当法	219
シビリアン・コントロール	107
司法警察	72
司法審査	222
社会・援護局	229
社会権	249
社会（権）留保説	12, 220
社会国家	248
社会参加	315
社会福祉	227
社会福祉施設	229
社会福祉主事	224
社会福祉の法関係	230
社会福祉法	230
社会法上の回復（実現）請求権	11, 29, 30, 222
社会保険	232
社会保障	216, 219
社会保障（行政）における法関係	219, 220, 221, 230
社会連帯責任	217
車種規制	191
就学義務	293

私有公物	158, 163
自由使用（一般使用）	276
修正予算	325
集団安全保障措置	100
集団的自衛権	95, 96
周辺事態	93
住民監査請求	28, 336
住民監査請求に基づく監査	41
住民訴訟	28, 214, 336
収用委員会	141
重要影響事態	98, 99
収用裁決	140, 142, 148, 149
収用裁決手続	134
収用適格事業	135
収用補償	144
受益者負担金	132
取得収用	135
種の保存法	208
守秘義務	236
主婦連ジュース不当表示事件	270
主要食糧の需給及び価格の安定に関する法律	256
循環型社会	199
循環型社会形成推進基本法	199
循環型社会の形成	130, 134
準司法的権限	252, 255
準都市計画区域	126
準立法的権限	252
照応の原則	152
障害者基本法	309, 316
障害者差別解消法	319
障害者スポーツ	309, 311, 315, 318
障害者スポーツ施設	319
消極的規制	250
消極的裁量濫用理論	87
状態責任	81
消費者委員会	269
消費者基本法	268
消費者行政	269
消費者契約法	267, 306
消費者裁判手続特例法	267
消費者政策	268, 269
消費者政策会議	268
消費者団体訴訟制度	270
消費者庁	269
消費者の権利	269

消費者紛争	269	砂川事件	92
消費者保護基本法	266	スポーツ	305
消費者問題	251, 266	スポーツ基本計画	312
情報公開の義務	13	スポーツ基本法	306, 309, 311, 313, 318, 320
消防署	75	スポーツ行政	314, 315
消防団	75	スポーツ行政法	306
消防庁	75	スポーツ権	307, 309, 310
消防本部	75	スポーツ振興投票	307, 308
消滅時効	329	スポーツ振興法	310
消滅収用	135	スポーツ推進会議	314
職員会議	297	スポーツ庁	287, 314
職員の賠償責任監査	40	スポーツ・フォア・オール	308
職業選択の自由	261, 276	スポーツ・フォア・オール政策	310
食品衛生法	245	スポーツ法	306, 312
職務質問	85	スポーツ立国戦略	313
職務命令	301	スモン事件	271
職権措置	232	3R	199, 200
処分等の求め	86	生活安全条例	78
市立尼崎高校事件	298	生活権補償	146
私立学校	294	生活指導	222
侵害留保理論	12	生活保護	226
人工公物	165, 276	生活保護基準	226
申告納税	329, 330	生活保護行政	223
審査要求	28, 33, 102, 111	生活保護費	226
心身障害者対策基本法	316	生活保護法	218, 223
申請に対する処分	262	税関	330
申請（申込み）による措置	232	税関長	330
身体障害者スポーツ大会	317	政策評価	31, 35
身体障害者相談員	230	政策評価基準	32
身体障害者福祉審議会	229	清算金	154
人的公用負担	132	青少年体育・スポーツ担当大臣会議	308
新テロ対策特別措置法	94	精神科病院	243
新バリアフリー法	319, 320	精神障害者社会復帰促進センター	244
新ヨーロッパ憲章	319	精神保健指定医	244
信頼保護の原則	117	精神保健福祉センター	243
侵略戦争	90	製造物責任法	267, 306
水質汚濁防止法	193	生息地等保護区	209
水質二法	180, 181	生存権	217, 219, 228
水準均等（均衡）方式	224, 226	生存配慮の義務	20
水上交通	272	政府関係法人	275
スクリーニング	187	生物多様性基本法	202
優れた自然の風景地	204	生物多様性国家戦略	202
スコーピング	187	生物多様性条約	202
ストーク・マンデビル病院	317	税務署	330
ストロングライフ事件	240	税務署長	330-332

事項索引　345

世帯単位原則	226
積極的規制	250
積極的平和主義	94
絶滅危惧種	210
絶滅のおそれのある野生動植物	209
瀬戸内法	181, 194
先願主義	84
全国学力・学習状況調査	289
全国計画	119
専修学校	295
船舶	278
全部留保説	219
戦略的環境アセスメント	187
増額修正	325
総計予算主義	325
総合教育会議	291
総合保養地域整備法（リゾート法）	308
相当因果関係説	161
相当な使用料	160
相当補償説	144
総務大臣	334, 335
総量規制	189, 194
即時強制	84, 254
測量・調査による損失の補償	145
租税	330
租税訴訟	332
租税平等主義	330
租税法	322
租税法上の法関係	331
租税法律主義	323
措置型の給付行政	234
措置型の社会福祉行政	230
措置請求権	232
卒業認定	298
損失補償	143
損失補償基準要綱	146, 147
存立危機事態	89, 96-99, 102

タ　行

体育およびスポーツに関する国際憲章	318-320
体育・スポーツ国際憲章	308
大気汚染防止法	188
代執行訴訟	110
大深度地下	129
大深度地下使用協議会	129
滞納処分	331
体罰	298, 307
代表当事者制	134, 141
大量生産・大量消費・大量廃棄	198
大和都市管財事件	271
田子の浦ヘドロ訴訟	215
団体訴訟	270
地域制公園	203
地域地区指定（ゾーニング）	183, 203
地位協定	92
小さな政府	248
地価高騰	134
地価低落説	161
地区整備計画	126
筑豊じん肺訴訟	271
地上権設定方式	156
地方教育行政法	285, 286
地方交付税	334
地方債	335
地方自治の本旨	283
地方社会福祉審議会	229
地方障害者施策推進協議会	229
地方譲与税	334
地方税	329, 334
中央環境審議会	184, 203, 205, 206, 210
中間行政法	1
中間処理	197
駐在所	74
抽象的権利説	218, 219
懲戒	298
懲戒処分	298
鳥獣保護管理法	207
鳥獣保護区	208
調整使用	277
聴聞	222
直接税	329
直罰主義	189
追加予算	325
通航権	279
通常有する安全性	65
通損補償	145
通知	222
低公害車	192
適格消費者団体	267
適正手続	222

適正手続の原則	9
豊島事件	197, 211
撤回	110
手続的参加請求権	23
手続的統制	261
鉄道	274
鉄道事業	274, 275
鉄道事業者と利用者の法関係	275
鉄道事業主体	275
テニスコート審判台落下事件	303
デフリンピック	317
デポルターレ	305
テロ対策特別措置法	94
典型七公害	181
典型六公害	180
伝習館高校判決	290
店舗販売業	239
東京オリンピック・パラリンピック大会	305, 314
統合災害情報システム（DiMAPS）	58
道路	275
道路交通	276
道路交通の法関係	276
道路の自由使用	276
ドーピング防止活動	312
徳島市立小学校遊動円棒事件	303
特殊法人論	275
独占禁止法	251
特定財源	333
特別かつ偶然の損失（特別の犠牲）	87, 88, 143, 160
特別交付税	334
独立行政法人日本スポーツ振興センター法	306
独立命令権	71
都市計画	125
都市計画区域	126
土地価格固定制	134
土地基本法	122, 127
土地区画整理事業	151
土地区画整理事業計画	117
土地区画整理事業計画の決定	152
土地収用	134
土地取引	128
土地取引規制	120
土地問題	120
土地利用基本計画	122
土地利用計画	123
土地利用審査会	129
独禁法違反事件	255
都道府県教育委員会	300
都道府県警察	74
都道府県公安委員会	74
都道府県自然環境保全地域	206
都道府県児童福祉審議会	229
都道府県立自然公園	203
鞆の浦景観訴訟	213
トランジット・モール	193

ナ 行

内閣総理大臣の異議	25
内国税	329
内水	277
内水交通	272, 277
内水交通の法関係	277
永井訴訟	30, 59, 62, 221
長浜町入浜権訴訟	214
名古屋南部公害訴訟	191
ナショナル・ミニマム論	189
奈良県ため池保全条例事件	18, 88, 131
成田新幹線訴訟	274
新潟空港騒音訴訟	281
新潟空港訴訟	111, 212
二元的管理説	46
日米安全保障条約	91, 92
日米安全保障条約体系	91, 92
日光太郎杉事件	138, 213
日本銀行政策委員会	258
日本障害者スポーツ協会	316, 318
日本スポーツ振興センター	302, 307
日本スポーツ法学会	318
日本パラリンピック委員会	318
日本薬局方	238
日本容器包装リサイクル協会	201
入院措置	244
入学	297
熱回収（サーマル・リサイクル）	199
年金保険	233
納税者訴訟（Taxpayers' suit）	27
濃度規制	189, 190, 193
能力に応じた教育	283

ノーアクションレター	253	福祉事務所	223
ノーマライゼーション	315	福祉事務所長	223
		福祉部	229
ハ　行		不公正な取引方法の差止め	261
パーク・アンド・ライド	192	不作為の違法確認訴訟	24
廃棄物	196	不正受給	222
廃棄物処理施設	197	負担金	132, 335
廃棄物処理法	195	負担制限	158-160
排出者責任	199	普通交付税	334
排出抑制	195	普通財産	164, 328
排出枠取引制度	183	普通税	334
排除措置	254	物価統制令	257
排除措置命令	261	復興推進委員会	63
排水基準	193	復興庁	63
配置販売業	240	物的公用負担	133
配分参加請求権	6, 10, 20, 23, 24	不服申立前置	332
配分的正義	9	不法投棄	197, 198
破壊消防	84	不要物	196
派出所	74	フリースクール	295
発生抑制（リデュース）	199	不利益処分	262
パラリンピック	315	不利益変更の禁止	227
パラリンピック東京大会	316	武力攻撃事態	96, 97
バリアフリー化	319	武力行使	102
反射的利益（論）	85, 270, 276	武力の行使の3要件	95
阪神淡路大震災	55	ブルントラント委員会	182
犯則調査	254	プレジャーボートの係留	277
判断過程統制方式	213, 214	プロイセン一般ラント法	71
PRTR制度	184	プログラム規定消極説	217
PFI法	177	プログラム規定説	217
PKO（国際連合平和維持活動）	100, 106	プログラム規定積極説	218
東日本大震災	57, 63	文化庁	287
飛行計画	280	粉じん	190
微小粒子状物質（PM2.5）	185	分別回収	200
非申請型義務づけ訴訟	86	閉鎖性水域	194
比例原則	76	平和維持活動	93
広島県プレジャーボートの係留保管の適正化に関する条例	277	平和主義	89
広島土砂災害	58	平和法制整備法	96
夫役現品負担	132	辺野古違法確認訴訟	110
フォルストホッフ（Ernst Forsthoff）	6, 8, 20, 22	弁明	222, 223
賦課課税	329	保安警察	71, 72
賦課金制度	183	防衛行政	89, 90
複効的な行政	26	防衛行政における法関係（法的地位）	90, 108
福祉国家	248	防衛行政の情報公開	107
		防衛省	104
		包括外部監査	41

348　事項索引

法関係	3, 4	文部科学省	285, 287
報告書手続	188	文部科学大臣	288, 289, 297, 307
防災	55	文部省	286
暴走族追放条例	79	文部大臣	286, 290
法定外公共物	43, 45, 166		
法定外普通税	334	ヤ 行	
法定外目的税	334	薬剤師法	238
法の一般原則	18, 262	薬事・食品衛生審議会	245
法の政策化	251	薬事法違憲判決	250
法律行為	83, 84	薬事法事件	261
「法律の留保」原則	12	夜警国家	248
法令適用事前確認制度	253	薬局	239
補完性原則	13	薬局開設者	239
保険医療機関の指定	237	有権者の直接請求に基づく監査	41
保健衛生行政	243	容器包装リサイクル法	201
保健師助産師看護師法	236	要請にかかる検査・報告	38
保護基準	223, 225	幼保連携型認定こども園	294
保護の決定	227	ヨーロッパ・スポーツ・フォア・オール憲章	308
保護の実施機関	223	横出し規制	189
保護の申請	244	予算	324
保護の変更，停止および廃止	227	予算案の作成過程	324
保護の補足制の原則	225	予算循環	324
補償金仲裁制度	134	予算総則	324
補助金	335	予算単一の原則	325
補正予算	325	予算の法的性格	326
墓地埋葬法	247	予定公物	168
ポツダム宣言	91	予備費	324
堀木訴訟	218	予報	58
本質性理論	13	予防接種法	219

マ 行

		ラ 行	
まちづくり条例	78	リオ宣言	182
マニフェスト制度	198	陸上交通法	272
丸刈り強制校則事件	298	罹災証明書	62
みぞかき補償	146	リスクからの保護義務	59, 64, 66
民営化	135, 275	理由付記	77
民事上の差止訴訟	256	利用調整地区	204
民生委員	224, 230	旅客運送事業	276
民生部（局）	229	旅館業	246
無償による義務教育	283	臨時金利調整法	258
名誉ある地位	90	ろうあ者体育競技大会	317
モーターボート競走	308	労役物品負担	133
黙示の公用廃止	167, 169	労災保険	232
目的税	334	老人健康保持事業	309
もんじゅ原発訴訟	212	老人福祉法	309

労働基準監督署長	232	和解	142
		和歌山運賃格差訴訟	273

ワ　行

ワイマール憲法　216

判例索引

大審院

大判大5・6・1民録22輯1088頁（徳島市立小学校遊動円棒事件） 303

最高裁判所

最判昭25・10・11刑集4巻10号1972頁（物価統制令違反被告事件） 265

最判昭28・12・23民集7巻13号1523頁（相当補償説） 144

最判昭28・12・23民集7巻13号1561頁（皇居外苑使用不許可処分取消請求事件） 173

最判昭30・4・19民集9巻5号534頁（公務員個人の国家賠償責任） 303

最判昭32・10・9刑集11巻10号2497頁（関税法違反被告事件） 265

最判昭34・12・16刑集13巻13号3225頁（条約と司法審査） 92

最判昭35・3・18民集14巻4号483頁（食肉代金請求事件） 84

最判昭37・1・19民集16巻1号57頁（公衆浴場の距離制限） 84, 247

最判昭37・4・10民集16巻4号699頁（公水使用権の性質） 173

最判昭38・6・26刑集17巻5号521頁（奈良県ため池保全条例事件） 18, 88, 131

最判昭39・1・16民集18巻1号1頁（道路一般使用） 21, 51, 172, 276

最判昭39・2・26民集18巻2号343頁（義務教育費負担請求事件） 283

最判昭39・10・29民集18巻8号1809頁（ごみ焼場設置の処分性） 212

最判昭41・2・23民集20巻2号271頁（土地区画整理事業計画決定の処分性） 117, 152

最判昭42・5・24民集21巻5号1043頁（朝日訴訟） 10, 218, 225

最判昭43・11・27刑集22巻12号1402頁（名取川河川付近地制限令違反事件） 54, 160

最判昭45・8・20民集24巻9号1268頁（高知国道落石事件） 65

最判昭46・10・28民集25巻7号1037頁（個人タクシー事業免許と公正手続） 223, 276

最判昭47・5・19民集26巻4号698頁，判例百選Ⅰ・67事件（公衆浴場営業許可の先願主義） 84

最判昭47・11・22刑集26巻9号586頁（小売市場事件） 250, 261

最判昭48・10・18民集27巻9号1210頁（土地収用の「正当な補償」） 144

最判昭49・2・28民集28巻1号66頁（雇用関係存続確認等請求事件） 275

最判昭50・4・30民集29巻4号572頁（薬局の距離制限） 247, 250, 261

最判昭50・6・26民集29巻6号851頁（赤色灯標柱轢倒事件） 65

最判昭50・10・24民集29巻9号1417頁（因果関係の証明） 232

最判昭51・5・21刑集30巻5号615頁（旭川学テ判決） 289, 290, 299

最判昭51・12・24民集30巻11号1104頁（取得時効の成立） 167

最判昭53・3・14民集32巻2号211頁（主婦連ジュース不当表示事件） 270

最判昭53・3・30民集32巻2号485頁（住民訴訟の訴額） 28

最判昭54・10・9刑集33巻6号503頁，判時945号129頁（学テ闘争大阪事件） 289

最判昭56・1・27民集35巻1号35頁（工場誘致施策の変更と信頼保護と信義則） 118, 263

最判昭56・2・26民集35巻1号117頁（ストロングライフ事件） 240

最判昭56・3・19訟月27巻6号1105頁（減歩の損失補償） 151

最判昭56・12・16民集35巻10号1369頁（大阪国際空港騒音訴訟） 211, 281

最判昭57・4・1民集36巻4号519頁（加害行為者・加害行為の特定） 77

最判昭57・7・7民集36巻7号1235頁（堀木訴訟） 218

最判昭57・7・13民集36巻6号970頁（田子の浦ヘドロ訴訟） 215

350

判例索引　351

最判昭57・9・9民集36巻9号1679頁（長沼ナイキ基地訴訟）　67
最判昭57・10・7民集36巻10号2091頁（庁舎掲示板使用許可）　175
最判昭58・2・18民集37巻1号59頁，判例百選Ⅱ・255事件（ガソリンタンク移動補償事件）　88
最判昭59・1・26民集38巻2号53頁（大東水害訴訟）　66
最判昭59・2・24刑集38巻4号1287頁（行政指導と刑事責任）　262
最判昭59・3・23民集38巻5号475頁（新島漂着砲弾爆発事故事件）　64, 87
最判昭59・12・13民集38巻12号1411頁（都営住宅明渡請求事件）　17, 18, 275
最判昭60・7・16民集39巻5号989頁（行政指導と建築確認の留保）　219
最判昭61・3・13民集40巻2号258頁（内申抜き任命）　300
最判昭61・12・16民集40巻7号1236頁（田原湾干拓訴訟）　44
最判昭62・2・6判時1232号100頁（横浜市立中学校プール事故訴訟）　303
最判昭62・11・24判時1284号56頁（認定外道路用途廃止事件）　51
最判平元・2・17民集43巻2号56頁（新潟空港訴訟）　111, 212, 281
最判平元・11・24民集43巻10号1169頁（権限の不行使と国家賠償）　271
最判平2・1・18民集44巻1号1頁（伝習館高校事件）　290
最判平3・3・8民集45巻3号164頁（鉄杭撤去事件）　46
最判平4・4・10民集46巻7号1174頁（伊方原発訴訟）　67
最判平4・9・22民集46巻6号571頁（原告適格の範囲）　67, 212
最判平4・9・22民集46巻6号1090頁（無効確認訴訟の補充性）　68
最判平4・10・6判時1439号116頁（土地区画整理事業計画決定の処分性）　152
最判平4・10・29民集46巻7号1174頁，判時1441号50頁（福島第2原発訴訟）　68
最判平4・12・10判時1453号116頁（警視庁個人情報非開示決定取消訴訟）　77

最判平4・12・15民集46巻9号2829頁（酒類販売業の免許制）　261
最判平5・2・25民集47巻2号643頁（厚木基地自衛隊機飛行差止訴訟）　109
最判平5・3・16民集47巻5号3483頁（家永教科書検定第一次訴訟）　290
最判平5・3・30民集47巻4号3226頁（テニスコート審判台落下事件）　303
最判平5・9・7民集47巻7号4755頁（織田が浜埋立工事費用支出差止訴訟）　214
最判平6・9・3判時1401号56頁（高校バイク禁止校則事件）　298
最判平7・6・23民集49巻6号1600頁（クロロキン薬害訴訟上告審判決）　271
最判平7・7・7民集49巻7号1870頁（道路公団の国家賠償責任）　211
最判平8・7・18判時1599号53頁（高校パーマ禁止校則事件）　298
最判平9・1・28民集51巻1号147頁（補償金増額請求事件）　150
最判平10・7・16判時1652号52頁（酒類販売業の免許制）　261
最判平10・10・13判時1662号83頁（シール談合課徴金事件）　266
最決平11・3・10刑集53巻3号339頁（「おから」と産業廃棄物）　196
最判平14・6・11民集56巻5号958頁（補助金算定の基準時）　144, 145
最判平16・3・16民集58巻3号647頁，判タ1148号66頁（学資保険訴訟上告審判決）　9
最判平16・4・27民集58巻4号1032頁，判例百選Ⅱ・231事件（筑豊じん肺訴訟）　87, 271
最判平16・10・15民集58巻7号1802頁（水俣病関西訴訟）　211
最判平17・7・15民集59巻6号1661頁（病院開設中止勧告の処分性）　263
最判平17・9・14民集59巻7号2087頁（在外邦人国政選挙訴訟）　77
最判平17・10・25判時1920号32頁（病床数削減の勧告と抗告訴訟の対象）　237, 263
最判平17・12・7民集59巻10号2645頁，判例百選Ⅱ・177事件（小田急高架化事件）　27, 60, 62, 111, 212
最判平17・12・16民集59巻10号2931頁（土地所有権確認請求事件）　167

最判平18・2・7民集60巻2号401頁（呉市公立学校施設利用拒否事件） 21, 176
最判平18・11・2民集60巻9号3249頁（小田急高架化事件） 213
最判平19・2・27民集61巻1号291頁（ピアノ伴奏命令不服従を理由とした戒告処分の取消訴訟） 301
最判平19・9・18刑集61巻6号601頁（広島市暴走族追放条例事件） 79
最判平19・12・7民集61巻9号3290頁（一般公共海岸区域内桟橋占用不許可事件） 49, 174
最判平20・9・10民集62巻8号2029頁（土地区画整理事業計画決定の処分性） 117, 152
最判平21・7・9判時2057号3頁（出所者の入所罪名等の情報公開請求） 80
最判平21・10・23民集63巻8号1849頁（市立学校事故の国家賠償責任に関する県の求償権） 304
最判平23・5・30民集65巻4号1780頁（国旗国歌起立斉唱拒否） 301
最判平23・6・6民集65巻4号1855頁（国旗国歌不起立を理由にした非常勤嘱託員の不採用） 301
最判平23・6・14民集65巻4号2148頁（国旗国歌不起立の戒告処分） 301
最判平24・1・16判時2147号127頁（国旗国歌不起立等を理由にした減給処分） 301
最判平24・2・9民集66巻2号183頁，判時2152号24頁（国歌斉唱義務不存在確認） 301
最判平24・11・20民集66巻11号3521頁（土地区画整理事業損失補償裁決取消請求事件） 149
最判平25・1・11民集67巻1号1頁（市販薬インターネット販売事件） 239, 260
最判平27・3・27民集69巻2号419頁（市営住宅明渡等請求事件） 18
最判平28・12・8民集70巻8号1833頁（第4次厚木基地訴訟最高裁判決） 109
最判平28・12・20民集70巻9号2281頁（辺野古埋立承認取消不作為違法確認） 110
最判平29・3・15判時2333号4頁（GPS捜査の適法性大法廷判決） 85

高等裁判所

東京高判昭31・5・8高刑集9巻5号425頁（東大ポポロ事件） 82
高松高判昭40・4・30下刑集7巻4号560頁（公務執行妨害，傷害事件） 81
札幌高判昭44・4・17行集20巻4号459頁（工場誘致条例に基づく奨励金の交付） 22, 264
高松高判昭45・4・24判時607号37頁（扶助料返還請求控訴事件） 221
東京高判昭48・7・13行集24巻6・7号533頁，判タ297号124頁（日光太郎杉事件） 138, 213
東京高判昭48・10・24行集24巻10号1117頁（成田新幹線認可） 274
名古屋高判昭49・11・20判時761号18頁（飛騨川バス転落事故訴訟） 65
東京高判昭52・11・17判時875号17頁（千葉県野犬咬死事故損害賠償請求事件控訴審判決） 87
大阪高判昭54・11・7行集30巻11号1827頁（大島訴訟） 27
広島高判昭61・4・22行集37巻4・5号604頁（換地計画・換地処分公告の処分性） 154
東京高判昭62・12・24判タ668号140頁（環境基準の告示の処分性） 212
東京高判平4・12・18判時1445号3頁（予防接種ワクチン禍事件） 242
東京高判平5・8・30行集44巻8・9号720頁（緊急裁決処分取消等請求控訴事件） 147
大阪高判平5・10・5訟月40巻8号1927頁，判例地方自治124号50頁（永井訴訟） 30, 59, 62, 221
高松高判平6・6・24判タ851号80頁（織田が浜埋立差止請求事件） 214
名古屋高金沢支判平6・12・26判時1521号3頁（小松基地騒音公害訴訟控訴審判決） 109
東京高判平8・4・23判タ957号194頁（オオヒシクイ訴訟） 215
福岡高判平21・10・15判時2066号3頁（泡瀬干潟埋立て公金支出差止訴訟） 215
東京高判平26・2・19訟月60巻6号1367頁（鉄道運賃変更命令等事件） 270
大阪高判平26・11・27判時2247号32頁（特別児童扶養手当教示義務違反国賠訴訟） 30
東京高判平27・7・30判時2277号13頁（厚木基地航空機運航差止訴訟） 109

福岡高那覇支判平28・9・16判時2317号42頁（不作為の違法確認請求事件） 110

地方裁判所

東京地判昭34・3・30下刑集1巻3号776頁（第2次砂川事件） 92

名古屋地判昭37・10・12下民集13巻10号2059頁（河川堤防の通常備えるべき安全性の程度） 66

東京地判昭39・6・19下民集15巻6号1438頁（安保教授団事件） 77

東京地判昭40・8・9下刑集7巻8号1603頁（全学連6・15国会侵入事件） 82

釧路地判昭43・3・19行集19巻3号408頁（補助金交付申請却下の処分性） 264

熊本地玉名支判昭44・4・30判時574号60頁（団地建設計画廃止による損害賠償請求） 118

東京地判昭44・7・8行集20巻7号842頁（ココム事件・日工展訴訟） 260

東京地決昭45・10・14行集21巻10号1178頁（国立歩道橋事件） 16

札幌地判昭48・9・7判時712号24頁（長沼訴訟，保安林指定解除処分取消訴訟） 108

松山地判昭53・5・29行集29巻5号1081頁（長浜町入浜権訴訟） 214

東京地判昭53・8・3判時899号48頁（スモン訴訟） 271

岐阜地判昭55・2・25行集31巻2号184頁（生活再建措置の補償） 147

岡山地判昭58・5・25行集34巻5号781頁（日本原演習場訴訟） 109

熊本地判昭60・11・13判時1174号48頁（男子中学生丸刈り校則事件） 298

京都地判平3・2・5判時1387号43頁（永井訴訟） 30, 59, 62, 221

和歌山地判平3・2・27判時1388号107頁（和歌山線格差運賃返還請求事件） 273

金沢地判平3・3・13判時1379号3頁（小松基地騒音差止請求事件） 109

神戸地判平4・3・13判時1414号26頁（筋ジストロフィー疾患を理由とする高校入学不許可処分） 298

神戸地判平4・6・30判時1458号127頁（診療拒否事件） 236

秋田地判平5・4・23判時1459号48頁（秋田生活保護費貯蓄訴訟） 226

東京地判平6・9・6判時1504号41頁（公務員個人の国家賠償責任） 87

神戸地判平12・1・31判タ1031号91頁（尼崎公害訴訟） 191

名古屋地判平12・11・27判タ1066号104頁（名古屋南部大気汚染公害訴訟） 191

東京地決平18・1・25判時1931号10頁（保育園入園の仮の義務付け） 8

東京地判平18・10・25判時1956号62頁（保育園入園の義務付け） 8

大阪地判平19・6・6判時1974号3頁（大和都市管財国家賠償請求訴訟） 271

広島地判平21・10・1判時2060号3頁（鞆の浦公有水面埋立免許差止請求事件） 213

東京地判平25・3・26判時2209号79頁（鉄道運賃変更命令等請求事件） 270

横浜地判平26・5・21判時2277号38頁（厚木航空機運航差止等請求事件） 109

仙台地判平28・10・26裁判所ウェブサイト（大川小学校事件，国家賠償等請求事件） 60

外国判例

ドイツ連邦憲法裁判所第1法廷判決1990・5・25 27

ドイツ連邦憲法裁判所第2法廷判決1992・9・25 27

執筆者紹介（執筆順）

村上　武則（大阪大学名誉教授，広島大学名誉教授）	**監修者**，序，第Ⅰ部第1章，第Ⅱ部第1章，第2章，第4章（補訂）
石森　久広（西南学院大学教授）	第Ⅰ部第2章，第Ⅱ部第8章，第13章
廣瀬　　肇（広島文化学園大学教授）	第Ⅰ部第3章，第Ⅱ部第3章
藤本　昌志（神戸大学准教授）	第Ⅰ部第3章
横山　信二（広島大学名誉教授）	**編者**，第Ⅰ部第4章，第Ⅱ部第7章，第10章
川内　　劦（広島修道大学名誉教授）	第Ⅱ部第4章
石川　敏行（国土交通省運輸安全委員会）	第Ⅱ部第5章
牛嶋　　仁（中央大学教授）	第Ⅱ部第5章（補訂）
吉川　正史（近畿大学准教授）	第Ⅱ部第6章
佐藤　英世（東北学院大学教授）	第Ⅱ部第9章
板垣　勝彦（横浜国立大学准教授）	第Ⅱ部第11章
アンドレアス・シェラー（広島国際大学准教授）	第Ⅱ部第12章

新・応用行政法

2017年9月29日　初　版　第1刷発行　　　〔検印省略〕

監修者　村上　武則
編　者 ©横山　信二／発行者　髙橋　明義

東京都文京区本郷1—8—1　振替00160-8-141750
〒113—0033　TEL(03) 3813—4511
　　　　　　FAX(03) 3813—4514
http://www.yushindo.co.jp
ISBN978—4—8420—1520—0

印刷・製本／亜細亜印刷

発行所
株式会社　有信堂高文社

Printed in Japan

新・基本行政法	村山上信武二則 編監修	三〇〇〇円
新・応用行政法	村山上信武二則 編監修	三五〇〇円
行政の裁判統制と司法審査——行政裁判の理論と制度	横山上信武二則 編	五八〇〇円
給付行政の諸問題——村上武則先生還暦記念	横石廣山川瀬信敏二行肇 編	八〇〇〇円
給付行政の理論	村上武則 著	九〇〇〇円
会計検査院の研究——ドイツ・ボン基本法下の財政コントロール	石森久広 著	四五〇〇円
財政民主主義と経済性——ドイツ公法学の示唆と日本国憲法	石森久広 著	五〇〇〇円
ドイツにおける公法上の結果除去請求権の研究	太田照美 著	八〇〇〇円
東アジアの行政不服審査制度	尹龍澤 著	九〇〇〇円
個人情報保護——理論と運用	平松毅 著	四〇〇〇円

★表示価格は本体価格（税別）

有信堂刊

世界の憲法集〔第四版〕	阿部照哉 編	三五〇〇円
人権の司法的救済	畑 博行 編	四五〇〇円
立憲主義──過去と未来の間	村上武則 編	七〇〇〇円
権力分立──立憲国の条件	阪本昌成 編	六〇〇〇円
分権国家の憲法理論──フランス憲法の歴史と理論から見た現代日本の地方自治論	阪本昌成 著	七〇〇〇円
亡命と家族──戦後フランスにおける外国人法の展開	大津 浩 著	一〇〇〇〇円
フランス憲法と現代立憲主義の挑戦	水鳥能伸 著	七〇〇〇円
市民主権の可能性──21世紀の憲法・デモクラシー・ジェンダー	辻村みよ子 著	四二〇〇円
アメリカ連邦議会と裁判官規律制度の展開──司法権の独立とアカウンタビリティの均衡を目指して	辻村みよ子 著	四六〇〇円
外国人の退去強制と合衆国憲法──国家主権の法理論	土屋孝次 著	七〇〇〇円
	新井信之 著	

★表示価格は本体価格(税別)

有信堂刊

新憲法四重奏〔第二版〕	大津・大藤・髙佐・長谷川 著	三〇〇〇円
判例で学ぶ日本国憲法〔第二版〕	西村裕三 編	二四〇〇円
謎解き 日本国憲法〔第2版〕	阪本昌成 編	二二〇〇円
日本国憲法	名雪健二 著	三五〇〇円
日本国憲法から考える現代社会・15講	新井信之 著	三〇〇〇円
憲法1 ── 国制クラシック〔全訂第三版〕	阪本昌成 著	二八〇〇円
憲法2 ── 基本権クラシック〔第四版〕	阪本昌成 著	三〇〇〇円
憲法Ⅰ ── 総論・統治機構論	大日方信春 著	三七〇〇円
憲法Ⅱ ── 基本権論	大日方信春 著	三三〇〇円
憲法Ⅱ（基本的人権）《現代法学》	畑 博行 著	二八〇〇円

★表示価格は本体価格（税別）

有信堂刊